AF493702

Texte détérioré — reliure défectueuse

NF Z 43-120-11

RELIURE SERREE
Absence de marges intérieures

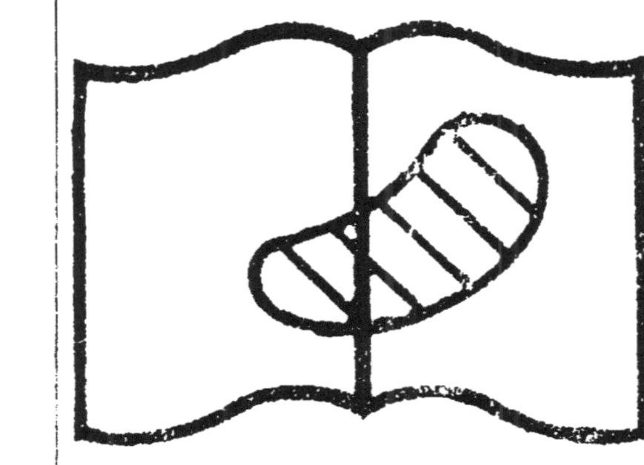

Illisibilité partielle

VALABLE POUR TOUT OU PARTIE DU DOCUMENT REPRODUIT

SANS COUVERTURE.

VALABLE POUR TOUT OU PARTIE
DU DOCUMENT REPRODUIT

DIODORE DE SICILE

EXTRAIT DE LA BIBLIOTHÈQUE CHARPENTIER.

CHEFS-D'OEUVRE DE LA LITTÉRATURE GRECQUE

TRADUITS EN FRANÇAIS

PAR LES PROFESSEURS DE L'UNIVERSITÉ.

ARISTOPHANE	COMÉDIES, traduction d'Artaud, 2e édition, corrigée. 2 vol. à	3 50
ARISTOTE	LA POLITIQUE, L'ÉCONOMIQUE, LETTRES A ALEXANDRE, traduction revue et corrigée. 1 vol	3 50
DÉMOSTHÈNES	CHEFS-D'ŒUVRE, traduits par J. F. Stiévenart, doyen de la faculté des lettres de Dijon. 1 vol	3 50
DIODORE DE SICILE	BIBLIOTHÈQUE HISTORIQUE, traduction nouvelle, avec une préface, des notes et un index, par Hoefer. 4 vol. à	3 [illegible]
DIOGÈNE LAERCE	VIE DES PHILOSOPHES DE L'ANTIQUITÉ, traduction nouvelle par M. Zévort, professeur de l'Université. 1 vol	3 50
ESCHYLE	TRAGÉDIES, traduction d'Alexis Pierron (couronnée par l'Académie française). 1 vol	3 50
EURIPIDE	THÉATRE, traduction Artaud, 2e édition, corrigée. 2 vol. à	3 50
HÉRODOTE	HISTOIRE, traduction de Larcher, revue et corrigée, avec notes. 2 vol. à	3 50
HIPPOCRATE	ŒUVRES (*le Serment, la Loi, de l'Art, du Médecin, les Prorrhétiques, le Pronostic, des Eaux, des Airs et des Lieux, Prénotions de Cos, Épidémies, du Régime dans les Maladies aiguës, les Aphorismes*, etc.), traduites sur les anciens textes imprimés et manuscrits, par le docteur Ch. V. Daremberg, avec une notice et des notes du traducteur. 1 fort vol	4 00
HOMÈRE	L'ILIADE, traduction de madame Dacier, revue et corrigée par M. Trianon. 1 vol	3 50
	L'ODYSSÉE, suivie du *Combat des Rats et des Grenouilles*, des *Hymnes*, des *Épigrammes* et des *Fragments*, traduction de madame Dacier et de M. Falconnet. 1 vol	3 50
MARC AURÈLE	ŒUVRES, traduction nouvelle, avec une introduction et des notes par Alexis Pierron. 1 vol	3 50
MORALISTES ANCIENS.	SOCRATE, ÉPICTÈTE, Cébès, Théognis, Pythagore, etc., traduits en français. 1 vol	3 50
ORATEURS ET SOPHISTES GRECS	CHOIX DE HARANGUES, d'Éloges funèbres, de Plaidoyers criminels et civils et de Dissertations de Prodicus, Périclès, Antiphon, Andocide, Lysias, Isocrate, Isée, Lycurgue, etc., publiés par un membre de l'Université. 1 vol.	3 50
PLATON	DE LA RÉPUBLIQUE, traduction de Grou, corrigée. 1 vol	3 50
	LES LOIS, traduction de Grou, revue et corrigée. 1 vol	3 50
	DIALOGUES BIOGRAPHIQUES ET MORAUX, traduits et précédés d'une Esquisse sur la philosophie de Platon, par M. Schwalbé. 2 vol. à	3 50
	DIALOGUES MÉTAPHYSIQUES, traduction de Schwalbé. 1 vol.	3 50
PLUTARQUE	VIE DES HOMMES ILLUSTRES, traduction nouvelle par M. Alexis Pierron, avec une notice du traducteur. 4 vol à	3 50
SOPHOCLE	TRAGÉDIES, traduction Artaud, 2e édition, corrigée. 1 vol.	3 50
THUCYDIDE	HISTOIRE, traduction de Lévesque, revue et corrigée, 1 vol.	3 50
XÉNOPHON	ŒUVRES COMPLÈTES, traduction de Dacier, Lévesque, Gail, etc., revue et corrigée sur la dernière édition grecque, par M. Henri Trianon. 2 vol. à	3 50

DE L'IMPRIMERIE DE CRAPELET, RUE DE VAUGIRARD, 9.

BIBLIOTHÈQUE HISTORIQUE

DE

DIODORE DE SICILE

TRADUCTION NOUVELLE

AVEC UNE PRÉFACE, DES NOTES ET UN INDEX

PAR M. FERD. HOEFER

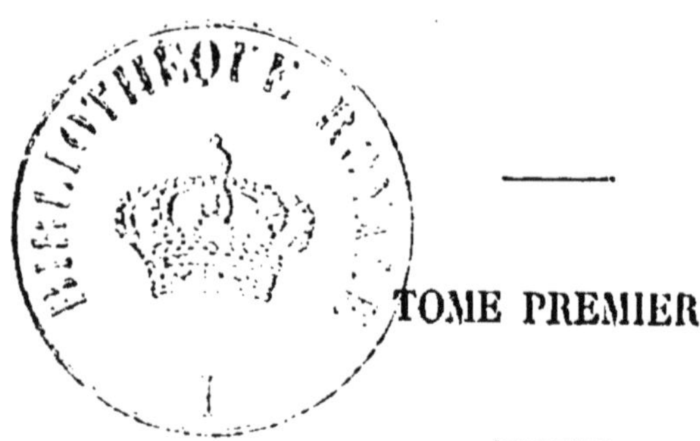

TOME PREMIER

85

PARIS
CHARPENTIER, LIBRAIRE-ÉDITEUR
17, RUE DE LILLE

1846

PRÉFACE.

Ce qui caractérise au plus haut degré les historiens grecs, c'est cette universalité de connaissances qu'on chercherait en vain chez les historiens modernes. Les Grecs avaient conçu l'histoire sur le même plan que leur philosophie : tout devait y entrer. La mythologie, la morale, la législation, la théologie, dans le sens qu'y attachaient les anciens, les lettres, les sciences devaient trouver leur place dans l'histoire universelle dont Diodore a essayé de réaliser l'idée gigantesque. Cette multiplicité de matières est loin d'être un défaut : elle fait le mieux ressortir les conditions dans lesquelles un empire naît, grandit et tombe. Car, il faut bien le reconnaître, l'homme moral, malgré son libre arbitre, se modifie insensiblement en raison des circonstances qui l'entourent, de même que l'homme physique subit l'influence absolue du milieu atmosphérique. Les conditions dans lesquelles l'homme et la société se développent, sont soumises à des lois certaines, et donnent l'explication naturelle de bien des événements.

Les ouvrages historiques des anciens renferment des détails que les historiens de nos jours semblent dédaigner. Les descriptions minutieuses d'un temple, d'une statue, d'un tombeau, d'un vase, d'un alliage précieux, d'une mine en exploitation, etc., paraissent des hors-d'œuvre inutiles. Mais ces prétendus hors-d'œuvre, ces détails taxés de superflus, sinon de puérils, nous permettent précisément de sonder, en grande partie, le milieu moral, la civilisation industrielle, dont les arts et les sciences sont les principaux agents. Avec des fragments empruntés aux œuvres d'Hérodote, de Thucydide, de Xénophon, de Polybe, de Diodore, de Plutarque, on pourra réussir à construire l'histoire des arts et des sciences dans l'antiquité; — je l'ai moi-même naguère essayé pour la chimie; — mais jamais nos descendants ne pourront faire de semblables tentatives avec les œuvres des historiens de nos jours.

Telles sont les réflexions qui se sont présentées à mon esprit pendant la traduction de la *Bibliothèque historique*.

Peu d'écrivains ont été aussi différemment, je dirai même aussi injustement appréciés que Diodore, natif d'Agyre, en Sicile, et contemporain de Jules César. Si les uns lui ont décerné des éloges exagérés, les autres lui ont infligé un blâme immérité.

Justin le martyr n'hésite pas à considérer Diodore comme le plus célèbre des historiens grecs[1]. Eusèbe lui-même semble partager cette opinion[2]. Enfin, Henri Étienne, renchérissant encore sur ces témoignages, s'écrie avec enthousiasme : « Notre Diodore brille parmi tous les historiens qui sont parvenus jusqu'à nous, comme le soleil parmi les astres[3] ! »

[1] Ὁ ἐνδοξότατος παρ' ὑμῖν τῶν ἱστοριογράφων Διόδωρος. Just. martyr. Protrep.

[2] Ὁ Σικελιώτης Διόδωρος γνωριμώτατος τοῖς τῶν Ἑλλήνων λογιωτάτοις. Euseb. Præparat. Evangel.

[3] Quantum enim solis lumen inter stellas, tantum inter omnes, quotquot ad nostra tempora pervenerunt, historicos noster hic Diodorus eminere dici potest. *Brevis Tractatus de Diodoro*, p. 14, dans le tom. I de l'édition bipontine.

Au nombre des détracteurs de Diodore, nous citerons en première ligne L. Vives, savant espagnol, mort en 1540. Suivant Vives, l'auteur de la *Bibliothèque historique* n'est qu'un conteur fastidieux[1]. *Nihil est eo nugacius*, dit-il, en parodiant ces paroles de Pline l'ancien : *Primus apud Græcos desiit nugari Diodorus*[2]. Bodin, Dodwell et d'autres critiques emploient un langage plus modéré ; mais le jugement qu'ils portent sur l'ouvrage de l'historien d'Agyre, est au fond tout aussi sévère, pour ne pas dire injuste. Le comte de Caylus, qui a consacré un mémoire assez étendu à l'appréciation des qualités et des défauts des historiens grecs, et particulièrement de Diodore de Sicile, ne reconnaît à ce dernier qu'un génie très-médiocre[3]. Beaucoup de ces critiques ont trouvé de l'écho ; et même de nos jours, l'opinion de Vives a rencontré des partisans. Miot lui-même ne me semble pas avoir rendu à Diodore toute la justice qu'il mérite.

Ces jugements si contradictoires s'expliquent et peuvent même se concilier. Diodore donna à son ouvrage le titre modeste de *Bibliothèque historique* en quarante livres. Ce titre seul aurait déjà dû le garantir contre d'injustes attaques. L'auteur, en effet, n'a d'autre prétention que de léguer à la postérité un recueil complet des matériaux d'une histoire universelle, coordonnée chronologiquement. On y trouve de nombreux extraits de Ctésias, de Timée, d'Éphore, d'Hécatée, de Callisthène, d'Agatharchide et de tant d'au-

[1] *De Causis corruptarum Artium*, in Opp. Lud. Vives. Basil., 1555, in-fol., p. 369.

[2] *Hist. nat.*, I, 3.

[3] *Mémoires de l'Académie des inscriptions et belles-lettres*, tom. XXVII.

tres écrivains dont nous déplorons aujourd'hui la perte[1]. Au milieu de ces matériaux divers, il est souvent difficile de distinguer ce qui appartient en propre à Diodore.

De cet immense répertoire historique, il ne nous reste plus que quinze livres à peu près entiers; les autres sont devenus la proie du temps, sauf quelques faibles débris qui nous font regretter plus vivement encore une perte irréparable. Ces débris ont été sauvés par un hasard assez singulier. Constantin IX Porphyrogénète, le même qui fit, par un serment terrible, jurer le secret du feu grégeois, eut une idée aussi originale que louable. Il ordonna à une commission de savants d'extraire des auteurs anciens tous les passages qui, vrai code moral, pourraient servir de règles aux hommes dans leur vie privée aussi bien que dans leur conduite politique. Ces extraits étaient divisés en quarante-trois titres ou sections, dont il nous a été conservé la section XXVII, *des Députations* (περὶ Πρεσβειῶν) et la section L, *des Vertus et des Vices* (περὶ Ἀρετῆς καὶ Κακώσεως). Si l'on ajoute à cette source quelques citations de Photius, de Syncelle, de Ttetzès, de saint Clément d'Alexandrie, on aura à peu près tous les fragments consignés dans les anciennes éditions de la *Bibliothèque historique*.

En 1827, le cardinal Angelo Mai publia un livre remarquable sous le titre de : *Scriptorum veterum nova collectio, e Vaticanis Codicibus edita*; Romæ, 1827. C'est du second volume de cet ouvrage que sont tirés les fragments nouveaux, presque aussi nombreux que les anciens.

Diodore expose lui-même, dans une sorte d'introduction,

[1] Voyez G. Heyne, *de Fontibus hist. Diodori*, dans le tom. I de l'édition bipontine.

l'économie, le plan et le but de son ouvrage : il voulait être tout à la fois utile et agréable.

« En examinant, dit-il, les travaux de nos prédécesseurs, nous leur avons rendu toute la justice qu'ils méritent ; mais nous avons pensé qu'ils n'avaient pas encore atteint le degré d'utilité et de perfection nécessaire. Car l'utilité de l'histoire réside dans un ensemble de circonstances et de faits très-nombreux et très-variés ; et pourtant, la plupart de ceux qui ont écrit l'histoire, ne se sont attachés qu'au récit des guerres particulières d'une nation ou d'une seule cité. Un petit nombre d'entre eux ont essayé de tracer des histoires universelles depuis les temps anciens jusqu'à l'époque où ils écrivaient. Et parmi ceux-ci, les uns ont entièrement négligé la chronologie, les autres ont passé sous silence les faits et gestes des Barbares ; d'autres ont évité, comme un écueil, les temps fabuleux ; d'autres enfin n'ont pu achever leur œuvre, enlevés au milieu de leur carrière par l'inexorable destin. Aucun d'entre eux n'est encore allé plus loin que l'époque des rois macédoniens ; ceux-là ayant fini leur histoire à Philippe, ceux-ci à Alexandre, et quelques autres aux successeurs de ces rois. Depuis cette époque jusqu'à nos jours il s'est passé bien des événements qu'aucun historiographe n'a encore tenté de rédiger et de mettre en ordre ; tous ont reculé devant l'immensité de cette tâche.

« Après avoir réfléchi à tout cela, nous avons jugé à propos d'entreprendre cet ouvrage dans le but d'être utile et le moins fastidieux que possible pour le lecteur.

« Comme l'exécution d'un projet si utile demandait beaucoup de travail et de temps, nous y avons employé trente ans. Nous avons parcouru, avec bien des fatigues et bien des risques, une grande partie de l'Asie et de l'Europe, afin de voir de nos propres yeux la plupart des contrées les plus importantes dont nous aurons occasion de parler. Car c'est à l'ignorance des lieux qu'il faut attribuer les erreurs qui sont commises même par les historiens les plus renommés.

« Ce qui nous porte à entreprendre cet ouvrage, c'est surtout le désir d'être utile, puis, la facilité avec laquelle nous pouvons nous procurer à Rome tout ce qui est capable de contribuer à la réalisation de ce projet. En effet, cette ville, dont l'empire s'étend jusqu'aux confins du monde, nous a fourni de grandes facilités, à nous qui y avons séjourné pendant un temps assez long. Natif d'Agyre, en Sicile, et ayant acquis de grandes connaissances de la langue latine, à cause des rapports intimes et fréquents que les Romains ont avec cette île, nous avons consulté avec soin les documents conservés depuis si longtemps par les Romains, afin d'éclaircir l'histoire de ce grand empire.

« Puisque notre ouvrage est achevé et que les livres qui le composent sont encore inédits[1], je veux d'abord dire un mot sur le plan général que j'ai suivi. Les six premiers livres renferment les événements et les récits fabuleux antérieurs à la guerre de Troie; et, de ces six, les trois premiers comprennent les antiquités des Barbares, et les trois autres, celles des Grecs; dans les onze livres suivants, nous don-

[1] On lit dans un des nouveaux fragments du livre XL (*Excerpt. Vaticana*, p. 131) un avertissement fort curieux. Diodore y annonce qu'avant d'avoir eu le temps de mettre la dernière main à son ouvrage, plusieurs livres lui ont été dérobés et publiés sans son approbation. Peut-être ces livres sont-ils précisément ceux dont il ne nous reste plus que des fragments. Je soumets cette conjecture à des juges plus compétents que moi.

nons l'histoire universelle depuis la guerre de Troie jusqu'à la mort d'Alexandre. Enfin, les derniers vingt-trois livres contiennent la suite de cette histoire jusqu'au commencement de la guerre entre les Celtes et les Romains, sous le commandement de Jules César, qui fut mis par ses exploits au rang des dieux. Ce chef avait dompté les innombrables peuplades belliqueuses des Celtes et reculé jusqu'aux îles Britanniques les limites de l'empire de Rome. » (Livre I, chap. 3 et 4.)

Cette déclaration simple et modeste vaut mieux que de savants commentaires.

Pendant la lecture aussi variée qu'instructive de la *Bibliothèque historique*, on est frappé de la répétition de certaines idées qu'on pourrait d'abord attribuer à la négligence du narrateur. Mais, après un examen plus approfondi, on ne tarde pas à reconnaître que ces redites sont le résultat d'une conviction qui déborde, pour ainsi dire, aux moindres occasions.

Ainsi, dans plusieurs endroits différents, Diodore répète, quelquefois dans les mêmes termes, que *les grands hommes sont la ruine d'un État*. C'est là son *cæterum censeo*. Si l'on recueillait les votes, on trouverait peut-être pour lui la majorité des peuples.

La guerre est un jeu de hasard, est une autre sentence reproduite jusqu'à satiété. Aujourd'hui comme autrefois le militaire la conteste, l'homme d'État l'approuve : qui des deux a raison?

Les réflexions sur l'intervention de la providence divine (πρόνοια θεία) dans les choses humaines, sur l'instabilité de la fortune, sur les devoirs religieux, sur la faiblesse de la nature de l'homme, sur les rapports avec nos semblables, portent l'empreinte de la morale la plus pure du christianisme.

Il vaut mieux pardonner que punir; cette maxime éminemment chrétienne revient bien souvent dans le cours de l'ouvrage.

Si Diodore n'avait pas été de cent ans plus ancien, on aurait pu le croire initié dans la religion du Christ. Ce qu'il y a d'incontestable, c'est qu'il connaissait la religion d'un peuple que les historiens grecs et romains nomment à peine et pour lequel ils semblent affecter le plus profond dédain. Le passage que je vais citer est peut-être le fragment le plus étendu et le plus intéressant que l'antiquité païenne nous ait légué sur le peuple de Dieu. Ce fragment, extrait d'Hécatée de Milet, est d'autant plus remarquable, qu'il explique en quelque sorte les intimes sentiments des Grecs et des Romains à l'égard de la nation juive, dont le culte était pour eux une bizarre anomalie :

« Avant de décrire la guerre contre les Juifs, nous croyons, dit l'historien, devoir donner quelques détails sur l'origine et les institutions de cette nation. Il se déclara anciennement en Égypte une maladie pestilentielle; le peuple fit remonter à la divinité l'origine de ce fléau. Comme le pays était habité par de nombreux étrangers, ayant des mœurs et des cérémonies religieuses très-différentes, il en résulta que le culte héréditaire était négligé. Les indigènes crurent donc que, pour apaiser le fléau, il fallait chasser les étrangers. C'est ce qu'on fit sur-le-champ. Parmi ces exilés, les plus distingués et les plus vaillants se réunirent, selon quelques historiens, pour se rendre en Grèce et dans quelques autres contrées; ils avaient à leur tête Danaüs, Cadmus et plusieurs chefs célèbres. Mais la plus grande masse envahit ce qu'on appelle aujourd'hui la Judée, assez voisine de l'Égypte, et tout à fait déserte à cette époque reculée. A la tête de cette colonie était un nommé Moïse, homme d'une sagesse et d'un courage rares. Il vint occuper ce pays, et fonda entre autres villes celle qui porte le nom de Jérusalem et qui est aujourd'hui très-célèbre. Il construisit aussi le temple le plus vénéré chez les Juifs, il institua le culte divin et les cérémonies sacrées, donna des lois, et fonda un gouvernement politique. Il divisa le peuple en douze tribus, parce que ce nombre était réputé le plus parfait, et correspondait aux douze mois de l'année. Il ne fabriqua aucune idole, parce qu'il ne croyait pas que la divinité eût une forme humaine, mais que le ciel qui environne la terre est le seul dieu et le maître de l'univers. Les institutions religieuses et les coutumes qu'il établit sont tout à fait différentes de celles des autres nations. Par son éloignement pour les étrangers, il introduisit des mœurs contraires à l'esprit de l'humanité. Il choisit les hommes les plus considérés et les plus capables de régner sur toute la nation, et les investit des fonctions sacerdotales; il leur assigna le service du temple, du culte divin et des cérémonies religieuses. Il leur remit le jugement des causes les plus importantes, et leur confia la garde des lois et des mœurs. C'est pourquoi les Juifs n'ont pas de roi, et le gouvernement de la nation est entre les mains du prêtre réputé le plus sage et le plus vertueux; on lui donne le nom de grand prêtre, et on le considère comme le messager des ordres de Dieu. C'est lui qui, dans les assemblées et dans d'autres réunions, transmet les commandements de Dieu, et en cet instant solennel les Juifs se montrent si soumis qu'ils se prosternent immédiatement à terre, et adorent le grand prêtre qui leur interprète les ordres divins. A la fin des lois se trouvent écrits ces mots : *Moïse a entendu ces paroles de Dieu et les transmet aux Juifs*. Ce législateur a même porté son attention sur ce qui concerne l'art militaire : il obligea les jeunes gens d'acquérir, par les exercices, de la bravoure et de la vigueur pour supporter toutes les fatigues. Il entreprit aussi plusieurs expéditions contre les peuples voisins, conquit beaucoup de terres qu'il distribua par portions égales aux simples particuliers ; mais il en donna de plus grandes aux prêtres, afin qu'ils eussent assez de revenus pour se livrer assidûment au culte divin. Il n'était pas permis aux simples particuliers de vendre les terres qui leur étaient échues en partage, afin que quelques gens cupides n'achetassent pas ces terres au préjudice des pauvres, et ne fissent diminuer la population. Moïse obligea les habitants de la campagne d'élever soigneusement leurs enfants, et comme ce soin exigeait peu de dépenses, la race des Juifs devint de plus en plus nombreuse. Les coutumes qui concernent les mariages et les funérailles diffèrent beaucoup de celles des autres nations. Sous les diverses dominations qui furent établies plus tard, sous la domination des Perses et sous celle des Macédoniens, qui renversèrent l'empire des derniers, les Juifs modifièrent en grande partie leurs anciennes institutions par leur mélange avec les autres peuples. » (*Fragments* du livre XL.)

La *Bibliothèque historique* est une riche mine qui n'a été encore que médiocrement exploitée. Ceux qui s'occupent d'archéologie, de géographie et d'ethnographie comparées, y trouveront des documents précieux sur l'Égypte, l'Éthiopie, l'Arabie, l'Inde, sur les habitants primitifs de l'Ibérie, de la Gaule, des îles de Corse, de Sardaigne, de la Sicile, etc.

Quelquefois les détails en apparence les plus insignifiants reçoivent une importance réelle et inattendue. L'auteur se montre toujours habile et ingénieux lorsqu'il fait ressortir des moindres causes les plus grands effets.

Savez-vous à quoi il attribue l'immense population de l'Égypte, ainsi que le grand nombre d'ouvrages et de monuments qu'on y admirait? le voici :

« Ils (les Égyptiens) pourvoient à l'entretien de leurs enfants sans aucune dépense et avec une frugalité incroyable. Ils leur donnent des aliments cuits très-simples, des tiges de papyrus, qui peuvent être grillées au feu, des racines et des tiges de plantes palustres, tantôt crues, tantôt bouillies ou rôties; et comme presque tous les enfants vont sans chaussures et sans vêtements, à cause du climat tempéré, les parents n'évaluent pas au delà de vingt drachmes (un peu moins de vingt francs) toute la dépense qu'ils font pour leurs enfants jusqu'à l'âge de la puberté. C'est à ces causes que l'Égypte doit sa nombreuse population ainsi que la quantité considérable d'ouvrages et de monuments qu'on trouve dans ce pays. » (Livre I, chap. 80.)

Diodore doit être le principal guide pour ce qui concerne l'histoire de la Sicile depuis Gélon jusqu'à Agathocle, et les premières guerres des Carthaginois avec les peuples d'origine grecque. C'est la source primitive pour tout ce qui est relatif à l'histoire d'Alexandre le Grand et de ses successeurs; car Plutarque, Arrien, Quinte Curce et Justin sont postérieurs à l'historien d'Agyre.

Mais ce qui avait pour moi le plus d'attrait, et ce qui m'avait même déterminé à entreprendre cette traduction, c'est le riche butin que la *Bibliothèque* de Diodore fournit à l'histoire des sciences physiques et naturelles. Qu'il me soit donc permis d'y insister, d'autant plus que cette partie des études historiques est encore, pour ainsi dire, à l'état rudimentaire.

La science des poisons et des médicaments est presque aussi ancienne que l'astronomie. L'homme, à son origine, semble avoir voulu connaître en même temps ce qui était le plus loin de lui, et ce qui le touchait de plus près. C'est chez les Égyptiens qu'on trouve les premiers vestiges de l'astronomie et de la médecine.

Beaucoup de récits fabuleux admettent une interprétation toute scientifique. C'est ce qui est surtout vrai pour Hécate, Médée et Circé.

Dans les langues anciennes, les mots donnent quelquefois la raison même des choses : *pharmacum* (φάρμακον) signifie tout à la fois *poison* et *médicament*. C'est qu'en effet les médicaments pris à hautes doses agissent comme des poisons ; et, inversement, les poisons, à très-faibles doses, constituent les meilleurs médicaments. Les matières qui sans doute jouaient le plus grand rôle dans les sortiléges et dans les enchantements relégués parmi les fables, étaient empruntées aux plantes de la famille des solanées, la même famille à laquelle appartient la plante la plus utile à l'homme, la pomme de terre. Les fruits ou les feuilles de la stramoine, de la belladone, de la jusquiame, de quelques espèces de *solanum*, voilà les véritables secrets des Médées de l'antiquité et du moyen âge. Il y a surtout deux effets singuliers que ces matières ne manquent presque jamais de produire : une aberration de la vision et une grande somnolence. C'est précisément aussi ce qu'on remarque chez Pélias succombant sous la puissance de Médée : « D'abord il vit des figures de dragons, et plus tard il tomba dans un profond assoupissement. » (Liv. IV, chap. 51.)

Ceux qui s'empoisonnent avec des plantes de la famille des solanées sont atteints d'un délire pendant lequel ils voient les images les plus étranges, et se croient transportés dans une autre sphère. A cette hallucination, dont la durée varie, succède un sommeil tourmenté par des rêves affreux. On trouve consignés dans les annales de la science mille exemples de ce genre d'empoisonnement. Un de ces exemples les plus frappants a été rapporté par un témoin oculaire, M. Gauthier de Claubry. En 1813, toute une compagnie de soldats français, fatigués par une longue journée de marche, mangea, dans un bois des environs de Dresde, des fruits de belladone, que la plupart avaient pris pour des cerises d'une nouvelle espèce. Peu de moments après, ces malheureux offrirent le spectacle le plus singulier. Les uns commandaient la charge, prenant leurs camarades pour des Cosaques; les autres brûlaient leurs doigts dans le feu du bivac, s'imaginant allumer leurs pipes; tous étaient atteints des aberrations les plus bizarres de la vision.

Si ces soldats de Napoléon ont pris leurs doigts pour des pipes, pourquoi les compagnons d'Ulyssene se seraient-ils pas crus transformés en pourceaux? Circé, qui avait opéré ce dernier miracle, était sœur de Médée et fille d'Hécate, si habile dans les compositions des poisons mortels. « Hécate découvrit ce qu'on appelle l'*aconit.* Elle expérimentait la puissance de chaque poison en le mélangeant aux aliments qu'elle donnait aux étrangers. » (Liv. IV, chap. 45). Plus tard, Locuste répéta les expériences d'Hécate pour l'instruction de Néron. L'aconit est un genre de plantes comprenant des espèces très-vénéneuses. Le traducteur allemand de Diodore, Stroth, ignorait sans doute les propriétés toxiques de cette plante, puisqu'il n'a pas craint de commettre une infidélité en rendant ἀκόνιτον, *aconitum*, par *ciguë.*

Il est probable que les anciens soumettaient les différentes parties de la plante à une opération particulière, dans le but d'en concentrer le principe le plus actif. L'opération la plus simple consistait à faire bouillir les tiges, les feuilles et les fleurs, avec de l'eau ou du vin, et à évaporer ensuite la liqueur, de manière à obtenir un extrait aqueux ou alcoolique.

J'incline à penser que c'est sous forme d'extrait que la ciguë, l'aconit et d'autres plantes vénéneuses ont servi à un si grand nombre d'empoisonnements et d'exécutions judiciaires chez les Athéniens et chez les rois de Macédoine. Cette hypothèse semble d'ailleurs très-bien s'accorder avec ce que dit Apollonius de Rhodes, d'après lequel « Hécate instruisit Médée dans l'art de préparer (τεχνήσασθαι) les poisons que produisent la terre et l'eau, » c'est-à-dire dans l'art de faire subir un traitement artificiel aux poisons naturels, aux plantes vénéneuses, afin de rendre leur action encore plus énergique. Or, cet art, dans son plus grand état de simplicité, ne pouvait être que la préparation des extraits pharmaceutiques, à moins d'admettre que les anciens aient connu le moyen de retirer des végétaux les alcaloïdes, l'aconitine de l'aconit, la cicutine de la ciguë, etc.; ce qui ne me paraît point vraisemblable.

« Thémistocle périt comme Jason, par le sang de taureau. » (Liv. IV, 50; XI, 58.) Cette intoxication a été une pierre d'achoppement pour tous les commentateurs qui se sont refusés à reconnaître au sang des propriétés vénéneuses. Le sang de bœuf, de porc, etc., ne sert-il pas tous les jours d'aliments? Il y a à cela une réponse qui, selon moi, tranche toutes les difficultés : pour que le sang de taureau, comme celui de tout autre animal, devienne un poison, et des plus actifs, il faut qu'il soit, non pas frais, mais à l'état de putréfaction. C'est du sang de taureau putréfié, c'est-à-dire un poison *septique*, que les Athéniens donnaient à boire aux condamnés à mort. Tout le monde connaît les accidents d'empoisonnement si souvent occasionnés par les produits de charcuterie mal conservés.

Il résulte de l'ouvrage de Diodore et de l'*Alexipharmaque* de Dioscoride, que presque tous les poisons connus des anciens étaient empruntés au règne organique; c'étaient à la fois les plus énergiques et les plus difficiles à constater en médecine légale.

Quiconque aborde, sans être suffisamment initié dans les sciences, la critique ou la traduction des historiens anciens, s'expose quelquefois à commettre les plus graves erreurs.

Ainsi le *mirage*, décrit par Diodore (liv. III, 50), avait été, pendant des siècles, regardé comme un conte fabuleux, jusqu'à ce que Monge le vit en Égypte et l'expliquât scientifiquement.

Le récit que Diodore fait de la température du climat dans le pays des Troglodytes a été regardé comme une pure invention de l'historien. « Personne, dit-il, ne peut marcher dans ce pays sans chaussure ; car ceux qui y vont pieds nus sont aussitôt atteints de pustules. Quant à la boisson, si l'on n'en usait pas à satiété, on mourrait subitement, la chaleur consumant les humeurs du corps. Si l'on met quelque aliment dans un vase d'airain avec de l'eau, et qu'on l'expose au soleil, il est bientôt cuit, sans feu ni bois. » (Liv. III, chap. 34.)

En effet, il est aujourd'hui acquis à la science que la température la plus élevée s'observe, non pas précisément sous l'équateur, mais sur les bords de la mer Rouge, tout près de l'ancienne contrée des Troglodytes. La température d'été y dépasse quelquefois cinquante-six degrés du thermomètre centigrade, à l'ombre. C'est une chaleur de dix-huit degrés supérieure à celle du sang de l'homme.

Certains mythes semblent, sous l'enveloppe du merveilleux, cacher des vérités scientifiques. « Phaéton (le maladroit conducteur du char d'Hélius) tomba à l'embouchure du Pô, appelé autrefois Éridan. Ses sœurs pleurèrent amèrement sa mort ; leur douleur fut si grande qu'elles changèrent de nature et se transformèrent en peupliers. Ces arbres laissent annuellement, à la même époque, couler des larmes. Or, ces larmes solidifiées constituent l'*electrum* (succin). » (Liv. II, chap. 23.)

C'est là, si l'on veut, l'allégorie ingénieuse d'un fait physique. On a beaucoup discuté sur l'origine du succin. L'opinion que la science a fait prévaloir est que le succin ou ambre jaune, sur lequel on a pour la première fois observé le phénomène électrique de l'attraction, est un produit d'altération d'une résine découlant, sous forme de larmes, d'une espèce de plante aujourd'hui inconnue.

Autre exemple. « Les Argonautes furent assaillis d'une violente tempête. Comme les principaux désespéraient de leur salut, Orphée, le seul des navigateurs qui fût initié dans les mystères, fit, pour conjurer l'orage, des vœux aux dieux de Samothrace. Aussitôt le vent cessa; deux étoiles tombèrent sur les têtes des Dioscures, au grand étonnement de tout le monde, et on se crut à l'abri des dangers par l'intervention d'une providence divine. » (Liv. IV, chap. 43.)

Pendant un temps orageux, où l'air est chargé d'électricité, il n'est pas rare de voir des étincelles au sommet des pointes métalliques, et même sur la tête de certaines personnes qui semblent mieux conduire l'électricité que d'autres. César (*de Bello Affricano,* cap. 6), Tite-Live (XXII, 1), Pline (*Hist. nat.*, II, 37), ont décrit des phénomènes semblables. Les marins, dit Pline, les attribuaient à Castor et Pollux qui étaient, pendant les tempêtes, invoqués comme des dieux. M. Schweigger, célèbre physicien de Halle, s'est attaché à démontrer que, par le mythe des Dioscures, les anciens représentaient symboliquement la connaissance de l'électricité positive et de l'électricité négative : l'une ne se manifeste qu'autant que l'autre disparaît, de même que Pollux vit pendant que l'autre meurt, et réciproquement. Il y a encore d'autres analogies qui pourraient venir à l'appui de cette opinion. Ainsi, les Dioscures sont représentés ayant chacun une flamme au sommet de la tête;

leur vitesse, qui est extrême, est figurée par des ailes blanches ou des chevaux blancs ; leur apparition, comme de bons génies pendant les orages, le bruit sifflant qui accompagne cette apparition, la puissance et les attributs des Dioscures, peuvent merveilleusement s'appliquer à plusieurs propriétés du fluide électrique. Enfin, l'opinion aujourd'hui scientifiquement démontrée, que l'orage est un phénomène électrique qui se passe surtout entre les deux électricités opposées du ciel et de la terre, les anciens semblent l'avoir enseignée symboliquement par le mythe des Dioscures, tous deux fils du dieu de la foudre, tous deux envoyés comme des génies propices au milieu des tempêtes, l'un étant au ciel, pendant que l'autre résidait dans les enfers.

Je comprends combien il faut être réservé dans ces sortes de rapprochements que l'imagination tend toujours à exagérer. Mais il faut aussi reconnaître que plusieurs de ces rapprochements sont si naturels qu'ils se présentent d'eux-mêmes à l'esprit.

Dans l'antiquité et au moyen âge, les sciences physiques étaient enseignées secrètement et à un petit nombre d'initiés ; elles n'étaient traduites au dehors que sous des formes obscures et allégoriques. Le *Timée* de Platon et les œuvres des alchimistes en sont une preuve évidente. Les sociétés savantes de nos jours étaient, si je ne m'abuse, représentées par les mystères dans l'antiquité, et par les adeptes du grand œuvre dans le moyen âge. Cette opinion est peut-être hardie, et j'ai longtemps hésité à l'émettre ; mais plusieurs faits sont venus m'y confirmer. Le passage suivant de Diodore est de ce nombre :

« On donne une interprétation physique de ce mythe, en disant que Bacchus, fils de Jupiter et de Cérès, signifie que la vigne s'accroît, et que son fruit, qui fournit le vin, mûrit par le moyen de la terre (Cérès), et par la pluie (Jupiter). Bacchus, déchiré dans sa jeunesse par les enfants de la terre, signifierait la vendange que font les cultivateurs; car les hommes considèrent Cérès comme la terre. Les membres qu'on a fait bouillir indiqueraient l'usage assez général de faire cuire le vin pour le rendre meilleur et lui donner un fumet plus suave. Les membres déchirés par les enfants de la terre et remis dans leur premier état par les soins de Cérès, expriment qu'après qu'on a dépouillé la vigne de son fruit, et qu'on l'a taillée, la terre la met à même de germer de nouveau, selon la saison de l'année. En général, les anciens poëtes et les mythographes appellent la terre, en tant que mère, du nom de *Cérès* (Déméter). Tout cela est conforme aux chants d'Orphée, et aux *cérémonies introduites dans les mystères* dont il n'est pas permis de parler à ceux qui n'y sont pas initiés. » (Livre III, chap. 62.)

Ainsi donc, l'interprétation physique du mythe de Bacchus est conforme aux cérémonies des mystères qu'il est défendu de révéler aux profanes. Prenons acte de ces paroles de Diodore qui, selon toute apparence, était initié dans les mystères.

C'est surtout dans les paroles suivantes que Diodore semble soulever un coin du voile qui dérobait la science des initiés aux yeux du vulgaire.

« C'est, dit-il, en imitation de la puissance naturelle du soleil que les arts pratiqués par l'homme, disciple de la nature, arrivent à colorer la matière et à la faire varier d'aspect; car la lumière est la cause des couleurs. De plus, elle développe le parfum des fruits, les propriétés des sucs, la taille et les instincts des animaux. La lumière et la chaleur du soleil produisent les différentes qualités du sol; elles rendent, par leur douce influence, la terre fertile et l'eau fécondante; enfin, *le soleil est l'architecte de la nature.* » (Livre II, chap. 52.)

Il y a de ces vérités qui sont senties plutôt que comprises: elles sont contemporaines de l'homme. Le culte que les peuples primitifs ont voué au soleil a certainement sa raison, non pas seulement dans l'éclat lumineux de cet astre qui fait distinguer le jour des ténèbres, mais surtout dans l'influence vivifiante, mystérieuse, et, pour ainsi dire, toute divine, que le soleil exerce sur tout l'ensemble de la nature. Cette influence a été sans doute reconnue de tout temps, bien qu'on n'eût encore aucun moyen de s'appuyer sur des démonstrations scientifiques. Depuis des milliers d'années (Diodore n'est ici que l'interprète de témoignages plus anciens), on sait que la lumière du soleil est la cause des couleurs; mais c'est depuis un siècle et demi à peine que l'on a trouvé la démonstration scientifique de ce fait par la décomposition de la lumière en ses couleurs primitives : les corps qui nous paraissent *jaunes* absorbent toutes les autres couleurs du spectre solaire, moins le *jaune*; les corps qui nous paraissent *verts* absorbent toutes les autres couleurs, moins le *vert*, etc. Les anciens savaient comme nous que le chatoyement irisé des plumes d'oiseau est un effet du soleil; mais ils ne savaient pas comment cet effet résulte de certains phénomènes de diffraction que la physique nous explique aujourd'hui. Les anciens attribuaient à l'action du soleil le parfum des fruits du Midi. La chimie cherche aujourd'hui à nous rendre compte de ce fait. Les philosophes de l'école ionienne avaient été conduits à admettre théoriquement qu'il existe dans l'air un esprit (πνεῦμα) qui entretient le feu et la respiration; pendant des siècles, on l'a cherché en tâtonnant; maintenant tout le monde le connaît, cet esprit auquel Lavoisier a donné le nom d'*oxygène*. Il serait inutile de multiplier les exemples. Il me suffit d'avoir fait ressortir que les grandes vérités scientifiques, exprimées dans leur formule la plus générale, ont été connues presque de tout temps, et qu'elles sont en quelque sorte inhérentes à l'intelligence même de l'homme. C'est là qu'il faut, selon moi, chercher le secret des mystères.

Je passerai sous silence d'autres points de l'histoire des sciences (la métallurgie, l'exploitation des mines, la fabrication des pierres précieuses artificielles, les embaumements, etc.) dont j'ai parlé d'une manière assez étendue dans mon *Histoire de la Chimie*.

Qu'il me soit permis, en terminant, de dire un mot des traductions qui ont été jusqu'ici faites de la *Bibliothèque historique*. Diodore avait déjà été traduit en français par Terrasson, vers le milieu du siècle passé, et assez récemment par Miot. La première traduction est si défectueuse qu'une simple révision aurait été insuffisante; il fallait une traduction entièrement nouvelle. Miot, traducteur beaucoup plus exact que Terrasson, n'a eu que le tort de s'être laissé trop souvent guider par l'interprétation latine de Rhodoman, au lieu de suivre fidèlement le texte grec. Il en est résulté quelques erreurs qui auraient pu être facilement évitées. Quelques-unes de ces erreurs ont été, avec une grande autorité, relevées par M. Letronne, dans la critique qu'il a faite de la traduction de Miot, dans le *Journal des Savants*.

C'est surtout les détails relatifs aux sciences et décrits dans des termes techniques [1], qui ont été rendus par la plupart des interprètes avec une inexactitude déplorable et sans aucune intelligence des choses. Il serait donc imprudent de construire l'histoire des sciences dans l'antiquité avec des matériaux tirés de pareilles traductions. C'est principalement cette considération qui m'avait déterminé à entreprendre un travail aussi long que pénible ; et c'est sous ce rapport que j'ai essayé de faire mieux que mes prédécesseurs [2].

FERD. HOEFER.

Paris, le 1er février 1846.

[1] Ainsi, livre XX, chap. 71, l'expression empruntée au langage chirurgical de *ἀστραγάλους ἐπιτέμνειν*, *réséquer les os (astragales) du pied*, est rendue par Miot, par *coups de fouets garnis d'osselets*. (Voyez ma note de la page 177 du tom. IV.)

[2] Le texte grec que j'ai eu sous les yeux est celui des éditions de Deux-Ponts (11 vol. in-8, 1808), de Tauchnitz (Lipsiæ, 1829) et de M. A. Didot (Paris, 1842; réimpression du texte de Dindorf

DIODORE DE SICILE

BIBLIOTHÈQUE HISTORIQUE

DE

DIODORE DE SICILE.

LIVRE PREMIER.

PREMIÈRE PARTIE.

SOMMAIRE [1].

Préface. — Croyances des Égyptiens sur l'origine du Monde. — Dieux fondateurs des villes de l'Égypte. — Des premiers hommes, et du plus ancien genre de vie. — Culte des Dieux; construction des temples. — Topographie de l'Égypte; le Nil. — Opinions des anciens philosophes et historiens sur la cause des crues du Nil. — Premiers rois d'Égypte; leurs exploits. — Construction des pyramides, comptées au nombre des sept merveilles du Monde. — Lois et tribunaux. — Animaux sacrés des Égyptiens. — Rites observés aux funérailles des Égyptiens. — Voyageurs grecs qui ont emprunté à l'Égypte des institutions utiles.

I. Tous les hommes doivent de la reconnaissance à ceux qui approfondissent l'histoire universelle et s'efforcent de contribuer, par leurs travaux, au bien général de la société. Livrés à un enseignement utile, ils procurent au lecteur la plus belle expérience des choses humaines, sans lui en faire payer l'apprentissage. L'expérience qu'on acquiert soi-même ne peut être le fruit que de grands labeurs et de beaucoup de souffrances.

Le héros le plus expérimenté, « Qui avait vu bien des

[1] Les sommaires placés en tête de chaque livre sont la traduction des sommaires grecs. Les sommaires des chapitres, que Terrasson et Miot ont donnés dans leurs traductions, n'existent pas dans le texte original.

villes et appris à connaître bien des hommes, » avait aussi beaucoup souffert [1]. Les historiens enseignent la sagesse par le récit des peines et des malheurs d'autrui. Ils essaient de ramener à un même ordre de choses tous les hommes qui, avec une origine commune, ne sont distingués que par la différence des temps et des lieux. Ils se constituent, en quelque sorte, les ministres de la providence divine [2], qui soumet à un principe commun la distribution des astres et la nature des hommes, et qui, tournant dans une sphère éternelle, assigne à chacun leur destin. C'est ainsi qu'ils font de leur science un objet de méditation pratique. Il est bon de profiter de l'exemple d'autrui pour redresser ses propres erreurs, et d'avoir pour guide, dans les hasards de la vie, non la recherche de l'avenir, mais la mémoire du passé. Si, dans les conseils, on préfère l'avis des vieillards à celui des jeunes gens, c'est à l'expérience, qui s'acquiert avec les années, qu'il faut attribuer cette préférence; or, l'histoire, qui nous procure l'enseignement de tant de siècles, n'est-elle pas encore bien au-dessus de l'expérience individuelle? on peut donc considérer l'histoire comme la science la plus utile dans toutes les circonstances de la vie : elle donne non-seulement aux jeunes gens l'intelligence du passé, mais encore elle agrandit celle des vieillards. La connaissance de l'histoire rend de simples particuliers dignes du commandement, et, par la perspective d'une gloire immortelle, elle encourage les chefs à entreprendre les plus belles actions. De plus, par les éloges que l'histoire décerne à ceux qui sont morts pour la patrie, elle rend les citoyens plus ardents à la défendre, et, par la menace d'un opprobre éternel, elle détourne les méchants de leurs mauvais desseins.

II. En perpétuant la mémoire du bien, l'histoire a conduit les uns à fonder des villes, les autres à consolider la société par des

[1] Ulysse. Voy. *Odyssée*, chant Ier, vers 3.

[2] Traduction littérale de θείας προνοίας. Il est à remarquer que Diodore revient souvent à l'idée d'une *providence divine*, et qu'il n'attribue pas, à l'exemple de beaucoup d'historiens de ce temps, le gouvernement des choses humaines au hasard ou à une sorte de fatalité inexorable.

ois, d'autres enfin à devenir, par l'invention des sciences et es arts, les bienfaiteurs du genre humain.

Il faut réclamer pour l'histoire une large part dans les éloges ccordés aux actions qui contribuent au bonheur général. Incontestablement, elle rend les plus grands services à l'humaité en plaçant les modèles de la vertu en face du vice déasqué. Si la fiction des enfers contribue puissamment à nspirer aux hommes la piété et la justice, quelle influence ienfaisante doivent exercer sur les mœurs et sur la morale les réits véridiques de l'histoire! La vie d'un homme n'est qu'un monent de l'éternité; l'homme passe et le temps reste. Ceux qui 'ont rien fait qui soit digne de mémoire meurent avec leur corps t avec tout ce qui se rattachait à leur vie; tandis que les actes le ceux qui sont arrivés à la gloire par la vertu se perpétuent t revivent dans la bouche de l'histoire. Il est beau, ce me semle, d'échanger une renommée immortelle pour des travaux érissables. Hercule s'est immortalisé par des travaux entrepris u profit du genre humain. Parmi les hommes de bien, les uns nt été mis au rang des héros, les autres ont reçu des honneurs livins; tous ont été célébrés par l'histoire, perpétuant leur méoire selon le mérite de chacun.

Tandis que les autres monuments deviennent la proie du emps, l'histoire enchaîne, par sa toute-puissance, le temps, ui use tant de choses, et le force en quelque sorte à transettre ses témoignages à la postérité. Elle contribue aussi u développement de l'éloquence, le plus beau talent de l'homme. 'est par l'éloquence que les Grecs l'emportent sur les Barbaes, comme les gens instruits l'emportent sur les ignorants. 'est par le seul secours de la parole qu'un homme peut se endre maître de la multitude. En général, l'effet d'un disours est déterminé par le pouvoir de l'éloquence. Nous accorons des éloges aux bons citoyens qui, sous ce rapport, se sont levés au premier rang.

En poursuivant ce sujet, qui se divise en plusieurs parties, ous remarquerons que la poésie est plus agréable qu'utile;

que la législation est appelée à réprimer plutôt qu'à instruire. Parmi les autres genres d'éloquence, les uns ne contribuent en rien à la prospérité publique, les autres sont utiles autant que dangereux; d'autres, enfin, ne font qu'obscurcir la vérité. Transmettant à la postérité ses témoignages ineffaçables, l'histoire, seule, par l'accord des actes avec les paroles, réunit tout ce que les autres connaissances renferment de plus utile. Elle se manifeste dans tout son éclat, en encourageant la justice, en blâmant les méchants, en louant les bons, en offrant de grandes leçons à ceux qui veulent en profiter.

III. La faveur avec laquelle ont été accueillis ceux qui se sont livrés à l'étude de l'histoire nous a engagé à nous vouer à la même carrière. En examinant les travaux de nos prédécesseurs, nous leur avons rendu toute la justice qu'ils méritaient; mais nous avons pensé qu'ils n'avaient pas encore atteint le degré d'utilité et de perfection nécessaire. Car l'utilité de l'histoire réside dans un ensemble de circonstances et de faits très-nombreux et très-variés; et pourtant la plupart de ceux qui ont écrit l'histoire ne se sont attachés qu'au récit des guerres particulières d'une nation ou d'une seule cité. Un petit nombre d'entre eux ont essayé de tracer des histoires universelles depuis les temps anciens jusqu'à l'époque où ils écrivaient. Et parmi ceux-ci les uns ont entièrement négligé la chronologie, les autres ont passé sous silence les faits et gestes des Barbares; d'autres ont évité, comme un écueil, les temps fabuleux; d'autres enfin n'ont pas pu achever leur œuvre, enlevés au milieu de leur carrière par l'inexorable destin. Aucun d'entre eux n'est encore allé plus loin que l'époque des rois macédoniens; ceux-là ayant fini leur histoire à Philippe, ceux-ci à Alexandre, et quelques autres aux successeurs de ces rois. Depuis cette époque jusqu'à nos jours il s'est passé bien des événements qu'aucun historiographe n'a encore tenté de rédiger et de mettre en ordre; tous ont reculé devant l'immensité de cette tâche. Aussi le lecteur doit-il renoncer à comprendre et à graver dans sa mémoire les détails historiques et chronologiques consignés dans des ouvrages nombreux et divers.

Après avoir réfléchi à tout cela, nous avons jugé à propos d'entreprendre cet ouvrage dans le but d'être utile et le moins fastidieux que possible pour le lecteur. Une histoire universelle depuis les temps les plus reculés jusqu'à nos jours est sans doute un travail d'une exécution difficile, mais qui est du plus haut intérêt pour les hommes studieux. Chacun pourra puiser à cette grande source tout ce qui lui paraît le plus utile. Ceux qui veulent s'instruire manquent souvent des moyens de se procurer les livres nécessaires ; de plus, il leur est difficile de démêler les faits véritables dans la multitude et la variété des récits. Une histoire universelle coordonne les faits, en rend la compréhension facile et les met à la portée de tout le monde. En somme, elle est autant au-dessus des histoires particulières que le tout est au-dessus de la partie, que le général est au-dessus du particulier; et, en soumettant les faits à un ordre chronologique, elle est supérieure à tout récit de choses dont la date est inconnue.

IV. Comme l'exécution d'un projet si utile demande beaucoup de travail et de temps, nous y avons employé trente ans. Nous avons parcouru, avec bien des fatigues et bien des risques, une grande partie de l'Asie et de l'Europe, afin de voir de nos propres yeux la plupart des contrées les plus importantes dont nous aurons occasion de parler. Car c'est à l'ignorance des lieux qu'il faut attribuer les erreurs qui sont commises même par les historiens les plus renommés.

Ce qui nous porte à entreprendre cet ouvrage, c'est surtout le désir d'être utile (désir qui chez tous les hommes mène à bonne fin les choses en apparence les plus difficiles) ; puis, la facilité avec laquelle nous pouvons nous procurer à Rome tout ce qui peut contribuer à la réalisation de ce projet. En effet, cette ville dont l'empire s'étend jusqu'aux confins du monde nous a fourni de grandes facilités, à nous qui y avons séjourné pendant un temps assez long. Natif d'Argyre, en Sicile, et ayant acquis une grande connaissance de la langue latine, à cause des rapports intimes et fréquents que les Romains ont avec cette île, j'ai consulté avec soin les documents conservés depuis si longtemps par les Romains, afin d'éclaircir l'histoire de ce grand empire. Nous avons commencé par les temps fabuleux chez les Grecs et les Barbares, après avoir soigneusement examiné tout ce que les traditions anciennes rapportent sur chaque peuple.

Puisque notre ouvrage est achevé et que les livres qui le composent sont encore inédits, je veux d'abord dire un mot sur le plan général que j'ai suivi. Les six premiers livres renferment les événements et les récits fabuleux antérieurs à la guerre de Troie, et, de ces six, les trois premiers comprennent les antiquités des Barbares, et les trois autres, celles des Grecs. Dans les onze livres suivants, nous donnons l'histoire universelle depuis la guerre de Troie jusqu'à la mort d'Alexandre. Enfin les derniers vingt-trois livres contiennent la suite de cette histoire jusqu'au commencement de la guerre entre les Celtes et les Romains, sous le commandement de Jules César, qui fut mis par ses exploits au rang des dieux : ce chef avait dompté les innombrables peuplades belliqueuses des Celtes et reculé jusqu'aux îles britanniques les limites de l'empire de Rome. Les premiers événements de cette guerre tombent dans la première année de la CLXXX^e^ olympiade, Hérode étant archonte d'Athènes.

V. Nous n'avons fixé aucun ordre chronologique pour la partie de notre histoire qui est antérieure à la guerre de Troie, car il ne nous en reste aucun monument digne de foi.

De la prise de Troie jusqu'au retour des Héraclides, nous avons compté quatre-vingts ans, d'après l'autorité d'Apollodore d'Athènes [1], et trois cent vingt-huit ans, depuis le retour des Héraclides jusqu'à la 1re olympiade, en calculant cette période d'après les règnes des rois de Lacédémone. Enfin, il s'est écoulé un intervalle de sept cent trente ans depuis la 1re olympiade jusqu'au commencement de la guerre des Gaules, à laquelle nous

[1] Apollodore l'Athénien avait écrit une *Bibliothèque mythologique* en vingt-quatre livres, dont il ne nous reste plus que trois. Il était disciple d'Aristarque, et vivait cent trente ans avant Jésus-Christ. La meilleure édition d'Apollodore est celle de Gottlob Heyne. Gœtting., 1782, in-8. — *Ejusdem notæ ad Apollodori bibliothecam cum fragmentis;* Gœtting., 1783, 3 vol. in-8.

finissons[1]. Ainsi, notre histoire, composée de quarante livres, comprend un laps de temps de mille cent trente-huit ans, sans compter l'époque qui précède la guerre de Troie.

Nous avons indiqué ces notions préliminaires, afin de donner au lecteur une idée de l'ensemble de l'ouvrage et d'en prévenir l'altération de la part des copistes. Nous souhaitons que ce qu'il y a de bon n'excite la jalousie de personne, et que les erreurs qui s'y rencontrent soient rectifiées par ceux qui sont plus instruits que nous. Après cette courte introduction, nous allons procéder à la réalisation de notre promesse.

VI. Nous essaierons d'exposer à part les idées émises par les premiers instituteurs du culte divin sur ce que la mythologie raconte de chacun des immortels; car c'est là un sujet qui demande beaucoup d'étendue. Cependant, nous ne manquerons pas de faire ressortir, dans notre exposé, tout ce qui nous paraîtra convenable et digne d'être mentionné. Commençant aux temps les plus anciens, nous décrirons soigneusement et en détail tout ce qui a rapport au genre humain et aux parties connues de la terre habitée. Parmi les naturalistes et les historiens les plus célèbres il y a deux opinions différentes sur l'origine des hommes. Les uns admettent que le monde est incréé et impérissable, et que le genre humain existe de tout temps, n'ayant point eu de commencement. Les autres prétendent, au contraire, que le monde a été créé, qu'il est périssable, que le genre humain a la même origine que le monde et qu'il est compris dans les mêmes limites.

VII. A l'origine des choses, le ciel et la terre, confondus ensemble, n'offraient d'abord qu'un aspect uniforme. Ensuite, les corps se séparèrent les uns des autres, et le monde revêtit la forme que nous lui voyons aujourd'hui; l'air fut doué

[1] L'auteur se trompe ici de quelques années. Sept cent trente ans équivalent à cent quatre-vingt-deux olympiades et demie. Or, le commencement de la guerre des Gaulois, époque où Diodore termine son ouvrage, coïncide avec la première année de la CLXXX[e] olympiade. Il paraît donc probable que Diodore a confondu le commencement de la guerre des Gaulois avec celui de la guerre civile. Au reste, les erreurs de ce genre sont assez fréquentes dans l'ouvrage de Diodore.

d'un mouvement continuel : l'élément igné s'éleva dans les régions supérieures, en vertu de sa légèreté. C'est pourquoi le soleil et toute l'armée des astres, qui sont formés de cet élément, sont entraînés dans un tourbillon perpétuel. L'élément terrestre et l'élément liquide restèrent encore mélangés ensemble, en raison de leur poids; mais, l'air tournant continuellement autour de lui-même, les particules humides produisirent la mer, et les particules plus compactes formèrent la terre molle et limoneuse. Sous l'influence des rayons du soleil, la terre prit de la consistance; par l'action combinée de la chaleur et de l'humidité, sa surface se souleva comme une matière fermentescible : il se forma en beaucoup d'endroits des excroissances recouvertes de minces membranes, ainsi qu'on le voit encore aujourd'hui arriver dans les lieux marécageux, lorsqu'à une température froide succède subitement un air brûlant, sans transition successive. La matière, ainsi vivifiée, se nourrit pendant la nuit de la vapeur qui se condense, tandis qu'elle se solidifie pendant le jour par l'effet du soleil. Enfin, ces germes, après avoir atteint leur dernier degré de développement et rompu les membranes qui les enveloppaient, mirent au monde tous les types d'animaux. Ceux en qui la chaleur domine s'élevèrent dans les airs; ce sont les oiseaux. Ceux qui participent davantage du mélange terrestre se rangèrent dans la classe des reptiles et des autres animaux qui vivent sur la terre. Ceux qui tiennent davantage de la substance aqueuse trouvèrent dans l'eau un séjour convenable; on les appelle animaux aquatiques. La terre, se desséchant de plus en plus sous l'influence de la chaleur du soleil et des vents, finit par ne plus engendrer aucun des animaux parfaits. Depuis lors, les êtres animés se propagent par voie de génération, chacun selon son espèce. Euripide, disciple d'Anaxagore le physicien, semble avoir les mêmes idées sur l'origine du monde, lorsqu'il dit dans *Ménalippe* :

« Ainsi le ciel et la terre étaient confondus dans une masse « commune, lorsqu'ils furent séparés l'un de l'autre.

« Tout prenait vie et naissait à la lumière : les arbres, les

« volatiles, les animaux que la terre nourrit, et le genre hu-
« main. »

VIII. Voilà ce que nous savons sur l'origine du monde. Les hommes primitifs devaient mener une vie sauvage, se disperser dans les champs, cueillir les herbes et les fruits des arbres qui naissent sans culture. Attaqués par les bêtes féroces, ils sentaient la nécessité de se secourir mutuellement, et, réunis par la crainte, ils ne tardaient pas à se familiariser entre eux. Leur voix était d'abord inarticulée et confuse; bientôt ils articulèrent des paroles, et, en se représentant les symboles des objets qui frappaient leurs regards, ils formèrent une langue intelligible et propre à exprimer toutes choses. L'existence de semblables réunions d'hommes en divers endroits du continent a donné naissance à des dialectes différents suivant l'arrangement particulier des mots de chacun. De là encore la variété des caractères de chaque langue, et le type naturel et primitif qui distingue toute nation. Dans leur ignorance des choses utiles à la vie, les premiers hommes menaient une existence misérable; ils étaient nus, sans abri, sans feu et n'ayant aucune idée d'une nourriture convenable. Ne songeant point à cueillir les fruits sauvages et à en faire provision pour la mauvaise saison, beaucoup d'entre eux périssaient par le froid et le défaut d'aliments. Bientôt instruits par l'expérience, ils se réfugiaient dans des cavernes pendant l'hiver, et mettaient de côté les fruits qui pouvaient se conserver. La connaissance du feu et d'autres choses utiles ne tarda pas à amener l'invention des arts et de tout ce qui peut contribuer à l'entretien de la vie commune. Partout le besoin a été le maître de l'homme : il lui enseigne l'usage de sa capacité, de ses mains, de la raison et de l'intelligence, que l'homme possède de préférence à tout animal. Cet exposé de l'origine et de la vie primordiale des hommes suffira pour l'ordre de notre sujet.

IX. Nous allons entrer maintenant dans le détail des événements mémorables qui sont arrivés dans les contrées les plus connues de la terre. Nous n'avons rien à dire des premiers rois, et nous n'ajouterons point foi aux récits de ceux qui prétendent en savoir l'histoire. En effet, il est impossible que l'écriture soit une invention contemporaine des premiers rois. Et, supposé même que l'origine de l'écriture soit aussi ancienne, ce n'est que beaucoup plus tard qu'il devait y avoir des historiens. Non-seulement les Grecs, mais encore la plupart des Barbares, discutent beaucoup sur l'antiquité de l'histoire, en se disant *autochthones*, et les premiers inventeurs des arts utiles, et en faisant remonter leurs monuments historiques aux temps les plus reculés. Quant à nous, nous ne voulons point décider quels sont les peuples les plus anciens, et encore moins de combien d'années les uns sont plus anciens que les autres. Mais nous exposerons dans un ordre convenable ce que chacun d'eux raconte de leur antiquité et de leur origine. Nous commencerons par les Barbares, non que nous les estimions plus anciens que les Grecs, comme Éphore l'a avancé, mais afin d'achever cette partie de notre tâche avant d'aborder l'histoire des Grecs, que nous ne serons pas ensuite obligé d'interrompre. Comme la tradition place en Égypte la naissance des dieux, les premières observations astronomiques et les récits sur les grands hommes les plus dignes de mémoire, nous commencerons notre ouvrage par les Égyptiens.

X. Les Égyptiens disent que leur pays est le berceau du genre humain, à cause de la fertilité du sol et de la nature du Nil. Ce fleuve fournit des aliments appropriés aux nombreuses espèces d'animaux qu'il renferme; on y trouve, en effet, la racine du roseau, le lotus, la fève d'Égypte, le *corseon*[1] et plusieurs autres produits qui peuvent également servir de nour-

[1] Ce que les botanistes anciens désignent par ῥίζα n'est pas toujours la racine; c'est souvent la *tige* ou le *rhizôme* (tige souterraine) de quelques végétaux monocotylédonés de la famille des Graminées, des Liliacées, des Aroïdées, etc. Il n'est pas absolument nécessaire d'admettre que le *roseau* dont il est ici question soit la canne à sucre (*Saccharum officinale*); car une quantité considérable de plantes, et particulièrement les tiges du maïs et d'autres graminées, sont riches en sucre. Il est même à remarquer que les tiges de ces plantes étaient bien plus propres à servir de nourriture que le sucre pur. En effet, ces tiges contiennent, indépendamment du sucre, des matières azotées, telles que l'albumine, etc., bien plus

riture à l'espèce humaine. Ils essaient de démontrer la fertilité de leur sol en racontant que l'on voit encore aujourd'hui dans

propres à réparer les pertes de l'économie que le sucre, auquel manque l'*azote*, élément essentiel à l'alimentation de l'homme et des animaux.

Le nom de *lotus* a été donné par les auteurs anciens à des espèces de plantes très-différentes. En Égypte, il a été appliqué à trois plantes aquatiques de la famille des Nymphéacées : 1° le lotus à fleurs blanches, *nymphæa*, ou lis du Nil à graines de pavot, décrit par Hérodote; 2° le lotus à fleurs bleues, *nymphæa cærulea*, dont la fleur est peinte dans les temples d'Égypte; 3° le lotus à fleurs roses ou antinoïen (fève d'Égypte, lis rose du Nil d'Hérodote), *nymphæa nelumbo*. Le lotus de Libye, dont parle Homère, appartient à une famille toute différente de celle des lotus d'Égypte; le lotus de Libye, qui a donné son nom aux *lotophages*, est un arbrisseau d'une espèce de nerprun, *rhamnus lotus*, Linn. (Voy. *Histoire du lotus de Libye*, par Desfontaines, dans les *Mémoires de l'Académie des Sciences*, ann. 1788, p. 443.) Le nom de *lotus* a été encore appliqué à deux arbres de la Grèce et de l'Italie, le *celtis australis*, Linn., et le *diospyros lotus*, Linn. Enfin, une espèce de trèfle a reçu le nom de *lotus corniculatus*, Linn. Les deux premières espèces de lotus (*nymphæa alba* et *nymphæa cærulea*), tout à fait semblables au *nénuphar blanc* et *jaune* qu'on voit fleurir dans quelques endroits de la Seine et de la Marne, portent des fruits de la forme des capsules du pavot. Ces fruits renferment de petites graines semblables aux graines de pavot ou de millet. C'est avec la farine de ces graines que les Égyptiens faisaient du pain. La description qu'Hérodote, Théophraste et Athénée donnent du lotus s'adapte parfaitement aux espèces de *nymphæa* que nous avons citées (Hérodote, I, 92; Théophraste, *Hist. des Plantes*, IV, 10; Athénée, *Deipnosoph.*, XV, p. 677). Les Égyptiens leur ont donné le nom de *naufar* (d'où l'on a tiré *nénuphar*) ou de *a'rays el Nyl*, c'est-à-dire les *épouses du Nil*, désignation tout à fait convenable à ces plantes, qui fleurissent pendant la crue du Nil, gages certains de la fécondité de ses eaux. Non-seulement les graines, mais encore la racine de ces plantes, servaient de nourriture aux Égyptiens. Cette racine est appelée κόρσιον par Théophraste, qui la compare, pour la grosseur, au fruit du cognassier. J'incline à croire que c'est dans le même sens qu'il faut prendre ici le mot κόρσιον de Diodore, que quelques commentateurs ont voulu entendre d'une espèce végétale particulière. Le lotus ou *nymphæa* à fleurs blanches et le lotus ou *nymphæa* à fleurs bleues croissent encore aujourd'hui abondamment dans la basse Égypte. Le lotus bleu a été souvent représenté sur les hiéroglyphes.

Voy. chap. 34. — La fève d'Égypte, Αἰγύπτιος κύαμος, autrefois si commune, n'existe plus en Égypte, et n'a été retrouvée dans aucune partie de l'Afrique; elle appartient à l'Asie (Inde et Chine), où elle est indigène. L'Écluse, en 1602, fut le premier botaniste qui reconnut que le fruit du *nymphæa nelumbo* était Αἰγύπτιος κύαμος ou *faba ægyptiaca* des anciens. Le fruit du *nymphæa nelumbo* est évasé en ciboire, large environ comme la paume de la main à sa face supérieure, qui est percée de vingt à trente fossettes, dont chacune contient une graine ovoïde un peu saillante, de la grosseur d'une noisette; l'écorce des graines est dure, noire, lisse, et renferme une amande douce, blanchâtre et charnue comme la substance des glands, partagée en deux lobes, entre lesquels est une feuille verte, roulée, amère, recourbée; cette amande est bonne à manger. Les la Thébaïde une contrée où naissent spontanément, dans de certains temps, des rats si prodigieux par leur grosseur et leur nombre que le spectateur en reste frappé de surprise, et que plusieurs de ces animaux, formés seulement jusqu'à la poitrine et les pattes de devant, se débattent, tandis que le reste du corps, encore informe et rudimentaire, demeure engagé dans le limon fécondant. Il est donc évident, continuent-ils, qu'après la création du monde un sol aussi propice que celui de l'Égypte a dû produire les premiers hommes. En effet, nous ne voyons ailleurs rien de semblable à ce qui se passe dans ce pays, où les animaux s'engendrent d'une manière si extraordinaire. De plus, si le déluge de Deucalion a fait périr la plupart des animaux, il a dû épargner ceux qui vivent dans le midi de l'Égypte, qui est d'ordinaire exempt de pluie; et si ce déluge les a tous fait périr sans exception, ce n'est que dans ce pays qu'ont pu s'engendrer des êtres nouveaux. Les grandes pluies, tempérées par la chaleur du climat, devaient rendre l'air très-propre à la génération primitive des animaux; car nous voyons encore aujourd'hui quantité d'êtres animés se former dans le résidu des eaux qui inondent une partie de l'Égypte. Au moment où ces eaux se retirent, le soleil, qui dessèche la surface du limon, produit, dit-on, des animaux dont les uns sont achevés, tandis que les autres ne le sont qu'à moitié et demeurent adhérents à la terre.

XI. Les hommes, dont l'Égypte est le berceau, contemplant l'univers et admirant son ordre et sa beauté, furent saisis de vénération à l'aspect du soleil et de la lune. Ils regardèrent ces deux astres comme deux divinités principales et éternelles;

peuples de la Chine, du Japon et de l'Indostan cultivent cette plante, naturelle à leurs climats; comme les anciens Égyptiens, ils la croient agréable à leurs divinités, qu'ils représentent placées sur sa fleur. Plusieurs médailles égyptiennes représentent Horus posé sur la fleur ou le fruit du *nymphæa nelumbo*. Les tiges de cette plante, en faisceaux, décorent les côtés des dés de pierre qui servent de siége aux statues colossales égyptiennes. (Voy. R. Delile, *Flore d'Égypte*, dans la *Description de l'Égypte*, t. XIX, p. 415.)

Κόρσιον. Nom de la tige souterraine du lotus. (Théophraste, *Histoire des Plantes*, IV, 10.)

ils nommèrent l'un Osiris et l'autre Isis, deux noms dont l'étymologie se justifie. Osiris, traduit en grec, signifie *qui a plusieurs yeux;* en effet, les rayons du soleil sont autant d'yeux avec lesquels cet astre regarde la terre et la mer. C'est ce que semble avoir voulu dire le poëte : « Le soleil qui voit et qui sait toutes choses [1]. » Quelques anciens mythologistes grecs ont donné à Osiris les surnoms de Dionysus et de Sirius; de là vient qu'Eumolpe, dans ses *Bachiques* [2], a dit : « Dionysus a la face étincelante comme un astre »; et Orphée : « Aussi l'appelle-t-on Phanétès Dionysus. »

Quelques-uns donnent à Osiris un habillement de peau de faon tacheté et brillant comme des étoiles. Le nom d'Isis signifie *ancienne,* rappelant ainsi l'origine antique de cette déesse. Les Égyptiens la représentent avec des cornes, pour exprimer la forme que prend la lune dans sa révolution mensuelle, et parce qu'ils lui consacrent une génisse. Ce sont là les dieux qui, selon eux, gouvernent l'univers, et qui nourrissent et développent tous les êtres dans une période de trois saisons, le printemps, l'été et l'hiver, saisons dont le retour constant forme l'ordre régulier des années. Ces deux divinités contribuent beaucoup à la génération de tous les êtres : Osiris, par le feu et l'esprit; Isis, par l'eau et la terre; et tous deux, par l'air. Ainsi tout est compris sous l'influence du soleil et de la lune. Les cinq éléments que nous venons de nommer constituent le monde, comme la tête, les mains, les pieds et les autres parties du corps composent l'homme.

XII. Les Égyptiens ont divinisé chaque élément, et leur ont assigné primitivement des noms particuliers à leur langue. Ils ont donné à l'esprit le nom de Jupiter, qui signifie principe psychique de la vie, et ils l'ont regardé comme le père de tous les êtres intelligents. Avec cette idée s'accorde ce qu'a dit le plus grand poëte de la Grèce en parlant de Jupiter « le père des

[1] *Odyssée*, chant XII, v. 323.

[2] Les poésies d'Eumolpe, fils de Musée, ne nous ont pas été conservées. Voy. Fabricius, *Bibliotheca græca*, lib. I, c. 6.

hommes et des dieux. » Ils ont nommé le feu Vulcain, dieu du premier ordre, et qui passe pour contribuer beaucoup à la production et à la perfection des choses. La terre, étant comme le sein qui reçoit les germes de la vie, ils lui donnent le nom de *Mère.* C'est pour une raison analogue que les Grecs l'appellent *Demeter*, nom qui diffère peu du mot *Ghemeter* (terre mère), par lequel on désignait anciennement la terre. C'est pourquoi Orphée a dit : « De tout être la terre est mère et bienfaitrice. » L'eau fut appelée *Océan*, ce qui veut dire Mère nourrice. Quelques Grecs l'ont pris dans le même sens, comme l'atteste ce vers du poëte : « Océan et Téthys des dieux sont l'origine[1]. »

Pour les Égyptiens l'Océan est le Nil, où, selon eux, les dieux ont pris naissance, parce que de tous les pays du monde l'Égypte est le seul qui ait des villes bâties par les dieux mêmes; telles sont les villes de Jupiter, d'Hélios, d'Hermès, d'Apollon, de Pan, d'Élithya et plusieurs autres[2]. Enfin, l'air était appelé Minerve[3], qu'ils ont crue fille de Jupiter et toujours vierge[4], parce que l'air est incorruptible, et qu'il s'étend jusqu'au sommet de l'univers; car Minerve était sortie de la tête de Jupiter. Elle s'appelle aussi Tritogénie, des trois changements que subit la nature dans les trois saisons de l'année, le printemps, l'été et l'hiver. Elle porte aussi le nom de *Glaucopis*, non parce qu'elle a les yeux bleus, comme quelques Grecs l'ont pensé, mais parce que l'immensité de l'air a un aspect bleu. Ils disent que ces cinq divinités parcourent le monde, apparaissant aux hommes tantôt sous la forme d'animaux sacrés,

[1] *Iliade*, chant XIV, v. 311.

[2] Ces villes portaient les noms de *Diospolis*, *Héliopolis*, *Hermopolis*, etc.

[3] Les Égyptiens donnaient à Minerve le nom de *Nit* ou *Neith*. Les vestiges de cette dénomination se trouvent dans *Nitocris*, nom d'une reine célèbre; et dans *Patenett*, nom de l'ami que Solon avait en Égypte.

[4] C'est un fait très-remarquable que l'air conserve toujours à peu près les mêmes proportions d'oxygène, d'azote et d'acide carbonique, quelque immenses que soient les quantités de ces gaz consommées par la respiration des êtres vivants. On peut donc réellement dire que l'air est incorruptible ou non corrompu, ἄφθορος, comme Minerve.

tantôt sous la figure humaine ou sous quelque autre forme; et ceci n'est point fabuleux, puisqu'étant les auteurs de tout être, les dieux peuvent revêtir toutes sortes de formes. C'est ce que le poëte, qui avait été en Égypte et qui avait eu des relations avec les prêtres de ce pays, fait entendre par ces mots : « Et les dieux, sous la forme de voyageurs étrangers, par« courent les villes, et examinent eux-mêmes la méchanceté et « la vertu des hommes [1]. » Voilà ce que les Égyptiens racontent des dieux célestes et immortels.

XIII. Les dieux ont eu des enfants terrestres. Ceux-ci, quoique nés mortels, ont, par leur sagesse ou par le bien qu'ils ont fait aux hommes, obtenu l'immortalité; quelques-uns ont été rois dans l'Égypte. De ces rois, les uns ont eu des noms communs avec les dieux, et les autres ont eu des noms particuliers. C'est ainsi qu'on cite Hélios, Saturne, Rhéa, Jupiter (que quelques-uns appellent Ammon), Junon, Vulcain, Vesta et Hermès. Hélios, dont le nom signifie soleil, a régné le premier en Égypte. Quelques prêtres nomment comme premier roi Vulcain, inventeur du feu, et par cela même le plus digne de la royauté. Un arbre frappé par la foudre avait mis en flamme une forêt voisine; Vulcain accourut, et quoique en hiver, il changea de vêtement à cause de la chaleur; le feu commençant à s'éteindre, il l'entretint en y jetant de nouvelles matières; alors il appela les autres hommes pour venir profiter de sa découverte. Après Vulcain, régna Saturne qui épousa sa sœur Rhéa, et en eut, selon quelques mythologistes, Osiris et Isis, ou, selon la plupart, Jupiter et Junon, qui par leurs vertus parvinrent à l'empire du monde entier. De ceux-ci naquirent cinq dieux; la naissance de chacun coïncide avec un des cinq jours intercalaires de l'année égyptienne. Ces dieux sont Osiris, Isis, Typhon, Apollon et Vénus. Osiris correspond à Bacchus, et Isis à Cérès. Osiris ayant épousé Isis et succédé au trône de son père, combla la société de ses bienfaits.

XIV. Il fit perdre aux hommes la coutume de se manger

[1] *Odyssée*, chant XVII, v. 485.

entre eux, après qu'Isis eut découvert l'usage du froment et de l'orge, qui croissaient auparavant inconnus, sans culture et confondus avec les autres plantes. Osiris inventa la culture de ces fruits, et par suite de ce bienfait, l'usage d'une nourriture nouvelle et agréable fit abandonner aux hommes leurs mœurs sauvages. Pour consacrer le souvenir de cette découverte, on rapporte une pratique fort ancienne, encore usitée maintenant. Dans le temps de la moisson, les premiers épis sont donnés en offrande, et les habitants placés près d'une gerbe de blé la battent en invoquant Isis. Il y a quelques villes où, pendant les fêtes d'Isis[1], on porte avec pompe, parmi d'autres objets, des corbeilles chargées de froment et d'orge, en mémoire des bienfaits de cette déesse. On rapporte aussi qu'Isis a donné des lois d'après lesquelles les hommes se rendent réciproquement justice, et font cesser l'abus de la force et de l'injure par la crainte du châtiment. C'est pour cette raison que les anciens Grecs ont nommé Cérès *Thesmophore* (législatrice), comme ayant la première établi des lois.

XV. Selon la tradition, Osiris et ses compagnons fondèrent, dans la Thébaïde d'Égypte, une ville à cent portes, qu'ils appelèrent du nom de sa mère, Hérapolis, mais que ses descendants ont nommée Diospolis, et d'autres Thèbes. Au reste, l'origine de cette ville est incertaine, non-seulement chez les historiens, mais encore parmi les prêtres d'Égypte; car plusieurs d'entre eux soutiennent que Thèbes a été fondée, plusieurs années après Osiris, par un roi dont nous parlerons ailleurs. Osiris éleva à Jupiter et à Junon, ses parents, un temple merveilleux par sa grandeur et sa somptuosité. Il en consacra deux autres, tout d'or, le plus grand à Jupiter Uranius, et le plus petit à son père, surnommé Ammon, qui avait régné en Égypte. Il éleva aussi des temples d'or aux autres dieux dont nous avons parlé; il régla leur culte et établit des

[1] La fête d'Isis était célébrée deux fois par an, au printemps et en automne. Ces fêtes avaient quelque analogie avec les fêtes de Cérès chez les Grecs. Isis, comme Cérès, portait l'épithète de *Θεσμοφόρος*, *legifera*.

prêtres pour le maintenir. Osiris et Isis ont honoré les inventeurs des arts et ceux qui enseignent des choses utiles à la vie.

Après avoir trouvé, dans la Thébaïde, des forges d'airain et d'or, on fabriqua des armes pour tuer les bêtes féroces, des instruments pour travailler à la terre, et, avec le progrès de la civilisation, des statues et des temples dignes des dieux. Osiris aima aussi l'agriculture; il avait été élevé à Nysa, ville de l'Arabie Heureuse et voisine de l'Égypte, où cet art était en honneur. C'est du nom de Jupiter, son père, joint à celui de cette ville, que les Grecs l'ont appelé Dionysus. Le poëte fait mention de Nysa dans un de ses hymnes où il dit : « Nysa assise sur une « colline verdoyante, loin de la Phénicie et près des fleuves de « l'Égypte[1]. »

On dit qu'il découvrit la vigne dans le territoire de Nysa, et qu'ayant songé à en utiliser le fruit, il but le premier du vin[2], et apprit aux hommes la culture de la vigne, l'usage du vin, sa préparation et sa conservation. Il honora Hermès qui était doué d'un talent remarquable pour tout ce qui peut servir la société humaine[3].

XVI. En effet, Hermès établit le premier une langue commune, il donna des noms à beaucoup d'objets qui n'en avaient pas; il inventa les lettres et institua les sacrifices et le culte des dieux. Il donna aux hommes les premiers principes de l'astronomie et de la musique; il leur enseigna la palestre, la danse et les exercices du corps. Il imagina la lyre à trois cordes, par allusion aux trois saisons de l'année; ces trois cordes rendent

[1] Fragment d'un hymne d'Homère.

[2] Selon quelques historiens, il n'y avait pas de vigne en Égypte; les naturels du pays faisaient usage ou de vins étrangers ou d'une boisson faite avec de l'orge fermentée et semblable à la bière, s'il faut en croire Hérodote, liv. II, 77; et III, 6. Les rois d'Égypte antérieurs à Psammitichus n'avaient jamais fait usage de vin, liqueur qui, selon les traditions mythologiques, provenait du sang des impies qui jadis avaient fait la guerre aux dieux. Cependant, il résulte des témoignages du Pentateuque (Nombres, XX, 5), de Strabon (XVII, p. 1163), de Pline (XIV, 7), d'Athénée (I, p. 33), que la culture de la vigne n'était pas tout à fait inconnue en Égypte.

[3] Quant au *Thot*, ou Mercure des Égyptiens, voyez Platon, *Phileb.*, p. 18, *Phæd.*, p. 274; Cicéron, *de Natura Deorum*, III, 21; et mon *Histoire de la Chimie*, t. I.

trois sons, l'aigu, le grave et le moyen. L'aigu répond à l'été, le grave à l'hiver, et le moyen au printemps. C'est lui qui apprit aux Grecs l'interprétation des langues; pour cette raison ils l'ont appelé Hermès (interprète). Il était le scribe sacré (*hiérogrammate*[1]) d'Osiris qui lui communiquait tous ses secrets et faisait un grand cas de ses conseils. C'est enfin lui qui découvrit l'olivier, découverte que les Grecs attribuent à Minerve.

XVII. Bienfaisant et aimant la gloire, Osiris assembla une grande armée dans le dessein de parcourir la terre et d'apprendre aux hommes la culture de la vigne, du froment et de l'orge. Il espérait qu'après avoir tiré les hommes de leur état sauvage et adouci leurs mœurs, il recevrait des honneurs divins en récompense de ses grands bienfaits, ce qui eut lieu en effet. Et non-seulement les contemporains reçurent ces dons avec reconnaissance, mais encore leurs descendants ont honoré comme les plus grands des dieux ceux auxquels ils doivent leur nourriture. Osiris chargea Isis de l'administration générale de ses États, et lui donna pour conseiller Hermès, le plus sage de ses amis, et, pour général de ses troupes, Hercule qui tenait à lui par la naissance, et qui était d'une valeur et d'une force de corps prodigieuses. Il établit Busiris gouverneur de tout le pays qui avoisine la Phénicie. Antée reçut le gouvernement des contrées de l'Éthiopie et de la Libye. Tout étant ainsi disposé, il se mit en marche à la tête de son armée, et emmena avec lui son frère, que les Grecs nomment Apollon. Celui-ci découvrit, dit-on, le laurier, que tous les hommes lui ont consacré; la découverte du lierre est attribuée à Osiris. Les Égyptiens le consacrent à ce dieu comme les Grecs à Dionysus, et ils l'appellent dans leur langue la plante d'Osiris. Dans les cérémonies sacrées ils préfèrent le lierre à la vigne, parce que la vigne perd ses

[1] Lucien compare les *hiérogrammates* aux brahmanes chez les Indiens, et aux interprètes des traditions divines chez les Arabes et les Assyriens. Diodore donne plus de détails sur les hiérogrammates (liv. I, chap. 70 et 87). Voy. Élien, *Hist. animal.,* XI, 10; et Eusèbe, *Præp. evangel.,* IX, 8.

feuilles au lieu que le lierre reste toujours vert. Les anciens en ont agi de même à l'égard d'autres plantes toujours verdoyantes; ils ont consacré le myrte à Vénus, le laurier à Apollon et l'olivier à Minerve.

XVIII. Dans cette expédition Osiris était, selon la tradition, accompagné de ses deux fils, Anubis et Macédon; ils portaient l'un et l'autre des armures provenant de deux bêtes dont ils imitaient le courage. Anubis était revêtu d'une peau de chien et Macédon d'une peau de loup : c'est pourquoi ces animaux sont en honneur chez les Égyptiens. Il prit encore avec lui Pan qui est particulièrement vénéré dans le pays; car les habitants placent sa statue dans chaque temple, ils ont même fondé dans la Thébaïde une ville appelée Chemmo[1], mot qui signifie ville de Pan. Il se fit suivre enfin par deux hommes instruits dans l'agriculture, Maron pour la culture de la vigne, et Triptolème pour celle du blé. Tout étant prêt, Osiris promit aux dieux de laisser croître ses cheveux jusqu'à son retour en Égypte, et se mit en route par l'Éthiopie. C'est là l'origine de la coutume qui existe encore aujourd'hui en Égypte, de ne point couper la chevelure pendant toute la durée d'un voyage jusqu'au retour dans la patrie. On raconte que lorsqu'il passait par l'Ethiopie, on lui amena des satyres qu'on dit être couverts de poils jusqu'aux reins. Osiris aimait la joie, la musique et la danse; aussi menait-il à sa suite des chanteurs parmi lesquels étaient neuf filles instruites dans tous les arts; les Grecs leur donnent le nom de Muses. Elles étaient conduites par Apollon, appelé pour cela *Muségète.* Osiris attacha à son expédition les satyres qui se distinguaient par le chant, la danse et le jeu; car son expédition n'était point militaire, ni dangereuse : partout on recevait Osiris comme un dieu bienfaisant. Après avoir appris aux Éthio-

[1] D'après Hérodote, *Chemmis* est le nom d'une grande ville située dans le nome thébaïque, près de Néapolis (II, 91). Ailleurs (II, 156), c'est le nom d'une île. *Chemmo* paraît être le nom égyptien, que les Grecs ont changé en *Chemmis.* C'est sans raison qu'on a voulu faire dériver de *Chemmis* le nom de *chimie*, alléguant que cette science avait été d'abord cultivée dans cette ville de l'Égypte. Voy. mon *Histoire de la Chimie*, t. I, p. 32.

piens l'agriculture et fondé des villes célèbres, il laissa dans ce pays des gouverneurs chargés de l'administrer et de percevoir le tribut.

XIX. Il arriva alors que le Nil, au lever du Sirius (époque de la crue), rompit ses digues et inonda toute l'Égypte et particulièrement la partie dont Prométhée était gouverneur. Peu d'habitants échappèrent à ce déluge. Prométhée faillit se tuer de désespoir. L'impétuosité et la force du fleuve lui fit donner le nom d'aigle. Mais Hercule, entreprenant et hardi, répara les digues rompues et fit rentrer le fleuve dans son lit. C'est ce qui explique le mythe grec d'après lequel Hercule tua l'aigle qui rongeait le foie de Prométhée. Le nom le plus ancien de ce fleuve est *Okéanès* qui signifie en grec Océan. Depuis cette inondation, on l'avait appelé *Aëtos* (Aigle); ensuite *Ægyptus*[1] du nom d'un roi du pays. C'est ce que confirme le poëte qui dit : « Je mis à l'ancre les légers navires dans le fleuve Ægyptus.[2] » Car ce fleuve se jette dans la mer près du lieu appelé Thonis, ancien entrepôt de l'Égypte. Enfin il a reçu du roi Niléus le nom de Nil qu'il garde encore aujourd'hui.

Arrivé aux confins de l'Éthiopie, Osiris fit border le Nil de digues, afin que ses eaux n'inondassent plus le pays au delà de ce qui est utile, et qu'au moyen d'écluses on pût en faire écouler la quantité nécessaire au sol. Il traversa ensuite l'Arabie le long de la mer Rouge[3], et continua sa route jusqu'aux Indes et aux limites de la terre. Il fonda dans l'Inde un grand nombre de villes, et entre autres Nysa, ainsi appelée en mémoire de la ville d'Égypte où il avait été élevé. Il y planta le lierre, qui ne croît encore aujourd'hui dans les Indes que dans ce seul endroit. Enfin il laissa encore d'autres marques de son

[1] *Ægyptus*, nom primitif du Nil. Γὺψ, *αἴγυψ* (*ægyps*), nom grec du vautour de là le nom d'Αἰγύπτιοι, *Ægyptii*, de la couleur fauve du vautour. Voy. Perizonius, *Orig. Ægypt.*, cap. 1.

[2] *Odyssée*, chant XIV, v 258.

[3] La mer Rouge des Grecs était le plus souvent l'océan Indien, ou plutôt le golfe Persique, dans lequel se jettent l'Euphrate et le Tigre.

passage dans cette contrée; c'est ce qui a fait dire aux descendants de ces Indiens, qu'Osiris est originaire de leur pays.

XX. Il fit aussi la chasse aux éléphants, et éleva partout des colonnes comme monuments de son expédition. Il visita les autres nations de l'Asie, traversa l'Hellespont et aborda en Europe. Il tua Lycurgue, roi de Thrace, qui s'opposait à ses desseins, laissa dans cette contrée Maron, qui était déjà vieux, et le chargea du soin de ses plantations. Il lui fit bâtir une ville appelée Maronée, établit Macédon, son fils, roi de ce pays qui depuis a pris le nom de Macédoine, et confia à Triptolème la culture du sol de l'Attique. En un mot, parcourant toute la terre, il répandit partout les bienfaits d'une nourriture moins sauvage. Là où le terrain n'était pas propre à la vigne, il apprit aux habitants à faire avec de l'orge une boisson qui, pour l'odeur et la force, ne le cède pas beaucoup au vin. Revenant en Égypte, il rapporta avec lui les dons les plus beaux. En échange de ces grands bienfaits, il reçut l'immortalité et les honneurs divins. Ayant ainsi passé du rang des hommes à celui des dieux, Isis et Hermès lui instituèrent des sacrifices et un culte égal à celui qu'on rend aux plus grandes divinités. Ils introduisirent dans ce culte des cérémonies mystiques en honneur de la puissance de ce dieu.

XXI. Les prêtres avaient caché longtemps la mort d'Osiris; mais enfin il arriva que quelques-uns d'entre eux divulguèrent le secret. On raconte donc qu'Osiris, régnant avec justice sur l'Égypte, fut tué par son frère Typhon, homme violent et impie, et que celui-ci partagea le corps de la victime en vingt-six parties, qu'il distribua à ses complices afin de les envelopper tous dans une haine commune, et de s'assurer ainsi des défenseurs de son règne. Mais Isis, sœur et femme d'Osiris, aidée de son fils Horus, poursuivit la vengeance de ce meurtre; elle fit mourir Typhon et ses complices, et devint reine d'Égypte. Il y avait eu un combat sur les bords du fleuve, du côté de l'Arabie, près du village d'Antée, ainsi nommé d'Antée qu'Hercule y avait tué du temps d'Osiris. Isis y trouva toutes les parties du corps d'Osiris, excepté les parties sexuelles. Pour cacher le tombeau de son mari, et le faire vénérer par tous les habitants de l'Égypte, elle s'y prit de la manière suivante : Elle enveloppa chaque partie dans une figure faite de cire et d'aromates, et semblable en grandeur à Osiris, et convoquant toutes les classes de prêtres les unes après les autres, elle leur fit jurer le secret de la confidence qu'elle allait leur faire. Elle annonça à chacune des classes qu'elle lui avait confié de préférence aux autres la sépulture d'Osiris, et rappelant ses bienfaits, elle exhorta tous les prêtres à ensevelir le corps dans leurs temples, à vénérer Osiris comme un dieu, à lui consacrer un de leurs animaux, n'importe lequel; à honorer cet animal pendant sa vie, comme autrefois Osiris, et à lui rendre les mêmes honneurs après sa mort. Voulant engager les prêtres par des dons à remplir leurs offices, Isis leur donna le tiers du pays pour l'entretien du culte et des sacrifices. Les prêtres, se rappelant les biens qu'ils avaient reçus d'Osiris, et comblés des bienfaits de la reine, firent selon l'intention d'Isis à laquelle ils cherchaient tous à complaire. C'est pourquoi encore aujourd'hui tous les prêtres prétendent avoir chez eux le corps d'Osiris, ainsi que les animaux qui lui sont consacrés dès l'origine ; et ils renouvellent les funérailles d'Osiris à la mort de ces animaux.

Les taureaux sacrés, connus sous le nom d'Apis et de Mnévis, et consacrés à Osiris, sont l'objet d'un culte divin auprès de tous les Égyptiens, parce que ces animaux ont été très-utiles à ceux qui ont trouvé l'agriculture et l'usage du blé.

XXII. Après la mort d'Osiris, Isis jura de ne jamais se livrer à aucun homme durant le reste de sa vie, à régner avec justice, et à combler ses sujets de bienfaits. Enlevée aux hommes, elle participa aux honneurs divins; son corps fut enseveli à Memphis, où l'on montre encore aujourd'hui le tombeau d'Isis dans le temple de Vulcain. D'autres soutiennent que les corps de ces deux divinités ne reposent point à Memphis, mais près des frontières de l'Éthiopie et de l'Égypte, dans une île du Nil, située près des Philes[1], et qui pour cela s'appelle le Champ Sacré. Ils montrent à l'appui de leur opinion les monuments qui se trouvent dans cette île : le tombeau d'Osiris, respecté des prêtres de toute l'Égypte et les trois cent soixante urnes qui l'environnent. Les prêtres du lieu remplissent chaque jour ces urnes de lait, et invoquent en se lamentant les noms de ces divinités. C'est pour cela que l'abord de cette île est défendu à tout le monde, excepté aux prêtres; et tous les habitants de la Thébaïde (qui est la plus ancienne contrée de l'Égypte) regardent comme le plus grand serment de jurer par le tombeau d'Osiris aux Philes. C'est ainsi que les parties du corps d'Osiris retrouvées ont reçu la sépulture. Les parties sexuelles avaient été jetées par Typhon dans le fleuve[2]; mais Isis leur fit accorder des honneurs divins tout comme aux autres parties. Elle en fit construire une image dans les temples, et lui attribua un culte particulier dans les cérémonies et dans les sacrifices qu'on fait en l'honneur de ce dieu. C'est pourquoi les Grecs, qui ont emprunté à l'Égypte les orgies et les fêtes Dionysiaques, ont les parties sexuelles, appelées Phallus, en grande vénération dans les mystères et les initiations de Bacchus.

XXIII. On dit qu'il s'est écoulé plus de dix mille ans[3] depuis Osiris et Isis jusqu'au règne d'Alexandre, qui a fondé en Égypte la ville qui porte son nom; d'autres écrivent qu'il y en a près de vingt-trois mille. Ceux qui prétendent qu'Osiris est né à Thèbes en Béotie, de Sémélé et de Jupiter, sont dans une erreur dont voici l'origine : Orphée, voyageant en Égypte,

[1] Voy. Servius, *ad Æneid.*, VI, 154 : *Circa Syenem, extremam Ægypti partem, et locus, quem Philas, id est, amicas, vocant; ideo quod illic est placata Isis ab Ægyptiis, quibus irascebatur, quod membra mariti Osiridis non inveniebat, quem frater Typhon occiderat.*

[2] Voy. lib. III, 6. Sur le Phallus des Égyptiens voyez Hérodote, II, 48. Le Phallus jouait un grand rôle dans les mystères de Bacchus.

[3] Cette chronologie n'est pas sérieuse; un peu plus loin (chap. 26), l'auteur dit que l'on comptait vingt-trois mille ans depuis le règne du Soleil jusqu'à l'expédition d'Alexandre-le-Grand. Ce nombre est encore plus considérable, si l'on admet que (chap. 44) le règne des dieux et des héros a duré près de dix-huit mille ans, et celui des hommes près de quinze mille jusqu'à l'époque de Diodore.

fut initié aux mystères de Bacchus; et comme il était aimé et honoré des Cadméens, fondateurs de Thèbes en Béotie, il avait, pour leur complaire, transporté dans leur pays la naissance de ce dieu. La multitude, soit ignorance, soit désir de faire de Bacchus un dieu grec, accueillit volontiers les mystères et les initiations dionysiaques. Pour établir cette croyance, Orphée se servit du prétexte suivant : Cadmus, qui était originaire de Thèbes en Égypte, eut, entre autres enfants, une fille nommée Sémélé. Séduite par un inconnu, elle devint enceinte, et, au bout de sept mois, mit au monde un enfant qui eut une grande ressemblance avec Osiris. Cet enfant ne vécut pas longtemps, soit que les dieux l'aient ainsi voulu, soit que ce fût là son sort naturel.

Cadmus, instruit de cet événement et conseillé par un oracle de conserver les usages de ses ancêtres, fit dorer le corps de cet enfant[1] et lui offrit des sacrifices, comme si Osiris avait voulu se montrer sous cette forme parmi les hommes. Il attribua à Jupiter la naissance de l'enfant, qu'il désignait comme étant Osiris, et sauva ainsi la réputation de sa fille déshonorée. De là vient la croyance établie chez les Grecs que Sémélé, fille de Cadmus, eut de Jupiter Osiris. Orphée, renommé chez les Grecs par son chant et par ses connaissances dans les mystères et les choses sacrées, était reçu en hospitalité par les Cadméens et fort honoré à Thèbes. Initié dans les sciences sacrées des Égyptiens, il rapporta à une époque plus récente la naissance de l'antique Osiris; et, pour se rendre agréable aux Cadméens, il institua de nouveaux mystères où l'on apprend aux initiés que Dionysus est fils de Sémélé et de Jupiter. Les hommes, entraînés, soit par leur ignorance soit par leur foi en Orphée, et, avant tout, accueillant avec plaisir l'opinion d'après laquelle ce dieu est d'origine grecque, ont admis avec empres-

[1] Rhodomann propose, sans motif plausible, de lire *καθιερώσασθαι*, *consacrer*, au lieu de *χρυσώσασθαι*, *dorer*, qui est dans le texte. C'était la coutume des Égyptiens de dorer les caisses contenant les corps embaumés, ainsi qu'on peut s'en assurer encore aujourd'hui par l'inspection des caisses de momies. *Dorer le corps* doit donc s'entendre de la *dorure de la caisse contenant le corps de l'enfant.*

sement les mystères institués par Orphée. Depuis lors, cette opinion, dont les mythographes et les poëtes se sont emparés, a rempli les théâtres et s'est beaucoup fortifiée par la tradition. C'est ainsi, dit-on, que les Grecs se sont approprié les héros et les dieux les plus célèbres, et jusqu'aux colonies qui viennent de l'Égypte.

XXIV. Hercule qui, confiant en sa force, avait parcouru une grande partie de la terre et élevé une colonne aux frontières de la Libye, était aussi d'origine égyptienne ; les Grecs eux-mêmes en fournissent les preuves. En effet, d'après la croyance générale, Hercule avait aidé les dieux de l'Olympe dans la guerre contre les géants. Or, l'existence des géants ne coïncide nullement avec l'époque de la naissance d'Hercule, laquelle est fixée par les Grecs à une génération d'hommes antérieure à la guerre de Troie ; mais elle remonte plutôt, comme l'affirment les Égyptiens, à l'origine même des hommes ; et, à partir de cette époque, ils comptent plus de dix mille ans, tandis qu'ils n'en comptent pas douze cents depuis la guerre de Troie. De même aussi, la massue et la peau de lion ne peuvent convenir qu'à l'antique Hercule ; car, les armes n'étant pas alors inventées, les hommes n'avaient que des bâtons pour se défendre et des peaux d'animaux pour armures. Les Égyptiens donnent Hercule pour fils de Jupiter, mais ils ne connaissent pas sa mère. C'est plus de dix mille ans après qu'Alcmène eut un fils, d'abord appelé Alcée, et qui prit ensuite le nom d'Héraclès (Hercule), non pas, comme le prétend Matris, à cause de la gloire qu'il obtint par Junon [1], mais parce que, digne émule de l'ancien Hercule, il eut en partage la même renommée et le même nom. Les Égyptiens citent encore à l'appui de leur opinion une tradition depuis longtemps répandue chez les Grecs, suivant laquelle Hercule purifia la terre des monstres qui la ravageaient. Or, ceci ne peut se rapporter à une époque aussi rapprochée de la guerre de Troie, puisque la plupart des pays étaient déjà civilisés et se distinguaient par l'agriculture, le nombre des villes et de leurs habitants. Ces

[1] *Héra* (Junon) et *kléos* (gloire) ; de là, Héraclès, nom grec d'Hercule.

travaux d'Hercule, qui amenaient la civilisation, doivent donc être placés dans des temps bien plus reculés, où les hommes étaient encore infestés par un grand nombre d'animaux sauvages, particulièrement en Égypte, dont la haute région est encore aujourd'hui inculte et peuplée de bêtes féroces. C'est ainsi que, dévoué à sa patrie, Hercule nettoya la terre de ces animaux, livra le sol aux cultivateurs et obtint les honneurs divins. Persée est aussi né en Égypte, selon la tradition; et les Grecs transfèrent à Argos la naissance d'Isis, lorsqu'ils racontent, dans leur mythologie, qu'Io fut métamorphosée en vache.

XXV. En général, il y a une grande divergence d'opinions sur toutes ces divinités. La même Isis est appelée par les uns Déméter (Cérès), par les autres Thesmosphore, par d'autres encore Séléné (Lune) ou Héra; plusieurs écrivains lui donnent tous ces noms à la fois. Quant à Osiris, les uns le nomment Sérapis, les autres Dionysus, d'autres encore Pluton ou Ammon; quelques autres l'appellent Jupiter, et beaucoup d'autres Pan. Il y en a qui soutiennent que Sérapis est le Pluton des Grecs. Selon les Égyptiens, Isis a inventé beaucoup de remèdes utiles à la santé, elle possède une grande expérience de la science médicale, et, devenue immortelle, elle se plaît à guérir les malades, elle se manifeste à eux sous sa forme naturelle, et apporte en songe des secours à ceux qui l'implorent; enfin, elle se montre comme un être bienfaisant à ceux qui l'invoquent. A l'appui de leur opinion, ils citent non pas des fables, comme les Grecs, mais des faits réels, et assurent que presque le monde entier leur rend ce témoignage par le culte offert à cette déesse pour son intervention dans la guérison des maladies. Elle se montre surtout aux souffrants pendant le sommeil, leur apporte des soulagements et guérit, contre toute attente, ceux qui lui obéissent. Bien des malades, que les médecins avaient désespéré de rétablir, ont été sauvés par elle; un grand nombre d'aveugles ou d'estropiés guérissaient quand ils avaient recours à cette déesse. Elle inventa le remède qui donne l'immortalité : elle rappela à la vie, non-seulement son fils Horus tué par les Titans, et dont le corps fut trouvé dans l'eau, mais elle lui procura l'immortalité. Horus paraît avoir été le dernier dieu qui ait régné en Égypte, après le départ de son père pour le séjour céleste. Horus signifie Apollon ; instruit par Isis, sa mère, dans la médecine et la divination, il rendit de grands services au genre humain par ses oracles et ses traitements des maladies.

XXVI. Les prêtres égyptiens comptent un intervalle d'environ vingt-trois mille ans depuis le règne d'Hélios jusqu'à l'invasion d'Alexandre en Asie. D'après leur mythologie, les dieux les plus anciens ont régné chacun plus de douze cents ans, et leurs descendants pas moins de trois cents. Comme ce nombre d'années est incroyable, quelques-uns essayent de l'expliquer en soutenant que le mouvement (de la terre) autour du soleil n'était pas anciennement reconnu, et qu'on prenait pour l'année la révolution de la lune. Ainsi, l'année ne se composant que de trente jours, il n'est pas impossible que plusieurs de ces rois eussent vécu douze cents ans; car aujourd'hui que l'année se compose de douze mois, il n'y a pas peu d'hommes qui vivent plus de cent ans. Ils allèguent des raisons semblables au sujet de ceux qui ont régné trois cents ans. Dans ces temps, disent-ils, l'année se composait de quatre mois [1], période qui comprenait les saisons qui se succèdent : le printemps, l'été et l'hiver. De là vient que l'année est appelée *Horus* [2] par quelques Grecs, et que les annales portent le nom de *Horographies*. Les Égyptiens racontent que c'est du temps d'Isis que naquirent ces êtres à plusieurs corps que les Grecs appellent géants, et que les Égyptiens représentent dans leurs temples comme des monstres

[1] Plutarque (t. I, p. 74) s'accorde avec Diodore, en soutenant que les Égyptiens avaient une année *quadrimensuelle* (τετράμηνον ἐνιαυτόν). Chaque saison comptait pour une année, et les saisons étaient au nombre de trois : le printemps, l'été, l'hiver. C'étaient là les *saisons tripartites*, τριμερεῖς ὧραι dont parlè Eschyle (*Prométhée*, v. 454). Comparez Tacite, *de Moribus Germanorum*, c. 26.

[2] Voy. Plutarque (t. II, p. 677). Censorin., *de Die natali*, 19 : *Sunt, qui tradant, hunc annum trimestrem Horum instituisse, eoque ver, æstatem, autumnum, hiemem*, ὥρας, *et annum*, ὧρον *dici, et Græcos annales* ὥρους, *eorumque scriptores* ὡρογράφους. Selon Hesychius, les *horographes* sont des historiographes, rédigeant l'histoire par année (ὡρογράφοι, ἱστοριογράφοι τὰ κατ' ἔτος πραττόμενα γράφοντες).

frappés par Osiris. Les uns prétendent que ces monstres sont nés de la terre au moment où elle produisait les animaux. Selon d'autres, ces monstres ont eu pour générateurs des hommes remarquables par leur force physique et qui, après avoir accompli de nombreux exploits, ont été dépeints dans la mythologie comme des êtres à plusieurs corps. C'est une croyance presque universelle, qu'ils furent tous tués dans la guerre qu'ils avaient entreprise contre Jupiter et Osiris.

XXVII. Contrairement à l'usage reçu chez les autres nations, les lois permettent aux Égyptiens d'épouser leurs sœurs, à l'exemple d'Osiris et d'Isis. Celle-ci, en effet, ayant cohabité avec son frère Osiris, jura, après la mort de son époux, de ne jamais souffrir l'approche d'un autre homme, poursuivit le meurtrier, régna selon les lois et combla les hommes des plus grands biens. Tout cela explique pourquoi la reine reçoit plus de puissance et de respect que le roi, et pourquoi chez les particuliers l'homme appartient à la femme, selon les termes du contrat dotal, et qu'il est stipulé entre les mariés que l'homme obéira à la femme. Je n'ignore pas que, suivant quelques historiens, les tombeaux de ces divinités existent à Nysa, en Arabie; ce qui a fait donner à Dionysus le surnom de Nyséen. A chacune de ces divinités est élevée une colonne avec une inscription en caractères sacrés. Sur celle d'Isis, on lit :

« Je suis Isis, reine de tout le pays; élevée par Hermès, j'ai établi des lois que nul ne peut abolir. Je suis la fille aînée de Saturne, le plus jeune des dieux. Je suis la femme et la sœur du roi Osiris. C'est moi qui ai la première trouvé pour l'homme le fruit dont il se nourrit. Je suis la mère du roi Horus. Je me lève avec l'étoile du chien. C'est à moi qu'a été dédiée la ville de Bubaste. Salut, salut, ô Égypte, qui m'as nourrie! »

Sur la colonne d'Osiris est écrit : « Mon père est Saturne, le plus jeune de tous les dieux; je suis le roi Osiris, qui, à la tête d'une expédition, ai parcouru toute la terre jusqu'aux lieux inhabités des Indes et aux régions inclinées vers l'Ourse, jusqu'aux sources de l'Ister, et de là dans d'autres contrées jusqu'à l'Océan. Je suis le fils aîné de Saturne, je sortis d'un œuf beau et noble, et je devins la semence qui est de la même origine que le jour. Et il n'y a pas un endroit de la terre que je n'aie visité, prodiguant à tous mes bienfaits. »

Voilà, dit-on, ce qui est écrit et ce qu'on peut lire sur ces colonnes; le reste a été effacé par le temps. Les opinions diffèrent sur la sépulture de ces divinités, parce que les prêtres, cachant tout ce qui s'y rapporte, ne veulent point divulguer la vérité, et qu'il y aurait des dangers à révéler au public les mystères des dieux.

XXVIII. Selon leur histoire, les Égyptiens ont disséminé un grand nombre de colonies sur tout le continent. Bélus, que l'on dit fils de Neptune et de Libya, conduisit des colons à Babylone. Établi sur les rives de l'Euphrate, il institua des prêtres, qui étaient, comme ceux d'Égypte, exempts d'impôt et de toute charge publique; les Babyloniens les appellent Chaldéens. Ils s'occupent de l'observation des astres, à l'imitation des prêtres et physiciens de l'Égypte; ils sont aussi astrologues. Danaüs partit également de l'Égypte avec une colonie, et fonda la plus ancienne des villes grecques, Argos. Les Colchidiens du Pont et les Juifs, placés entre l'Arabie et la Syrie, descendent aussi de colons égyptiens. C'est ce qui explique l'usage qui existe depuis longtemps chez ces peuples de circoncire les enfants; cet usage est importé de l'Égypte. Les Égyptiens prétendent que les Athéniens eux-mêmes descendent d'une colonie de Saïs, et ils essaient de démontrer ainsi cette opinion : Les Athéniens, disent-ils, sont les seuls Grecs qui appellent leur ville *Asty*, nom emprunté à l'Asty d'Égypte; de plus, leur organisation politique a le même ordre, et divise, comme chez les Égyptiens, les citoyens en trois classes. La première se compose des *eupatrides* [1], qui, comme les prêtres en Égypte, sont les plus instruits et dignes des plus grands honneurs. La seconde classe comprend les possesseurs de terres, qui devaient avoir des armes

[1] Εὐπατρίδες, patriciens, nobles (*cognoscibiles*, *nobiles*), c'est-à-dire dont les pères sont connus.

et défendre l'État, comme en Égypte les cultivateurs qui fournissent des soldats. La dernière classe renferme les ouvriers occupés à des arts manuels et payant les charges publiques les plus nécessaires ; un ordre semblable existe aussi chez les Égyptiens. Les Athéniens ont eu des généraux d'origine égyptienne ; tel était Pétès, père de Ménesthé, qui avait été de l'expédition de Troie, et qui avait régné ensuite sur Athènes. [On dit la même chose de Cécrops] [1], qui avait une double nature ; les Athéniens n'ont jamais pu donner les véritables raisons de ce phénomène. Il est pourtant évident pour tout le monde que, puisqu'il se trouvait citoyen de deux États, l'un grec et l'autre barbare, on lui attribua une double nature, moitié bête et moitié homme.

XXIX. Les Égyptiens avancent aussi qu'Érechthée, ancien roi d'Athènes, était originaire d'Égypte, et ils en apportent les preuves suivantes : Selon une croyance généralement accréditée, une grande sécheresse désola tout le continent, à l'exception de l'Égypte, qui en fut préservée par sa position naturelle ; cette sécheresse faisait périr les hommes et les fruits. Érechthée se souvenant de sa double origine fit alors transporter du blé de l'Égypte à Athènes, dont il fut nommé roi par la reconnaissance publique. Après avoir accepté la royauté, il institua à Éleusis les initiations et les mystères de Cérès, d'après les rites égyptiens. C'est à cette époque que la tradition place l'apparition de Cérès dans l'Attique et l'importation des céréales dans Athènes ; c'est ce qui a donné lieu à la croyance que Cérès fit connaître la première la culture de ces fruits. Les Athéniens affirment que l'apparition de Cérès et le don du blé arrivèrent sous le règne d'Érechthée, dans un temps où le manque de pluie avait fait périr tous les fruits. De plus, les initiations et les mystères de cette déesse furent alors établis à Éleusis, où les Athéniens observent les mêmes rites que les Égyptiens ; car les Eumolpides dérivent des prêtres égyptiens, et les hérauts des Pastophores [2]. Enfin,

[1] Les mots placés entre deux crochets n'existent pas dans le texte, qui est ici évidemment mutilé. Tous les critiques sont d'accord qu'il est question de Cécrops.

[2] Ceux qui portent dans les processions égyptiennes le châssis (παστός) d'Isis.

les Athéniens sont les seuls Grecs qui jurent par Isis, et qui, par leurs opinions et leurs mœurs, ressemblent le plus aux Égyptiens. Ces derniers apportent encore beaucoup d'autres documents à l'appui de leur colonie, mais qui me paraissent plus ambitieux que vrais; car la fondation d'une ville aussi célèbre qu'Athènes était pour eux un titre de gloire. Ils se vantent d'avoir dispersé leur race dans un grand nombre de contrées de la terre, ce qui attesterait la suprématie de leurs rois et une abondance de population. Comme cette opinion ne repose sur aucune preuve digne de foi, et qu'ils ne citent pas à cet égard d'autorité solide, nous n'avons plus rien qui mérite d'être rapporté. Nous terminons ainsi ce que nous avions à dire sur la théogonie des Égyptiens. Nous allons maintenant décrire en détail tout ce qui concerne le sol, le Nil, et d'autres choses remarquables.

XXX. L'Égypte s'étend principalement au midi, et semble, par la force de sa position et la beauté du sol, l'emporter sur tous les royaumes. Car, au couchant, elle a pour boulevard le désert de la Libye, peuplé de bêtes féroces, occupant une vaste surface qu'il serait non-seulement difficile mais fort dangereux de traverser, à cause du manque d'eau et de la rareté des vivres. Au midi, elle est défendue par les cataractes du Nil et par les montagnes qui les bornent. A partir du pays des Troglodytes et des frontières de l'Éthiopie, dans un espace de cinq mille cinq cents stades[1], le fleuve n'est guère navigable, et il est impossible de voyager à pied, à moins de mener à sa suite un train royal ou du moins beaucoup de provisions. Du côté du levant, l'Égypte est protégée en partie par le Nil, en partie par le désert et par des plaines marécageuses connues sous le nom de *Barathres*[2]. Il y a, entre la Cœlé-Syrie[3] et l'Égypte, un lac

[1] Cent myriamètres.

[2] Les Βάραθρα étaient situés entre Péluse et le mont Casius (*Polybe*, v. 80). C'étaient des marais inaccessibles et répandant des exhalaisons délétères (Strabon, XVI, p. 1076). L'auteur en parle encore plus bas, liv. XX, chap 74. Ces marais sont aujourd'hui en grande partie desséchés.

[3] Η Κοίλη Συρία, la Syrie Creuse. C'était la vallée comprise entre le Liban et l'Anti-Liban.

très-peu large, d'une profondeur prodigieuse et d'une longueur de deux cents stades environ : il s'appelle Serbonis et fait courir, au voyageur qui s'en approche, des périls imprévus. Son bassin étant étroit comme un ruban et ses bords très-larges, il arrive qu'il se recouvre de masses de sable qu'apportent les vents continuels du midi. Ce sable fait disparaître à la vue la nappe d'eau et confond son aspect avec celui du sol. C'est ainsi que des armées entières ont été englouties par l'ignorance de ce lieu et s'étant trompées de route. Le sable, légèrement foulé, laisse d'abord la trace des pas et engage, par une funeste sécurité, les autres à suivre, jusqu'à ce qu'avertis du danger ils cherchent à se secourir au moment où il ne reste plus aucun moyen de salut. Car un homme ainsi englouti dans la fange ne peut ni nager, le mouvement du corps étant empêché, ni sortir de là, n'ayant aucun appui solide pour se soulever. Ce mélange intime d'eau et de sable constitue quelque chose de mixte où l'on ne saurait ni marcher ni naviguer. Aussi, ceux qui s'y trouvent engagés, sont entraînés jusqu'au fond de l'abîme, puisque les rives de sable s'enfoncent avec eux. Telle est la nature de ces plaines auxquelles le nom de Barathres convient parfaitement.

XXXI. Après avoir indiqué les trois points qui protégent l'Égypte du côté de la terre, nous y ajouterons ce qui nous reste à dire. Le quatrième côté, baigné presque entièrement par des flots inabordables, est défendu par la mer d'Égypte offrant un vaste trajet d'où il est difficile de gagner la terre avec sécurité. Car depuis Parætonium en Libye jusqu'à Joppé en Cœlé-Syrie, dans une étendue de presque cinq mille stades, on ne rencontre pas de port sûr, excepté Phare. Outre cela, presque tout le côté littoral de l'Égypte est bordé par un banc de sable qui échappe aux navigateurs inexpérimentés. Croyant être sauvés des dangers qui les menaçaient en pleine mer, et faisant, dans leur ignorance, joyeusement voile vers la terre, ils se heurtent inopinément contre ces bancs, et leurs vaisseaux font naufrage. D'autres, ne pouvant distinguer la terre de loin, à cause de l'abaissement de la côte, tombent, à leur insu, soit dans des endroits marécageux, soit sur une plage déserte. Ainsi donc, l'Égypte est de tous côtés fortifiée par la nature. Quant à sa configuration, elle est oblongue et a, du côté de la mer, une étendue de deux mille stades, et se prolonge environ six mille stades dans l'intérieur. L'Égypte était anciennement plus peuplée que toutes les autres contrées de la terre, et encore aujourd'hui, elle n'est, sous ce rapport, inférieure à aucune autre nation. Elle comptait autrefois, outre des villages considérables, plus de dix-huit mille villes, comme on peut le voir consigné dans les archives sacrées. Sous le règne de Ptolémée Lagus, il y avait plus de trente mille villes, dont un grand nombre s'est conservé jusqu'à nos jours. Dans un dénombrement qui s'était fait anciennement de toute la population, on avait compté environ sept millions d'habitants; et encore maintenant elle ne s'élève pas à moins de trois millions[1]. C'est à cause de ce grand nombre de bras que les anciens rois d'Egypte ont pu laisser ces grands et merveilleux monuments qui immortalisent leur gloire. Nous en parlerons plus tard d'une manière plus spéciale. Nous allons maintenant traiter de la nature du fleuve et des particularités du sol.

XXXII. Le Nil coule du midi au nord; il a ses sources dans des lieux non visités, qui s'étendent des limites extrêmes de l'Éthiopie vers le désert, pays inaccessible à cause de sa chaleur excessive. C'est le plus grand de tous les fleuves; il parcourt la plus grande étendue du pays, en formant de grandes sinuosités, tantôt au levant, vers l'Arabie, tantôt au couchant, du côté de la Lybie. Son cours, y compris ses sinuosités, comprend, depuis les frontières de l'Éthiopie jusqu'à son embouchure dans la mer, un espace de douze mille stades au moins. Dans les régions basses le fleuve grossit considérablement, et

[1] Après la chute de la dynastie des Ptolémées, la population de l'Égypte est allée toujours en diminuant. Aujourd'hui elle ne s'élève pas à un million et demi d'âmes. Tous les peuples qui ont jadis joué un rôle important dans l'histoire ont subi cette loi du décroissement des populations. Le Péloponèse, qui à l'époque de Périclès était peuplé de plus d'un million d'habitants, n'en compte pas aujourd'hui deux cent mille.

son lit s'élargit, envahissant de part et d'autre le continent. Il se divise ensuite; la branche qui se dirige vers la Lybie est absorbée par des amas de sable d'une incroyable épaisseur, et la branche qui incline vers l'Arabie aboutit à d'immenses marais et à de vastes étangs, dont les bords sont habités par de nombreuses peuplades. Entré dans l'Égypte, où sa largeur est de dix stades et quelquefois moins, il ne suit plus une direction droite, mais forme des flexuosités variables, tantôt à l'orient, tantôt à l'occident, et même parfois vers le midi, en retournant en arrière; car, les montagnes qui le bordent, et qui constituent une grande partie de ses rives, sont coupées par des anfractuosités et des gorges étroites sur lesquelles le courant se brise; ainsi arrêté, le courant revient en arrière à travers la plaine, et, arrivé au midi, à un niveau convenable, il reprend sa direction naturelle. Plus considérable qu'aucun autre fleuve, il est aussi le seul dont les eaux coulent sans impétuosité, excepté à l'endroit qu'on appelle les *Cataractes*. C'est un espace de dix stades, déclive, et qui, resserré entre des rochers escarpés, forme un précipice rapide, hérissé de blocs de pierres et d'écueils menaçants. Le fleuve se brise avec violence contre ces obstacles, et rencontrant des contre-courants, forme des tournants d'eau prodigieux. Tout le milieu est couvert d'écume et remplit d'épouvante ceux qui en approchent. Dans cet endroit, le courant est aussi violent et aussi rapide qu'un trait. A l'époque de la crue du Nil, tout cet espace, hérissé d'écueils, est caché par les eaux, qui le recouvrent; quelques navigateurs peuvent alors descendre la cataracte en profitant d'un vent contraire, mais aucun ne peut la remonter, car la violence du fleuve l'emporte sur le génie de l'homme. Il existe plusieurs de ces cataractes; mais la plus grande est celle qui se trouve sur les frontières de l'Éthiopie et de l'Égypte.

XXXIII. Le Nil circonscrit plusieurs îles, surtout du côté de l'Éthiopie. Parmi ces îles il y en a une surtout remarquable par sa grandeur; elle s'appelle *Méroë* et renferme une ville du même nom, fondée par Cambyse, qui lui donna le nom de sa mère. On dit que cette île a la forme d'un bouclier, et qu'elle surpasse en étendue toutes les autres îles de cette contrée, qu'elle compte trois mille stades de longueur sur mille de largeur, et qu'elle a de nombreuses villes, dont la plus célèbre est Méroë. La partie qui regarde la Lybie a pour rivages un énorme banc de sable ; tandis que, du côté de l'Arabie, l'île est bordée par des rochers escarpés. On y trouve des minerais [1] d'or, d'argent, de fer et de cuivre ; il y a aussi en abondance du bois d'ébène et des pierres précieuses de toute espèce. Il est cependant difficile de croire que ce fleuve forme des îles aussi nombreuses qu'on l'entend dire. Car, indépendamment des lieux qui sont environnés d'eau dans le Delta, on compte plus de sept cents îles. Dans quelques-unes de ces îles, qui sont desséchées par les Éthiopiens, on cultive du millet ; les autres sont rendues inaccessibles aux hommes par la quantité de serpents, de cynocéphales, et d'autres animaux sauvages qui s'y trouvent. Le Nil se divisant en plusieurs branches, dans la Basse-Égypte, constitue le lieu appelé le *Delta*, d'après sa configuration qui est celle d'un triangle, dont les côtés sont représentés par les branches extrêmes, et la base par la mer, qui reçoit toutes les bouches du fleuve. Ces bouches sont au nombre de sept : la première, et la plus orientale, est la bouche Pélusiaque, la seconde la bouche Tanitique, la troisième la bouche Mendésienne, viennent ensuite les bouches Phatmique, Sebennytique, Bolbitienne et Canopique ; cette dernière est aussi appelée *Herculéenne*. Il y a encore d'autres bouches faites par la main des hommes ; mais elles ne méritent aucune mention. Sur chaque embouchure est bâtie une ville coupée par le fleuve en deux parties, qui sont jointes par des ponts et convenablement fortifiées. Un canal, construit à force de bras, s'étend de la bouche Pélusiaque jusqu'au golfe Arabique et à la mer Rouge. Necos, fils de Psammitichus, commença à

[1] Minerais d'or, d'argent, de fer, etc. Le mot *μέταλλα* ne doit pas être rendu ici par *métaux*, ainsi que l'ont fait Terrasson et Miot ; car le fer, le cuivre, et même l'argent, ne se rencontrent que très-rarement dans la nature à l'état de métaux proprement dits ; ils ne se rencontrent guère que combinés avec les principaux corps minéralisateurs, tels que l'*oxygène* et le *soufre*.

faire construire ce canal ; Darius, roi de Perse, le continua, mais il le laissa inachevé, car il avait appris que s'il perçait le détroit il ferait inonder toute l'Égypte. On lui avait en effet démontré, que le niveau de la mer Rouge est plus élevé que le sol d'Égypte[1]. Plus tard, Ptolémée II y mit la dernière main, et fit construire une écluse dans l'endroit le plus favorable ; on l'ouvre quand on veut traverser le canal, et on la ferme ensuite exactement. Ce canal est appelé *fleuve de Ptolémée*. A son embouchure est située la ville d'Arsinoë.

XXXIV. Le Delta, dont la configuration ressemble à celle de la Sicile, a, pour chacun des côtés, une longueur de cinq cent cinquante stades ; sa base, qui est baignée par la mer, a mille trois cents stades. Cette île est traversée par un grand nombre de canaux, ouvrages de l'homme, qui rendent ce pays le plus beau de l'Égypte.

Le terrain alluvionnaire du Nil est bien arrosé ; il produit des fruits abondants et variés[2]. Le Nil y dépose annuellement, après ses crues, du nouveau limon, et les habitants peuvent facilement arroser toute l'île à l'aide d'une machine construite par Archimède, de Syracuse, laquelle, pour sa forme, porte le nom de *limaçon*[3]. Les eaux du Nil, coulant très-lentement, charrient avec elles beaucoup de terre, et forment, dans les endroits bas, des marais extrêmement fertiles. On y voit naître des racines de diverses saveurs, des fruits et des tiges d'une nature particu-

[1] Ici, comme dans beaucoup d'autres circonstances, les recherches des modernes sont venues confirmer l'opinion des anciens. En effet, l'élévation des eaux de la mer Rouge au-dessus du niveau de la Méditerranée a été trouvée, par une opération exacte, de cinq toises et demie. (Voy. *Mémoire sur le canal de Suez*, par M. le Père.)

[2] Les plantes que l'on rencontre encore aujourd'hui dans les endroits marécageux de la Basse-Égypte sont : *Nymphæa lotus, nymphæa cærulea, cyperus papyrus, cyperus articulatus, cyperus alopecuroïdes, calamus aromaticus, scirpus mucronatus, scirpus fistulosus, arum colocasia, panicum colonum, panicum fluitans*. Les fruits de plusieurs de ces plantes (*N. lotus, N. cærulea, P. fluitans, P. colonum*), pouvaient, en effet, servir à faire du pain. D'autres (*C. aromaticus*) pouvaient fournir des boissons aromatiques ou mucilagineuses, utiles dans certaines maladies.

[3] Vis d'Archimède.

lière, et qui suffisent aux besoins des indigents et des malades. Ces plantes offrent non-seulement une nourriture variée et toujours prête, mais encore elles sont utiles à d'autres besoins de la vie. On y trouve en abondance le lotus [1], avec lequel les habitants font du pain propre à satisfaire au besoin physique du corps; on y rencontre encore en très-grande abondance le ciborium, qui porte ce qu'on appelle la *fève d'Égypte* [2]. Il y croît aussi plusieurs espèces d'arbres, parmi lesquels on remarque l'arbre persique [3], dont les fruits sont remarquables par leur douceur; cet arbre a été importé de l'Éthiopie par les Perses, à l'époque où Cambyse était maître du pays. On y rencontre aussi des sycomores [4], dont les uns produisent des mûres et les autres des fruits

[1] Le *lotus* dont il est ici question ne peut être que le fruit du *nymphæa lotus* ou du *nymphæa cœrulea*. Ce fruit, semblable à une capsule de pavot, contient une quantité prodigieuse de petits grains qui peuvent servir à fabriquer du pain.

[2] Le nom de Αἰγύπτιος κύαμος s'applique ici à la plante entière, tandis que son fruit s'appelle κιβώριον (Strabon, XVII). Ce fruit, ressemblant à la pomme d'un arrosoir, appartenait au *nymphæa nelumbo*. Diodore de Sicile contredit Hérodote, en parlant des fèves comme d'un des aliments les plus abondants en Égypte (Voy. Hérodote, II, 37). Mais cette contradiction n'est qu'apparente. En effet, il paraît hors de doute que la *fève d'Égypte*, dont parle ici Diodore, appartient à une plante différente de la *fève de marais*, qu'Hérodote semble avoir eu en vue. Les taches noires et tristes des fleurs de la fève de marais ou ancienne fève des Grecs (κύαμος Ἑλληνικός, Dioscorid., II, 127) font évidemment reconnaître cette plante pour avoir été celle que les prêtres égyptiens croyaient impure. Suivant Pline et Varron, les taches des fleurs de la fève étaient regardées comme des caractères de deuil; on croyait que les âmes des morts pouvaient être contenues dans les fèves, et on était dans l'usage de porter ces fruits en allant aux funérailles (Pline, *Hist. nat.*, XXVIII, 12). Quant à la *fève d'Égypte* de Diodore (κύαμος Αἰγύπτιος), c'était le fruit d'une espèce de *nymphæa* (voy. page 11, note) qu'Hérodote a désignée sous le nom de *lis* ou *lotus rose* du Nil. Les fleurs et les fruits de cette plante se voient souvent sculptés dans les temples égyptiens.

[3] On n'est pas d'accord sur le genre de l'arbre auquel Diodore donne le nom de περσία. Il paraît toutefois certain que c'était un *persica* (pêcher). Suivant Delile, le περσία de Diodore est le *balanites ægyptiaca*, le *heglyg* ou *lébakh* des Arabes. C'est un arbre de six à sept mètres de hauteur; son fruit a quelque ressemblance avec celui du dattier; l'amande, composée de deux lobes, est d'un blanc sale, un peu jaune, huileuse et amère. Cet arbre, aujourd'hui très-rare en Égypte, ne se rencontre guère que sur les frontières de l'Éthiopie, circonstance qui vient encore confirmer le récit de Diodore. (Voy. Delile, *Flore d'Égypte*, t. XIX, p. 263; de la *Description de l'Égypte*.)

[4] Les deux espèces de sycomore dont parle ici Diodore devaient avoir appartenu à deux genres bien différents : l'un était probablement une espèce de *mûrier*,

semblables aux figues. Et comme ces arbres rapportent pendant presque toute l'année, les indigents ont toujours de quoi satisfaire à leur faim. Enfin on y voit des espèces de ronces dont le fruit, appelé *myxarion*[1], se recueille après la retraite des eaux, et qui, à cause de sa douceur, est mangé aux secondes tables (dessert). Les Égyptiens fabriquent avec de l'orge une boisson nommée *zythos*[2], qui, par son odeur, se rapproche du vin. Ils entretiennent la lumière de leurs lampes en versant dans celles-ci, au lieu de l'huile (d'olive), le liquide exprimé d'une plante nommée *kiki*[3]. Il y a encore beaucoup d'autres plantes nécessaires à la vie, qui croissent abondamment en Égypte, et qu'il serait trop long de décrire.

XXXV. Le Nil nourrit beaucoup d'animaux et d'espèces variées; on en distingue surtout deux, le crocodile et l'hippopotame. Le crocodile, très-petit d'abord, devient très-grand; car il pond des œufs semblables aux œufs d'oie, et l'animal qui en sort atteint jusqu'à seize coudées de longueur[4]. Il vit très-long-

l'autre une espèce de *figuier*. Il ne parle pas d'une troisième espèce de sycomore appartenant au genre *acer* (érable).

[1] Les commentateurs ont été peu d'accord sur l'interprétation de βάτα καλούμενα μυξάρια. Les uns y ont vu des poissons, les autres des fruits d'une plante particulière. Je suis disposé à partager cette dernière opinion. Peut-être les μυξάρια sont-ils les fruits du *trapa natans*, connus sous le nom de macres ou châtaignes d'eau.

[2] Hérodote, Strabon et Athénée parlent à peu près dans les mêmes termes de cette boisson, qui, évidemment, n'est autre chose que la bière, ou plutôt une espèce de tisane d'orge; car il ne paraît pas qu'elle ait été préalablement soumise à la fermentation. Les Ibériens, les Gaulois et les Germains connaissaient, de temps immémorial, la fabrication de la bière. L'emploi du houblon dans la fabrication de la bière est d'une date récente; aussi les bières des anciens devaient-elles facilement tourner à l'aigre.

[3] Le *kiki* des anciens est évidemment, ainsi que je l'ai déjà fait voir ailleurs (*Histoire de la Chimie*, t. I, p. 103), une espèce de ricin (*ricinus palma-christi?*). Ce végétal parvient, en Égypte et dans les climats chauds, à des dimensions considérables; transplanté dans nos contrées, il se dépouille, en quelque sorte, de sa nature, et devient une plante annuelle. On se procurait l'huile par deux procédés différents : 1° par la pression; 2° par la décantation, en faisant digérer la graine écrasée dans de l'eau bouillante. L'huile de ricin était employée, non-seulement comme un moyen d'éclairage, mais encore comme purgatif, ainsi qu'elle l'est encore aujourd'hui. (Cf. Dioscoride, IV, 161; Hérodote, II; Pline, XV, 7, et XXIII, 4.)

[4] Environ huit mètres.

temps, comparativement à l'homme, et il n'a pas de langue[1]. Son corps est naturellement protégé par une cuirasse merveilleuse, car toute sa peau est recouverte d'écailles remarquables par leur dureté ; ses deux mâchoires sont garnies d'un grand nombre de dents, et les canines supérieures dépassent les autres par leur longueur. Il dévore non-seulement les hommes, mais encore tous les animaux qui s'approchent du fleuve. Ses morsures sont profondes et dangereuses ; il déchire sa proie avec ses griffes et fait des blessures très-difficiles à guérir. Les Égyptiens pêchaient anciennement ces animaux avec des hameçons amorcés avec de la chair de porc ; plus tard on les prit tantôt comme des poissons dans des filets épais, tantôt en les harponnant avec des projectiles de fer lancés d'un bateau sur la tête de l'animal. La quantité de crocodiles vivant dans le Nil et dans les lacs adjacents est innombrable, d'autant plus qu'ils sont très-féconds et ne sont que rarement tués par les hommes. Car c'est un usage religieux établi chez la plupart des indigènes de vénérer le crocodile comme un dieu ; puis, ce n'est qu'une chasse très-peu lucrative aux étrangers, la chair de ces animaux n'étant pas mangeable. Mais la nature a fourni un grand remède à la propagation d'un animal aussi dangereux pour l'homme[2] ; car l'ichneumon, semblable à un petit chien, s'occupe à casser les œufs que le crocodile vient pondre sur les rives du fleuve, et, chose merveilleuse, ce n'est ni pour les manger ni pour aucun autre besoin, mais pour satisfaire un instinct naturel, qui est un grand acte de bienfaisance envers l'homme. L'hippopotame

[1] *Il n'a pas de langue* (γλῶτταν δὲ οὐκ ἔχει). Miot a omis ces mots dans sa traduction. Aristote avait déjà dit que le crocodile n'a pas de langue. C'est là une erreur accréditée dans toute l'antiquité et au moyen âge. Le crocodile a une langue, mais elle est si mince et si intimement soudée à la voûte palatine qu'elle peut très-facilement échapper à un examen superficiel.

[2] Les crocodiles, ainsi que beaucoup d'autres animaux, sont aujourd'hui beaucoup plus rares qu'ils ne l'étaient anciennement. La religion des Égyptiens devait singulièrement favoriser la multiplication de certaines espèces d'animaux qui, ne se trouvant plus conservés par les soins de l'homme, ont aujourd'hui presque entièrement disparu, tant il est vrai que les mœurs et les coutumes religieuses peuvent changer non-seulement l'aspect de la société, mais encore introduire des modifications profondes dans le monde des êtres animés.

n'a pas moins de cinq coudées de longueur ; c'est un quadrupède biongulé, rappelant la forme du bœuf ; ses défenses sont plus grandes que celles du sanglier et au nombre de trois sur chaque côté de la mâchoire ; il a les oreilles, la queue et la voix comme celles du cheval, et tout l'extérieur du corps semblable à celui d'un éléphant ; sa peau est plus dure que celle d'aucun autre animal. Il est à la fois fluviatile et terrestre ; il passe les jours à s'ébattre dans la profondeur des eaux, et les nuits à se repaître, sur le sol, de blé et d'herbes, de telle façon que si la femelle était très-féconde, et qu'elle mît bas tous les ans, toutes les moissons de l'Égypte seraient bientôt dévastées. On s'empare de cet animal à l'aide de harpons de fer qu'on manœuvre à force de bras. Dès qu'il s'est montré quelque part, on dirige toutes les barques vers cet endroit, et se rangeant autour, on le blesse à coups de harpons munis de crochets de fer ; après avoir fixé une corde à un de ces harpons enfoncé dans les chairs, ils la lâchent jusqu'à ce que l'animal demeure épuisé par la perte de son sang. Sa chair est coriace et indigeste[1]. Aucun des viscères de l'intérieur du corps n'est mangeable.

XXXVI. Outre ces animaux, le Nil renferme des espèces de poissons variées et en quantité incroyable. Ces poissons procurent aux habitants des ressources inépuisables, soit à l'état frais, soit à l'état de salaison. En somme, le Nil surpasse tous les autres fleuves du monde par les biens dont il comble les indigènes. Ses eaux commencent à croître à partir du solstice d'été ; ces crues continuent jusqu'à l'équinoxe d'automne, formant sans cesse de nouveaux atterrissements[2], et arrosant la terre inculte aussi bien que celle qui est ensemencée ou cultivée, et cela pendant

[1] *Il a la chair coriace et difficile à digérer* (τὴν σάρκα σκληρὰν ἔχει καὶ δύσπεπτον). Miot et Terrasson ne me semblent pas avoir compris la véritable signification du mot σάρκα δύσπεπτον, en le rendant par « *chair.... qui cuit difficilement.* » Les mots πέπτω, πέψις, très-familiers aux médecins s'entendaient de la digestion stomacale, comparée à une espèce de *coction* (πέψις) des aliments.

[2] Le limon du Nil a été soumis à l'analyse chimique. Sur 100 parties, il contient : 11 p. d'eau, 9 de carbone, 6 de peroxyde de fer, 4 de silice, 4 de carbonate de magnésie, 18 de carbonate de chaux, 48 d'alumine. L'azote, qui manque ici, et qui est pourtant indispensable à la végétation, est sans doute emprunté à l'air.

tout le temps que les laboureurs le jugent nécessaire. Comme le courant est très-lent, ils le détournent aisément au moyen de petites digues, et font répandre les eaux dans les champs quand ils le jugent à propos. Tout cela rend la culture du sol si facile et si profitable qu'après sa dessiccation les laboureurs n'ont qu'à y jeter la semence et à y conduire les bestiaux, qui la foulent sous leurs pieds; au bout de quatre ou cinq mois ils reviennent pour la moisson[1]. D'autres, après avoir passé une charrue légère sur les champs qui ont été ainsi arrosés, recueillent des monceaux de fruits sans beaucoup de dépense et de peine. En général, chez les autres peuples, l'agriculture demande de grandes dépenses et bien des soins; ce n'est que chez les Égyptiens qu'elle est exercée avec peu de moyens et de travail. Le terrain vignoble, cultivé de la même manière, rapporte aux indigènes abondance de vin. Les terrains qu'on laisse incultes, après l'inondation, donnent des pâturages si riches que les troupeaux de brebis qu'on y nourrit donnent une double portée et une double tonte. Les crues du Nil sont un phénomène qui frappe d'étonnement ceux qui le voient, et qui paraît tout à fait incroyable à ceux qui en entendent parler. En effet, tandis que les autres fleuves diminuent vers le solstice d'été, et se dissipent de plus en plus à dater de cette époque, le Nil seul commence alors à croître, et ses eaux grandissent de jour en jour, jusqu'à inonder

[1] On commence vers la fin de juin à s'apercevoir de la crue du Nil au-dessous de la dernière cataracte. Cette crue devient sensible au Caire dans les premiers jours de juillet. Pendant les six ou huit premiers jours il croît par degrés presque insensibles; bientôt son accroissement devient plus rapide; vers le 15 août il est à peu près arrivé à la moitié de sa plus grande hauteur, qu'il atteint ordinairement du 20 au 30 septembre. Il se trouve, au 10 novembre, descendu de la moitié de la hauteur à laquelle il s'était élevé; il baisse encore jusqu'au 20 du mois de mai de l'année suivante. Ces variations cessent de se faire apercevoir sensiblement, jusqu'à ce que le fleuve recommence à croître à peu près à la même époque que l'année précédente. Au moment de la crue, ses eaux, bourbeuses, sont chargées de sable et de limon ferrugineux qui leur donnent une couleur rougeâtre; elles conservent cette couleur pendant toute la durée du débordement, et ne la perdent que peu à peu, à mesure qu'elles rentrent dans le lit. Elles redeviennent enfin parfaitement limpides. La plus grande hauteur de la crue du Nil est d'environ sept mètres au-dessus du niveau des eaux basses. (Girard, *Observations sur la vallée du Nil*, t. X, p. 33; de la *Description de l'Égypte*.)

enfin presque toute l'Égypte ; de même aussi il va en décroissant pendant une égale durée de temps, puis il revient au même état d'où il était parti. Comme le pays est plat, et que les villes, les villages et même les habitations champêtres sont situés sur des digues, ouvrage de la main des hommes, l'aspect de cet ensemble rappelle les îles Cyclades. Quantité d'animaux terrestres périssent noyés dans ces inondations ; d'autres échappent, se réfugiant sur des lieux élevés. Les bestiaux restent alors dans les villages et dans les habitations rustiques où on leur a apporté du fourrage. Le peuple qui est, pendant ce temps, libre de tout travail, chôme, s'abandonne aux plaisirs des festins et à toutes sortes de réjouissances. Les inquiétudes auxquelles donnent lieu ces inondations ont fait concevoir aux rois l'idée de construire à Memphis un niloscope, au moyen duquel on mesure exactement la crue du Nil ; ceux qui sont chargés de ce soin envoient dans toutes les villes des messages faisant savoir de combien de coudées ou de doigts le fleuve s'est élevé, et quand il commence à baisser. Ainsi instruit de la crue et de la baisse des eaux, le peuple est délivré de toute anxiété. Tout le monde peut indiquer d'avance la richesse de la récolte, grâce à ce moyen, dont les résultats sont consignés, chez les Égyptiens, depuis un grand nombre d'années[1].

XXXVII. Beaucoup de philosophes et d'historiens ont essayé de se rendre compte du phénomène de la crue du Nil. Nous

[1] La coudée nilométrique a-t-elle augmenté progressivement depuis les temps les plus anciens jusqu'à nos jours ? En parcourant les différents témoignages historiques depuis Hérodote, on reconnait, malgré quelques anomalies, une progression soutenue. Les crues effectives de treize à quatorze coudées sont encore suffisantes aujourd'hui, tandis que celles de douze à treize coudées suffisaient sous les Romains. Les matières exhaussant le lit du fleuve à mesure que le limon se dépose dans la plaine, on conçoit que depuis longtemps il a dû s'établir une sorte d'équilibre entre ces deux sols ; car si le lit du Nil ne s'exhaussait pas assez rapidement pour correspondre à l'élévation de ses berges, les eaux, acquérant alors plus de profondeur, perdraient une partie de leur vitesse et abandonneraient sur leur fond une partie plus considérable des matières qu'elles entrainent. Cet équilibre est confirmé par l'état actuel du Nil dans les basses eaux, comparé avec son état ancien. (De Rozière, *Constitution physique de l'Égypte*, t. XX, p. 211, de la *Description de l'Égypte*.)

nous occuperons de ce sujet sommairement, sans cependant omettre aucun point important. Quelques historiens, quoiqu'ils aient la coutume de décrire le moindre torrent, n'ont pourtant osé rien avancer sur la crue du Nil, sur ses sources, sur son embouchure et sur d'autres choses qui distinguent ce fleuve, le plus grand du monde. Beaucoup de ceux qui se sont occupés de ce sujet se sont bien écartés de la vérité; car Hellanicus, Cadmus, Hécatée, et beaucoup d'autres, sont tombés dans des récits fabuleux. Hérodote, plus sagace et plus versé dans l'histoire qu'aucun autre historien, et qui a tenté d'aborder ce sujet, est lui-même surpris en flagrant délit de contradiction. Xénophon et Thucydide, loués pour leur véracité, se sont entièrement abstenus de parler de l'Égypte. Éphore et Théopompe, qui se sont beaucoup occupés de cette question, sont loin d'avoir atteint la vérité. Il se sont tous trompés, non par négligence, mais parce qu'ils ignoraient le caractère propre de l'Égypte. Depuis les temps anciens jusqu'à Ptolémée, surnommé Philadelphe, aucun Grec n'avait pénétré dans l'Éthiopie, et ne s'était même pas avancé jusqu'aux frontières de l'Égypte. Tous ces lieux étaient trop inhospitaliers et dangereux à parcourir. On en a une plus exacte connaissance depuis l'expédition que ce roi avait faite en Éthiopie, à la tête d'une armée grecque. C'est là ce qui explique l'ignorance des premiers historiens. Jusqu'à ce jour aucun d'eux n'a dit avoir vu ou appris sûrement les sources du Nil et l'endroit où il prend sa naissance. Aussi cette question est-elle tombée dans le domaine des hypothèses et des conjectures. Les prêtres égyptiens prétendent que le Nil prend son origine à l'Océan, qui entoure la terre. Leur prétention est irrationnelle : c'est résoudre un problème par un autre, c'est affirmer une chose par une assertion qui, elle-même, a besoin d'être démontrée. Les Troglodytes, nommés *Molgiens*, qui ont changé de demeure pour se soustraire à un soleil ardent, racontent à ce sujet quelques faits d'où l'on pourrait conclure que le Nil a plusieurs sources qui viennent se réunir ensemble : ce qui expliquerait même sa grande fécondité, qui le distingue des autres fleuves. Les habitants de l'île Méroë (qui méritent peut-être le plus de foi), ennemis de vaines conjectures, et se trouvant le plus rapprochés des lieux en question, sont si éloignés d'affirmer à cet égard rien de positif qu'ils appellent le Nil *Astapus*, nom qui signifie en grec *eau dérivant des ténèbres.* C'est ainsi qu'ils manifestent, par cette dénomination, leur aversion pour toute conjecture et l'ignorance dans laquelle ils sont à l'égard des sources du Nil. Cette opinion nous paraît aussi la plus vraie et éloignée de toute fiction. Je n'ignore pas cependant qu'Hérodote, lorsqu'il décrit les limites de la Libye à l'orient de ce fleuve et à l'occident, attribue aux Libyens Nasamons une connaissance exacte de ce sujet, et ajoute que le Nil prend son origine dans un certain lac, d'où il se répandrait dans une contrée inconnue de l'Éthiopie ; mais il est impossible d'ajouter foi ni au récit des Libyens (bien qu'ils l'aient donné comme une vérité), ni à l'historien qui s'efforce de le démontrer.

XXXVIII. Après avoir parlé des sources et du cours du Nil, nous allons essayer d'exposer les causes de sa crue. Thalès, l'un des sept sages, prétend que les vents étésiens, soufflant contre les embouchures de ce fleuve, l'empêchent de verser ses eaux dans la mer ; et, qu'ainsi enflé, le Nil inonde toute la Basse-Égypte. Cette opinion, quelque probable qu'elle paraisse, est aisément réfutée. En effet, si elle était vraie, tous les fleuves dont les embouchures sont à l'opposite de la direction des vents étésiens devraient offrir un semblable débordement. Or, cela n'étant pas, il faut chercher une autre cause à ce phénomène. Anaxagore, le physicien, a cru trouver cette cause dans la fonte de la neige en Éthiopie ; cette opinion a été adoptée par le poëte Euripide, qui était le disciple d'Anaxagore. Car il dit : « Quittant les rives du « Nil, dont le lit se remplit des belles eaux qui s'écoulent de la « terre éthiopienne aux noirs habitants, lorsque les neiges fon- « dent... » Cette opinion n'a pas non plus besoin d'une longue réfutation ; car il est évident pour tout le monde qu'à cause d'une excessive chaleur il ne peut pas tomber de neige en Éthiopie. Du reste, il n'y a dans ces régions ni gelée, ni froid, ni en général aucun indice d'hiver, surtout au moment de la crue du Nil. Et même en accordant qu'il y ait beaucoup de neige en Éthiopie, l'opinion émise n'en serait pas moins entachée d'erreur. Car, tout fleuve provenant de la fonte des neiges donne, sans aucun doute, des exhalaisons froides qui rendent l'air épais et brumeux. Or, le Nil est le seul fleuve autour duquel il ne s'élève ni brouillards ni vapeurs froides qui pourraient épaissir l'air. Suivant Hérodote, la crue est l'état naturel du Nil; en hiver, le soleil s'avançant vers la Libye[1] attire beaucoup d'humidité qu'il enlève au Nil, ce qui expliquerait pourquoi, contre les lois ordinaires, les eaux de ce fleuve décroissent dans cette saison; dans l'été, au contraire, le soleil revenant vers l'Ourse, dessèche les fleuves de la Grèce et ceux des autres pays voisins. Envisagé de cette manière, le Nil n'offrirait rien de paradoxal; on s'expliquerait ainsi le grossissement de ses eaux pendant l'été, et leur diminution pendant l'hiver. Mais on peut objecter à Hérodote, que si le soleil attire et dessèche les eaux du Nil à l'époque de l'hiver, il doit de même diminuer les fleuves de la Libye. Or, comme rien de tout cela n'arrive pour les fleuves de la Libye, cet historien fait évidemment une supposition gratuite. D'ailleurs les fleuves de la Grèce grossissent en hiver, non parce que le soleil est plus éloigné, mais à cause de l'abondance des pluies.

XXXIX. Suivant Démocrite d'Abdère, il ne neige jamais (contrairement à ce qu'avancent Euripide et Anaxagore) dans le climat méridional, mais bien dans les régions voisines de l'Ourse; et cela est évident pour tout le monde. Cette masse de neige qui tombe dans les contrées septentrionales reste sous forme compacte à l'époque du solstice d'hiver[2]; mais ces glaces

[1] Ἥλιον κατὰ τὴν Λιβύην φερόμενον.... Miot me semble avoir inexactement rendu ce passage par « le soleil se trouvant *perpendiculaire* à la Libye. » En hiver, le soleil entrant dans le signe du Capricorne, s'éloigne en apparence de l'Égypte, et s'avance vers la partie de la Libye (*κατὰ τὴν Λιβύην φερόμενος*) située au delà de l'équateur. L'opinion ancienne que le soleil attire les eaux du Nil est assez remarquable; elle ressemble à l'opinion moderne qui attribue à la lune le phénomène de la marée.

[2] Tous les interprètes et commentateurs me paraissent avoir mal compris ce

étant fondues en été par la chaleur du soleil, occasionnent un grand dégel, et donnent naissance à des nuages épais, accumulés dans les régions supérieures par suite des vapeurs abondantes qui s'élèvent. Ces nuages sont emportés par les vents étésiens et viennent s'abattre sur les montagnes de l'Éthiopie, qui passent pour les plus élevées de la terre. Pressés avec violence contre ces montagnes, ils produisent des pluies énormes qui font gonfler le Nil, principalement pendant la période des vents étésiens. Mais cette opinion est également facile à réfuter, quand on examine avec attention les moments de la crue. En effet, le Nil commence à croître au solstice d'été, époque où les vents étésiens ne soufflent point; puis il décroît à l'équinoxe d'automne, alors que les vents étésiens ont déjà cessé de souffler. C'est ainsi qu'une opinion doit être confirmée par l'expérience, et recevoir une démonstration avant de pouvoir être admise comme vraie. J'omets de faire valoir une autre raison, c'est que les vents étésiens soufflent tout autant du nord que du couchant [1]; car non-seulement les vents septentrionaux et de l'Ourse, mais encore les argestes, qui soufflent du couchant d'été, sont compris sous la dénomination commune d'*étésiens*. Quant à l'assertion que les plus hautes montagnes sont en Éthiopie, elle n'est ni démontrée, ni mise en aucune façon hors de doute. Éphore a essayé de donner une explication plus neuve, mais n'atteint pas davantage la vérité. Il avance que toute l'Égypte étant une terre d'alluvion, et d'une nature spongieuse, présente dans le sol de larges et profondes crevasses, dans lesquelles l'eau s'infiltre et demeure absorbée pendant l'hiver; mais qu'en été cette eau exsude de toutes parts, comme une sueur, et fait ainsi croître

passage. En effet, *περὶ τὰς τροπὰς μένειν πεπηγός* ne veut pas dire « que la neige reste sous forme compacte *jusque* au solstice *d'été*. » D'abord, *περὶ* n'a point, autant que je sache, la signification de *μέχρι*; ensuite *τροπαί*, terme général, peut signifier *solstice d'hiver* aussi bien que *solstice d'été*. Et le passage suivant (*ἐν δὲ τῷ θέρει....*) prouve qu'il est ici réellement question du solstice d'hiver. C'est aussi dans ce sens que je l'ai interprété.

[1] C'est sans doute par inadvertance que Miot a traduit « que les vents étésiens ne soufflent *pas plus du nord que du couchant*. » Car ceci ne concorde guère avec ce qui suit immédiatement.

le Nil. Cet historien ne nous paraît ni avoir lui-même visité le sol de l'Égypte, ni avoir pris des renseignements exacts auprès de ceux qui en connaissent la nature. D'abord, si le Nil ne recevait son accroissement que dans l'Égypte même, sa crue n'existerait pas dans les contrées plus hautes, où le sol est rocailleux et compacte; or, son cours à travers l'Éthiopie est de plus de six mille stades, et ses eaux grossissent déjà avant d'arriver en Égypte; ensuite, si le lit du Nil était au-dessous du niveau d'un terrain alluvionnaire spongieux, il serait impossible que ces crevasses superficielles fussent suffisantes pour le séjour d'une si grande masse de liquide, et si le lit du fleuve était supérieur à ce terrain crevassé, l'eau ne pourrait pas s'écouler de ces cavités inférieures sur une surface plus élevée. D'ailleurs, qui voudrait croire que ces sueurs aqueuses, sortant d'un sol alluvionnaire, puissent faire croître le fleuve de manière à submerger presque toute l'Égypte? Je passe sous silence l'idée mensongère qu'on a de ces atterrissements et des eaux qui se conservent dans leurs fissures : ces erreurs sont palpables. Car le Méandre, fleuve de l'Asie, a formé de grands atterrissements qui ne présentent rien de semblable aux crues du Nil. Il en est de même de l'Achéloüs, fleuve de l'Acarnanie, et du Céphise en Béotie, lequel prend son origine dans la Phocide et dépose également beaucoup de terrain alluvionnaire; l'un et l'autre mettent en évidence l'erreur de l'historien. Au reste, il ne faut pas chercher, à cet égard, de l'exactitude chez Éphore, puisqu'on le voit, sous beaucoup d'autres rapports, manquer à la vérité.

XL. Quelques philosophes de Memphis ont essayé de donner de la crue du Nil une explication plus spécieuse que convaincante, et qui est adoptée par beaucoup de monde : ils divisent la terre en trois parties; l'une est notre continent, l'autre a les saisons inverses des nôtres, et la troisième, située entre ces deux parties, est inhabitable par son extrême chaleur. Si le Nil croissait en hiver, il tirerait évidemment son accroissement de notre zone, par suite des pluies qui tombent chez nous, principalement vers cette époque. Or, comme sa crue a, au contraire, lieu en été, il est manifeste que l'hiver existe alors dans des climats opposés aux nôtres, et que l'excédant des eaux de ces régions est versé sur notre continent. On conçoit que personne ne peut visiter les sources du Nil, puisque ce fleuve, sorti de la zone opposée, traverse la zone intermédiaire, qui est inhabitable. Ils apportent encore à l'appui de leur assertion l'extrême douceur des eaux du Nil ; ces eaux éprouvent une sorte de digestion pendant qu'elles coulent à travers ces régions brûlées ; et il est de la nature du feu de rendre toute eau douce [1]. Cette explication, donnée par les philosophes de Memphis, trouve une réfutation éclatante et toute prête dans l'absurdité d'admettre qu'un fleuve coule d'une terre opposée pour arriver sur la nôtre, surtout lorsqu'on considère que la terre est sphéroïdale. Et ceux qui, par leurs raisonnements, oseraient aller contre l'évidence, ne parviendraient jamais à changer la nature des choses. Ils ont, en effet, introduit un argument qu'ils regardent comme irréfragable, en plaçant entre les deux zones une contrée inhabitable ; ils croient par là échapper à toute objection sérieuse. Mais il faut qu'ils appuient leur opinion sur un témoignage irrécusable ou qu'ils confirment leurs démonstrations accordées d'avance. Comment le Nil aurait-il seul une pareille origine ? Il faudrait admettre la même chose pour les autres fleuves ; quant à la cause de la douceur des eaux, elle est tout à fait irrationnelle. Car si les eaux du Nil avaient été rendues douces par l'effet de la chaleur, elles ne seraient pas fécondantes et ne nourriraient pas de nombreuses espèces de poissons et d'autres animaux qui s'y trouvent ; attendu que toute eau qui a été altérée par le feu est entièrement impropre à nourrir des animaux [2]. Or, comme la nature du Nil

[1] Τοῦ πυρώδους πᾶν τὸ ὑγρὸν ἀπογλυκαίνοντος.... L'auteur fait ici évidemment allusion à la distillation. C'est, en effet, par ce procédé que les eaux sont séparées des sels fixes qui les rendent amères. J'ai fait voir ailleurs (*Histoire de la Chimie*, t. I, p. 91, 195 et 317) que la distillation n'a pas été inventée par les Arabes, mais qu'elle était déjà connue des anciens. Aristote en parle en termes assez explicites (*Météorologiques*, II, 2).

[2] Πᾶν γὰρ ὕδωρ ὑπὸ τῆς πυρώδους φύσεως ἀλλοιωθέν.... Diodore exprime ici un fait de la plus exacte vérité, et qui prouve bien que les physiciens anciens ne se

est tout à fait contraire aux résultats que donnerait cette coction supposée, l'explication que les philosophes de Memphis donnent de la crue du Nil doit être regardée comme erronée.

XLI. Suivant Œnopide de Chio[1], les eaux souterraines sont froides en été et chaudes en hiver, ainsi que le font voir les puits profonds; car l'eau qui s'y trouve n'est nullement froide, même au fort de l'hiver, tandis qu'elle en est retirée très-froide pendant les plus grandes chaleurs [2]; aussi le Nil est bas et son lit se resserre en hiver, parce que la chaleur souterraine absorbe beaucoup d'eau, et qu'il ne pleut pas en Égypte. En été, au contraire, cette absorption souterraine n'ayant plus lieu, les eaux du Nil grossissent naturellement et sans obstacle. A cela on peut objecter que beaucoup de fleuves de la Libye, qui ont des embouchures et une direction semblables, ne présentent rien d'analogue au débordement du Nil; ils grossissent, au contraire, en hiver et diminuent en été; ils font ainsi ressortir l'erreur d'Œnopide, qui essaie par ces raisons de combattre la vérité, dont Agatharchide de Cnide a le plus approché. Celui-ci soutient que tous les ans il tombe, dans les montagnes de l'Éthiopie, des pluies continuelles depuis le solstice d'été jusqu'à l'équinoxe d'automne. Il est donc rationnel de croire que le Nil diminue en hiver, ne charriant que les eaux de ses sources, et qu'il augmente en été par suite des eaux pluviales qu'il reçoit. Si personne n'a pu, jusqu'à présent, donner la cause de la crue de ses eaux, il n'est pas convenable de mépriser l'opi-

contentaient pas de théories purement spéculatives. L'expérience démontre, en effet, que les poissons ou autres animaux aquatiques ne peuvent point vivre dans de l'eau qui a été bouillie, c'est-à-dire qui a été altérée par l'action du feu (ὕδωρ ὑπὸ τῆς πυρώδους φύσεως ἀλλοιωθέν), pour me servir des expressions de Diodore. Pourquoi l'eau bouillie est-elle impropre à entretenir la vie? C'est qu'elle est privée d'air; conséquemment elle ne renferme pas d'oxygène, indispensable à la respiration de tous les animaux.

[1] Œnopide de Chio était contemporain d'Anaxagore.

[2] On sait que ce phénomène repose sur une illusion. Les eaux de puits profonds, les caves, en général tous les corps des localités qui ne se mettent que très-lentement en équilibre avec la température si changeante de l'air extérieur, produisent la sensation de froid ou de chaud en raison de l'élévation ou de l'abaissement rapide de la température de l'air extérieur.

nion que chacun s'est faite à cet égard, car la nature offre bien des phénomènes en apparence contradictoires, dont il n'est pas donné aux hommes de trouver exactement les causes. Agatharchide cite à l'appui de son assertion ce qui se passe dans certaines contrées de l'Asie. Sur les frontières de la Scythie qui touchent aux montagnes du Caucase, il tombe, chaque année, à la fin de l'hiver une quantité énorme de neige pendant plusieurs jours de suite. Dans les régions de l'Inde qui regardent le nord, il tombe, à des époques fixes, des grêlons incroyables par leur nombre et leur grosseur. Aux environs du fleuve Hydaspis, il y a des pluies continuelles au commencement de l'été, et ces pluies se reproduisent quelques jours après en Éthiopie. Ce climat d'hiver fait sentir son influence sur les pays circonvoisins. Il n'y a donc rien de paradoxal d'admettre que les pluies permanentes qui tombent, au-dessus de l'Égypte, en Éthiopie, remplissent en été le lit du fleuve; ce fait est d'ailleurs garanti par les Barbares eux-mêmes qui habitent ces lieux [1]. Quoique toutes ces choses soient en opposition avec ce que nous voyons chez nous, il ne faut pas cependant les rejeter comme incroyables. Ne savons-nous pas que le vent du midi, qui amène chez nous le mauvais temps, apporte en Éthiopie un temps calme et serein; et que les vents du nord, si vifs et si pénétrants en Europe, sont mous, détendus et tout à fait faibles en Éthiopie? Il nous serait aisé de trouver beaucoup d'autres objections contre les diverses opinions émises au sujet de la crue du Nil; mais nous nous contenterons de ce que nous avons dit, afin de ne pas franchir les limites que nous nous sommes tracées dès le commencement. Comme nous avons divisé ce livre, à cause de son étendue, en deux parties, nous terminerons ici la première pour mettre de l'ordre dans l'exposé de

[1] L'opinion d'Agatharchide est aujourd'hui généralement adoptée. Les pluies qui tombent régulièrement en Abyssinie submergent, pendant plusieurs mois de l'année, un immense plateau : elles s'écoulent de là dans le bassin du Nil, leur dernier réceptacle; et ce fleuve, chargé seul d'en porter le tribut à la mer, les verse d'abord sur l'Égypte. (Girard, *Observations sur la vallée du Nil*; t. XX, p. 33, de la *Description de l'Égypte*.)

notre matière. Dans la seconde partie, nous continuerons l'histoire de l'Égypte, en commençant par les rois de ce pays et la manière de vivre de ses anciens habitants.

SECONDE PARTIE.

XLII. Le premier livre de l'ouvrage de Diodore a été divisé, à cause de son étendue, en deux parties; la première renferme une préface générale et les traditions égyptiennes sur l'origine du monde et la constitution primordiale des choses; de plus, l'histoire des divinités qui ont attaché leurs noms aux villes qu'elles ont fondées en Égypte. Il y est parlé des premiers hommes, de leur vie, du culte des dieux, de la construction des temples; puis de la description du sol de l'Égypte, enfin des opinions et des explications proposées par les historiens et les philosophes au sujet de la crue du Nil, avec les objections qu'elles comportent. Dans la seconde partie nous continuerons notre récit; nous commencerons par les premiers rois de l'Égypte, et nous en exposerons l'histoire jusqu'au roi Amasis, après avoir auparavant traité sommairement du plus ancien genre de vie des Égyptiens.

XLIII. Selon la tradition, les anciens Égyptiens vivaient d'herbes; ils mangeaient aussi les tiges et les racines qui croissent dans les marais, et qu'ils essayaient par le goût. Ils recherchaient surtout l'*agrostis,* plante remarquable par sa saveur douce et par la nourriture suffisante qu'elle offre à l'appétit de l'homme; elle est aussi considérée comme un excellent aliment pour les bestiaux qu'elle engraisse promptement [1]. C'est en souvenir de ce

[1] Les herbes (πόα), les tiges (καυλοί), l'*agrostis* (ἄγροστις) dont il est ici question paraissent, pour la plupart, appartenir à la famille des *graminées.* Les tiges de ces plantes renferment du sucre de canne. Il est curieux de faire observer que les matières sucrées constituent les premiers aliments de l'homme

bienfait que les habitants ont encore aujourd'hui la coutume de tenir cette plante dans la main, lorsqu'ils offrent leurs prières aux dieux. Ils croient que l'homme est un animal palustre ; à l'appui de cette opinion ils allèguent la nature lisse de sa peau et les autres qualités naturelles ; ils ajoutent encore comme preuve que l'homme a besoin d'une nourriture plutôt humide que sèche. Les anciens habitants du pays trouvent un second aliment dans les poissons que le Nil fournit en abondance, surtout à l'époque où ses eaux se retirent et se dessèchent. Ils mangeaient aussi la chair des troupeaux, et s'habillaient avec les peaux des animaux qu'ils avaient mangés. Ils se construisaient des habitations avec des roseaux. Les traces de cet usage se trouvent encore chez les pâtres égyptiens, qui même aujourd'hui ne connaissent d'autres habitations que des cabanes de roseaux dont ils se contentent. Après avoir mené ce genre de vie pendant une longue période, ils se sont enfin mis à manger des fruits, parmi lesquels il faut comprendre le pain fait avec le lotus. La découverte des fruits mangeables est attribuée par les uns à Isis, par les autres à un ancien roi nommé Menas. Selon la tradition des prêtres, Hermès est l'inventeur des sciences et des arts [1] ; tandis que les rois ont inventé tout ce qui est nécessaire à la vie. Car anciennement la royauté ne se transmettait pas aux enfants des rois, mais à ceux qui avaient rendu les plus grands services au peuple, soit que les hommes s'excitassent ainsi réproquement à travailler au bien public, soit, ce qui est vrai, que la chose fût ainsi ordonnée dans les annales sacrées.

XLIV. Suivant le rapport de quelques mythologistes, les dieux et les héros ont d'abord régné sur l'Égypte pendant l'espace de

primitif et de l'enfant nouveau-né. L'embryon lui-même du végétal puise sa première nourriture dans le sucre de fécule, dont la formation accompagne la germination, absolument comme la sécrétion du lait est déterminée, chez les animaux, par la gestation.

[1] C'est probablement le même Hermès qui fut plus tard appelé *Trismégiste* (τρὶς μέγιστος, trois fois très-grand). On lui attribuait un grand nombre d'ouvrages sur les arts, sur la médecine et l'astrologie, dont plusieurs existent encore sous le pseudonyme d'*Hermès Trismégiste*. Mais aucun auteur antérieur à l'ère chrétienne n'a fait mention de ces ouvrages.

près de dix-huit mille ans; Horus, fils d'Isis, a été le dernier roi de race divine. Ensuite, le pays a été gouverné par des hommes pendant environ cinq mille ans [1], jusqu'à la CLXXX^e olympiade [2], époque où nous sommes allé en Égypte, sous le règne de Ptolémée, surnommé Dionysus le jeune. La plupart de ces rois étaient des indigènes; il n'y avait qu'un petit nombre d'Éthiopiens, de Perses et de Macédoniens. On compte en tout quatre rois éthiopiens qui ont régné pendant trente-six ans environ, non pas les uns après les autres, mais à des intervalles plus ou moins éloignés. Depuis Cambyse, qui avait conquis le pays par les armes, les Perses ont régné cent trente-cinq ans, en comptant le temps où les Égyptiens, ne pouvant plus tolérer l'insolence des gouverneurs et les sacriléges commis envers les dieux indigènes, se révoltèrent pour secouer le joug étranger. Enfin le règne des Macédoniens a duré deux cent soixante-seize ans. Tout le reste du temps a été rempli par le règne de la dynastie nationale, comprenant quatre cent soixante-dix rois et cinq reines. Les prêtres avaient consigné l'histoire de tous ces rois dans les livres sacrés et transmis de toute antiquité à leurs successeurs. On y voit quelle était la puissance de chacun d'eux, quel était leur aspect physique et ce que chacun avait fait pendant son règne.

Mais il serait trop long de communiquer ici tous ces détails qui, la plupart, sont inutiles; nous essaierons donc de passer en revue les faits les plus dignes de mémoire.

XLV. Après le règne des dieux, Menas fut, d'après la tradition, roi d'Égypte; il montra aux peuples à révérer les dieux et à leur offrir des sacrifices. Il introduisit l'usage des tables, des lits, de riches tapis, en un mot le luxe et la somptuosité. On raconte que Tnephachthus, père de Bocchoris le Sage, qui régna plusieurs générations après, avait été obligé, pendant une expédition en Arabie, manquant de vivres dans le désert, de

[1] Ce passage a été *crux interpretum*. Il m'a semblé que la difficulté était facilement tranchée en interprétant ἀπὸ μυριάδος ἔτη λείποντα τῶν πενταχισχιλίων par « ce qui reste en enlevant cinq mille de dix mille » (ἀπὸ μυριάδος λείποντα τῶν πενταχισχιλίων).

[2] An 57 avant Jésus-Christ.

se contenter d'un régime très-simple chez des particuliers qu'il avait rencontrés, et que, s'en étant extrêmement réjoui, il avait renoncé au luxe et maudit le roi qui avait le premier enseigné une vie somptueuse; enfin, qu'il prit tant à cœur ce changement de nourriture, de boisson et de repos, qu'il fit transcrire cette malédiction en lettres sacrées et déposer dans le temple de Jupiter à Thèbes. C'est pourquoi sans doute la postérité n'a pas accordé d'éloges à la mémoire de Menas. Après ce roi, régnèrent cinquante-deux de ses descendants, pendant plus de mille quatre cents ans; ils n'ont rien fait qui mérite d'être mentionné. Busiris leur succéda et laissa la royauté à huit de ses descendants dont le dernier, appelé également Busiris, fonda la ville nommée par les Égyptiens Diospolis la Grande, et par les Grecs Thèbes. Il lui donna cent quarante stades de circuit, et l'orna merveilleusement de grands édifices, de temples magnifiques et d'autres monuments; les maisons des particuliers furent de quatre et de cinq étages; en un mot, il en fit la ville la plus riche non-seulement de l'Égypte, mais de tous les autres pays. Aussi, la renommée de sa richesse et de sa puissance s'est-elle répandue en tout lieu; le poëte lui-même en fait mention, lorsqu'il dit : « Quand il offrirait toute la ville de « Thèbes en Égypte, dont les édifices renferment tant de riches- « ses, et qui a cent portes, de chacune desquelles peuvent sortir à « la fois deux cents guerriers avec leurs chevaux et leurs chars[1]... » Quelques-uns prétendent que cette ville n'avait pas cent portes, mais qu'elle a été nommée ville aux cent portes, à cause des nombreux et grands propylées de ses temples; ce qui signifierait ville aux nombreux portiques. Il est certain qu'elle fournissait, en temps de guerre, vingt mille chars; et il y avait dans la contrée riveraine, depuis Memphis jusqu'à Thèbes en Libye, cent écuries pouvant contenir chacune environ deux cents chevaux, et dont on voit encore aujourd'hui les fondements.

XLVI. Non-seulement Busiris, mais encore tous ses successeurs ont rivalisé de zèle pour l'agrandissement de Thèbes. Aussi

[1] *Iliade*, chant XX, v. 381.

ne trouve-t-on pas de ville sous le soleil qui soit ornée d'un si grand nombre de monuments immenses, de statues colossales en argent, en or et en ivoire; à quoi il faut ajouter les constructions faites d'une seule pierre, les obélisques. Parmi les quatre temples, remarquables par leur beauté et leur grandeur, il y en avait un, le plus ancien, qui avait treize stades de circonférence [1], quarante-cinq coudées de haut, et l'épaisseur des murs était de vingt-quatre pieds. Les monuments de l'intérieur répondaient, par leur richesse et la perfection de la main-d'œuvre, à la magnificence extérieure. Ces édifices ont subsisté jusqu'à une époque assez récente; l'argent, l'or et les objets richement travaillés en ivoire et en pierreries qu'ils renfermaient, furent pillés par les Perses à l'époque où Cambyse incendia les temples de l'Égypte. On rapporte qu'il fit alors transporter ces dépouilles en Asie, et qu'il emmena avec lui des artisans égyptiens, pour construire les palais royaux si célèbres à Persépolis, à Suse et dans la Médie. On ajoute que ces richesses étaient si considérables que les débris qui avaient été sauvés du pillage et de l'incendie donnaient plus de trois cents talents d'or, et un peu moins de deux mille trois cents talents d'argent. On voyait aussi à Thèbes les tombeaux des anciens rois qui, par leur magnificence, laissent à la postérité peu de chance de produire sous ce rapport rien de plus beau. Les prêtres affirmaient, d'après leurs annales, qu'on y trouvait quarante-sept tombeaux royaux; mais, sous le règne de Ptolémée, fils de Lagus, il n'y en avait plus que dix-sept, dont plusieurs avaient été détruits à l'époque où nous avons visité ces contrées, pendant la CLXXX[e] olympiade. Non-seulement les prêtres égyptiens qui puisent leurs renseignements dans leurs annales, mais encore beaucoup de Grecs qui, étant allés à Thèbes du temps de Ptolémée, fils de Lagus, ont écrit (entre autres Hécatée [2]) sur l'histoire d'Égypte, s'accordent avec ce que nous avons dit.

[1] Environ deux mille cinq cents mètres.

[2] Hécatée d'Abdère, qu'il ne faut pas confondre avec Hécatée de Milète, contemporain de Darius, fils d'Hystaspis, et dont il a été fait mention dans le chapitre 37.

XLVII. A dix stades des premiers tombeaux où, selon la tradition, sont ensevelies les concubines de Jupiter, il y avait, d'après ce qu'on raconte, le monument du roi nommé Osymandyas[1]; il existait, à son entrée, un pylone (portail) en pierre marbrée; sa largeur était de deux plèthres, et sa hauteur de quarante-cinq coudées. Après l'avoir traversé, on entrait dans un péristyle de pierre carré, dont chaque côté était de quatre plèthres; au lieu de colonnes il était soutenu par des animaux monolithes de seize coudées de hauteur, et sculptés à la façon ancienne; tout le plafond, de deux orgyes de large, était d'une seule pierre et parsemé d'étoiles sur un fond bleu. A la suite de ce péristyle venait une seconde entrée et un pylone semblable au premier, mais orné de sculptures variées d'un travail plus parfait. A côté de la seconde entrée se voyaient trois statues, toutes faites d'une seule pierre, ouvrage de Memnon le Syénite. L'une, représentant une position assise, était la plus grande de toutes les statues d'Égypte; la mesure du pied seul dépassait sept coudées, les deux autres, placées près des genoux, l'une à droite, l'autre à gauche, étaient celles de la mère et de la fille, et n'approchaient pas de la première en grandeur. Cet ouvrage était non-seulement mémorable par ses dimensions, mais il était digne d'admiration sous le rapport de l'art et de la nature de la pierre, qui, malgré son volume, ne laissait voir aucune fissure ni tache. On y lisait l'inscription suivante : *Je suis Osymandyas, roi des rois; si quelqu'un veut savoir qui je suis et où je repose, qu'il surpasse une de mes œuvres.* Il y avait aussi une autre statue, représentant séparément la mère de ce roi, haute de vingt coudées, d'une seule pierre, portant trois diadèmes sur la tête, pour indiquer qu'elle avait été fille, femme et mère de rois. Après le second pylone, on trouvait un autre péristyle plus remarquable que le premier; il était orné de diverses sculp-

[1] D'après l'opinion d'un des plus illustres savants de notre époque, M. Letronne, on ne retrouve aucun vestige de ce monument dans les ruines actuelles de Thèbes; et si ce monument a jamais existé, il différait presque entièrement de celui dont Diodore a fait la description seulement sur ouï-dire. (*Journal des Savants*, année 1822, p. 387.)

tures figurant la guerre que ce roi avait faite contre les Bactriens révoltés. Il avait marché contre eux à la tête de quatre cent mille hommes de pied, de vingt mille cavaliers, après avoir partagé toute son armée en quatre corps, commandés par les fils du roi.

XLVIII. Sur le premier mur de ce péristyle était représenté Osymandyas assiégeant une forteresse entourée d'un fleuve, s'exposant aux coups des ennemis, et accompagné d'un lion qui l'aidait terriblement dans les combats. Parmi ceux qui expliquent ces sculptures, les uns disent que c'était un lion véritable, apprivoisé et nourri des mains du roi, qui l'assistait dans les combats, et mettait, par sa force, l'ennemi en fuite; les autres soutiennent que ce roi, étant excessivement vaillant et robuste, a voulu faire son propre éloge, en indiquant ses qualités par l'image d'un lion. Sur le deuxième mur étaient représentés les prisonniers défaits par le roi, privés des mains et des parties sexuelles, comme pour dire qu'ils ne s'étaient pas montrés hommes par leur courage, et qu'ils étaient restés inactifs au milieu des dangers. Le troisième mur était recouvert de sculptures variées, et orné de peintures où l'on voyait le roi offrant le sacrifice des bœufs et son triomphe, au retour de son expédition. Au milieu du péristyle était construit un autel hypèthre[1], d'un beau travail et de dimensions prodigieuses. Contre le dernier mur étaient appuyées deux statues monolithes, hautes de vingt-sept coudées. A côté de ces statues on avait pratiqué deux entrées par lesquelles on arrivait, en sortant du péristyle, dans un hypostyle[2], construit à la manière d'un odéon[3] et ayant chaque côté de deux plèthres. Là se trouvaient un grand nombre de statues de bois représentant des plaideurs qui fixaient leurs regards sur des juges. Ceux-ci étaient au nombre de trente, sculptés sur une des murailles; au milieu d'eux se trouvait l'archijuge, portant au cou une figure de la Vérité aux yeux fermés, et ayant devant lui un grand nombre de livres. Ces images indi-

[1] Autel qui n'est pas sous la voûte d'un édifice; ὑπαίθριον, qui a pour toit le ciel.
[2] Salle soutenue par des colonnes.
[3] Espèce de théâtre lyrique.

quaient allégoriquement que les juges ne doivent rien accepter, et que leur chef ne doit regarder que la vérité.

XLIX. A cette salle touchait un promenoir rempli de bâtiments de tout genre, où se préparaient toutes sortes d'aliments les plus agréables au goût. On rencontrait aussi dans ce lieu des sculptures, et entre autres la figure du roi peinte en couleurs; le roi était représenté offrant à la Divinité l'or et l'argent qu'il retirait annuellement des mines d'argent et d'or de l'Égypte. Une inscription placée au-dessous en indiquait la somme qui, réduite en argent, s'élevait à trente-deux millions de mines[1]. Après cela, on voyait la bibliothèque sacrée portant l'inscription suivante : *Officine de l'âme*[2]. Dans une pièce attenante se trouvaient les images de tous les dieux égyptiens, et celle du roi qui présentait à chacun ses offrandes, prenant en quelque sorte à témoin Osiris et ses assesseurs aux enfers qu'il avait passé sa vie dans la piété et à rendre justice aux hommes et aux dieux. Il y avait ensuite une salle contiguë à la bibliothèque, richement construite, et contenant vingt lits qui portaient les images de Jupiter, de Junon et d'Osymandyas; on croit que c'est là que se trouvait enseveli le corps de ce roi. A l'entour étaient bâties un grand nombre de chapelles, ornées de la peinture de tous les animaux sacrés de l'Égypte. On montait sur des marches au sommet du tombeau, où il y avait un cercle d'or de trois cent soixante-cinq coudées de circonférence et de l'épaisseur d'une coudée. Ce cercle était divisé en autant de parties qu'il comprenait de coudées; chacun indiquait un jour de l'année; et on avait écrit à côté les levers et les couchers naturels des astres, avec les pronostics que fondaient là-dessus les astrologues égyptiens. Ce cercle fut, dit-on, dérobé par Cambyse dans les temps où les Perses conquirent l'Égypte. Telle est la description qu'on donne du tombeau du roi Osymandyas, qui paraît se distinguer de tous les autres monuments non-seulement par les dépenses qu'il a occasionnées, mais encore comme œuvre d'art.

[1] Un peu plus de cent quatre-vingt-treize millions cent quatre-vingt mille francs.

[2] Il y a dans le texte *ἰατρεῖον*, officine médicinale.

L. Les Thébains se disent les plus anciens des hommes et prétendent que la philosopihe et l'astrologie exactes ont été inventées chez eux, leur pays étant très-favorable pour observer, sur un ciel pur, le lever et le coucher des astres. Ils ont aussi distribué les mois et les années d'après une méthode qui leur est particulière. Ils comptent les jours, non d'après la lune, mais d'après le soleil; ils font chaque mois de trente jours, et ajoutent cinq jours et un quart aux douze mois pour compléter ainsi le cycle annuel. Ils n'ont donc pas recours, comme la plupart des Grecs, aux mois intercalaires ou à des soustractions de jours. Ils paraissent aussi savoir calculer les éclipses de soleil et de lune, de manière à pouvoir en prédire avec certitude tous les détails.

Le huitième descendant de ce roi, et qui fut appelé comme son père Uchoréus, fonda Memphis, la ville la plus célèbre de l'Égypte. Il avait choisi l'emplacement le plus convenable de tout le pays, l'endroit où le Nil se partage en plusieurs branches pour former ce qui, d'après sa figure, a reçu le nom de Delta; par cette position, Memphis est en quelque sorte la clé de l'Égypte et domine la navigation de la haute région. Il donna à cette ville une enceinte de cent cinquante stades; il la fortifia, et assura les avantages de sa position admirable par de grands travaux. Comme le Nil, à l'époque de ses crues, inondait la ville, Uchoréus lui opposa, du côté du midi, une digue immense qui servit tout à la fois à préserver la ville de l'inondation et à la défendre, en guise de forteresse, contre les ennemis qui viendraient du côté de la terre. Dans une autre étendue, il avait creusé un lac vaste et profond qui recevait l'excédant des eaux du fleuve, et qui, entourant toute la ville, excepté du côté de la digue, rendait sa position admirablement forte. Enfin, le fondateur avait choisi un emplacement tellement opportun que presque tous les rois, ses successeurs, quittèrent Thèbes pour établir leur demeure à Memphis, et en faire le siége de l'empire. C'est à dater de ce moment que Thèbes commença à perdre et Memphis à accroître sa splendeur, jusqu'à l'époque d'Alexandre le Macédonien. Car celui-ci bâtit, sur les bords de la mer, la ville qui porte son nom, et que tous ses successeurs ont agrandie à l'envi; les uns l'ont ornée de palais magnifiques; les autres, de canaux et de ports; d'autres enfin l'ont embellie par des monuments et des constructions tellement remarquables qu'elle est réputée généralement la première ou la seconde ville du monde. Mais nous la décrirons avec plus de détail lorsque nous serons arrivé à cette période.

LI. Le fondateur de Memphis, après l'achèvement de la digue et du lac dont il a été question, construisit des palais qui ne sont pas inférieurs à bien d'autres, mais qui ne sont pas dignes de la splendeur et de la magnificence de ceux de ses prédécesseurs. Cela tient à la croyance des habitants, qui regardent la vie actuelle comme fort peu de chose, mais qui estiment infiniment la vertu dont le souvenir se perpétue après la mort. Ils appellent leurs habitations hôtelleries, vu le peu de temps qu'on y séjourne; tandis qu'ils nomment les tombeaux demeures éternelles, les morts vivant éternellement dans les enfers. C'est pourquoi ils s'occupent bien moins de la construction de leurs maisons que de celle de leurs tombeaux. Quelques-uns racontent que la ville dont nous parlons reçut son nom de la fille du roi son fondateur; et ils ajoutent que le dieu du Nil, sous la forme d'un taureau, devint amoureux de cette fille, qui donna le jour à un fils, nommé Ægyptus, célèbre par sa vertu, et que c'est de lui que tout le pays prit le nom d'Égypte. Ils disent enfin qu'arrivé à l'empire, Ægyptus se montra roi bienveillant, juste et actif, ce qui l'avait fait juger digne d'un pareil honneur.

Douze générations après le roi dont nous avons parlé[1], Mœris, reconnu souverain de l'Égypte, construisit à Memphis les propylées septentrionaux, qui surpassent tous les autres par leur magnificence. Il creusa au-dessus de la ville, à dix schènes de distance[2], un lac d'une admirable utilité et d'une étendue in-

[1] Uchoréus et non Ægyptus, comme le font entendre presque tous les traducteurs; car ce dernier roi ne figure que dans un récit incident, et auquel Diodore semble refuser toute authenticité en disant : τινὲς μυθολογοῦσι.

[2] Environ six myriamètres.

croyable; car son circuit est, dit-on, de trois mille six cents stades, et sa profondeur, dans beaucoup d'endroits, de cinquante orgyes [1]. A l'aspect de cet immense ouvrage, qui voudrait chercher combien de millions d'hommes et combien d'années ont été employés pour l'achever? Personne ne pourrait assez louer le génie du roi qui a réalisé une entreprise d'une utilité si générale pour les habitants de l'Égypte.

LII. Comme les crues du Nil n'offraient pas toujours une mesure régulière, et que de la régularité de ce phénomène dépend cependant la fertilité du sol d'Égypte, Mœris creusa un lac destiné à recevoir l'excédant des eaux, afin que, par leur abondance, elles n'inondassent pas le pays sans opportunité, formant des marais et des étangs, et que, par leur manque, elles ne fissent pas avorter les récoltes. Pour faire communiquer ce lac avec le fleuve, il construisit un canal de quatre-vingts stades de long sur trois plèthres de large. Par ce moyen, on détournait les eaux et on pouvait, en ouvrant et fermant l'entrée à l'aide de machines dispendieuses, procurer aux agriculteurs assez d'eau pour fertiliser leurs terres. Il n'en coûtait pas moins de cinquante talents [2] pour ouvrir et fermer ce système d'écluses. Ce lac subsiste encore de nos jours avec les mêmes avantages, et on l'appelle maintenant, d'après son constructeur, le lac Mœris. En le creusant, le roi Mœris laissa au milieu un espace libre pour y construire un tombeau et deux pyramides d'un stade de hauteur [3], l'une pour lui, l'autre pour sa femme; il plaça, sur leur sommet, des statues de pierre, assises sur un trône. C'est ainsi qu'il crut laisser, par ces travaux, un souvenir honorable et éternel. Il donna les revenus de la pêche du lac à sa femme pour ses parfums et sa toilette; cette pêche rapportait un talent par jour [4]; car on y trouve, dit-on, vingt-deux genres de poissons, et on en prend une si grande quan-

[1] Près de quatre-vingt-dix mètres.

[2] Deux cent soixante-quinze mille francs.

[3] Environ cent quatre-vingt-quatre mètres.

[4] Cinq mille cinq cents francs.

tité que les nombreux ouvriers employés à la salaison de ces poissons peuvent à peine suffire à ce travail[1]. Voilà ce que les Égyptiens racontent de Mœris.

LIII. Sept générations après, vécut, dit-on, Sesoosis[2], qui accomplit les actions les plus grandes et les plus célèbres. Cependant, non-seulement les historiens grecs, mais encore les prêtres et les poëtes qui chantent ses louanges, ne s'accordent point sur l'histoire de ce roi; nous tâcherons de raconter les faits les plus vraisemblables et les plus conformes aux monuments qui existent encore dans ce pays. A la naissance de Sesoosis, son père fit un acte magnifique et vraiment royal. Il rassembla tous les enfants d'Égypte qui étaient nés le même jour que son fils; il leur donna des nourrices et des précepteurs, enfin, il les soumit tous à la même éducation et à la même discipline; car il était persuadé que ces enfants, après avoir ainsi mené un genre de vie commun, seraient plus attachés les uns aux autres et meilleurs compagnons d'armes. Tout en fournissant abondamment à tous leurs besoins, il les habituait à des exercices continuels et aux fatigues du corps. Il n'était permis à aucun d'eux de prendre de la nourriture avant d'avoir fait cent quatre-vingts stades à la course. Aussi, parvenus à l'âge viril, étaient-ils tous des athlètes, robustes de corps, forts au moral et dignes du commandement, par l'excellente éducation qu'ils avaient reçue. Envoyé d'abord par son père en Arabie, Sesoosis, entouré de ses compagnons nourris avec lui, combattit des bêtes féroces, et supportant la soif et la faim, il soumit tout ce peuple barbare qui n'avait pas encore porté de joug. Ensuite, détaché dans les régions de l'occident, il conquit, quoique bien jeune, la plus grande partie de la Libye. A la mort de son père, auquel il succéda dans la royauté, il entreprit, encouragé par ses succès précédents, la conquête de toute la terre. Quelques-

[1] *Προσκαρτεροῦντας ταῖς ταριχείαις.* Ces mots font supposer qu'il y avait en Égypte des hommes qui faisaient profession de conserver les poissons dans des saumures. La découverte de la salaison n'est donc pas due au Hollandais auquel Charles-Quint fit élever une statue.

[2] Notre historien appelle ainsi le personnage qu'Hérodote appelle *Sésostris*.

uns affirment qu'il fut poussé à une domination universelle par sa fille Athyrtis, remarquable par son esprit, et qui avait, dit-on, appris à son père combien une pareille expédition serait facile. D'autres prétendent qu'Athyrtis, instruite dans l'art divinatoire, connaissait l'avenir par l'inspection des victimes, par le sommeil dans les temples[1] et par des signes apparaissant au ciel. Quelques historiens racontent qu'à la naissance de Sesoosis, son père avait vu en songe Vulcain lui disant que son fils serait un jour maître de toute la terre, et que c'est pourquoi il le fit élever avec les compagnons dont nous avons parlé, lui préparant d'avance les moyens d'arriver à l'empire du monde ; que Sesoosis, entré dans l'âge viril et plein de confiance dans la prédiction de l'oracle, s'était ainsi préparé à l'expédition dont il s'agit.

LIV. Avant de commencer cette expédition, il se concilia d'abord l'esprit des Égyptiens, et, pour parvenir à son but, il était convaincu de la nécessité de s'assurer si ses compagnons d'armes seraient toujours prêts à mourir pour leur chef, et si ceux qui resteraient dans la patrie ne tenteraient aucune révolte. Pour cela, il combla ses sujets de bienfaits : il donna aux uns des présents, aux autres des terres, à d'autres encore il remit des peines ; enfin il se montra envers tous affable et d'une grande aménité. Il renvoya absous tous les accusés d'État, et il délivra les détenus pour dettes, dont le nombre encombrait les prisons. Il divisa tout le pays en trente-six parties que les Égyptiens appellent *nomes ;* il proposa à chacune un nomarque, chargé de percevoir les tributs royaux et de présider à l'administration locale. Il fit une élite des hommes les plus robustes et se composa une armée digne de la grandeur de son entreprise. Il leva ainsi six cent mille fantassins, vingt-quatre mille cavaliers et vingt-sept mille chars de guerre. Il partagea le commandement avec ses compagnons de jeunesse, tous exercés dans les combats, pleins de bravoure et ayant entre eux et pour le roi

[1] La croyance que les songes de ceux qui s'endorment dans les églises s'accomplissent s'était conservée pendant fort longtemps : elle était encore universellement répandue au moyen âge.

un attachement fraternel; ils étaient au nombre de plus de mille sept cents. Sesoosis leur avait donné en partage les meilleures terres, afin qu'ils eussent des revenus convenables, et qu'étant à l'abri du besoin ils fussent plus occupés de la guerre.

LV. Après ces dispositions, il dirigea d'abord son armée vers les Éthiopiens, qui habitent au midi de l'Égypte; ils les défit et leur fit payer des tributs consistant en bois d'ébène, en or et en dents d'éléphant. Il détacha ensuite vers la mer Rouge une flotte de quatre cents navires [1], et fut le premier Égyptien qui eût construit des vaisseaux longs. Cette flotte prit possession des îles situées dans ces parages, ainsi que de tout le pays littoral jusqu'à l'Inde. Lui-même, se rendant en Asie, à la tête de son armée, soumit tout ce pays; il pénétra non seulement dans les pays qui furent plus tard conquis par Alexandre le Macédonien, mais encore il aborda des contrées et des nations que celui-ci n'atteignit pas. Car, il passa le Gange, et s'avança dans l'Inde jusqu'à l'Océan, et du côté de la Scythie jusqu'au Tanaïs, fleuve qui sépare l'Europe de l'Asie. On raconte même, qu'un certain nombre d'Égyptiens, laissés aux environs du Palus-Méotide, donnèrent naissance au peuple des Colchidiens. On cite comme preuve une coutume égyptienne, la circoncision, qui s'y pratique comme en Égypte; cette coutume subsiste chez tous les colons égyptiens, comme chez les Juifs. Sesoosis subjuga ainsi le reste de l'Asie et la plupart des îles Cyclades. Il passa en Europe, et en traversant la Thrace il faillit perdre son armée, tant par défaut de vivres que par la rigueur du climat. C'est dans la Thrace qu'il mit un terme à son expédition et qu'il éleva sur plusieurs points des colonnes, monuments de ses conquêtes. Ces colonnes portaient l'inscription suivante, tracée en caractères égyptiens dits sacrés : *Le roi des rois, le seigneur des seigneurs, Sesoosis, a soumis cette contrée par ses armes.* On avait représenté, sur ces colonnes, chez les peuples guerriers, les parties sexuelles de l'homme; et

[1] Dans la traduction de Miot il n'est question que de *trois cents* navires, bien que ce nombre ne soit indiqué par aucune variante.

celles de la femme chez les tribus lâches et efféminées, afin d'indiquer, par cette partie importante du corps, le caractère le plus saillant de chaque population. Dans quelques endroits, Sesoosis avait fait élever sa propre statue, qui le représentait tenant l'arc et la lance; elle était de quatre palmes plus haute que la taille naturelle de ce roi, laquelle était de quatre coudées. Enfin, se montrant humain envers tous ses sujets, et ayant terminé son expédition au bout de neuf ans, il ordonna à toutes les nations soumises d'envoyer en Égypte, chacune selon ses facultés, un tribut annuel. Rassemblant une quantité prodigieuse de prisonniers de guerre et d'autres dépouilles, il retourna dans sa patrie, après avoir accompli ce qu'aucun de ses prédécesseurs n'avait fait. Il orna tous les temples de l'Égypte de monuments et de dépouilles magnifiques. Il récompensa les soldats, chacun selon sa bravoure. En résumé, non-seulement toute l'armée revint riche et triomphante, mais encore toute l'Égypte retira de cette expédition toutes sortes d'avantages.

LVI. Sesoosis mit ainsi fin à ses travaux militaires, et accorda à ses guerriers la jouissance paisible de leurs biens. Mais, toujours avide de gloire et désireux de perpétuer sa mémoire, il exécuta des travaux d'un plan immense et d'une création merveilleuse; il s'assura ainsi une renommée immortelle et procura aux Égyptiens le repos et une sécurité durable. Songeant d'abord aux dieux, il construisit dans chaque ville d'Égypte un temple consacré à la divinité dont le culte est le plus en honneur chez les habitants. Il n'employa pour ces travaux aucun Égyptien; il les fit tous exécuter par des prisonniers de guerre. C'est pourquoi il fit inscrire sur les temples ces mots: *Aucun indigène ne s'est fatigué à cela.* On raconte que les prisonniers qui avaient été emmenés de Babylone s'étaient révoltés, ne pouvant supporter les fatigues de ces travaux, et, qu'après s'être emparés d'une place forte sur le bord du Nil, ils faisaient la guerre aux Égyptiens et ravageaient les environs; enfin, qu'après avoir obtenu le pardon du passé, ils fondèrent une cité qu'ils appelèrent du nom de leur patrie, *Babylone*. C'est, dit-on, pour une raison semblable qu'on voit encore aujourd'hui, sur les bords du Nil, une ville qui porte le nom de *Troie*. En effet, Ménélas revenant d'Ilium aborda en Égypte avec un grand nombre de captifs; ceux-ci se révoltèrent et firent la guerre jusqu'à ce qu'on leur eût garanti leur existence; ils fondèrent alors la ville à laquelle ils donnèrent le nom de leur ville natale. Je n'ignore pas que Ctésias de Knide a une opinion toute différente sur ces villes; il pense qu'elles ont été fondées par des guerriers étrangers venus en Égypte avec Sémiramis, et qui voulaient ainsi conserver le souvenir de leur pays. Il n'est pas facile de démêler la vérité de ces choses; il faut se contenter de consigner les opinions émises par chaque historien, afin que le lecteur puisse lui-même à ce sujet asseoir son jugement.

LVII. Sesoosis fit de grands travaux d'exhaussement pour y bâtir des villes, lorsque le terrain était naturellement trop bas. Par là, les hommes et les bestiaux étaient à l'abri de tout danger au moment des crues du Nil. Dans toute la région qui s'étend depuis Memphis jusqu'à la mer, il creusa de nombreux canaux qu'il fit tous communiquer avec le Nil, afin de faciliter le transport des fruits et les relations commerciales de tous les habitants; mais, ce qui est le plus important, il garantissait ainsi le pays contre l'invasion des ennemis. Avant ce temps, le cœur de l'Égypte était ouvert au passage des chevaux et des chars; il devint dès lors inaccessible par le grand nombre de ses canaux. Il fortifia également l'Égypte du côté de l'orient, contre les attaques des Syriens et des Arabes; cette enceinte de fortifications s'étend depuis Péluse jusqu'à Héliopolis, à travers le désert, sur une longueur de mille cinq cents stades[1]. Il construisit un navire en bois de cèdre, de deux cent quatre-vingts coudées de long[2]; ce navire était doré extérieurement, argenté à l'intérieur, et consacré à la divinité qui est particulièrement révérée à Thèbes. Il éleva aussi deux obélisques en pierre dure,[3] de cent vingt coudées de

[1] Environ vingt-huit myriamètres.

[2] Près de cent vingt-neuf mètres.

[3] Ce que Diodore appelle *pierre dure*, *σκληρὸς λίθος* n'est autre chose que le *granit* (formation plutonienne), et peut-être cette variété de granit particulière à la Haute-Egypte, et connue sous le nom de *syénite*.

haut[1], sur lesquels il avait inscrit la puissance de son armée, le nombre de ses revenus et des peuples vaincus. Il plaça à Memphis, dans le temple de Vulcain, sa statue monolithe et celle de sa femme, qui avaient trente coudées de hauteur[2] ; puis les statues de ses fils, hautes de vingt coudées. Ceci se fit à l'occasion de l'événement suivant : A son retour en Égypte, après sa grande expédition, Sesoosis s'arrêta à Péluse, où il faillit périr, lui, sa femme et ses enfants, dans un repas donné par son frère. Pendant qu'ils étaient assoupis par la boisson, le frère de Sesoosis profita de la nuit pour mettre le feu à des roseaux secs, accumulés d'avance autour de sa tente. Sesoosis se réveilla soudain à la clarté du feu, mais ses gardiens enivrés tardèrent à venir à son secours. Levant alors les mains, il implora les dieux pour le salut de ses enfants et de sa femme, et traversa les flammes. Après s'être ainsi sauvé, comme par un miracle, il éleva, comme nous l'avons dit, des monuments à tous les dieux, mais particulièrement à Vulcain, auquel il devait surtout son salut.

LVIII. Au milieu de ces grandes choses, ce qui montre le plus la magnificence de Sesoosis, c'est la manière dont il recevait les envoyés étrangers. Les rois et les gouverneurs des pays conquis se rendaient en Égypte à des époques déterminées ; Sesoosis, recevant leurs présents, comblait ces envoyés d'honneurs et de distinctions. Mais, chaque fois qu'il allait se rendre dans un temple ou dans une ville, il dételait les chevaux de son char et mettait à leur place quatre de ces rois et d'autres chefs, voulant indiquer par là qu'après avoir dompté les plus braves et les plus vaillants, il n'y avait plus aucun rival qui pût se mesurer avec lui.

Ce roi paraît avoir surpassé tous les rois par ses exploits guerriers, par la grandeur et le nombre des monuments et des travaux qu'il a faits en Égypte. Après un règne de trente-trois ans, il perdit la vue et se donna lui-même la mort. Ce dernier acte fut admiré par les prêtres aussi bien que par les autres

[1] Près de cinquante-six mètres.

[2] Environ quatorze mètres.

Égyptiens, comme terminant la vie d'une manière digne de la grandeur des actions de ce roi. La renommée de Sesoosis était si solide et se conservait tellement dans la postérité que lorsque plus tard, sous la domination des Perses, Darius, père de Xercès, voulut placer à Memphis sa propre statue au-dessus de celle de Sesoosis, l'archiprêtre s'y opposa dans l'assemblée sacerdotale, alléguant que Darius n'avait pas encore surpassé Sesoosis. Darius, loin de se fâcher de cette parole hardie, y prit plaisir, disant qu'il s'efforcerait d'égaler Sesoosis, s'il vivait assez longtemps. Seulement, pour juger de la manière la plus équitable le mérite des deux rivaux, il proposa de comparer entre elles les actions commises à la même époque de la vie. Voilà tout ce que nous avons à dire de l'histoire de Sesoosis.

LIX. Le fils de Sesoosis, portant le même nom que le père, hérita de la royauté. Il ne fit pas d'exploits guerriers, et ne laissa rien qui fût digne de mémoire. Il était privé de la vue, soit que ce mal fût héréditaire, soit que ce fût la punition (comme quelques-uns le prétendent) d'un acte impie : il avait lancé des flèches contre les flots du Nil. Dans son infortune il fut obligé d'avoir recours aux dieux ; il chercha à se les rendre propices par des offrandes et des honneurs religieux ; mais il resta aveugle. Dans la dixième année de son règne, il reçut un oracle qui lui ordonna d'adorer le dieu d'Héliopolis, et de se laver le visage avec l'urine d'une femme qui n'aurait jamais connu d'autre homme que son mari. Il commença ainsi par sa propre femme, et en essaya beaucoup d'autres; mais il n'en trouva aucune qui fût entièrement pure, à l'exception de la femme d'un jardinier, qui enfin lui rendit la vue et qu'il épousa ; quant aux autres femmes, il les brûla vives dans un village qui, par suite de cet événement, a été appelé par les Égyptiens : *Terre sacrée.* Pour témoigner sa reconnaissance au dieu d'Héliopolis, il lui consacra, d'après le sens de l'oracle, deux obélisques monolithes de huit coudées[1] d'épaisseur sur cent de hauteur[2].

[1] Environ quatre mètres.

[2] A peu près quarante-six mètres.

LX. La plupart des successeurs de ce roi n'ont rien laissé de remarquable. Plusieurs générations après, Amasis régna sur le peuple avec beaucoup de dureté. Il infligea à beaucoup d'hommes des peines contre toute justice : il les privait de leurs biens, et se conduisait envers tout le monde d'une façon hautaine et arrogante. Le peuple n'ayant aucun moyen de se défendre contre son oppresseur, souffrit avec patience pendant quelque temps. Mais, lorsque Actisanès, roi des Éthiopiens, fit la guerre à Amasis, les mécontents saisirent cette occasion pour se révolter. Amasis fut donc facilement défait, et l'Égypte tomba sous la domination des Éthiopiens. Actisanès se conduisit humainement dans la prospérité, et traita ses sujets avec bonté. Il se comporta d'une manière singulière à l'égard des brigands; il ne condamna pas les coupables à mort, mais il ne les lâcha pas non plus entièrement impunis. Réunissant tous les accusés du royaume, il prit une exacte connaissance de leurs crimes; il fit couper le nez aux coupables, les envoya à l'extrémité du désert, et les établit dans une ville qui, en souvenir de cette mutilation, a pris le nom de *Rhinocolure*[1], située sur les frontières de l'Égypte et de la Syrie, non loin des bords de la mer; elle est presque entièrement dépourvue des choses nécessaires aux besoins de la vie[2]. Le pays environnant est couvert de sel; les puits qui se trouvent en dedans de l'enceinte de la ville contiennent peu d'eau, et encore est-elle corrompue et d'un goût salé. C'est dans ce pays que le roi fit transporter les condamnés, afin que, s'ils reprenaient leurs habitudes anciennes, ils ne pussent inquiéter les habitants paisibles et qu'ils ne restassent pas inconnus en se mêlant aux autres citoyens. Puis, transportés dans une contrée déserte et presque dépourvue des choses les plus nécessaires, ils devaient songer à satisfaire aux besoins de la vie en forçant la nature, par l'art et l'industrie, à suppléer à ce qui leur manquait. Ainsi, ils coupaient les joncs des environs, et, en les divi-

[1] Ῥίν, nez, κόλουρος, coupé.

[2] C'était un véritable lieu de déportation. L'idée de la fondation des colonies de condamnés remonte donc à une très-haute antiquité.

sant, ils en faisaient de longs filets qu'ils tendaient le long des bords de la mer, dans une étendue de plusieurs stades, pour faire la chasse aux cailles. Ces oiseaux arrivent de la mer par troupes nombreuses; les chasseurs en prenaient en quantité assez grande pour assurer leur subsistance.

LXI. A la mort d'Actisanès, les Égyptiens rentrèrent en possession de la royauté et élurent pour roi un indigène, Mendès, que quelques-uns appellent Marrhus. Ce roi ne fit aucun exploit guerrier; mais il se construisit un tombeau, appelé le labyrinthe, moins étonnant par sa grandeur que par l'art inimitable de sa construction; car celui qui y est entré ne peut en trouver la sortie, à moins qu'il ne soit conduit par un guide expérimenté. Quelques-uns prétendent que Dédale, ayant admiré ce monument lors de son voyage en Égypte, construisit sur le même modèle le labyrinthe de Minos, roi de Crète, dans lequel séjourna, dit-on, le Minotaure. Mais le labyrinthe de Crète a entièrement disparu, soit par l'injure du temps, soit qu'un roi l'ait fait démolir, tandis que le labyrinthe d'Égypte s'est conservé intact jusqu'à nos jours.

LXII. Après la mort de Mendès il y eut un interrègne de cinq générations. Enfin les Égyptiens choisirent un roi d'origine obscure, qu'ils appelèrent Ketès et que les Grecs nomment Protée. Il vivait à l'époque de la guerre de Troie. On lui attribuait une grande connaissance des vents, et le pouvoir de se transformer tantôt en un animal, tantôt en un arbre, tantôt en feu ou en tout autre objet; les prêtres sont d'accord avec cette tradition; et ils ajoutent que le roi avait acquis ces connaissances par le commerce intime qu'il entretenait avec les astrologues. Mais, ce que la mythologie grecque raconte de ces métamorphoses a sa source dans une ancienne coutume des rois d'Égypte. En effet, ces rois se couvrent la tête de masques de lions, de taureaux et de dragons, emblèmes de la souveraineté; ils portent aussi sur leurs têtes tantôt des branches d'arbres, tantôt du feu, et quelquefois même des parfums. C'était là leurs ornements, qui excitaient en même temps, chez le peuple, la terreur et le respect. Protée eut pour successeur son fils Rhemphis, qui ne fut toute sa vie occupé que de ses revenus et de l'accumulation de ses richesses. Son esprit étroit et son avarice l'empêchèrent de consacrer des monuments aux dieux et de se montrer bienfaisant envers les hommes. Ce n'était pas là un roi, mais un bon économe, qui, au lieu de gloire, a laissé après lui plus de richesses qu'aucun de ses prédécesseurs. On dit que ces richesses en argent et en or s'élevaient à quatre cent mille talents [1].

LXIII. Après la mort de Rhemphis il y eut, pendant sept générations, des rois fainéants et uniquement occupés de leurs plaisirs. Aussi les annales sacrées n'en rapportent rien qui soit digne de remarque. Il faut cependant excepter Niléus, qui donna son nom au fleuve auparavant appelé Ægyptus, afin de rappeler les nombreux canaux que ce roi fit construire pour ajouter encore aux services que le Nil rend au pays. Le huitième roi après Rhemphis était Chembès, de Memphis; il régna cinquante ans, et éleva la plus grande des trois pyramides, mises au nombre des sept merveilles du monde [2]. Les pyramides situées du côté de la Libye sont à cent vingt stades de Memphis [3] et à quarante-cinq stades du Nil. Le spectateur reste frappé d'étonnement devant la grandeur et l'immensité de ces ouvrages, dont l'exécution a exigé tant de bras. La plus grande pyramide, de forme quadrangulaire, a pour chaque côté de la base sept plèthres [4], et plus de six pour la hauteur; elle va en se rétrécissant depuis la base, de sorte qu'au sommet chaque côté n'est plus que de six coudées [5]. Elle est entièrement construite en pierres dures, difficiles à tailler, mais dont la durée est éternelle. En effet, depuis au moins mille ans

[1] Deux milliards deux cent millions de francs.

[2] On a émis les opinions les plus diverses sur le but de ces constructions monumentales. Suivant l'opinion de M. de Persigny, elles auraient pour but de garantir l'Égypte des irruptions sablonneuses du désert.

[3] Douze kilomètres environ.

[4] Deux cent dix mètres.

[5] Environ trois mètres.

(quelques-uns en admettent trois ou quatre mille), ces pierres ont conservé jusqu'à ce jour leur arrangement primitif et tout leur aspect. On les a, dit-on, fait venir d'Arabie, de bien loin, et on les a disposées au moyen de terrasses; car alors on n'avait pas encore inventé de machines. Et ce qu'il y a de plus étonnant, c'est que ce monument se trouve élevé au milieu d'un pays sablonneux, où l'on n'aperçoit aucun vestige de terrasses ou de taille de pierres; de telle sorte qu'il ne paraît pas être un ouvrage d'hommes, et qu'on croirait qu'il a été construit par quelque divinité, au milieu d'une mer de sable. Quelques Égyptiens essaient d'expliquer ce miracle, en disant que ces terrasses étaient formées de sel et de nitre, et qu'ayant été atteintes par les eaux du Nil, elles ont été dissoutes [1] et ont ainsi disparu sans le secours de la main-d'œuvre. Mais il est plus probable que ces terrasses ont été détruites par les mêmes mains qui les avaient élevées. Le nombre d'hommes employés à ces constructions fut, dit-on, de trois cent soixante mille; et leur travaux étaient à peine achevés au bout de vingt ans.

LXIV. Chembès eut pour successeur son frère Képhren, qui régna pendant cinquante-six ans. Selon quelques-uns, ce fut, non pas son frère, mais son fils, nommé Chabrys, qui succéda à l'empire. Quoi qu'il en soit, on est d'accord que le successeur de Chembès, jaloux de suivre les traces de son prédécesseur, éleva la seconde pyramide, qui est, par sa construction, semblable à la première; mais elle lui est inférieure pour ses dimensions, car chacun des côtés de la base n'est que d'un stade. La plus grande pyramide porte une inscription indiquant les dépenses en légumes et en raves consommés par les ouvriers, et que ces dépenses se sont élevées à plus de mille six cents talents [2]. La pyramide moins grande est sans inscription: mais elle a sur un de ses côtés un escalier taillé dans la pierre.

[1] Il ressort de ce passage, que τήκω ne signifie pas seulement *fondre* (par le feu), mais encore *dissoudre* (par l'eau). En effet, les eaux du fleuve devaient dissoudre tous les sels alcalins, de manière à les faire disparaître complétement.

[2] Huit millions huit cent mille francs.

Il est vrai qu'aucun des rois qui avaient élevé ces pyramides ne les eurent pour leurs tombeaux; car la population, accablée de travail, haïssait ces rois à cause de leurs injustices et de leurs violences, et menaçait d'arracher leurs corps des tombeaux et de les déchirer ignominieusement. C'est pourquoi ces rois ordonnèrent en mourant, à leurs serviteurs, de les ensevelir clandestinement et dans un lieu inconnu. Après ces rois, régna Mycerinus (que quelques-uns nomment Mecherinus), fils de celui qui a construit la première pyramide. Il entreprit d'élever une troisième pyramide, mais il mourut avant de l'achever. Chaque côté de la base de cette pyramide est de trois plèthres[1]; jusqu'à la quinzième assise elle est construite en pierre noire semblable à la pierre thébaïque; le reste est comme la pierre des autres pyramides. Cette troisième pyramide est moins grande que les deux autres; elle se distingue par l'art qui a présidé à sa construction et par la beauté des pierres. Sur sa face septentrionale est inscrit le nom de Mycerinus, qui l'a construite. Ce roi ayant en horreur les cruautés de ses prédécesseurs, mettait, dit-on, son ambition à se montrer doux et bienfaisant envers ses sujets; il ne cessait d'agir de manière à se concilier l'affection des peuples, et dépensait beaucoup d'argent pour donner des présents aux hommes honnêtes qui croyaient ne pas avoir été jugés devant les tribunaux selon les lois de l'équité. Il y a encore trois autres pyramides dont chaque côté est de deux plèthres[2]; sauf leurs dimensions, elles sont tout à fait semblables aux autres. On prétend que les trois rois précédents les ont construites en honneur de leurs femmes.

Tous ces monuments se distinguent de tous les autres monuments de l'Égypte, non-seulement par la solidité de leur construction et les dépenses qu'ils ont absorbées, mais encore par l'art que les ouvriers y ont déployé. Il faut bien plus admirer les architectes qui ont élevé ces monuments que les rois qui n'en

[1] Environ quatre-vingt-dix mètres.
[2] Environ soixante mètres.

ont fourni que les frais ; car les premiers sont arrivés à leur but à l'aide de leur génie et de leur talent, tandis que les derniers n'ont employé pour cela que leurs richesses, acquises par héritage et par des vexations de toutes sortes. Ni les habitants du pays ni les historiens ne sont d'accord sur l'origine de ces pyramides ; selon les uns, elles sont construites par les rois que nous avons cités ; selon les autres, elles ont été bâties par d'autres rois ; ainsi ils disent qu'Armæus a élevé la plus grande, Amasis la seconde, et Inaron la troisième. Cette dernière pyramide passe pour le tombeau de la courtisane Rhodopis ; elle a été, dit-on, élevée par quelques nomarques, comme un témoignage de leur amour pour cette femme.

LXV. Aux rois précédents succéda Bocchoris, homme d'un dehors tout à fait désagréable, mais qui se distingua de tous les autres par sa pénétration et sa prudence. Longtemps après Bocchoris, Sabacon devint souverain d'Égypte ; il était d'origine éthiopienne, et l'emportait sur ses prédécesseurs par sa piété et sa bienfaisance. On peut citer, comme une preuve de son humanité, l'abolition de la plus grande de toutes les peines, la peine de mort. Il obligeait les condamnés à mort de travailler, tout enchaînés, aux ouvrages publics. C'est par ce moyen qu'il fit construire de nombreuses digues, et creuser beaucoup de canaux utiles. Il réalisait ainsi l'idée de diminuer, à l'égard des coupables, la sévérité de la justice, et de faire tourner une peine inutile au profit de la société. Quant à sa piété, on en trouvera un exemple dans un songe qu'il eut, et qui lui fit abdiquer l'empire. Il lui sembla avoir vu le dieu de Thèbes lui dire qu'il ne pourrait régner sur l'Égypte heureusement ni longtemps, s'il ne faisait couper en morceaux tous les prêtres, en marchant au milieu d'eux avec ses gardes. Ce rêve s'étant répété plusieurs fois, le roi assembla tous les prêtres, et leur dit que sa présence en Égypte irritait le dieu ; mais qu'il ne ferait pas ce qu'il lui avait été commandé en songe ; qu'il aimait mieux se retirer et rendre son âme innocente au destin, que d'affliger le dieu et souiller sa vie par un meurtre impie pour régner en Égypte. Enfin, remettant l'empire entre les mains des indigènes, il retourna en Éthiopie.

LXVI. Il y eut ensuite en Égypte une anarchie qui dura deux ans, pendant lesquels le peuple se livrait aux désordres et aux guerres intestines. Enfin, douze des principaux chefs tramèrent une conspiration. Ils se réunirent en conseil à Memphis, et s'étant engagés par des conventions et des serments réciproques, ils se proclamèrent eux-mêmes rois. Après avoir régné, pendant quinze ans, dans l'exacte observation de leurs serments et dans la plus grande concorde, ils résolurent de se construire un tombeau commun, afin que leurs corps fussent réunis en un même endroit et participassent, après la mort comme dans la vie, aux mêmes honneurs. Ils s'empressèrent d'exécuter leur résolution et s'efforcèrent de surpasser tous leurs prédécesseurs par la grandeur de ce travail. Ils choisirent donc un emplacement près de l'entrée du canal qui communique avec le lac Mœris en Libye, et y élevèrent un tombeau avec des pierres très-belles. Ce tombeau est de forme quadrangulaire, chaque côté étant d'un stade; il était tellement enrichi de sculptures et d'ouvrages d'art qu'il ne devait être surpassé dans la postérité par aucun autre monument. Après avoir franchi le mur d'enceinte, on trouvait un péristyle dont chaque côté était formé de quarante colonnes; le plafond était d'une seule pierre, et orné de crèches sculptées et de diverses peintures. On voyait dans ce péristyle des monuments de la ville natale de chacun des douze rois, et des tableaux représentant les temples et les cérémonies religieuses qui rappellent ces villes. Le plan de ce monument était, dit-on, si vaste et si beau que si ces rois étaient parvenus à le réaliser, on n'aurait jamais vu de plus bel édifice. Mais, au bout de quinze années de règne, le pouvoir échut à un seul, à l'occasion suivante : Psammitichus [1] de Saïs, l'un des douze rois, était sou-

[1] C'est Psammitichus et non Psammétichus qu'il faut lire; car l'η se prononçait très-probablement comme ι. Ce qui le prouverait c'est que, dans beaucoup de noms propres, cette voyelle est souvent écrite indifféremment

verain du pays littoral, et entretenait un commerce actif, principalement avec les Phéniciens et les Grecs. Ainsi, en échangeant avec profit les productions de son propre pays contre celles de la Grèce, il gagna non-seulement des richesses, mais encore il se concilia l'amitié de ces nations et de leurs chefs. Les autres rois en devinrent jaloux, et déclarèrent la guerre à Psammitichus. Au rapport de quelques anciens historiens, un oracle avait dit aux douze rois, que le premier qui ferait dans Memphis une libation sur une patère d'airain, en honneur de la divinité, obtiendrait seul la souveraineté de toute l'Égypte; un prêtre ayant porté hors du temple douze patères [1], Psammitichus ôta son casque et s'en servit pour faire la libation. Cet acte inspira de la jalousie à ses collègues; ils ne voulurent pas faire mourir Psammitichus, mais ils l'exilèrent et l'obligèrent à vivre dans les marais qui avoisinent la mer. Soit pour cette raison, soit par jalousie, comme nous l'avons dit, toujours est-il qu'une guerre éclata. Psammitichus fit venir des troupes auxiliaires de l'Arabie, de la Carie et de l'Ionie, et vainquit ses rivaux en bataille rangée, aux environs de la ville de Momemphis; les uns furent tués dans le combat, les autres s'enfuirent en Libye, et ne firent aucune tentative pour recouvrer l'empire.

LXVII. Psammitichus, maître de tout l'empire, éleva au dieu, à Memphis, le propylée oriental; et entoura le temple d'une enceinte soutenue, au lieu de colonnes, par des colosses de douze coudées [2]. Outre la solde convenue, il donna aux troupes auxiliaires de beaux présents, et pour habitation un emplacement qui porte le nom de *camp militaire;* il leur donna en propriété une grande étendue de terrain, un peu au-dessus de l'embouchure Pélusiaque. Amasis, qui régna plusieurs années après, transplanta cette colonie militaire à Memphis. Psammitichus,

avec un ή ou avec un ί, comme c'est ici le cas; ainsi on lit, chez Hérodote, Ψαμμίτιχος.

[1] Miot et Terrasson ont traduit : « *Un prêtre ayant apporté dans le temple.* » Cette traduction est contraire au texte : ἐξενέγκαντος ἐκ τοῦ ἱεροῦ τῶν ἱερέων τινός.... car ἐξενέγκαντος ἐκ τοῦ ἱεροῦ signifie, non pas « ayant apporté dans le temple, mais « ayant *porté hors du temple.* »

[2] Plus de cinq mètres.

qui devait son trône au secours de ces troupes auxiliaires, leur confia par la suite les fonctions les plus élevées ; et il continua d'entretenir un grand nombre de soldats étrangers. Dans une expédition qu'il fit en Syrie, il donna aux auxiliaires tous les postes d'honneur et les plaça à la droite de l'armée, tandis que les nationaux, traités avec plus de dédain, occupèrent la gauche. Irrités de ce traitement, les Égyptiens, au nombre de plus de deux cent mille, abandonnèrent leur roi et se dirigèrent vers l'Éthiopie, dans l'intention d'y acquérir des possessions. Le roi leur envoya quelques-uns de ses généraux pour s'excuser de sa conduite; mais ses excuses n'ayant pas été acceptées, il s'embarqua avec ses amis pour poursuivre les fugitifs. Ces derniers remontaient le Nil et franchissaient les frontières de l'Égypte, lorsque Psammitichus les atteignit et les pria de changer de dessein, de se souvenir de leur patrie, de leurs femmes et de leurs enfants. Mais, frappant de leurs piques leurs boucliers, ils s'écrièrent d'une voix commune que tant qu'ils auraient ces armes en leur pouvoir, ils trouveraient facilement une patrie, et relevant leurs tuniques pour montrer les parties génitales, avec cela, ajoutaient-ils, nous ne manquerons ni de femmes ni d'enfants. Animés de cette grande résolution et méprisant les biens qui sont tant estimés par d'autres, ils s'emparèrent de la meilleure contrée de l'Éthiopie, et s'établirent dans les possessions qu'ils s'étaient partagées par le sort. Psammitichus ne fut pas médiocrement affligé de cet événement. Tout en s'occupant de l'administration intérieure de l'Égypte et des revenus de l'État, il fit une alliance avec les Athéniens et avec quelques autres Grecs. Il recevait hospitalièrement les étrangers qui venaient volontairement visiter l'Égypte ; il aimait tellement la Grèce qu'il fit apprendre à ses enfants la langue de ce pays. Enfin, le premier d'entre les rois d'Égypte, il ouvrit aux autres nations des entrepôts de marchandises et donna aux navigateurs une grande sécurité ; car, les rois ses prédécesseurs avaient rendu l'Égypte inaccessible aux étrangers qui venaient l'aborder, en faisant périr les uns et en réduisant les autres à l'esclavage. L'impiété de Busiris avait fait décrier auprès des Grecs tous les Égyptiens comme une nation inhospitalière; si tout n'est pas conforme à la vérité, une conduite si sauvage a néanmoins donné naissance à cette fable.

LXVIII. Quatre générations après la mort de Psammitichus, Apriès régna pendant plus de vingt-deux ans. Il marcha, à la tête d'une nombreuse armée de terre et d'une flotte considérable, contre l'île de Cypre et la Phénicie; il prit d'assaut Sidon, et porta la terreur dans les autres villes de la Phénicie. Il vainquit, dans un grand combat naval, les Phéniciens et les Cypriens, et retourna en Égypte chargé de butin. Après cette expédition, il envoya une armée choisie, toute composée d'indigènes, contre Cyrène et Barcé; mais la plus grande partie périt; ceux qui s'étaient sauvés devinrent ses ennemis et se révoltèrent, sous le prétexte que cette armée avait été destinée à périr, afin que le roi pût régner plus tranquillement. Il leur envoya Amasis, homme considéré chez ses compatriotes, et le chargea d'employer des paroles conciliantes; mais celui-ci fit tout le contraire, car il excita les révoltés, se joignit à eux et se fit nommer roi; bientôt après, le reste des Égyptiens suivit l'exemple des révoltés, et le roi, ne sachant que devenir, fut obligé de se réfugier auprès de ses troupes mercenaires, au nombre de trente mille. Un combat fut livré près du village de Maria; les Égyptiens demeurèrent vainqueurs; Apriès, ayant été fait prisonnier, mourut étranglé. Amasis, devenu roi, régla l'administration du pays d'après de bonnes intentions; il gouverna sagement et gagna toute l'affection des Égyptiens. Il soumit les villes de l'île de Cypre, orna beaucoup de temples de monuments remarquables. Après un règne de cinquante-cinq ans, il quitta la vie, vers le temps où Cambyse, roi des Perses, fit son expédition en Égypte, dans la troisième année de la LXIIIe olympiade [1], Parménide de Camarine étant vainqueur à la course du stade.

LXIX. Nous avons passé en revue l'histoire des rois d'Égypte depuis les temps les plus anciens jusqu'à la mort d'Amasis;

[1] Année 526 avant Jésus-Christ.

nous en donnerons la suite aux époques convenables. Nous allons traiter maintenant des coutumes et des usages les plus singuliers, et en même temps les plus instructifs pour le lecteur. La plupart des anciennes mœurs de l'Égypte n'ont pas été respectées seulement des indigènes; elles ont été aussi pour les Grecs un grand sujet d'admiration. Ainsi, les plus instruits de ces derniers ont ambitionné de visiter l'Égypte, pour y étudier les lois et les usages les plus remarquables. Bien que ce pays fût autrefois inaccessible aux étrangers, on cite cependant, parmi les anciens, comme ayant voyagé en Égypte, Orphée et le poëte Homère ; et, parmi d'autres plus récents, Pythagore de Samos et Solon, le législateur.

Les Égyptiens s'attribuent l'invention des lettres et l'observation primitive des astres ; ils s'attribuent aussi l'invention de la science géométrique et de la plupart des arts; ils se vantent également d'avoir promulgué les meilleures lois. Ils en allèguent, comme la plus grande preuve, que l'Égypte a été gouvernée pendant plus de quatre mille sept cents ans par une suite de rois pour la plupart indigènes, et que leur pays a été le plus heureux de toute la terre. Tout cela, disent-ils, ne pourrait pas être, si les habitants n'avaient pas eu des mœurs, des lois et des institutions aussi parfaites. Nous laisserons de côté tous les faits invraisemblables et les fables inventées à plaisir par Hérodote et d'autres historiens qui ont écrit sur l'Égypte; nous exposerons les faits que nous avons soigneusement examinés et qui se trouvent consignés dans les annales des prêtres d'Égypte.

LXX. D'abord les rois ne menaient pas une vie aussi libre ni aussi indépendante que ceux des autres nations. Ils ne pouvaient point agir selon leur gré. Tout était réglé par des lois; non-seulement leur vie publique, mais encore leur vie privée et journalière. Ils étaient servis, non par des hommes vendus ou par des esclaves, mais par les fils des premiers prêtres, élevés avec le plus grand soin et ayant plus de vingt ans. De cette manière, le roi ayant jour et nuit autour de lui, pour servir sa personne, de véritables modèles de vertu, ne se serait jamais permis aucune action blâmable. Car un souverain ne serait pas plus méchant qu'un autre homme, s'il n'avait pas autour de lui des gens qui flattent ses désirs. Les heures du jour et de la nuit, auxquelles le roi avait quelque devoir à remplir, étaient fixées par des lois, et n'étaient pas abandonnées à son arbitraire. Éveillé dès le matin, il devait d'abord recevoir les lettres qui lui étaient envoyées de toutes parts, afin de prendre une connaissance exacte de tout ce qui se passait dans le royaume, et régler ses actes en conséquence. Ensuite, après s'être baigné et revêtu des insignes de la royauté et de vêtements magnifiques, il offrait un sacrifice aux dieux. Les victimes étant amenées à l'autel, le grand prêtre se tenait, selon la coutume, près du roi, et, en présence du peuple égyptien, implorait les dieux à haute voix de conserver au roi la santé et tous les autres biens, lorsque le roi agissait selon les lois; en même temps, le grand prêtre était obligé d'énumérer les vertus du roi, de parler de sa piété envers les dieux et de sa mansuétude envers les hommes. Il le représentait tempérant, juste, magnanime, ennemi du mensonge, aimant à faire le bien, entièrement maître de ses passions, infligeant aux coupables des peines moindres que celles qu'ils méritaient, et récompensant les bonnes actions au delà de ce qu'elles valaient. Après avoir ajouté d'autres louanges semblables, il terminait par une imprécation contre les fautes commises par ignorance; car le roi, étant irresponsable, rejetait toutes les fautes sur ses ministres et ses conseillers, et appelait sur eux le châtiment mérité. Le grand prêtre agissait ainsi, afin d'inspirer au roi la crainte de la divinité et pour l'habituer à une vie pieuse et exemplaire, non par une exhortation amère, mais par des louanges agréables de la pratique de la vertu. Ensuite, le roi faisait l'inspection des entrailles de la victime et déclarait les auspices favorables. L'hiérogrammate lisait quelques sentences et des histoires utiles d'hommes célèbres, extraites des livres sacrés, afin que le souverain réglât son gouvernement d'après les modèles qu'il pouvait ainsi se choisir lui-même. Il y avait un temps déterminé, non-seulement pour les audiences et les jugements, mais encore pour la promenade, pour le bain, pour la cohabitation, en un mot, pour tous les actes de la vie. Les rois étaient accoutumés à vivre d'aliments simples, de chair de veau et d'oie; ils ne devaient boire qu'une certaine mesure de vin, fixée de manière à ne produire ni une trop grande plénitude ni l'ivresse ; en somme, le régime qui leur était prescrit était si régulier qu'on aurait pu croire qu'il était ordonné, non par un législateur, mais par le meilleur médecin, tout occupé de la conservation de la santé.

LXXI. Il paraît étrange qu'un roi n'ait pas la liberté de choisir sa nourriture quotidienne ; et il est encore plus étrange qu'il ne puisse prononcer un jugement, ni prendre une décision, ni punir quelqu'un, soit par passion, soit par caprice, ou par toute autre raison injuste, mais qu'il soit forcé d'agir conformément aux lois fixées pour chaque cas particulier. Comme c'étaient là des coutumes établies, les rois ne s'en fâchaient pas et n'étaient point mécontents de leur sort ; ils croyaient, au contraire, mener une vie très-heureuse, pendant que les autres hommes, s'abandonnant sans frein à leurs passions naturelles, s'exposaient à beaucoup de désagréments et de dangers. Ils s'estimaient heureux en voyant les autres hommes, bien que persuadés de commettre une faute, persister néanmoins dans leurs mauvais desseins, entraînés par l'amour, par la haine ou par quelque autre passion ; tandis qu'eux-mêmes, jaloux de vivre d'après l'exemple des hommes les plus sages, ne pouvaient tomber que dans des erreurs très-légères. Animés de tels sentiments de justice, les souverains se conciliaient l'affection de leurs peuples comme celle d'une famille. Non-seulement le collége des prêtres, mais tous les Égyptiens pris en masse étaient moins occupés de leurs femmes, de leurs enfants et de leurs biens, que de la sécurité de leur roi. Tous les rois mentionnés ont conservé ce régime politique pendant fort longtemps, et ils ont mené une vie heureuse sous l'empire de ces lois ; de plus, ils ont soumis beaucoup de nations, acquis de très-grandes richesses et orné le pays d'ouvrages et de constructions extraordinaires, et les villes, d'ornements riches et variés.

LXXII. Ce qui se passe à la mort des rois n'est pas une des moindres preuves de l'attachement que les Égyptiens ont pour leur souverain ; car les honneurs rendus à un mort sont un témoignage incontestable de la sincérité de cet attachement. Lorsqu'un de leurs rois venait à mourir, tous les habitants prenaient le deuil, déchiraient leurs vêtements, fermaient les temples, s'abstenaient des sacrifices et ne célébraient aucune fête pendant soixante-douze jours. Des troupes d'hommes et de femmes, au nombre de deux à trois cents, parcouraient les rues la tête souillée de fange, leurs robes nouées, en guise de ceinture, au-dessous du sein, et chantant deux fois par jour des hymnes lugubres à la louange du mort. Ils s'interdisaient l'usage du froment, et ne mangeaient aucun aliment provenant d'un être animé ; ils s'abstenaient de vin et de tout luxe. Personne n'aurait voulu faire usage de bains, de parfums et de riches tapis ; on n'osait même pas se livrer aux plaisirs de l'amour. Tout le monde passait le nombre de jours indiqué dans l'affliction et dans le deuil, comme à la mort d'un enfant chéri. Pendant tout ce temps, on faisait les apprêts de funérailles magnifiques, et le dernier jour, on plaçait la caisse, contenant le corps du défunt, à l'entrée du tombeau. On procédait alors, selon la loi, au jugement de tout ce que le roi avait fait pendant sa vie. Tout le monde avait la faculté d'émettre une accusation. Les prêtres prononçaient le panégyrique en racontant les belles actions du roi ; des milliers d'assistants donnaient leur approbation à ce panégyrique, si le roi avait vécu sans reproche ; dans le cas contraire, ils déclaraient par des murmures leur improbation. Beaucoup de rois ont été, par l'opposition du peuple, privés d'une sépulture digne et convenable. C'est pourquoi leurs successeurs pratiquaient la justice, non-seulement par les raisons que nous avons déjà fait connaître, mais encore par la crainte que leurs corps ne fussent, après la mort, traités ignominieusement, et leur souvenir maudit à jamais. Tels sont les points les plus saillants des usages concernant les anciens rois.

LXXIII. Toute l'Égypte est divisée en plusieurs parties dont chacune (appelée *nome* en grec) est gouvernée par un *nomarque*, chargé de tous les soins de l'administration. Tout le sol est partagé en trois portions. La première, et la plus considérable, appartient au collége des prêtres qui jouissent du plus grand crédit auprès des indigènes, tant à cause de leurs fonctions religieuses que parce qu'ils ont reçu l'éducation et l'instruction la plus complète. Leurs revenus sont employés à la dépense des sacrifices, à l'entretien de leurs subordonnés et à leurs propres besoins; car les Égyptiens pensent qu'il ne faut pas changer les cérémonies religieuses, qu'elles doivent toujours et de la même façon être accomplies par les mêmes ministres, et que les conseillers souverains doivent être à l'abri du besoin. En effet, les prêtres sont les premiers conseillers du roi; ils l'aident par leurs travaux, par leurs avis et leurs connaissances; au moyen de l'astrologie et de l'inspection des victimes, ils prédisent l'avenir et ils tirent des livres sacrés le récit des actions les plus utiles. Il n'en est pas ici comme chez les Grecs où un seul homme ou une seule femme est chargé du sacerdoce. Chez les Égyptiens, ils sont nombreux ceux qui s'occupent des sacrifices et du culte des dieux, et ils transmettent leur profession à leurs descendants. Ils sont exemptés de l'impôt, et ils viennent immédiatement après le roi, quant à leur considération et à leurs priviléges. La seconde partie du sol appartient aux rois; ils en tirent les impôts employés aux dépenses de la guerre et à l'entretien de leur cour. Les rois récompensent de leurs propres revenus les hommes de mérite, sans faire appel à la bourse des particuliers.

La dernière portion du sol est affectée aux guerriers et à tous ceux qui sont sous les ordres des chefs de la milice. Très-attachés à leur patrie à cause des biens qu'ils y possèdent, ils affrontent, pour la défendre, tous les dangers de la guerre. Il est en effet absurde de confier le salut de tous à des hommes qui n'ont aucun lien qui les attache au bien commun; et ce qu'il y a surtout de remarquable, c'est que les guerriers, vivant ainsi dans l'aisance; augmentent la population par leur progéniture au point que l'État peut se passer du secours des troupes étrangères. C'est ainsi que les enfants, encouragés par l'exemple de leurs pères, sont jaloux de s'exercer aux œuvres militaires, et se rendent invincibles par leur audace et leur expérience.

LXXIV. Il existe encore dans l'État trois ordres de citoyens: les pasteurs, les agriculteurs et les artisans. Les agriculteurs passent leur vie à cultiver les terres qui leur sont, à un prix modéré, affermées par le roi, par les prêtres et les guerriers. Élevés dès leur enfance au milieu des travaux rustiques, ils ont en ce genre d'occupation plus d'expérience que les agriculteurs d'aucun autre peuple. Ils connaissent parfaitement la nature du sol, l'art de l'arroser, les époques de la semaille, de la moisson et de la récolte de tous les autres fruits; ils tiennent ces connaissances en partie de leurs ancêtres, en partie de leur propre expérience. La même observation peut s'appliquer aux pasteurs; ayant en quelque sorte hérité de leurs pères la charge de soigner les troupeaux, ils passent toute leur vie à l'élève des bestiaux. Aux connaissances héritées de leurs pères ils ajoutent eux-mêmes de nouveaux perfectionnements[1]. Les nourrisseurs de poules et d'oies méritent sous ce rapport toute notre admiration, car, au lieu de se servir du moyen ordinaire pour la propagation de ces oiseaux, ils sont parvenus à les multiplier prodigieusement par un artifice qui leur est propre. Au lieu de faire couver les œufs, ils les font éclore, contre toute attente, par une manœuvre artificielle et ingénieuse. Il faut aussi considérer que les arts ont pris un grand développement chez les Égyptiens et ont atteint un haut degré de perfection. C'est le seul pays où il ne soit pas permis à un ouvrier de remplir une fonction publique ou d'exercer un autre état que celui qui lui est assigné par les lois ou qu'il a reçu de ses parents; par cette restriction, l'ouvrier n'est détourné de ses travaux ni

[1] On voit par ce passage que l'incubation par la chaleur artificielle, qui ne doit pas dépasser certaines limites, est une invention bien plus ancienne qu'on ne le croit généralement.

par la jalousie du maître ni par les occupations politiques. Chez les autres nations, au contraire, on voit les artisans presque uniquement occupés de l'idée de faire fortune; les uns se livrent à l'agriculture, les autres au commerce, d'autres encore exercent deux ou trois métiers à la fois; et dans les États démocratiques, la plupart courent aux assemblées populaires et répandent le désordre en vendant leurs suffrages, tandis qu'un artisan, qui chez les Égyptiens prendrait part aux affaires publiques ou qui exercerait plusieurs métiers à la fois, encourrait une forte amende. Telles sont la division sociale et la constitution politique que les anciens Égyptiens se transmettaient intactes de père en fils.

LXXV. Les Égyptiens ont porté une grande attention à l'institution de l'ordre judiciaire, persuadés que les actes des tribunaux exercent, sous un double rapport, beaucoup d'influence sur la vie sociale. Il est en effet évident que la punition des coupables et la protection des offensés sont le meilleur moyen de réprimer les crimes. Ils savaient que si la crainte qu'inspire la justice pouvait être effacée par l'argent et la corruption, la société serait près de sa ruine. Ils choisissaient donc les juges parmi les premiers habitants des villes les plus célèbres, Héliopolis, Thèbes et Memphis : chacune de ces villes en fournissait dix. Ces juges composaient le tribunal, qui pouvait être comparé à l'aréopage d'Athènes ou au sénat de Lacédémone. Ces trente juges se réunissaient pour nommer entre eux le président; la ville à laquelle ce dernier appartenait envoyait un autre juge pour le remplacer. Ces juges étaient entretenus aux frais du roi, et les appointements du président étaient très-considérables. Celui-ci portait autour du cou une chaîne d'or à laquelle était suspendue une petite figure en pierres précieuses, représentant la Vérité. Les plaidoyers commençaient au moment où le président se revêtait de cet emblème. Toutes les lois étaient rédigées en huit volumes lesquels étaient placés devant les juges; le plaignant devait écrire en détail le sujet de sa plainte, raconter comment le fait s'était passé et indiquer le dédommagement qu'il réclamait pour l'offense qui lui avait été faite. Le défendeur, prenant connaissance de la demande de la partie adverse, répliquait également par écrit à chaque chef d'accusation ; il niait le fait, ou en l'avouant il ne le considérait pas comme un délit, ou si c'était un délit il s'efforçait d'en diminuer la peine ; ensuite, selon l'usage, le plaignant répondait et le défendeur répliquait à son tour. Après avoir ainsi reçu deux fois l'accusation et la défense écrites, les trente juges devaient délibérer et rendre un arrêt qui était signifié par le président, en imposant l'image de la Vérité sur l'une des parties mises en présence.

LXXVI. C'est ainsi que les procès se faisaient chez les Égyptiens, qui étaient d'opinion que les avocats ne font qu'obscurcir les causes par leurs discours, et que l'art de l'orateur, la magie de l'action, les larmes des accusés souvent entraînent le juge à fermer les yeux sur la loi et la vérité. En effet, il n'est pas rare de voir les magistrats les plus exercés se laisser séduire par la puissance d'une parole trompeuse, visant à l'effet, et cherchant à exciter la compassion. Aussi croyaient-ils pouvoir mieux juger une cause en la faisant mettre par écrit et en la dépouillant des charmes de la parole. De cette manière les esprits prompts n'ont aucun avantage sur ceux qui ont l'intelligence plus lente, les hommes expérimentés ne l'emportent pas sur les ignorants, ni les menteurs et les effrontés sur ceux qui aiment la vérité et qui sont modestes. Tous jouissent de droits égaux. On accorde un temps suffisant aux plaignants pour exposer leurs griefs, aux accusés pour se défendre, et aux juges pour se former une opinion.

LXXVII. Puisque nous parlons de la législature, nous ne croyons pas nous éloigner de notre sujet en faisant connaître les lois remarquables d'Égypte par leur antiquité, ainsi que celles qui ont été modifiées, enfin en présentant au lecteur attentif tout ce qui peut lui être utile. D'abord, le parjure était puni de mort comme étant la réunion des deux plus grands crimes qu'on puisse commettre, l'un contre les dieux, l'autre contre les hommes. Celui qui voyait sur son chemin un homme aux prises avec un assassin, ou subissant quelque violence, et ne le secourait pas lorsqu'il le pouvait, était condamné à mort. S'il était réellement dans l'impossibilité de porter du secours, il devait dénoncer les brigands et les traduire devant les tribunaux; s'il ne le faisait pas, il était condamné à recevoir un nombre déterminé de coups de verges, et à la privation de toute nourriture pendant trois jours. Ceux qui faisaient des accusations mensongères subissaient, lorsqu'ils étaient découverts, la peine infligée au calomniateur Il était ordonné à tout Égyptien de déposer chez les magistrats un écrit indiquant ses moyens de subsistance; celui qui faisait une déclaration fausse ou qui gagnait sa vie par des moyens illicites, était condamné à mort. On prétend que cette loi fut apportée à Athènes par Solon, qui avait voyagé en Égypte. Celui qui avait tué volontairement soit un homme libre, soit un esclave, était puni de mort; car les lois voulaient frapper, non d'après les différences de fortune, mais d'après l'intention du malfaiteur; en même temps, par les ménagements dont on usait envers les esclaves, on les engageait à ne jamais offenser un homme libre. Les parents qui avaient tué leurs enfants ne subissaient point la peine capitale, mais ils devaient, pendant trois jours et trois nuits, demeurer auprès du cadavre et le tenir embrassé, sous la surveillance d'une garde publique. Car il ne paraissait pas juste d'ôter la vie à ceux qui l'avaient donnée aux enfants; et on croyait leur causer, par ce châtiment, assez de chagrin et de repentir pour les détourner de semblables crimes. Quant aux enfants qui avaient tué leurs parents, on leur infligeait un châtiment tout particulier : on faisait, avec des joncs aigus, des incisions aux mains des coupables [1], et on les brûlait vifs sur des épines. Car, le parricide était regardé comme le plus grand crime qui puisse se commettre parmi les hommes. Une femme enceinte, condamnée à mort, ne subissait sa peine qu'après être accouchée. Cette loi a été adoptée dans plusieurs États grecs; parce qu'on avait pensé qu'il

[1] Terrasson et Miot me paraissent avoir inexactement rendu ce passage (*δακτυλιαῖα μέρη τοῦ σώματος κατατρωθέντας....*), l'un par « doigts, » l'autre par « morceau de chair de la longueur d'un doigt. »

serait souverainement injuste de faire participer un être innocent à la peine de la coupable, et de faire expier par la vie de deux personnes le crime commis par une seule; que, de plus, le crime étant le fait d'une volonté dépravée, on ne peut pas en accuser un être qui n'a pas encore d'intelligence. Mais la considération qui l'emportait sur tout, c'est qu'en punissant une femme grosse pour un crime qui lui était propre, il était absolument illégal de faire périr un enfant, qui appartient également au père et à la mère; et les juges qui feraient mourir un innocent seraient aussi coupables que s'ils avaient acquitté un meurtrier. Telles étaient chez les Égyptiens les lois criminelles, qui paraissent d'accord avec la raison.

LXXVIII. Parmi les lois qui concernent les soldats, il y en avait une qui infligeait, non pas la mort, mais l'infamie à celui qui avait déserté les rangs ou qui n'avait point exécuté l'ordre de ses chefs. Si, plus tard, il effaçait sa honte par des actions de bravoure, il était rétabli dans son poste. Ainsi, le législateur faisait du déshonneur une punition plus terrible que la mort, pour habituer les guerriers à considérer l'infamie comme le plus grand de tous les malheurs; en même temps, ceux qui étaient punis de cette façon pouvaient rendre de grands services pour recouvrer la confiance première, tandis que s'ils avaient été condamnés à mort ils n'auraient plus été d'aucune utilité pour l'État. L'espion qui avait dénoncé aux ennemis des plans secrets était condamné à avoir la langue coupée. Les faux-monnayeurs, ceux qui altéraient les poids et les mesures ou contrefaisaient les sceaux, pareillement ceux qui rédigeaient des écritures fausses ou qui altéraient des actes publics, étaient condamnés à avoir les deux mains coupées. De cette manière, chacun, par la punition de la partie du corps avec laquelle le crime avait été commis, portait, jusqu'à la mort, une marque indélébile qui, par l'avertissement de ce châtiment, devait empêcher les autres d'agir contre la loi. Les lois concernant les femmes étaient très-sévères. Celui qui était convaincu d'avoir violé une femme libre devait avoir les parties génitales coupées; car on considérait que ce crime comprenait en lui-même trois maux très-grands, l'insulte, la corruption des mœurs, et la confusion des enfants. Pour l'adultère commis sans violence, l'homme était condamné à recevoir mille coups de verges, et la femme à avoir le nez coupé : le législateur voulant qu'elle fût privée de ses attraits, qu'elle n'avait employés que pour la séduction.

LXXIX. Les lois relatives aux transactions privées sont, dit-on, l'ouvrage de Bocchoris. Elles ordonnent que ceux qui ont emprunté de l'argent, sans un contrat écrit, soient acquittés s'ils affirment, par un serment, qu'ils ne doivent rien ; car les Égyptiens respectent avant tout et craignent les serments. D'abord, il est évident que celui qui emploie souvent le serment finit par perdre tout crédit ; et, afin de ne pas se priver de cet avantage, tout le monde est intéressé à ne pas abuser du serment. Ensuite, le législateur a pensé qu'en plaçant toute confiance dans la probité, tous les hommes tâcheraient, par leurs mœurs, de ne pas être diffamés comme indignes de foi. Enfin il a jugé qu'il était injuste de se refuser à croire sur serment, dans une transaction commerciale, lorsqu'on avait accordé du crédit sans exiger le serment. Il était défendu à ceux qui prêtent sur contrat de porter, par l'accumulation des intérêts, le capital au delà du double ; les créanciers qui demandaient le remboursement ne pouvaient s'adresser qu'aux biens du débiteur, la contrainte par corps n'étant en aucun cas admise. Car le législateur avait considéré que les biens appartiennent à ceux qui les ont acquis, soit par leurs travaux, soit par transmission ou par dons ; mais que la personne du citoyen appartient à l'État, qui, à tout moment, peut la réclamer pour son service, dans la guerre comme dans la paix. Il serait en effet absurde qu'un guerrier pût, au moment de combattre pour la patrie, être emmené par un créancier, et que le salut de tous fût compromis par la cupidité d'un particulier. Il paraît que Solon avait également apporté cette loi à Athènes, à laquelle il donna le nom de *sisachthia* [1], et qu'il

[1] De σείω, je secoue, et de ἄχθος, fardeau. Voy. Plutarque, *Vie de Solon*, chap. 11.

remit à tous les citoyens les dettes qui avaient éte contractées sous la condition de la contrainte et de la perte de la liberté individuelle. Quelques-uns blâment, non sans raison, la plupart des législateurs grecs d'avoir défendu la saisie des armes, de la charrue, et d'autres instruments nécessaires, comme gages des dettes contractées, et d'avoir, au contraire, permis de priver de la liberté ceux qui se servaient de ces instruments [1].

LXXX. Il existait aussi chez les Égyptiens une loi très-singulière concernant les voleurs. Elle ordonnait que ceux qui voudraient se livrer à cette industrie se fissent inscrire chez le chef des voleurs et qu'ils lui rapportassent immédiatement les objets qu'ils auraient dérobés. Les personnes au préjudice desquelles le vol avait été commis devaient à leur tour faire inscrire chez ce chef chacun des objets volés, avec l'indication du lieu, du jour et de l'heure où ces objets avaient été soustraits. De cette façon on retrouvait aussitôt toutes les choses volées, à la condition de payer le quart de leur valeur pour les reprendre. Dans l'impossibilité d'empêcher tout le monde de voler, le législateur a trouvé un moyen de faire restituer, par une modique rançon, tout ce qui a été dérobé.

Chez les Égyptiens, les prêtres n'épousent qu'une seule femme, mais les autres citoyens peuvent en choisir autant qu'ils veulent. Les parents sont obligés de nourrir tous leurs enfants, afin d'augmenter la population, qui est regardée comme contribuant le plus à la prospérité de l'État. Aucun enfant n'est réputé illégitime, lors même qu'il est né d'une mère esclave; car, selon la croyance commune, le père est l'auteur unique de la naissance de l'enfant, auquel la mère n'a fourni que la nourriture et la demeure [2]. C'est ainsi qu'ils donnent, parmi les arbres, le nom

[1] Les expressions *σῶμα.... ἀγώγιμον*, s'appliquent évidemment à l'esclavage. Le mot *ἀγώγιμον* rappelle la locution latine *deducere* (*in servitudinem*). Miot me paraît donc avoir inexactement rendu *σῶμα.... ἀγώγιμον*, par *contrainte par corps*, d'autant plus que le mot *ἀγωγίμους*, qui se retrouve à la fin de ce chapitre, s'applique évidemment à ceux qui sont réduits à l'état d'esclaves.

[2] C'est la doctrine par trop exclusive, à laquelle les physiologistes ont donné le nom d'*épigénèse* : le père fournit le germe, et la mère le développe.

de mâle à ceux qui portent des fruits, et le nom de femelles à ceux qui n'en portent pas, contrairement à l'opinion des Grecs[1]. Ils pourvoient à l'entretien de leurs enfants sans aucune dépense et avec une frugalité incroyable. Ils leur donnent des aliments cuits très-simples, des tiges de papyrus, qui peuvent être grillées au feu, des racines et des tiges de plantes palustres, tantôt crues, tantôt bouillies ou rôties[2]; et comme presque tous les enfants vont sans chaussures et sans vêtements, à cause du climat tempéré, les parents n'évaluent pas au delà de vingt drachmes[3] toute la dépense qu'ils font pour leurs enfants jusqu'à l'âge de la puberté. C'est à ces causes que l'Égypte doit sa nombreuse population ainsi que la quantité considérable d'ouvrages et de monuments qu'on trouve dans ce pays.

LXXXI. Les prêtres enseignent à leurs fils deux sortes de lettres, les unes sacrées, les autres vulgaires. Ils s'appliquent beaucoup à la géométrie et à l'arithmétique. Le Nil, qui change annuellement l'aspect du pays, soulève par cela même, entre les voisins, de nombreux procès sur les limites des possessions. Ces procès seraient interminables sans l'intervention de la science du géomètre[4]. L'arithmétique leur est utile dans l'administration des biens privés et dans les spéculations géométriques. De plus, elle est d'un grand secours pour ceux qui se livrent à l'astrologie. Il n'y a peut être pas de pays où l'ordre et le mouvement des astres soient observés avec plus d'exactitude qu'en Égypte. Ils conservent, depuis un nombre incroyable d'années, des registres où ces observations sont consignées. On y trouve des renseigne-

[1] On voit par ce passage que ce n'est point à des botanistes modernes qu'appartient l'honneur d'avoir découvert le sexe des plantes. Cette indication est sans doute vague, et elle ne peut guère s'appliquer qu'aux plantes *dioïques*, telles que le palmier, etc.; mais elle suffisait pour mettre l'observateur sur la voie d'une découverte importante, celle de la réunion des deux sexes non-seulement sur une même tige (plantes *monoïques*), mais encore dans la même fleur (plantes *hermaphrodites*).

[2] Cette frugalité se retrouve encore aujourd'hui chez la plupart des habitants de cette contrée.

[3] Un peu moins de vingt francs.

[4] Preuve de plus venant à l'appui de ce principe que les sciences ne se développent qu'en raison des besoins de la société.

ments sur les mouvements des planètes, sur leurs révolutions et leurs stations; de plus, sur le rapport de chaque planète avec la naissance des animaux, enfin sur les astres dont l'influence est bonne ou mauvaise. En prédisant aux hommes l'avenir, ces astrologues ont souvent rencontré juste; ils prédisent aussi fréquemment l'abondance et la disette, les épidémies et les maladies des troupeaux [1]. Les tremblements de terre, les inondations, l'apparition des comètes et beaucoup d'autres phénomènes qu'il est impossible au vulgaire de connaître d'avance, ils les prévoient, d'après des observations faites depuis un long espace de temps. On prétend même que les Chaldéens de Babylone, si renommés dans l'astrologie, sont une colonie égyptienne et qu'ils furent instruits dans cette science par les prêtres d'Égypte. Les enfants du peuple reçoivent l'éducation de leurs pères ou de leurs parents, qui leur apprennent le métier que chacun doit exercer pendant sa vie, ainsi que nous l'avons dit. Ceux qui sont initiés dans les arts sont seuls chargés d'enseigner à lire aux autres. Il n'est pas permis d'apprendre la lutte et la musique; car, selon la croyance égyptienne, les exercices de corps journaliers donnent aux jeunes gens, non pas la santé, mais une force passagère et tout à fait préjudiciable. Quant à la musique, elle passe non-seulement pour inutile, mais pour nuisible, en rendant l'esprit de l'homme efféminé.

LXXXII. Pour prévenir les maladies, les Égyptiens traitent le corps par des lavements, par la diète et des vomitifs; les uns emploient ces moyens journellement; les autres n'en font usage que tous les trois ou quatre jours. Car ils disent que l'excédant de la nourriture ingérée dans le corps ne sert qu'à engendrer des maladies, que c'est pourquoi le traitement indiqué enlève

[1] La plupart de ces prédictions, se rapportant à quelque phénomène météorologique, devaient être fort incertaines. L'annonce de l'apparition d'une comète rentre seule dans le domaine de l'astronomie. Les astronomes de nos jours sont parvenus à prédire le retour de certaines comètes qui, d'après des calculs tout récents, décrivent des ellipses, et sont conséquemment assimilables à de véritables planètes. Les Égyptiens auraient-ils eu connaissance de ce fait?

les principes du mal et maintient surtout la santé [1]. Dans les expéditions militaires et dans les voyages, tout le monde est soigné gratuitement, car les médecins sont entretenus aux frais de la société. Ils établissent le traitement des malades d'après des préceptes écrits, rédigés et transmis par un grand nombre d'anciens médecins célèbres. Si, en suivant les préceptes du livre sacré, ils ne parviennent pas à sauver le malade, ils sont déclarés innocents et exempts de tout reproche; si, au contraire, ils agissent contrairement aux préceptes écrits, ils peuvent être accusés et condamnés à mort, le législateur ayant pensé que peu de gens trouveraient une méthode curative meilleure que celle observée depuis si longtemps et établie par les meilleurs hommes de l'art.

LXXXIII. Tout ce qui est relatif aux animaux sacrés des Égyptiens paraîtra sans doute étrange à beaucoup de monde et digne d'examen. Les Égyptiens ont pour quelques animaux une vénération extraordinaire, non-seulement pendant que ces animaux sont en vie, mais encore lorsqu'ils sont morts. De ce nombre sont les chats, les ichneumons, les chiens, les éperviers, et les oiseaux auxquels ils donnent le nom d'*ibis*. A ceux-ci il faut ajouter les loups, les crocodiles, et d'autres animaux semblables. Nous essaierons de faire connaître les raisons de ce culte des animaux, après nous être arrêté sur cette question en général. D'abord, on consacre aux animaux qui reçoivent un culte divin une étendue de terre dont le produit est suffisant pour leur nourriture et leur entretien. Pendant les maladies de leurs enfants, les Égyptiens font des vœux à quelque divinité pour obtenir la guérison. Ces vœux consistent à se raser la tête, à peser les cheveux contre un poids égal d'argent ou d'or et à donner la

[1] Cette méthode des médecins égyptiens n'est autre chose que la méthode appelée *antiphlogistique*. Elle a été réhabilitée de nos jours par les plus célèbres praticiens. Cette méthode peut, en effet, être employée avec le plus grand succès dans les maladies aiguës; mais elle échoue dans le traitement des maladies chroniques. La loi qui obligeait les médecins à suivre servilement la voie tracée par leurs prédécesseurs était irrationnelle, et devait complétement entraver les progrès de la science.

valeur en monnaie à ceux qui ont soin des animaux sacrés. Les gardiens des éperviers appellent ces oiseaux à haute voix, et leur jettent des morceaux de chair qu'ils font saisir au vol. Pour les chats et les ichneumons, ils leur donnent du pain trempé dans du lait, en les appelant par un claquement de langue; ils les nourrissent aussi avec des tranches de poissons du Nil. C'est ainsi qu'ils présentent à chaque espèce d'animaux les aliments qui leur conviennent. Loin de se refuser à ce culte ou d'en paraître honteux en public, ils en tirent au contraire autant de vanité que s'ils accomplissaient les cérémonies les plus solennelles; ils se montrent avec leurs insignes dans les villes et dans les campagnes, de sorte qu'étant reconnus de loin pour les gardiens des animaux sacrés ils sont salués avec grand respect par les passants. Lorsqu'un de ces animaux vient à mourir, ils l'enveloppent dans un linceul et, se frappant la poitrine et poussant des gémissements, ils le portent chez les embaumeurs. Ayant été ensuite traité par l'huile de cèdre[1] et d'autres substances odoriférantes propres à conserver longtemps le corps, ils le déposent dans des caisses sacrées. Quiconque tue volontairement un de ces animaux sacrés est puni de mort; si c'est un chat ou un ibis, le meurtrier, qu'il ait agi volontairement ou involontairement, est condamné à mourir; le peuple se précipite sur lui et lui fait subir les plus mauvais traitements, sans jugement préalable. Tout cela inspire tant de crainte que celui qui rencontre un de ces animaux morts se tient à distance en poussant de grandes lamentations et en protestant de son innocence. Le respect et le culte pour ces animaux étaient tellement enracinés qu'à l'époque où le roi Ptolémée[2] n'était pas encore l'allié des Romains, et que les habitants recevaient avec le plus grand empressement les voyageurs d'Italie, de crainte de s'attirer la guerre, un Romain qui

[1] C'était probablement l'huile essentielle de térébenthine, provenant des plantes conifères, telles que le cèdre, le pin, etc. Les essences et substances aromatiques doivent sans doute la propriété de conserver les matières animales à la facilité avec laquelle elles absorbent l'oxygène qui joue un rôle si important dans la fermentation et la putréfaction.

[2] Ptolémée Aulète, qui vivait soixante ans avant Jésus-Christ.

avait tué un chat fut assailli dans sa maison par la populace bravant la vengeance de Rome, et ne put être soustrait à la punition, bien que son action eût été involontaire, et que le roi eût envoyé des magistrats pour le sauver. Ce fait, nous ne le connaissons pas seulement par ouï-dire, mais nous en avons été nous-même témoin oculaire pendant notre voyage en Égypte.

LXXXIV. Si ce que nous venons de dire paraît fabuleux, on trouvera bien plus incroyable encore ce que nous allons rapporter. On raconte que les habitants de l'Égypte, étant un jour en proie à la disette, se dévorèrent entre eux sans toucher aucunement aux animaux sacrés. Bien plus, lorsqu'un chien est trouvé mort dans une maison, tous ceux qui l'habitent se rasent tout le corps et prennent le deuil, et lorsqu'on trouve du vin, du blé, ou toute autre chose nécessaire à la vie, dans les demeures où un de ces animaux est mort, il est défendu à tout le monde d'en faire usage. Lorsqu'ils voyagent en pays étranger, ils ont pitié des chats et des éperviers et les ramènent avec eux en Égypte, même en se privant des choses les plus nécessaires. Pour ce qui concerne l'Apis dans la ville de Memphis, le Mnévis dans Héliopolis, le Bouc de Mendès, le Crocodile du lac Mœris, le Lion nourri à Léontopolis, tout cela est facile à raconter, mais difficile à faire croire à ceux qui ne l'ont pas vu. Ces animaux sont nourris dans des enceintes sacrées et confiés aux soins des personnages les plus remarquables, qui leur donnent des aliments choisis. Ils leur font cuire de la fleur de farine ou du gruau dans du lait, et leur fournissent constamment des gâteaux de miel et de la chair d'oie bouillie ou rôtie; quant aux animaux carnassiers, on leur jette beaucoup d'oiseaux pris à la chasse. En un mot, ils font la plus grande dépense pour l'entretien de ces animaux auxquels ils préparent, en outre, des bains tièdes, ils les oignent des huiles les plus précieuses et brûlent sans cesse devant eux les parfums les plus suaves. De plus, ils les couvrent de tapis et des ornements les plus riches; à l'époque de l'accouplement ils redoublent de soins; ils élèvent les mâles de chaque espèce avec les femelles les plus belles, appelées concubines, et les entretiennent avec luxe et à grands frais. A la mort d'un de ces animaux, ils le pleurent comme un de leurs enfants chéris, et l'ensevelissent avec une magnificence qui dépasse souvent leurs moyens. Au moment où Ptolémée, fils de Lagus, vint, après la mort d'Alexandre, prendre possession de l'Égypte, il arriva que le bœuf Apis mourut de vieillesse à Memphis; celui qui en avait eu la garde dépensa pour les funérailles, non-seulement toute sa fortune, qui était très-considérable, mais encore il emprunta à Ptolémée cinquante talents d'argent [1] pour faire face à tous les frais. Et même encore de nos jours les gardiens ne dépensent pas moins de cent talents pour les funérailles de ces animaux.

LXXXV. Il reste à ajouter à notre récit quelques détails sur le taureau sacré. Après les funérailles magnifiques de cet animal, les prêtres vont à la recherche d'un veau qui ait sur le corps les mêmes signes que son prédécesseur. Dès que ce veau a été trouvé, le peuple quitte le deuil, et les prêtres préposés à sa garde le conduisent d'abord à Nilopolis, où ils le nourrissent pendant quarante jours; ensuite ils le font monter dans le vaisseau Thalamège qui renferme pour lui une chambre dorée; ils le conduisent ainsi à Memphis, et le font entrer comme une divinité dans le temple de Vulcain. Pendant les quarante jours indiqués, le taureau sacré n'est visible qu'aux femmes : elles se placent en face de lui et découvrent leurs parties génitales; dans tout autre moment, il leur est défendu de se montrer devant lui. Quelques-uns expliquent le culte d'Apis par la tradition que l'âme d'Osiris passa dans un taureau, et que depuis ce moment jusqu'à ce jour elle n'apparaît aux hommes que sous cette forme qu'elle change successivement. D'autres disent qu'Osiris ayant été tué par Typhon, Isis rassembla ses membres épars et les renferma dans une vache de bois enveloppée de byssus, et que c'est de là que la ville de Busiris a pris son nom. On débite sur Apis bien d'autres fables encore qu'il serait trop long de rapporter.

[1] Deux cent soixante-quinze mille francs.

LXXXVI. Les Égyptiens pratiquent en l'honneur des animaux sacrés beaucoup de cérémonies incroyables dont il nous est impossible de donner l'explication et l'origine; car les prêtres ont des doctrines secrètes dont il est défendu de parler, ainsi que nous l'avons dit à propos de la théologie égyptienne [1]. Le vulgaire donne au sujet des animaux sacrés trois explications dont la première, d'une simplicité primitive, est tout à fait fabuleuse. La voici : Les dieux, anciennement peu nombreux, étant accablés par le nombre et la méchanceté des enfants de la terre, prirent la forme de certains animaux pour se soustraire à la cruauté et à la violence de leurs ennemis; devenus plus tard maîtres de l'univers et reconnaissants envers leurs anciens sauveurs, ils consacrèrent les espèces d'animaux dont ils avaient revêtu la forme et ordonnèrent aux hommes d'en avoir soin pendant leur vie, et de les ensevelir avec pompe après leur mort. La seconde explication est ainsi conçue : Les habitants de l'Égypte étant jadis souvent vaincus par leurs voisins, à cause de leur ignorance dans l'art de la guerre, eurent l'idée de se donner, dans les batailles, des signes de ralliement; or, ces signes sont les images des animaux qu'ils vénèrent aujourd'hui, et que les chefs portaient fixés à la pointe de leurs piques, en vue de chaque rang de soldats. Comme ces signes contribuaient beaucoup à la victoire, ils les regardaient comme la cause de leur salut. Or, la reconnaissance établit d'abord la coutume de ne tuer aucun des animaux représentés par ces images, et cette coutume devint ensuite un culte divin.

LXXXVII. La troisième explication que l'on donne du culte des animaux sacrés est puisée dans l'utilité dont ils sont pour l'homme et la société. La vache donne naissance à des bœufs travailleurs, et laboure elle-même un sol léger. Les brebis mettent bas deux fois l'an; leur laine procure tout à la fois des vêtements et des ornements; leur lait et leurs fromages fournissent des aliments aussi agréables qu'abondants. Le chien est utile pour la chasse et pour la garde de la maison. C'est pourquoi ils repré-

[1] Voy. chap. 21.

sentent le dieu, appelé par eux *Anubis*, avec une tête de chien, pour indiquer qu'il était le gardien du corps d'Osiris et d'Isis. Quelques-uns rapportent qu'Isis, étant à la recherche d'Osiris, avait pour guides des chiens qui éloignaient les bêtes féroces et les passants, et qui manifestaient, par leurs aboiements, combien ils prenaient part à sa douleur. C'est pourquoi on voit, dans les fêtes isiaques, des chiens à la tête de la procession, en souvenir des anciens services rendus par cet animal. Le chat est utile pour se garantir des morsures mortelles des serpents et d'autres reptiles. L'ichneumon, épiant l'instant de la ponte des crocodiles, brise leurs œufs uniquement pour rendre service à l'homme, puisqu'il n'en tire lui-même aucun profit; sans lui le nombre des crocodiles serait si grand que le Nil en deviendrait inaccessible. Les ichneumons les tuent encore par un moyen étrange et tout à fait incroyable : roulés dans la boue, ils attendent le moment où le crocodile s'endort sur le sol, la gueule entr'ouverte; alors ils pénètrent par cette ouverture dans l'intérieur du corps, lui dévorent les intestins et sortent sans aucun danger du cadavre qu'ils laissent. Parmi les oiseaux, l'ibis [1] rend de grands services en détruisant les serpents, les sauterelles et les chenilles; l'épervier en tuant les scorpions, les cérastes et les petits animaux dont les morsures sont souvent mortelles pour l'homme. Quelques-uns disent que cet oiseau est vénéré parce que les devins s'en servent pour prédire l'avenir.

[1] Les anciens distinguaient deux espèces d'ibis, l'*ibis blanc* et l'*ibis noir*. Les caractères par lesquels les ornithologistes désignent l'ibis blanc (*numenius ibis, capite colloque nudis, corpore candido, remigibus secundariis elongatis, ex nigro-viridi micantibus*) se retrouvent aussi dans les ibis embaumés. L'ibis blanc est aujourd'hui très-rare en Égypte ; on le rencontre plus fréquemment aux environs du cap de Bonne-Espérance. L'ibis noir est aujourd'hui beaucoup moins rare en Égypte que le précédent. Il est moins grand que l'ibis blanc ; il s'en distingue par la couleur de son plumage et en ce qu'il a le cou et la tête couverts de plumes. Tout le dessus du corps est d'un noir à reflets très-riches, verts et violets; tout le dessous est d'un noir cendré. Le bec et les pieds ont la même forme que ceux de l'ibis blanc. Ces deux espèces d'ibis se montrent en Égypte régulièrement à de certaines époques. Ce qu'il y a de remarquable, c'est que l'ibis noir a conservé son ancien nom; il s'appelle encore *leheras* ou *ieras* (*el hareiz* en arabe), c'est-à-dire *oiseau sacré*. (Voy. Savigny, *Histoire naturelle et mythologique de l'ibis*, t. XXXIII, p. 431 ; de la *Description de l'Égypte*.)

D'autres racontent qu'un épervier apporta jadis aux prêtres de Thèbes un livre enveloppé d'une frange de pourpre et contenant les préceptes relatifs aux cérémonies et au culte des dieux, et que c'est pourquoi les hiérogrammates portent sur leur tête une frange de pourpre et une aile d'épervier. Les Thébains vénèrent aussi l'aigle, parce qu'ils le regardent comme l'oiseau royal et digne de Jupiter.

LXXXVIII. Les Égyptiens ont placé le bouc au nombre des dieux, comme les Grecs ont établi le culte de Priape, en honneur du principe de la génération. En effet, cet animal est le plus porté à l'accouplement, et ils ont fait un objet de culte de cette partie du corps qui est l'instrument de la génération et de la propagation des espèces. Au reste, non-seulement les Égyptiens, mais encore beaucoup d'autres nations ont consacré dans leurs mystères l'organe de la génération. Lorsque les prêtres succèdent en Égypte aux fonctions sacerdotales de leurs pères, ils sont d'abord initiés dans le culte de ce dieu. C'est pour la même raison que les pans et les satyres y sont en vénération, et que leurs images, déposées dans les temples, sont figurées avec l'organe génital droit, et assimilées à la nature du bouc, animal qui recherche les femelles avec le plus d'ardeur. C'est de cette façon qu'ils rendent hommage au principe fécondant. Les taureaux sacrés, l'Apis et le Mnévis, sont, d'après l'ordre d'Osiris, honorés à l'égal des dieux, tant à cause de leur utilité pour l'agriculture que pour perpétuer la gloire de ceux qui ont inventé les travaux des champs et fait connaître les fruits de la terre. Il est permis d'immoler des bœufs roux, parce qu'on croit que Typhon était de cette couleur. C'est lui qui tua Osiris dont la mort fut vengée par sa femme Isis. On rapporte même qu'autrefois les rois d'Égypte immolaient sur le tombeau d'Osiris les hommes de la couleur de Typhon. Or, comme les hommes roux sont aussi rares en Égypte qu'ils sont fréquents dans d'autres pays, on s'explique la fable accréditée chez les Grecs relativement à Busiris massacrant les étrangers; car il n'y a jamais eu de roi appelé Busiris; ce nom est donné dans le dialecte national au tombeau d'Osiris. Les loups sont vénérés à cause de leur ressemblance avec les chiens; en effet, ils en diffèrent peu, et les espèces peuvent se croiser. Cependant les Égyptiens donnent à ce culte une cause plus mystérieuse : on raconte que lorsqu'Isis se préparait avec son fils Horus à combattre Typhon, Osiris revint des enfers et assista son fils et sa femme sous la forme d'un loup, et qu'après la défaite de Typhon, les vainqueurs désignèrent cet animal, dont l'apparition leur avait procuré la victoire, au culte des hommes. D'autres rapportent que, dans une expédition contre l'Égypte, les Éthiopiens furent chassés du pays au delà de la ville appelée *Éléphantine*, par d'immenses troupeaux de loups, et que c'est pourquoi depuis lors cette province fut appelée *Lycopolitanie* et que ces animaux ont reçu un culte divin.

LXXXIX. Il nous reste à parler des honneurs divins rendus aux crocodiles. On se demande comment on a pu vénérer à l'égal des dieux des animaux qui dévorent les hommes, et dont les instincts sont si féroces. On répond à cela que c'est moins le Nil que les crocodiles qu'il nourrit, qui présentent la meilleure défense du pays; que les brigands de l'Arabie et de la Libye n'osent, à cause du grand nombre de ces animaux, traverser ce fleuve à la nage, et qu'il n'en serait plus ainsi si les chasseurs leur faisaient une guerre trop acharnée. On donne encore une autre explication au sujet de ces animaux. On raconte qu'un ancien roi d'Égypte, nommé Menas, étant poursuivi par ses chiens, se réfugia dans le lac Mœris, qu'il fut porté sur le dos d'un crocodile jusqu'au rivage opposé, qu'en mémoire de ce bienfait il construisit dans le voisinage une ville du nom de *Crocodilopolis*, et qu'il ordonna aux habitants de vénérer les crocodiles comme des dieux et consacra à leur entretien le lac Mœris. Ce roi fit élever au même endroit un tombeau composé d'une pyramide quadrilatère, et construisit le fameux labyrinthe.

Les Égyptiens allèguent, à propos du culte des autres animaux, des raisons analogues qu'il serait trop long de rapporter en détail. L'utilité est, à ce qu'ils disent, le principe de leurs usages, ainsi qu'ils croient surtout le démontrer à l'égard d'un grand nombre de substances alimentaires. Les uns s'abstiennent de manger des lentilles, les autres des fèves, d'autres des fromages, des oignons ou d'autres aliments qui abondent en Égypte. Ils font ainsi comprendre que les hommes doivent savoir s'abstenir de certaines choses nécessaires à la vie, et que si l'on voulait manger de tout, rien ne pourrait suffire. Selon d'autres traditions, le peuple se révoltait souvent autrefois contre ses chefs. Or, un des anciens rois, d'une prudence remarquable, divisa le pays en plusieurs provinces et prescrivit à chacune l'animal que les habitants devaient vénérer, et l'aliment dont ils devaient s'abstenir. De cette manière, les uns méprisent ce que les autres ont en honneur, et jamais les Égyptiens ne peuvent s'entendre entre eux. Ceci est confirmé par des faits; car tous les habitants voisins sont constamment en querelle par suite des différences que nous avons signalées.

XC. Enfin on allègue une dernière raison du culte des animaux. Dans l'origine, les hommes sortant de la vie sauvage pour se réunir, se mangeaient d'abord entre eux, et dans les guerres, le plus faible était la victime du plus fort. Mais bientôt les plus faibles, éclairés par leur intérêt, faisaient des alliances réciproques, en prenant pour signe de ralliement l'image d'un des animaux qui reçurent plus tard les honneurs divins. A ce signe, les plus timides se rassemblaient et formaient un corps redoutable à leurs adversaires. Les autres les imitaient, et le peuple se trouvait ainsi séparé en plusieurs corps dont chacun rendait un culte divin à l'animal qu'il avait pris pour enseigne et qui était considéré comme l'auteur du salut commun. C'est pourquoi les différents peuples d'Égypte ont jusqu'à ce jour en vénération les animaux consacrés primitivement dans chacune des provinces. En général, les Égyptiens passent pour les hommes les plus reconnaissants envers leurs bienfaiteurs; car ils sont persuadés que la meilleure garantie de la société consiste en un échange réciproque de services et de reconnaissance. Ceci est vrai; les hommes sont d'autant plus portés à être utiles à leurs semblables qu'ils voient pour eux-mêmes un véritable trésor dans la reconnaissance de leurs obligés. C'est aussi par ces motifs que les Égyptiens respectent et adorent leurs rois à l'égal des dieux. L'autorité souveraine, dont, selon eux, la providence a revêtu les rois, avec la volonté et le pouvoir de répandre des bienfaits, leur paraît être un caractère de la divinité. Nous nous sommes arrêté trop longtemps peut-être sur les animaux sacrés, afin qu'on puisse porter un jugement plus exact sur ces coutumes si singulières des Égyptiens.

XCI. On ne sera pas moins surpris de ce qui se pratique à l'occasion des morts. Lorsqu'un habitant vient à mourir, tous ses parents et ses amis se couvrent la tête de fange et parcourent la ville en poussant des cris lamentables, jusqu'à ce que le corps ait reçu la sépulture ; ils font abstinence de bains, de vin, de tout aliment recherché, et ne portent point de vêtements somptueux. Il y a trois ordres de funérailles, le riche, le moyen et le pauvre. Le premier coûte un talent d'argent[1], le second vingt mines[2], le dernier très-peu de chose. Ceux qui sont chargés du soin des funérailles appartiennent à une profession qui se transmet de père en fils[3]. Ils présentent aux parents du mort une note écrite de chacun des modes d'ensevelissement et leur demandent de désigner celui qui leur convient. Les conventions arrêtées, ils reçoivent le corps et le remettent à ceux qui président à ces sortes d'opérations. Le premier est celui qui s'appelle le *grammate*[4] : il circonscrit dans le flanc gauche du cadavre, couché par terre, l'incision qu'il faut pratiquer. Ensuite vient le *paraschiste*[5], qui, tenant à la main une pierre éthiopienne, fait l'incision de la grandeur déterminée. Cela fait, il se sauve en toute hâte, poursuivi par les assistants qui lui lancent des pierres et pro-

[1] Cinq mille cinq cents francs.

[2] Mille huit cent trente-deux francs.

[3] On peut comparer ce que raconte ici Diodore avec ce qu'Hérodote (lib. II, 86 et 87) et Moïse (*Genèse*, L, 2 et 3) rapportent de l'embaumement des Égyptiens. Moïse donne à ceux qui étaient chargés de l'embaumement le nom de *rephim*, qui signifie littéralement *faiseurs de sutures* ou de *bandelettes*. (Voy. Hoefer, *Histoire de la Chimie*, t. I, p. 61.)

[4] Γραμματεύς, scribe.

[5] Παρασχίστης, inciseur.

férent des imprécations comme pour attirer sur lui la vengeance de ce crime; car les Égyptiens ont en horreur celui qui viole le corps d'un des leurs et qui le blesse ou exerce quelque autre violence. Les embaumeurs jouissent de beaucoup d'honneurs et de considération parce qu'ils sont en relation avec les prêtres et que, comme ceux-ci, ils ont leurs entrées dans le sanctuaire. Réunis autour du corps pour l'embaumer, l'un d'eux introduit, par l'ouverture de l'incision pratiquée, la main dans l'intérieur du corps. Il en extrait tout ce qui s'y trouve, à l'exception des reins et du cœur; un autre nettoie les viscères en les lavant avec du vin de palmier et des essences[1]. Enfin, pendant plus de trente jours ils traitent ce corps, d'abord par de l'huile de cèdre et d'autres matières de ce genre, puis par la myrrhe, le cinnamomum et autres essences odoriférantes, propres à la conservation. Ils rendent ainsi le cadavre dans un état d'intégrité si parfait que les poils des sourcils et des cils restent intacts, et que l'aspect du corps est si peu changé qu'il est facile de reconnaître la figure de la personne. Ainsi, la plupart des Égyptiens, qui conservent dans des chambres magnifiques les corps de leurs ancêtres, jouissent de la vue de ceux qui sont morts depuis plusieurs générations, et, par l'aspect de la taille, de la figure et des traits de ces corps ils éprouvent une satisfaction singulière : ils les regardent en quelque sorte comme leurs contemporains.

XCII. Lorsque le corps est prêt à être enseveli, les parents en préviennent les juges, les proches et les amis du défunt; ils leur indiquent le jour des funérailles par cette formule : « Un tel doit passer le lac de la province où il est mort. » Aussitôt les juges, au nombre de plus de quarante, arrivent et s'asseyent dans un hémicycle placé au delà du lac. Une barque appelée *baris*[2] est

[1] L'incision, faite par le παρασχίστης, s'étendait-elle depuis l'abdomen jusqu'au delà du diaphragme, cloison transversale qui sépare la poitrine du ventre, ou intéressait-elle seulement l'abdomen? Le texte n'est pas très-explicite à cet égard. Les parties que l'embaumeur arrache, en introduisant la main par l'ouverture, sont les intestins, l'estomac, le foie, les reins, la rate et les épiploons. Il est probable que l'incision n'intéressait pas la poitrine, puisqu'il n'est pas question de l'arrachement du cœur et des poumons. Au lieu de *reins*, il faudrait donc lire *poumons*.

[2] Βάρις, nom des barques du Nil. Voy. Hérodote, II, 96.

alors amenée par ceux qui sont chargés de les construire ; elle est montée par un pilote que les Égyptiens appellent dans leur langue *Charon*. Aussi prétendent-ils qu'Orphée, voyageant en Égypte, avait assisté à cette cérémonie et qu'il avait tiré sa fable sur l'enfer, en partie de son souvenir et en partie de son imagination. Nous en parlerons plus bas[1]. La barque étant arrivée sur le lac, avant d'y placer la caisse qui contient le mort, chacun a le droit de porter contre lui des accusations. Si l'un des accusateurs parvient à prouver que le défunt a mené une mauvaise vie, les juges rendent un arrêt qui prive le corps de la sépulture légale. Si l'accusation est injuste, celui qui la porte est condamné à de fortes amendes. Si aucun accusateur ne se présente ou que l'accusation paraisse calomnieuse, les parents quittent le deuil, font l'éloge du mort et ne parlent pas de sa naissance comme le font les Grecs, car les Égyptiens se croient tous également nobles; mais ils célèbrent son éducation et ses connaissances, sa piété et sa justice, sa continence et ses autres vertus, depuis sa jeunesse jusqu'à l'âge viril; enfin ils invoquent les dieux infernaux et les supplient de l'admettre dans la demeure réservée aux hommes pieux. La foule y joint ses acclamations accompagnées de vœux pour que le défunt jouisse aux enfers de la vie éternelle, dans la société des bons. Pour ceux qui ont des sépultures privées, le corps est déposé dans un endroit réservé. Ceux qui n'en ont point construisent dans leur maison une cellule neuve, et y placent le cercueil debout et fixé contre le mur. Quant à ceux qui sont privés de la sépulture, soit parce qu'ils se trouvent sous le coup d'une accusation, soit parce qu'ils n'ont pas payé leurs dettes, on les dépose simplement dans leurs maisons. Il arrive quelquefois que les petits-fils, devenus plus riches, acquittent les dettes de leurs aïeux, obtiennent la levée de l'arrêt de condamnation, et leur font de magnifiques funérailles.

XCIII. Les honneurs extraordinaires qu'on rend aux parents ou aux ancêtres qui ont échangé leur vie contre le séjour éternel, constituent, chez les Égyptiens, une des pratiques

[1] Chap. 96.

les plus solennelles. Il est d'usage de donner, en garantie d'une dette, le corps des parents morts; la plus grande infamie et la privation de la sépulture attendent celui qui ne retire pas un tel gage. On ne peut assez admirer ceux qui ont institué ces coutumes et qui ont basé la pureté des mœurs non-seulement sur le commerce avec les vivants, mais encore, autant que possible, sur le respect qu'on doit aux morts. Les Grecs ont bien voulu, à l'aide de quelques fictions décriées, faire croire à la récompense des bons et à la punition des méchants. Mais ces fictions, loin d'encourager les hommes au bien, ont été tournées en dérision par les méchants et grandement discréditées. Chez les Égyptiens, au contraire, le châtiment du vice et l'honneur rendu à la vertu ne sont pas une fable, mais des faits visibles qui rappellent journellement à chacun ses devoirs, et deviennent ainsi la plus puissante sauvegarde des mœurs; car on doit estimer comme les meilleures lois, non celles qui assurent aux citoyens une vie opulente, mais celles qui en font des hommes vertueux et honnêtes.

XCIV. Il faut maintenant parler des législateurs égyptiens qui ont institué des lois si extraordinaires et si singulières. Après la constitution ancienne qui fut faite, selon la tradition, sous le règne des dieux et des héros, le premier qui engagea les hommes à se servir de lois écrites fut Mnévès, homme remarquable par sa grandeur d'âme, et digne d'être comparé à ses prédécesseurs. Il fit répandre que ces lois, qui devaient produire tant de bien, lui avaient été données par Mercure. C'est ainsi que chez les Grecs, Minos en Crète et Licurgue à Lacédémone prétendirent, que les lois qu'ils promulguaient leur avaient été dictées par Jupiter ou par Apollon. Ce genre de persuasion a été employé auprès de beaucoup d'autres peuples, et a présenté de grands avantages. En effet, on raconte que, chez les Arimaspes, Zathrauste avait fait croire qu'il tenait ses lois d'un bon génie; que Zamolxis vantait aux Gètes qui croient à l'immortalité de l'âme, ses communications avec Vesta, et que, chez les Juifs, Moïse disait avoir reçu les lois du Dieu appelé *Iao*;

soit que ces législateurs regardassent leur intelligence, mise au service de l'humanité, comme quelque chose de miraculeux et de divin, soit qu'ils supposassent que les noms des dieux qu'ils empruntaient seraient d'une grande autorité dans l'esprit des peuples. Le second législateur de l'Égypte a été Sasychès, homme d'un esprit distingué. Aux lois déjà établies il en ajouta d'autres, et s'appliqua particulièrement à régler le culte des dieux. Il passa pour l'inventeur de la géométrie et pour avoir enseigné aux Égyptiens la théorie de l'observation des astres. Le troisième a été Sesoosis, qui, non-seulement s'est rendu célèbre par ses grands exploits, mais qui a introduit dans la classe des guerriers une législation militaire, et a réglé tout ce qui concerne la guerre et les armées. Le quatrième a été Bocchoris, roi sage et habile : on lui doit toutes les lois relatives à l'exercice de la souveraineté, ainsi que des règles précises sur les contrats et les conventions. Il a fait preuve de tant de sagacité dans les jugements portés par lui que la mémoire de plusieurs de ses sentences s'est conservée jusqu'à nos jours. Mais on rapporte qu'il était faible de corps et très-avide d'argent.

XCV. Après Bocchoris, Amasis s'occupa encore des lois. Il fit des ordonnances sur le gouvernement des provinces et l'administration intérieure du pays. Il passa pour un homme d'un esprit supérieur, doux et juste ; c'est à ces qualités qu'il dut le pouvoir suprême, car il n'était pas de race royale. On raconte que les Éléens, occupés des règlements sur les jeux olympiques, envoyèrent des députés lui demander quelle était l'ordonnance la plus juste concernant ces jeux, et que le roi répondit : « C'est lorsqu'aucun Éléen n'entrera en lice. » Amasis s'était lié d'amitié avec Polycrate, tyran de Samos ; mais comme celui-ci maltraitait les citoyens et les étrangers qui abordaient à Samos, Amasis lui envoya d'abord, dit-on, une députation chargée de lui conseiller la modération. Mais Polycrate ne se rendant pas à ce conseil, Amasis lui annonça dans une lettre la rupture de leur lien d'amitié et d'hospitalité, en ajoutant qu'il ne voulait pas partager les malheurs qui devaient menacer un homme poussant si loin la tyrannie. Les Grecs admirèrent l'humanité d'Amasis ainsi que sa prédiction, qui s'accomplit bientôt.

Darius, père de Xercès, est regardé comme le sixième législateur des Égyptiens. Ayant en horreur la conduite de Cambyse, son prédécesseur, qui avait profané les temples d'Égypte, il eut soin de montrer de la douceur et du respect pour la religion. Il eut de fréquentes relations avec les prêtres d'Égypte, et se fit instruire dans la théologie et dans l'histoire consignée dans les annales sacrées. Apprenant ainsi la magnanimité des anciens rois d'Égypte, et leur humanité envers leurs sujets, il régla sa vie d'après ces modèles, et inspira par sa conduite une telle vénération aux Égyptiens qu'il est le seul roi qui de son vivant ait reçu le nom de dieu; à sa mort ils lui rendirent les mêmes honneurs qu'ils avaient la coutume de rendre aux anciens rois d'Égypte. Voilà les hommes auxquels on doit ces lois qui font l'admiration des autres peuples. Plusieurs de ces institutions, qui passaient pour très-belles, furent plus tard abolies, à l'époque où les Macédoniens s'emparèrent de l'Égypte et mirent fin à l'ancienne monarchie.

XCVI. Après nous être étendu sur ces divers sujets, nous dirons un mot des Grecs qui, célébrés pour leur sagesse et leurs lumières, ont autrefois voyagé en Égypte afin de s'instruire dans les lois et la science de cette nation. Les prêtres égyptiens affirment, sur la foi des livres sacrés, qu'on a vu chez eux Orphée, Musée, Mélampe, Dédale; ensuite le poëte Homère, Lycurgue le Spartiate, Solon d'Athènes, Platon le philosophe; enfin Pythagore de Samos, Eudoxe le mathématicien, Démocrite d'Abdère et OEnopide de Chio. Pour prouver que ces hommes ont voyagé en Égypte, ils montrent soit des portraits, soit des lieux et des édifices portant leurs noms; chacun est jaloux de montrer que tous ces sages, qui font l'admiration des Grecs, ont emprunté leurs connaissances aux Égyptiens. Ainsi, au rapport des Égyptiens, Orphée a rapporté de son voyage les cérémonies et la plupart des rites mystiques célébrés en mémoire des courses de Cérès, ainsi que le mythe des enfers. Il n'y a que la différence des noms entre les fêtes de Bacchus et celles d'Osiris, entre les mystères d'Isis et ceux de Cérès. La punition des méchants dans les enfers, les champs fleuris du séjour des bons et la fiction des ombres, sont une imitation des cérémonies funèbres des Égyptiens. Il en est de même de Mercure, conducteur des âmes, qui, d'après un ancien rite égyptien, mène le corps d'Apis jusqu'à un certain endroit où il le remet à un être qui porte le masque de Cerbère. Orphée fit connaître ce rite chez les Grecs, et Homère en parle ainsi dans son poëme : « Mercure « le Cyllénien évoqua les âmes des prétendants; il tenait dans « ses mains la baguette magique[1]. » Et un peu plus loin il ajoute : « Ils longent les rives de l'Océan, dépassent le rocher « de Leucade, et se dirigent vers les portes du Soleil et le peuple « des Songes. Ils arrivent aussitôt dans les prés verdoyants d'as- « phodèles où habitent les âmes, images de ceux qui ne sont plus[2]. » Or, le poëte appelle Océan le Nil auquel les Égyptiens donnent, dans leur langue, le même nom. Les portes du Soleil (Hélios) sont la ville d'Héliopolis; et les plaines riantes qui passent pour la demeure des morts, sont le lac Achérusia, situé près de Memphis, environné des plus belles prairies, et d'étangs où croissent le lotus et le roseau. Ce n'est pas sans raison que l'on place dans ces lieux le séjour des morts; car, c'est là que s'achèvent les funérailles les plus nombreuses et les plus magnifiques. Après avoir transporté les corps sur le fleuve et le lac Achérusia, on les place dans les cellules qui leur sont destinées. Les autres mythes des Grecs sur les enfers s'accordent avec ce qui se pratique encore aujourd'hui en Égypte; la barque qui transporte les corps, la pièce de monnaie, l'obole payée au nautonier, nommé *Charon* dans la langue du pays, toutes ces pratiques s'y trouvent. Enfin, on raconte qu'il existe dans le voisinage du lac Achérusia, le temple de la ténébreuse Hécate[3],

[1] *Odyssée*, chant XXIV, v. 1 et suiv.

[2] *Ibid.*, v. 12 et 19.

[3] *Un temple de la ténébreuse Hécate*, etc.... *Σκοτίας Ἑκάτης ἱερόν*.... Miot me semble avoir inexactement interprété ce passage par « *un temple d'Hécate, ap-*

les portes du Cocyte et du Léthé, fermées par des verrous d'airain; et qu'on y voit aussi les portes de la Vérité, près desquelles est placée une statue sans tête représentant la Justice.

XCVII. Il y a, chez les Égyptiens, beaucoup d'autres mythes qui se conservent encore avec leurs dénominations et avec les pratiques qui s'y rattachent. On montre dans Acanthopolis, ville située au delà du Nil, dans la Libye, à cent vingt stades de Memphis, un tonneau percé dans lequel trois cent soixante prêtres versent journellement de l'eau puisée dans le Nil. Aux environs de cette ville, on représente dans une fête publique la fable de l'Ane [du paresseux]. Un homme placé en tête de la procession tresse une corde de jonc que ceux qui viennent après lui délient. On dit que Mélampe a rapporté de l'Égypte les mystères que les Grecs célèbrent en l'honneur de Bacchus, le mythe sur Saturne, sur le combat des Titans, enfin tout ce qu'on raconte des passions des dieux. Dédale a construit son labyrinthe sur le modèle de celui d'Égypte. Ce dernier, bâti selon les uns par Mendès, selon d'autres par le roi Marrhus, bien longtemps avant le règne de Minos, subsiste encore aujourd'hui. Les statues que Dédale fit élever chez les Grecs sont dans l'ancien style égyptien. Le plus beau des propylées du temple de Vulcain, à Memphis, passe pour un ouvrage de Dédale : il lui acquit tant de gloire, que l'on plaça dans ce même temple sa statue faite de ses propres mains. Enfin son habileté et ses inventions furent si renommées qu'on lui a rendu les honneurs divins; et on montre encore aujourd'hui, dans une des îles situées en face de Memphis, un temple de Dédale en grande vénération dans le pays. On apporte divers témoignages du séjour d'Homère en Égypte, et particulièrement le breuvage donné par Hélène à Télémaque visitant Ménélas, et qui devait lui procurer l'oubli des maux passés. Ce breuvage est le népenthès [1] dont Hélène avait, selon le poëte, appris le

pelé Scoties.... » en prenant σκοτίας pour l'accusatif pluriel d'un nom propre. Miot a été ici sans doute séduit par la traduction latine de Rhodomann : *In vicinia etiam Scotiæ id est.... Hecates fanum....*

[1] Le *népenthès* dont parle Homère ne paraît avoir été autre chose qu'une solution aqueuse d'opium ou de quelque autre suc d'une plante narcotique.

secret à Thèbes par Polydamna, femme de Thonis. En effet, les femmes de Thèbes connaissent encore aujourd'hui la puissance de ce remède, et les Diospolitaines sont les seules qui s'en servent depuis un temps immémorial pour dissiper la colère et la tristesse. Or, Diospolis est la même ville que Thèbes. Comme Homère, les Égyptiens donnent à Vénus l'épithète de *dorée*, et il existe près de Momemphis un endroit appelé le *Champ de Vénus dorée*. Homère a, dit-on, tiré de la même source le mythe de l'union de Jupiter avec Junon, et celui du voyage des dieux en Éthiopie. Chaque année les Égyptiens ont la coutume de transporter la chapelle de Jupiter au delà du Nil en Libye, et de la ramener quelques jours après, comme pour indiquer le retour de ce dieu de l'Éthiopie. Les amours de Jupiter et de Junon ont été imaginées d'après les fêtes publiques (panégyriques), pendant lesquelles les prêtres portent les chapelles de ces deux divinités au sommet d'une montagne et les déposent sur un lit de fleurs.

XCVIII. Lycurgue, Platon et Solon ont emprunté aux Égyptiens la plupart de leurs institutions. Pythagore a, dit-on, appris chez ces mêmes Égyptiens ses doctrines concernant la divinité, la géométrie, les nombres et la transmigration de l'âme dans le corps de toutes sortes d'animaux. Ils prétendent aussi que Démocrite a séjourné cinq ans chez eux et qu'il leur est redevable de beaucoup de ses connaissances astrologiques. Œnopide passe également pour avoir vécu avec les prêtres et les astrologues égyptiens et pour avoir appris d'eux, entre autres choses, l'orbite que le soleil parcourt, son inclinaison, et son mouvement opposé à celui des autres astres. Ils disent la même chose d'Eudoxe, qui s'acquit beaucoup de gloire en introduisant en Grèce l'astrologie et beaucoup d'autres connaissances utiles. Ils vont plus loin, et réclament comme leurs diciples les plus anciens sculpteurs grecs, surtout Téléclès et Théodore, tous deux fils de Rhœcus, qui exécutèrent pour les habitants de Samos la statue d'Apollon le Pythien. La moitié de cette statue fut, disent-ils, faite à Samos par Téléclès, et l'autre moitié fut achevée à Éphèse par Théodore, et ces deux parties s'adaptèrent si bien ensemble que la statue entière semblait être l'œuvre d'un seul artiste. Or, cette manière de travailler n'est nullement en usage chez les Grecs, tandis qu'elle est très-commune chez les Égyptiens. Ceux-ci ne conçoivent pas comme les Grecs le plan de leurs statues d'après les vues de leur imagination; car, après avoir arrangé et taillé leur pierre, ils exécutent leur ouvrage de manière que toutes les parties s'adaptent les unes aux autres jusque dans les moindres détails. C'est pourquoi ils divisent le corps humain en vingt et une parties un quart, et règlent là-dessus toute la symétrie de l'œuvre. Ainsi, après que les ouvriers sont convenus entre eux de la hauteur de la statue, ils vont faire chacun chez soi les parties qu'ils ont choisies; et ils les mettent tellement d'accord avec les autres, qu'on en est tout étonné. C'est ainsi que la statue d'Apollon à Samos fut exécutée conformément à la méthode égyptienne; car elle est divisée en deux moitiés depuis le sommet de la tête jusqu'aux parties génitales et ces deux moitiés sont exactement égales. Ils soutiennent aussi que cette statue, représentant Apollon les mains étendues et les jambes écartées comme dans l'action de marcher, rappelle tout à fait le goût égyptien [1].

Voilà ce que nous avions à dire sur l'Égypte; nous en avons raconté les choses les plus dignes de mémoire. Nous allons maintenant poursuivre notre récit d'après le plan annoncé au commencement de ce livre, en commençant par l'histoire des Assyriens en Asie.

[1] Les plus anciennes statues égyptiennes sont, au contraire, représentées ayant les pieds et les mains confondus avec le bloc de pierre où elles sont sculptées.

LIVRE DEUXIÈME.

SOMMAIRE.

Ninus, premier roi de l'Asie ; ses exploits. — Naissance de Sémiramis ; son élévation. — Ninus épouse Sémiramis. — Sémiramis succède à Ninus et accomplit une multitude de grandes choses. — Fondation de Babylone. — Jardin suspendu et autres monuments merveilleux de Babylone. — Expédition de Sémiramis en Égypte, en Éthiopie et dans l'Inde. — Des trois descendants de Sémiramis ; leur vie luxurieuse. — Sardanapale, le dernier de ces rois, est détrôné par Arbace, le Mède. — Des Chaldéens ; observation des astres. — Des rois de la Médie ; divergence des historiens à leur sujet. — Topographie de l'Inde ; produits du sol ; mœurs des Indiens. — Des Scythes, des Amazones et des Hyperboréens — De l'Arabie ; produits naturels et récits fabuleux. — Des îles situées au midi dans l'Océan.

I. Le livre précédent, qui est le premier de tout l'ouvrage, renferme l'histoire de l'Égypte. Nous y avons raconté la mythologie des Égyptiens, la nature du Nil et les singularités que présente ce fleuve. Nous avons donné une description de l'Égypte, et fait connaître les anciens rois de ce pays et leurs actions. Nous avons parlé de la construction des pyramides, comptées au nombre des sept merveilles du monde ; ensuite, nous avons passé en revue les lois, les tribunaux, le culte singulier des animaux sacrés et le rite des funérailles. Enfin, nous avons mentionné les Grecs les plus célèbres qui ont voyagé en Égypte et y ont appris les connaissances qu'ils ont importées en Grèce. Dans le livre présent nous traiterons de l'histoire la plus ancienne de l'Asie, en commençant par les Assyriens.

Il ne nous reste des rois primitifs de l'Asie aucun fait remarquable, aucun nom digne de mémoire. Le premier dont l'histoire fasse mention est Ninus, roi des Assyriens ; il a accompli des exploits que nous essaierons de décrire en détail. Né avec des dispositions guerrières et jaloux de se distinguer, il arma une troupe choisie de jeunes gens, les prépara pendant longtemps par des exercices du corps et les habitua à toutes les fatigues et aux dangers de la guerre. Ayant ainsi composé une armée redoutable, il conclut un traité d'alliance avec Ariéus, roi de l'Arabie, contrée qui, vers ces temps, passait pour peuplée d'hommes robustes. La nation arabe est en général jalouse de sa liberté et toujours opposée à reconnaître un chef étranger. Aussi, ni les rois des Perses, ni les rois macédoniens, malgré leur puissance, ne sont-ils jamais parvenus à la subjuguer. Il faut de plus ajouter, que l'Arabie est d'un accès difficile pour une armée ennemie; car c'est un pays en grande partie désert, et privé d'eau; les puits se trouvent cachés à de grandes distances et ne sont connus que des indigènes.

Ninus, roi des Assyriens, menant avec lui le chef des Arabes, marcha à la tête d'une puissante armée contre les Babyloniens qui habitaient un pays limitrophe. A cette époque, Babylone n'était pas encore fondée; mais il y avait d'autres villes remarquables dans la Babylonie. Ninus défit sans peine des hommes non aguerris, leur imposa un tribut annuel, emmena prisonnier le roi [1] avec ses enfants, et le tua. De là, il conduisit ses troupes en Arménie et épouvanta les indigènes par le sac de quelques villes. Barzanès, leur roi, se voyant hors d'état de résister, alla au-devant de son ennemi avec des présents, et lui offrit sa soumission. Ninus se conduisit à son égard avec générosité; il lui accorda la souveraineté de l'Arménie et n'exigea qu'un envoi de troupes auxiliaires. Son armée grossissant de plus en plus, il dirigea une expédition contre la Médie. Pharnus, qui en était roi, s'avança avec une armée considérable; mais abandonné des siens et ayant perdu la plupart de ses troupes, il fut fait prisonnier avec sa femme et ses sept enfants; il fut lui-même mis en croix.

II. Ces succès inspirèrent à Ninus le violent désir de subjuguer toute l'Asie, comprise entre le Tanaïs et le Nil. Tant il

[1] Ce roi s'appelait Nabonnabus, selon la liste des rois babyloniens dans la chronographie de Syncelle.

est vrai que la prospérité ne fait qu'augmenter l'ambition de l'homme. Il établit un de ses amis satrape de la Médie, et s'avança lui-même vers la conquête des nations de l'Asie ; dans un espace de dix-sept ans, il se rendit maître de toute la contrée, à l'exception des Indes et de la Bactriane. Aucun historien n'a décrit en détail les batailles qu'il a livrées, ni le nombre des peuples qu'il a vaincus ; nous ne signalerons de ces derniers que les principaux sur l'autorité de Ctésias de Cnide. Parmi les contrées littorales, il soumit à sa puissance l'Égypte, la Phénicie, la Cœlé-Syrie, la Silicie, la Pamphylie, la Lycie, la Carie, la Phrygie, la Mysie et la Lydie ; il ajouta encore à ces conquêtes la Troade, la Phrygie sur l'Hellespont, la Propontide, la Bithynie, la Cappadoce et les nations barbares qui habitent le Pont jusqu'au Tanaïs. Il se rendit aussi maître du pays des Cadusiens[1], des Tapyrs, des Hyrcaniens, des Drangiens[2], des Derbices, des Carmaniens, des Choromnéens, des Borcaniens[3] et des Parthes. Il pénétra jusque dans la Perse, dans la Susiane et dans la région Caspienne où se trouvent les défilés connus sous le nom de *Portes Caspiennes*[4]. Il réduisit encore bien d'autres peuples de moindre importance et dont nous ne parlerons point. Quant à la Bactriane, contrée d'un accès difficile et peuplée de guerriers, après plusieurs tentatives inutiles, il ajourna la guerre, ramena sa troupe dans la Syrie[5] et choisit un emplacement convenable pour fonder une grande ville.

III. Après avoir, par l'éclat de sa victoire, effacé ses prédécesseurs, il conçut le dessein de construire une ville si considérable que non-seulement elle devait surpasser toutes les autres villes

[1] Les historiens grecs écrivent indifféremment Καδούσιοι, *Cadusiens*, et Καδδούσιοι, *Caddusiens* (Polybe, V, 44 et 79).

[2] Peuple de la Perse (Strabon, liv. XVI).

[3] Les Borcaniens habitaient sur les frontières de l'Hyrcanie. (Voy. Ctésias dans les *Extraits* de Photius, p. 110.)

[4] Il y avait deux tribus caspiennes, l'une habitait à l'ouest, dans le voisinage de la mer Caspienne ; l'autre était limitrophe de la Parthie. C'est sur le territoire de cette dernière tribu qu'étaient situées les Κασπίαι πύλαι, *Portes Caspiennes*. (Voy. Dionys. Perieget., 1039, et Strabon, liv. XI.)

[5] Il faut se rappeler ici que les anciens donnaient souvent le nom de Syrie à tout le pays qui s'étend depuis la Babylonie jusqu'au golfe d'Issus.

du monde alors connues, mais encore il devait être difficile à la postérité d'en voir jamais une pareille. Il renvoya le roi des Arabes dans ses États avec ses troupes, après l'avoir comblé de présents et de magnifiques dépouilles. Quant à lui, il rassembla de tous côtés, sur le bord de l'Euphrate, [1] des ouvriers et des matériaux pour bâtir une ville bien fortifiée, à laquelle il donna la forme d'un quadrilatère oblong. Les plus longs côtés de la ville étaient de cent cinquante stades et les plus courts de quatre-vingt-dix, de telle façon que la totalité de l'enceinte était de quatre cent quatre-vingts stades [2]. Et le fondateur ne se trompa point dans son attente, car aucune ville n'a jamais égalé celle-ci en grandeur et en magnificence ; ses murs avaient cent pieds de haut et étaient assez larges pour que trois chariots attelés pussent y marcher de front. Les tours, qui les défendaient, étaient au nombre de quinze cents, et avaient chacune deux cents pieds d'élévation. La plus grande partie de la ville était habitée par les plus riches Assyriens, mais le roi y admit tous les étrangers qui voulurent s'y établir. Il appela cette ville de son nom Ninus [3], et partagea entre les habitants une grande partie des pays environnants.

IV. Après la fondation de cette ville, Ninus se mit en marche contre la Bactriane, où il épousa Sémiramis. Comme c'est la plus célèbre de toutes les femmes que nous connaissions, il est nécessaire de nous y arrêter un moment et de raconter comment d'une condition humble elle arriva au faîte de la gloire. Il existe dans la Syrie une ville nommée Ascalon ; dans son voisinage est un vaste lac profond et abondant en poisson [4].

[1] C'est là une erreur. La ville de Ninus était située sur les bords du Tigre, ainsi que l'attestent non-seulement les témoignages d'Hérodote (I, 193), de Strabon, de Pline, de Ptolémée, mais surtout les vestiges qu'on retrouve encore aujourd'hui de cette antique cité.

[2] D'après cela, la ville de Ninus aurait eu exactement la même grandeur que Babylone. Cependant, suivant l'autorité de Strabon, la première ville était beaucoup plus grande que Babylone (XVI, p. 1071 ; *πολὺ μείζων τῆς Βαβυλῶνος*).

[3] Cette ville porte, dans l'Écriture sainte, le nom de *Ninive*, de *Nin-Navé*, qui, suivant Bochart, signifie *résidence de Ninus*.

[4] Probablement le lac Sirbonide dont il a été question dans le liv. I, chap. 30.

Sur les bords de ce lac se trouve le temple d'une déesse célèbre que les Syriens appellent Dercéto ; elle a le visage d'une femme, et sur tout le reste du corps la forme d'un poisson [1]. Voici les motifs de cette représentation : les hommes les plus savants du pays racontent que Vénus, pour se venger d'une offense que cette déesse lui avait faite, lui inspira un violent amour pour un beau jeune homme qui allait lui offrir un sacrifice; que Dercéto, cédant à sa passion pour ce Syrien, donna naissance à une fille, mais que honteuse de sa faiblesse, elle fit disparaître le jeune homme et exposa l'enfant dans un lieu désert et rocailleux; enfin, qu'elle-même, accablée de honte et de tristesse, se jeta dans le lac et fut transformée en un poisson. C'est pourquoi les Syriens s'abstiennent encore aujourd'hui de manger des poissons qu'ils vénèrent comme des divinités. Cependant l'enfant fut élevé miraculeusement par des colombes qui avaient niché en grand nombre dans l'endroit où elle avait été exposée; les unes réchauffaient dans leurs ailes le corps de l'enfant, les autres, épiant le moment où les bouviers et les autres bergers quittaient leurs cabanes, venaient prendre du lait dans leur bec et l'introduisaient goutte à goutte à travers les lèvres de l'enfant qu'elles élevaient ainsi. Quand leur élève eut atteint l'âge d'un an et qu'il eut besoin d'aliments plus solides, les colombes lui apportèrent des parcelles de fromage qui constituaient une nourriture suffisante. Les bergers furent fort étonnés à leur retour de voir leurs fromages becquetés à l'entour. Après quelques recherches, ils en trouvèrent la cause et découvrirent un enfant d'une beauté remarquable; l'emportant avec eux dans leur cabane, ils le donnèrent aux chefs des bergeries royales, nommé Simma; celui-ci n'ayant point d'enfants l'éleva comme sa fille avec beaucoup de soins, et lui donna le nom de Sémiramis, qui signifie colombe, dans la langue syrienne [2]. Depuis lors, tous les Syriens accordent à ces oiseaux les honneurs divins [3].

[1] Comparez ce récit avec celui de Lucien, de la *Déesse Syrienne*, chap. 14.

[2] Selon Bochart, *Sémiramis* serait une corruption de *Serimamis*, de *Sera*, montagne, et *Hema*, colombe.

[3] On se rappelle que le baptême de Jésus-Christ, pendant lequel le Saint-Esprit

Telle est à peu près l'origine fabuleuse de Sémiramis.

V. Cependant Sémiramis était arrivée à l'âge nubile et surpassait en beauté toutes ses compagnes. Un jour le roi envoya visiter ses bergeries. Menonès[1], président du conseil royal et administrateur de toute la Syrie, fut chargé de cette mission ; il descendit chez Simma, aperçut Sémiramis et fut épris de ses charmes. Il pria Simma de la lui donner en mariage ; il l'épousa, la mena à Ninive et eut d'elle deux enfants, Hyapate et Hydaspe. Sémiramis, qui joignait à la beauté de son corps toutes les qualités de l'esprit, était maîtresse absolue de son époux qui, ne faisant rien sans la consulter, réussissait dans tout. Vers l'époque où la fondation de Ninive fut achevée, le roi songea à conquérir la Bactriane. Informé du nombre et de la valeur des hommes qu'il allait combattre, ainsi que de la difficulté des contrées dans lesquelles il allait pénétrer, il fit lever des troupes dans toutes les contrées de son empire ; car, ayant échoué dans sa première expédition, il avait résolu d'attaquer les Bactriens avec des forces considérables. Il rassembla donc de tous les points de son empire une armée qui, au rapport de Ctésias, s'éleva à un million sept cent mille fantassins, à plus de deux cent dix mille cavaliers, et à près de dix mille six cents chariots armés de faux. Une armée aussi nombreuse semble incroyable à celui qui en entend parler ; mais elle ne paraît pas impossible à celui qui considère l'étendue de l'Asie et le nombre des nations qui habitent cette région. Et, sans parler de l'armée de huit cent mille hommes que Darius conduisit contre les Scythes, ni des troupes innombrables avec lesquelles Xercès descendit dans la Grèce, si l'on veut seulement jeter un regard sur ce qui s'est passé, pour ainsi dire, hier en Europe, on ajoutera peut-être plus de foi à ce que nous avons dit. Ainsi, dans la Sicile, Denys tira de la seule ville de Syracuse une armée de cent vingt mille hommes de pied et

se manifesta sous la forme d'une colombe, a eu lieu dans un pays autrefois compris dans le royaume de la Syrie.

[1] Quelques-uns lisent *Onnès* (Ὄννης). J'adopte ici la leçon de l'édition Bipontine.

de douze mille cavaliers[1]; d'un seul port il fit sortir quatre cents vaisseaux longs dont quelques-uns à quatre et même à cinq rangs de rames. Un peu avant l'époque d'Annibal, les Romains, prévoyant l'importance de la guerre qu'ils avaient à soutenir, firent en Italie le recensement de tous les citoyens et auxiliaires en état de porter les armes, et le nombre total n'en fut guère moins d'un million. Or, la population entière de l'Italie n'est pas comparable à une seule nation de l'Asie. Cela doit suffire à ceux qui veulent estimer la population ancienne comparativement aux villes actuellement dépeuplées de l'Asie.

VI. Ninus, s'étant donc mis en marche contre la Bactriane avec une aussi puissante armée, fut obligé de partager celle-ci en plusieurs corps à cause des défilés qu'il avait à traverser. Parmi les grandes et nombreuses villes dont la Bactriane est remplie, on remarquait surtout celle qui servait de résidence royale; elle se nommait Bactres et se distinguait de toutes les autres par sa grandeur et ses fortifications. Oxyarte[2], qui était alors roi, appela sous les armes tous les hommes adultes, qui s'élevaient au nombre de quatre cent mille. Avec cette armée, il s'avança à la rencontre de l'ennemi, vers les défilés qui défendent l'entrée du pays; il y laissa s'engager une partie des troupes de Ninus; et lorsqu'il pensa que l'ennemi était arrivé dans la plaine en nombre suffisant, il se rangea en bataille. Après un combat acharné, les Bactriens mirent en fuite les Assyriens, et les poursuivant jusqu'aux montagnes qui les dominaient, ils tuèrent jusqu'à cent mille hommes. Mais, peu à peu tout le reste de l'armée de Ninus pénétra dans le pays; accablés par le nombre, les Bactriens se retirèrent dans les villes, et chacun ne songea qu'à défendre ses foyers. Ninus s'empara facilement de toutes ces villes; mais il ne put prendre d'assaut Bactres, à cause de ses fortifications et des munitions de guerre dont cette ville était pourvue. Comme le siége traînait en longueur, l'époux de

[1] Voy. plus bas, XIV, 47.

[2] Le nom d'*Oxyarte* paraît être un nom générique comme celui de *Pharaon*, qu'on donnait aux rois d'Égypte. Le père de Roxane s'appelait aussi Oxyarte. Voy. XVIII, 3.

Sémiramis, qui se trouvait dans l'armée du roi, envoya chercher sa femme qu'il était impatient de revoir. Douée d'intelligence, de hardiesse et d'autres qualités brillantes, Sémiramis saisit cette occasion pour faire briller de si rares avantages. Comme son voyage devait être de plusieurs jours, elle se fit faire un vêtement, par lequel il était impossible de juger si c'était un homme ou une femme qui le portait. Ce vêtement la garantissait contre la chaleur du soleil; il était propre à conserver la blancheur de la peau, ainsi que la liberté de tous les mouvements et il seyait à une jeune personne; il avait d'ailleurs tant de grâce, qu'il fut adopté d'abord par les Mèdes lorsqu'ils se rendirent maîtres de l'Asie, et plus tard par les Perses. A son arrivée dans la Bactriane, elle examina l'état du siége; elle vit que les attaques se faisaient du côté de la plaine et des points d'un accès facile, tandis que l'on n'en dirigeait aucune vers la citadelle, défendue par sa position; elle reconnut que les assiégés, ayant en conséquence abandonné ce dernier poste, se portaient tous au secours des leurs qui étaient en danger à l'endroit des fortifications basses. Cette reconnaissance faite, elle prit avec elle quelques soldats habitués à gravir les rochers : par un sentier difficile, elle pénétra dans une partie de la citadelle, et donna le signal convenu à ceux qui attaquaient les assiégés du côté des murailles de la plaine. Épouvantés de la prise de la citadelle, les assiégés désertent leurs fortifications et désespèrent de leur salut. Toute la ville tomba ainsi au pouvoir des Assyriens. Le roi, admirant le courage de Sémiramis, la combla d'abord de magnifiques présents; puis, épris de sa beauté, il pria son époux de la lui céder, en promettant de lui donner en retour, sa propre fille, Sosane. Menonès ne voulant pas se résoudre à ce sacrifice, le roi le menaça de lui faire crever les yeux, s'il n'obéissait pas promptement à ses ordres. Tourmenté de ces menaces, saisi tout à la fois de chagrin et de fureur, ce malheureux époux se pendit. Sémiramis parvint aux honneurs de la royauté.

VII. Ninus s'empara des trésors de Bactres, consistant en une grande masse d'argent et d'or; et, après avoir réglé le gouvernement de la Bactriane, il congédia ses troupes. Ninus eut de Sémiramis un fils, Ninyas; en mourant il laissa sa femme souveraine de l'empire. Sémiramis fit ensevelir Ninus dans le palais des rois, et fit élever sur sa tombe une terrasse immense qui avait, au rapport de Ctésias, neuf stades de haut[1] et dix de large. Comme la ville est située dans une plaine sur les rives de l'Euphrate, cette terrasse s'aperçoit de très-loin, semblable à une citadelle; elle existe, dit-on, encore aujourd'hui, bien que la ville de Ninus eût été détruite par les Mèdes, lorsqu'ils mirent fin à l'empire des Assyriens. Sémiramis, dont l'esprit était porté vers les grandes entreprises, jalouse de surpasser en gloire son prédécesseur, résolut de fonder une ville dans la Babylonie[2]; elle fit venir de tous côtés des architectes et des ouvriers au nombre de deux millions, et fit préparer tous les matériaux nécessaires. Elle entoura cette nouvelle ville, traversée par l'Euphrate, d'un mur de trois cent soixante stades[3], fortifié, selon Ctésias de Cnide, de distance en distance par de grandes et fortes tours. La masse de ces ouvrages était telle que la largeur des murs suffisait au passage de six chariots de front, et leur hauteur paraissait incroyable. Au rapport de Clitarque et de quelques autres, qui suivirent plus tard Alexandre en Asie, le mur était d'une étendue de trois cent soixante-cinq stades qui devaient représenter le nombre des jours de l'année. Il était construit avec des briques cuites et enduites d'asphalte[4]. Son

[1] Environ dix-sept cents mètres.

[2] Selon la plupart des historiens, ce n'est pas Sémiramis, mais Bélus qui fut le fondateur de Babylone? Quinte-Curce, V, 1 : *Semiramis Babyionem condiderat. vel, ut plerique credidere, Belus, cujus regia ostenditur.* Ammian Marcellin, XXIII, 6 : *Babylon, cujus mœnia bitumine Semiramis struxit; arcem enim antiquissimus rex condidit Belus.* Voy. Jac. Periz., *Orig. Babylon.*, chap. 7.

[3] Soixante-six mille mètres. Selon Hérodote (I, 478), cette enceinte était de quatre cent quatre-vingts stades, et, selon Strabon, de trois cent quatre-vingt-cinq stades.

[4] Ce vernis d'asphalte devait avoir pour effet la conservation indéfinie des pierres argileuses (briques) qu'il recouvrait. Aussi trouve-t-on encore aujourd'hui beaucoup de ces matériaux qui avaient servi à la construction des murs de Ninive et de Babylone.

élévation était, d'après Ctésias, de cinquante orgyes[1]; mais selon des historiens plus récents, elle n'était que de cinquante coudées[2], et sa largeur était de plus de deux chariots attelés; on y voyait deux cent cinquante tours d'une hauteur et d'une épaisseur proportionnées à la masse de la muraille. Il ne faut pas s'étonner si le nombre des tours est si petit comparativement à l'étendue de l'enceinte; car, dans plusieurs endroits, la ville était bordée de marais[3], en sorte que la nature rendait inutile la fortification de main d'homme. On avait laissé un espace de deux plèthres[4] entre les maisons et le mur d'enceinte.

VIII. Pour hâter l'exécution de ces travaux, la reine avait assigné l'espace d'un stade à chacun de ses amis, et leur fournissait les matériaux nécessaires avec l'ordre d'achever leur tâche dans l'année. Pendant qu'ils s'acquittaient de leur devoir avec zèle, elle construisit dans la partie la plus étroite du fleuve, un pont[5] de cinq stades de longueur, reposant sur des piles enfoncées à une grande profondeur et à un intervalle de douze pieds l'une de l'autre; les pierres étaient assujetties par des crampons de fer, et les jointures soudées avec du plomb fondu. Les faces de chaque pile, exposées au courant de l'eau, étaient construites sous forme de saillies anguleuses qui, coupant les flots et amortissant leur impétuosité, contribuaient à la solidité de la construction. Le pont était recouvert de planches de cèdre et de cyprès, placées sur d'immenses madriers de palmiers; il avait trente pieds de large, et n'était pas le moins beau des ouvrages de Sémiramis. De chaque côté du fleuve elle éleva des quais magnifiques, presque aussi larges que les murailles, dans une étendue de cent soixante stades[6]. Elle fit construire à chaque extrémité du pont, un palais d'où elle pouvait voir toute la ville. Ces deux palais étaient, pour ainsi dire, les clefs des deux

[1] A peu près quatre-vingt-six mètres.

[2] Environ vingt-cinq mètres.

[3] Voy. Hérodote, I, 183; Arrien, VII, 20.

[4] Soixante mètres.

[5] Ce pont passait pour une des merveilles de l'Orient. Hérodote en attribue la construction à Nitocris (liv. I, chap. 186).

[6] Près de trente kilomètres.

quartiers les plus importants ; comme l'Euphrate, traversant Babylone, coule vers le Midi, l'un de ces palais regardait l'Orient, l'autre l'Occident, et tous deux étaient d'une grande magnificence. Celui qui était situé au couchant, avait soixante stades [1] de circuit ; il était fortifié par de beaux murs, très-élevés et construits en briques cuites. En dedans de ce mur était une autre enceinte, faite avec des briques crues, sur lesquelles étaient imprimées des figures de toutes sortes d'animaux ; ces figures étaient peintes avec tant d'art qu'elles semblaient être vivantes. Cette enceinte avait quarante stades de longueur. Son épaisseur était de trois cents briques, et sa hauteur, suivant Ctésias, de cinquante orgyes [2] ; la hauteur des tours était de soixante et dix orgyes. Enfin, en dedans de cette seconde enceinte, il y eut une troisième qui entourait la citadelle, dont le périmètre était de vingt stades et qui dépassait en hauteur le mur intermédiaire. Sur les tours et les murailles, on avait représenté toutes sortes d'animaux, parfaitement imités par les couleurs et le relief. On y voyait une chasse, composée de différents animaux qui avaient plus de quatre coudées de haut [3]. Dans cette chasse, Sémiramis était figurée à cheval, lançant un javelot sur une panthère ; auprès d'elle était Ninus son époux, frappant un lion d'un coup de lance. On pénétrait dans la citadelle par une triple porte, derrière laquelle étaient des chambres d'airain, s'ouvrant par une machine ; enfin, ce palais l'emportait de beaucoup en étendue et en beauté sur celui qui était situé sur la rive opposée. Ce dernier n'avait qu'un mur d'enceinte en briques cuites, de trente stades de circuit [4]. Au lieu de figures d'animaux, on y voyait les statues d'airain de Ninus, de Sémiramis, des gouverneurs de province et la statue de Jupiter que les Babyloniens appellent Bélus [5].

[1] Plus de onze kilomètres.

[2] Quatre-vingt-dix mètres.

[3] Environ deux mètres.

[4] Cinq mille cinq cent vingt mètres.

[5] Cette divinité porte dans les langues sémitiques le nom de *Baal*. Je pense que l'on pourrait faire dériver ce mot du chaldéen ou de l'hébreu, ברא (*bara*), *créer*, et de אל (*al*), *Dieu* ; *Baal* (*Baral*) signifierait donc *Dieu créateur*. C'est le *Elohim* de la Genèse.

On y remarquait, cependant, des représentations de combats et de chasses très-agréables à la vue.

IX. Sémiramis choisit ensuite le lieu le plus bas des environs de Babylone pour y construire un réservoir carré, dont chaque côté était de trois cents stades[1]. Ce réservoir était fait de briques cuites et d'asphalte ; sa profondeur était de trente-cinq pieds. Elle fit détourner le fleuve pour le conduire dans ce réservoir, et construire une galerie souterraine, communiquant avec les palais situés sur chaque rive ; les voûtes de cette galerie étaient bâties en briques cuites de quatre coudées d'épaisseur[2], et enduites d'une couche d'asphalte bouilli. Les parois de la galerie avaient vingt briques d'épaisseur, douze pieds de haut, jusqu'à l'arc de la voûte, et la largeur de la galerie était de quinze pieds. Cet ouvrage fut terminé en sept jours[3] ; elle fit rentrer le fleuve dans son lit, de telle façon qu'au moyen de la galerie souterraine, elle pouvait se rendre d'un palais à l'autre sans traverser l'eau. Les deux extrémités de la galerie étaient fermées par des portes qui ont subsisté jusqu'à la domination des Perses. Après cela, Sémiramis éleva au milieu de la ville un temple consacré à Jupiter que les Babyloniens nomment Bélus, ainsi que nous l'avons dit. Comme les historiens ne sont pas d'accord sur ce monument, et qu'il est tombé en ruines par la suite des temps, il est impossible d'en donner ici une description exacte[4]. On convient, cependant, qu'il était extraordinairement

[1] Cinquante-cinq kilomètres.

[2] Environ deux mètres.

[3] Ce laps de temps paraît bien court, à moins d'admettre qu'il y eût plusieurs milliers de bras employés à ces travaux. Au reste, on remarquera que les nombres *sept, trente, trois cent soixante-cinq,* exprimant les jours de la semaine, du mois et de l'année, se rencontrent trop souvent, dans le récit de ces constructions antiques, pour qu'il ne soit pas permis de douter de leur authenticité, à moins de supposer (ce qui paraît assez probable) que les combinaisons mystiques des nombres sacrés jouaient un grand rôle, chez les peuples religieux, dans la construction de leurs monuments. C'est ainsi que nous voyons dans les cathédrales du moyen âge le nombre ternaire (*trinité*) et le multiple de ce nombre par trois présider à la disposition des piliers, des ogives, etc.

[4] Ce monument existait encore du temps d'Hérodote (liv. II, chap. 181). Il fut détruit par les Perses ; Alexandre essaya en vain de le rétablir (Arrien, VII, 17).

élevé, et qu'à cause de son élévation, les Chaldéens [1] y faisaient leurs travaux astronomiques, en observant soigneusement le lever et le coucher des astres. Tout l'édifice était construit avec beaucoup d'art, en asphalte et en brique ; sur son sommet se trouvaient les statues de Jupiter, de Junon et de Rhéa, recouvertes de lames d'or [2]. Celle de Jupiter représentait ce dieu debout et dans la disposition de marcher ; elle avait quarante pieds de haut et pesait mille talents babyloniens [3]. Celle de Rhéa, figurée assise sur un char d'or, avait le même poids que la précédente ; sur ses genoux étaient placés deux lions, et à côté d'elle étaient figurés d'énormes serpents en argent, dont chacun pesait trente talents [4]. La statue de Junon, représentée debout, pesait huit cents talents ; elle tenait dans la main droite un serpent par la tête, et dans la main gauche un sceptre garni de pierreries. Devant ces trois statues était placée une table d'or plaqué, de quarante pieds de long, sur quinze de large, et pesant cinq cents talents. Sur cette table étaient posées deux urnes du poids de trente talents ; il y avait aussi deux vases à brûler des parfums, dont chacun pesait trois cents talents ; et trois cratères d'or, dont l'un, consacré à Jupiter, pesait douze cents talents babyloniens, et les autres, chacun six cents. Tous ces trésors furent plus tard pillés par les rois des Perses [5]. Quant aux résidences royales et autres édifices, ils disparurent par l'injure du temps, ou ils tombèrent en ruines. Aujourd'hui, une petite partie seulement de Babylone est habitée ; le reste de l'espace compris dans ses murs est converti en champs cultivés.

X. Il y avait dans la citadelle le jardin suspendu, ouvrage, non pas de Sémiramis, mais d'un roi syrien postérieur à celle-

[1] Voyez sur les Chaldéens, chap. 29.

[2] Tout ce qui est raconté ici s'accorde assez bien avec la description de la tour de Babel dans le Pentateuque.

[3] Environ trente et un mille kilogrammes. Le talent babylonien valait, selon Hérodote (III, 126), soixante-dix mines euboïques ou attiques.

[4] Environ trois cent trente kilogr.

[5] Particulièrement par Darius et Xercès. Voy. Hérodote, II, 183; Strabon, XVI, p. 1073.

ci[1] : il l'avait fait construire pour plaire à une concubine. On raconte que cette femme, originaire de la Perse, regrettant les prés de ses montagnes, avait engagé le roi à lui rappeler par des plantations artificielles la Perse, son pays natal. Ce jardin, de forme carrée, avait chaque côté de quatre plèthres[2]; on y montait, par des degrés, sur des terrasses posées les unes sur les autres, en sorte que le tout présentait l'aspect d'un amphithéâtre. Ces terrasses ou plates-formes, sur lesquelles on montait, étaient soutenues par des colonnes qui, s'élevant graduellement de distance à distance, supportaient tout le poids des plantations; la colonne la plus élevée, de cinquante coudées de haut[3], supportait le sommet du jardin, et était de niveau avec les balustrades de l'enceinte. Les murs, solidement construits à grands frais, avaient vingt-deux pieds d'épaisseur, et chaque issue dix pieds de largeur. Les plates-formes des terrasses étaient composées de blocs de pierres dont la longueur, y compris la saillie, était de seize pieds sur quatre de largeur. Ces blocs étaient recouverts d'une couche de roseaux mêlés de beaucoup d'asphalte; sur cette couche reposait une double rangée de briques cuites, cimentées avec du plâtre; celles-ci étaient, à leur tour, recouvertes de lames de plomb, afin d'empêcher l'eau de filtrer à travers les atterrissements artificiels, et de pénétrer dans les fondations. Sur cette couverture se trouvait répandue une masse de terre suffisante pour recevoir les racines des plus grands arbres. Ce sol artificiel était rempli d'arbres de toute espèce, capables de charmer la vue par leur dimension et leur beauté. Les colonnes s'élevaient graduellement, laissaient par leurs interstices pénétrer la lumière, et donnaient accès aux appartements royaux, nombreux et diversement ornés. Une seule de ces colonnes était creuse depuis le sommet jusqu'à sa base; elle

[1] Comparez Quinte-Curce, liv. V, chap. 1 : *Syriæ regem, Babylone regnantem, hoc opus esse molitum, memoriæ proditum est, amore conjugis victum*. Ce roi de Syrie (d'Assyrie) n'est autre que Nabuchodonosor, ainsi que nous l'apprend Bérose, cité par Joseph, *Antiquités Juives*, liv. X, chap. 11; et dans le livre *contre Apion*, I, 19.

[2] Environ cent vingt mètres.

[3] Près de vingt-cinq mètres.

contenait des machines hydrauliques qui faisaient monter du fleuve une grande quantité d'eau, sans que personne pût rien voir à l'extérieur. Tel était ce jardin qui, comme nous l'avons dit, fut construit plus tard.

XI. Sémiramis fonda, sur les rives de l'Euphrate et du Tigre, beaucoup d'autres villes, dans lesquelles elle établissait des entrepôts pour les marchandises venant de la Médie, de la Parétacène et des pays voisins. Après le Nil et le Gange, les fleuves les plus célèbres de l'Asie sont l'Euphrate et le Tigre; ils ont leurs sources dans les montagnes de l'Arménie, et sont à la distance de deux mille cinq cents stades l'un de l'autre[1]. Après avoir arrosé la Médie et la Parétacène[2], ils entrent dans la Mésopotamie, contrée qu'ils embrassent et qui doit son nom à cette circonstance. Traversant ensuite la Babylonie, ils se jettent dans la mer Érythrée[3]. Comme ces fleuves sont considérables, et qu'ils parcourent une vaste étendue de pays, ils offrent de grandes facilités pour les relations commerciales; aussi voit-on sur leurs rives de riches entrepôts qui ne contribuent pas peu à la splendeur de Babylone. Sémiramis fit extraire des montagnes de l'Arménie et tailler un bloc de pierre de cent trente pieds de longueur sur vingt-cinq d'épaisseur; l'ayant fait traîner par un grand nombre d'attelages de mulets et de bœufs, sur les rives de l'Euphrate, elle l'embarqua sur un radeau, et le conduisit, en descendant le fleuve, jusqu'à Babylone, où elle le dressa dans la rue la plus fréquentée. Ce monument, admiré de tous les voyageurs, et que quelques-uns nomment *obélisque*, en raison de sa forme[4], est compté au nombre des sept merveilles du monde.

XII. Parmi les curiosités de la Babylonie, on remarque surtout la quantité d'asphalte qui s'y produit. Cette quantité est telle, qu'elle suffit non-seulement pour des constructions aussi

[1] Quarante-six myriamètres.

[2] L'Euphrate et le Tigre n'arrosent, à proprement parler, ni la Médie ni la Parétacène. Cellarius avait déjà signalé cette erreur de Diodore.

[3] Golfe Persique, qui porte souvent, chez les anciens, le nom de mer Rouge.

[4] Ὀβελίσκος est le diminutif de ὀβελός, broche, aiguille.

immenses que nombreuses, mais encore le peuple recueille cette matière en abondance et la brûle en guise de bois, après l'avoir desséchée [1]. Un nombre infini d'habitants la puise dans une grande source qui reste intarissable. Dans le voisinage de cette source se trouve une fontaine jaillissante qui, quoique petite, présente un phénomène extraordinaire : elle jette une épaisse vapeur sulfureuse qui tue sur-le-champ tout animal qui s'en approche, car la violence des vapeurs arrête la respiration et produit l'asphyxie : aussitôt le corps enfle et devient enflammé, surtout autour des poumons [2]. On montre au delà du fleuve un lac, environné d'un terrain parfaitement solide ; si un homme, ignorant la localité y descend, il y nage d'abord quelque temps, et s'avançant vers le milieu, il se sent entraîné en bas comme par une force inconnue ; et s'il cherche à se sauver en revenant sur ses pas, il lui semble que quelqu'un l'entraîne ; d'abord les pieds, puis les jambes et les cuisses sont paralysés jusqu'aux hanches ; enfin, tout le corps, atteint de torpeur, plonge au fond, expire et revient un moment après à la surface. Voilà ce que nous avions à dire des curiosités de la Babylonie.

XIII. Sémiramis, après avoir achevé ces ouvrages, entreprit, à la tête d'une armée considérable, une expédition contre les Mèdes. Arrivée en face du mont Bagistan, elle y établit son camp et construisit un parc de douze stades [3] de circonférence ; il était situé dans une plaine, et renfermait une source considérable qui fournissait de l'eau pour les plantations. Le mont Bagistan, qui est consacré à Jupiter, forme une des faces de ce parc par des rochers escarpés taillés à pic, de dix-sept stades [4]

[1] L'asphalte ou bitume paraît avoir la même origine que la houille. Ces matières proviennent sans doute de la décomposition lente de débris organiques enfouis dans le sol, peut-être d'immenses forêts antédiluviennes formées d'arbres résineux.

[2] Le gaz délétère, dont il est ici question, est sans doute l'hydrogène sulfuré qui se dégage fréquemment de sources naturelles, et qui agit comme un poison, même étant respiré en petite quantité. Les mots πίμπραται τὸ σῶμα μάλιστα τοὺς περὶ τὸν πνεύμονα τόπους font voir que l'anatomie pathologique n'est pas d'invention aussi récente qu'on le croit généralement.

[3] Plus de deux kilomètres.

[4] Environ deux mille huit cent cinquante mètres.

de hauteur. Sémiramis fit tailler le pied de ces rochers et y sculpta son image entourée de cent gardes. Elle grava sur ces rochers une inscription en caractères syriens[1], signifiant que Sémiramis, ayant réuni tous les bagages et tous les trains de son armée en un monceau, s'en était servie comme d'une échelle pour monter depuis la plaine jusqu'au sommet de la montagne. En partant de là elle arriva devant Chavon, ville de la Médie, et aperçut dans une vaste plaine une pierre d'une hauteur et d'une grosseur prodigieuses. Elle bâtit dans ce lieu un immense parc au milieu duquel cette pierre fut placée. Elle y construisit de riches palais de plaisance, d'où elle pouvait voir les plantations de son jardin et son armée campée dans la plaine. Sémiramis séjourna longtemps dans cet endroit, en se livrant à toutes sortes de réjouissances. Elle ne voulut jamais se marier légitimement, afin de ne pas être privée de la souveraineté; mais elle choisissait les plus beaux hommes de son armée, et après leur avoir accordé ses faveurs, elle les faisait disparaître. Elle se mit ensuite en marche pour Ecbatane et arriva au pied du mont Zarkée. Cette montagne, occupant une étendue de plusieurs stades, est remplie de gouffres et de précipices, et nécessite un long détour. Jalouse de laisser un monument immortel de son passage, et pressée d'abréger sa route, Sémiramis fit sauter les rochers, combler les précipices, et établit une route très-belle, qui porte encore aujourd'hui le nom de cette reine. Arrivée à Ecbatane, ville située dans une plaine, elle y fonda une résidence royale[2] et s'occupa avec un soin particulier de l'administration du pays. Comme la ville manquait d'eau et qu'il n'y avait aucune fontaine dans le voisinage, elle amena, avec beaucoup de travail et à grands frais, de l'eau pure et abondante dans tous les quartiers. A douze stades[3] environ d'Ecbatane est une montagne appelée Oronte, taillée à pic et d'une hauteur remarquable;

[1] C'est-à-dire en caractères assyriens, qui paraissent avoir été très-peu différents des caractères hébreux.

[2] Ecbatane fut la résidence d'été des rois de Perse, en raison du climat, qui y était moins chaud (Strabon, XI, p. 794).

[3] Plus de deux kilomètres.

car elle a, mesurée en ligne droite de la base au sommet, vingt-cinq stades; sur le revers opposé se trouvait un grand lac qui communiquait avec une rivière. Elle perça la racine de cette montagne, y creusa un canal de quinze pieds de largeur sur quarante de profondeur; ce canal servait à conduire dans la ville les eaux du lac et de la rivière. Tels sont les travaux que Sémiramis fit exécuter dans la Médie.

XIV. De là elle se dirigea vers la Perse et parcourut toutes les contrées qu'elle possédait en Asie. Perçant partout les montagnes et brisant les rochers, elle pratiquait de belles routes. Dans les plaines, elle érigeait des collines qui servaient, soit de tombeaux à ses généraux morts pendant l'expédition, soit de fondements à de nouvelles villes. Dans ses campements, elle avait l'habitude d'élever des tertres considérables sur lesquels elle plaçait sa tente, et d'où elle pouvait apercevoir toute son armée rangée à l'entour. On voit encore aujourd'hui en Asie des tertres de ce genre; on leur donne le nom d'*ouvrages de Sémiramis*.

Elle passa ensuite en Égypte, soumit presque toute la Libye et se rendit au temple d'Ammon pour interroger l'oracle sur le temps de sa mort. Elle reçut, dit-on, pour réponse, qu'elle disparaîtrait du séjour des hommes, et que plusieurs peuples de l'Asie lui rendraient des honneurs divins, du moment où son fils Ninyas conspirerait contre elle. De là, Sémiramis marcha vers l'Éthiopie, dont elle réduisit la plus grande partie. Elle s'arrêta dans ce pays pour en examiner les curiosités. On y voit, à ce que l'on raconte, un lac quadrangulaire, de près de cent soixante pieds de tour; son eau est de la couleur du cinabre, et d'une odeur extrêmement agréable, analogue à celle du vin vieux; elle a une propriété singulière : celui qui en boit est atteint d'une manie étrange[1] : il s'accuse publiquement de tous les délits qu'il avait auparavant intérêt à cacher. Il est cependant difficile d'ajouter foi à un pareil récit.

[1] Les eaux, chargées d'oxyde et de sels de fer, peuvent présenter un aspect rouge; mais elles exhalent alors une odeur d'encre et n'ont aucunement les propriétés merveilleuses dont il est ici question.

XV. Les funérailles se pratiquent d'une façon particulière chez les Éthiopiens. Après avoir embaumé les corps, ils font couler à l'entour une grande quantité de verre, et les placent sur un cippe ; de cette manière les passants peuvent apercevoir le corps du défunt à travers le verre, comme l'a dit Hérodote[1] ; mais Ctésias de Cnide démontre que cet historien se trompe ; il soutient que le corps est en effet d'abord embaumé, mais qu'on ne fait pas fondre du verre autour du corps nu ; car celui-ci serait brûlé, entièrement défiguré, et ne conserverait plus aucune trace de ressemblance. On fabrique donc, ajouta-t-il, une image d'or creuse, dans laquelle on met le cadavre ; c'est cette statue qu'on enveloppe d'une couche de verre fondu ; on place ensuite le tout dans un tombeau, et on voit à travers le verre l'image en or du défunt. Ctésias ajoute encore que ce mode de sépulture n'est employé que par les riches ; ceux qui sont moins fortunés reçoivent une image d'argent, et les pauvres l'ont en terre de poterie. Au reste, il y a du verre pour tout le monde ; car il existe abondamment en Éthiopie, et les indigènes le ramassent presque à la surface du sol. Nous traiterons des coutumes, des institutions, et d'autres choses remarquables de l'Éthiopie, lorsque nous parlerons de la mythologie et de l'histoire de ce pays.

XVI. Après avoir réglé le gouvernement de l'Éthiopie et de l'Égypte, Sémiramis retourna, avec son armée, à Bactres en Asie. Possédant d'immenses troupes, elle était impatiente, après une longue paix, de se signaler par de nouveaux exploits. Informée que les Indiens sont une des plus grandes nations de la terre, et qu'ils habitent les régions les plus vastes et les plus belles, elle résolut d'y diriger une expédition. Stabrobatès était alors roi de l'Inde ; il avait à sa disposition une armée innombrable et un grand

[1] C'était du verre fossile, ainsi qu'Hérodote l'indique lui-même, liv. III, chap. 24 : *ἡ ὕελος δέ σφι πολλὴ καὶ εὔεργος ὀρύσσεται*. Ce verre fossile était ou le sel gemme, si abondant en Éthiopie, ou le sulfate de chaux (gypse) cristallisé, qu'on trouve dans beaucoup de pays, et, entre autres, dans les carrières des environs de Paris, où il est connu sous le nom de *gie* ou pierre à Jésus. Cependant, l'expression de *περιχεύειν* ne peut guère s'appliquer qu'au verre véritable.

nombre d'éléphants, magnifiquement équipés et armés de tout l'attirail de la guerre. L'Inde est un pays admirable de beauté ; il est arrosé par de nombreux fleuves et le sol produit annuellement une double récolte. Aussi y trouve-t-on beaucoup de vivres et les habitants jouissent de la plus grande abondance. On assure qu'il n'y a jamais eu de famine ni de disette dans ce pays si fertile. Il y existe une quantité incroyable d'éléphants, qui surpassent de beaucoup ceux de la Libye en courage et en force. On y trouve également de l'or, de l'argent, du fer, du cuivre, et, en outre, un grand nombre de pierres précieuses de différentes sortes, ainsi que beaucoup d'autres objets appartenant au luxe et à la richesse. Ces renseignements décidèrent Sémiramis à déclarer, sans provocation, la guerre aux Indiens [1]. Sentant la nécessité de déployer de grandes forces, elle dépêcha des messagers dans tous les camps, avec l'ordre, adressé à tous les commandants, de faire enrôler l'élite de la jeunesse en raison du nombre de la population. Au bout d'un terme de trois ans, toutes ces troupes, munies d'armures nouvelles et magnifiquement équipées, devaient se rassembler à Bactres. Elle fit aussi venir de la Phénicie, de la Syrie, de Cypre, et de la contrée littorale, des constructeurs de navires, auxquels elle fournissait d'immenses matériaux, avec l'ordre de construire des bateaux propres à naviguer sur des fleuves et qui pussent se démonter [2]. Il fallait un grand nombre de ces bateaux, tant pour traverser l'Indus, le fleuve le plus considérable de ces régions, et servant de limite à l'empire de Sémiramis, que pour se défendre contre les Indiens qui auraient voulu s'opposer à ce passage. Et comme il n'y avait pas de matériaux aux environs du fleuve, il était nécessaire de faire venir ces barques de la Bactriane, en les transportant par terre. Se voyant dépourvue d'éléphants ;

[1] Cette expédition de Sémiramis, ainsi que beaucoup d'autres exploits attribués à cette reine, ont été révoqués en doute, déjà par des auteurs anciens, tels que Mégasthène et Strabon.

[2] Ce sont les πλοῖα διαιρετά ou πλοῖα διάλυτα de Strabon (XVI, p. 1076). Comparez Quinte-Curce : *Plura flumina superanda erant ; sic junxere naves, ut solutæ plaustris vehi possent, rursusque conjungi.*

Sémiramis eut l'idée de faire imiter la figure de ces animaux, dans l'espérance d'épouvanter les Indiens, qui s'imaginaient qu'il n'y avait d'éléphants que dans leur pays. Elle choisit donc trois cent mille bœufs noirs, dont la chair fut distribuée aux ouvriers chargés d'exécuter le plan de la reine; elle fit coudre ensemble plusieurs peaux, et remplir l'intérieur de foin, de manière à représenter parfaitement l'image d'un éléphant. Chaque mannequin contenait un homme pour le diriger, et était porté par un chameau ; vu de loin, il présentait l'aspect d'un véritable éléphant. Les ouvriers, auxquels était commis le soin de ces travaux, étaient renfermés dans une enceinte murée; les portes étaient étroitement gardées, afin qu'aucun d'eux n'en pût sortir, et que personne du dehors ne pût y entrer. La reine avait pris cette précaution pour que son plan ne fût pas divulgué et que la nouvelle n'en parvînt pas jusqu'aux Indiens.

XVII. Après avoir employé deux ans à la construction des barques et de ces figures d'éléphants, elle assembla, dans le cours de la troisième année, toutes ses troupes dans la Bactriane. La force de son armée se composait, suivant Ctésias de Cnide, de trois millions de fantassins, de cinq cent mille cavaliers et de cent mille chars de guerre. Il y avait, de plus, cent mille hommes montés sur des chameaux et armés d'épées de quatre coudées de long [1]. Les barques qu'elle avait fait construire et qui pouvaient se démonter, étaient au nombre de deux mille, et transportées jusqu'au fleuve sur des chameaux. Les figures d'éléphants étaient également portées sur des chameaux; les cavaliers marchaient à côté, afin d'accoutumer leurs chevaux à la vue des éléphants, qui auraient pu les effrayer [2]. Beaucoup d'années après, Persée, roi des Macédoniens, usa d'un stratagème semblable, pendant la guerre contre les Romains qui avaient dans leur armée des éléphants de Libye. Mais il ne fut pas plus heureux que Sémiramis, comme nous le dirons plus loin en détail.

[1] Environ deux mètres.

[2] Consultez Tite-Live, XXX, 18 : *Ad quorum (elephantorum) stridorem odoremque et adspectum territi equi, vanum equestre auxilium fecerunt.*

Stabrobatès, roi des Indiens, instruit des immenses préparatifs de Sémiramis, songea de son côté à les surpasser. Il commença d'abord par construire quatre mille barques de roseaux. L'Inde produit, aux environs des fleuves et des endroits marécageux, une grande quantité de roseaux d'une telle épaisseur qu'un homme peut à peine en embrasser une tige ; et les navires bâtis avec ces roseaux passent pour être d'un excellent usage, ces matériaux ne pourrissant pas. Il fit ensuite fabriquer des armes avec beaucoup de soin ; et, parcourant toute l'Inde, il assembla une armée de beaucoup supérieure à celle de Sémiramis. Il ordonna des chasses d'éléphants sauvages, afin d'augmenter le nombre de ceux qu'il possédait déjà ; et il les équipa tous magnifiquement d'un terrible attirail guerrier. C'était un spectacle inouï de voir ces animaux se mettre en marche, ornés de tout leur appareil de guerre.

XVIII. Après ces préparatifs, il envoya des messagers à Sémiramis qui s'était déjà mise en marche, pour lui rappeler qu'elle commençait une guerre injuste, et sans y avoir été provoquée. Il lui reprochait aussi, dans une lettre, les débauches de sa vie privée, et il la menaça, en prenant les dieux pour témoins, de la mettre en croix dans le cas où il serait vainqueur. Sémiramis se mit à rire à la lecture de cette lettre, en disant qu'elle ferait bientôt savoir à l'Indien si elle a de la vertu. Arrivée avec ses troupes sur les rives de l'Indus, elle y trouva la flotte ennemie prête à combattre. Faisant aussitôt mettre les barques en état, et les monter par les meilleurs soldats de marine, elle engagea un combat naval auquel prenaient part les fantassins, occupant les rives du fleuve. Le combat dura longtemps et fut vaillamment soutenu de part et d'autre. Enfin, Sémiramis remporta la victoire ; elle détruisit plus de mille navires et fit un grand nombre de prisonniers. Enhardie par ce succès, elle réduisit en esclavage les îles de ce fleuve et les villes qui y étaient situées, et réunit plus de cent mille captifs. Le roi des Indiens éloigna ses troupes du fleuve, simulant une fuite, dans le dessein d'engager l'ennemi à passer l'Indus. Voyant que tout allait à son gré, Sémiramis fit jeter sur le fleuve un pont immense et beau, sur lequel elle fit passer toute son armée. Elle laissa soixante mille hommes à la garde de ce pont, et se mit à la poursuite des Indiens avec le reste de ses troupes, en les faisant précéder des images d'éléphants, afin que les espions annonçassent au roi le grand nombre de ces animaux se trouvant dans l'armée ennemie. En effet, elle ne se trompa point : les espions firent ce rapport; et personne ne pouvait comprendre d'où l'ennemi avait tiré un si grand nombre d'éléphants. Mais la supercherie se découvrit bientôt. Quelques soldats de Sémiramis, accusés de faire mauvaise garde pendant la nuit et pris en flagrant délit, désertèrent à l'ennemi pour se soustraire au châtiment mérité et dénoncèrent le stratagème. Là-dessus, le roi des Indiens reprit courage, fit connaître cette nouvelle à toute son armée, et marcha, en ordre de bataille, contre les Assyriens.

XIX. Sémiramis était préparée à recevoir l'ennemi. Les deux armées étant en présence, Stabrobatès détacha de son corps d'armée ses cavaliers et ses chars. Sémiramis soutint courageusement le choc; elle avait placé les faux éléphants en tête de sa phalange et à des intervalles égaux; cette disposition frappa de terreur la cavalerie indienne. Ces mannequins ressemblant de loin à de véritables éléphants, les chevaux indiens, familiarisés avec ces animaux, s'en approchèrent sans s'effrayer; mais l'odeur inaccoutumée des chameaux et d'autres différences qui les frappaient, les mirent dans un désordre complet. Ainsi, les uns jetèrent par terre leurs cavaliers; les autres, n'obéissant plus à la bride, les emportèrent avec eux, au hasard, dans les rangs ennemis. Sémiramis profita habilement de cet avantage; elle se précipita au combat avec l'élite de ses soldats et mit les Indiens en déroute. Le roi Stabrobatès, sans s'épouvanter de cet échec, fit avancer ses fantassins, précédés de ses éléphants; lui-même, à la tête de l'aile droite et monté sur l'éléphant le plus beau, inspira de la terreur à la reine que le hasard avait amenée devant lui. Les autres éléphants suivirent celui du roi : Sémiramis ne soutint pas longtemps le choc de ces animaux qui, fiers de leur force, renversaient tout ce qui leur résistait. Ce fut un carnage universel : les éléphants foulaient sous leurs pieds les ennemis, les éventraient avec leurs défenses, et les lançaient en l'air avec leurs trompes. Les cadavres jonchaient le sol, tout le monde était saisi d'épouvante, et personne n'osait garder les rangs. Toute l'armée étant mise en fuite, le roi des Indiens s'attaqua à Sémiramis ; il tira d'abord une flèche et l'atteignit au bras ; ensuite il lança un javelot qui, ayant porté obliquement, la blessa au dos ; mais sa blessure n'étant pas grave, elle se sauva promptement sur un cheval qui laissa bientôt en arrière l'animal qui le poursuivait. Toute l'armée fuyait vers le pont de l'Indus, et les soldats de la reine se pressaient dans un si grand désordre au milieu d'un passage étroit, qu'ils périssaient pêle-mêle, se foulant aux pieds les uns les autres, fantassins et cavaliers. Comme les Indiens les serraient de près, la mêlée devint si affreuse sur le pont, qu'un grand nombre d'hommes fut, des deux côtés, précipité dans le fleuve. Voyant les débris de son armée en sûreté au delà du fleuve, Sémiramis fit couper les liens qui retenaient le pont. Celui-ci s'écroula et entraîna dans sa chute un grand nombre d'Indiens, trop ardents à la poursuite de l'ennemi, et qui furent tous noyés par la rapidité du courant. La rupture de ce pont donna du répit aux Assyriens et mit Sémiramis hors de danger. Le roi des Indiens, averti par des signes parus au ciel, qui, selon l'interprétation des devins, lui interdisaient le passage du fleuve, cessa la poursuite. Sémiramis échangea ses prisonniers, et revint à Bactres, après avoir perdu les deux tiers de son armée.

XX. Quelque temps après, son fils Ninyas conspira contre elle, par l'entremise d'un eunuque. Sémiramis se rappela alors la réponse de l'oracle d'Ammon, et, loin de punir le conspirateur, elle lui remit l'empire, ordonnant à tous les gouverneurs d'obéir au nouveau souverain, et disparut subitement, comme si elle avait été, suivant l'oracle, reçue au nombre des dieux[1]. Quelques mythologues racontent, qu'elle fut changée en colombe et qu'elle s'envola avec plusieurs de ces oiseaux qui étaient des-

[1] Comparez Justin, liv. I, chap. 2.

cendus dans son palais[1]. C'est pourquoi les Assyriens, immortalisant Sémiramis, vénèrent la colombe comme une divinité. Souveraine de toute l'Asie, à l'exception de l'Inde, elle termina sa vie, de la façon indiquée, à l'âge de soixante-deux ans et après un règne de quarante-deux. Voilà ce que Ctésias de Cnide rapporte de Sémiramis. Athénée[2] et quelques autres historiens prétendent, que Sémiramis était une belle courtisane dont les charmes avaient captivé le roi des Assyriens; qu'elle n'avait d'abord qu'une influence médiocre dans le palais; mais que, devenue ensuite épouse légitime, elle avait prié le roi de lui céder l'empire pendant cinq jours. S'étant alors revêtue du sceptre et du manteau royal, Sémiramis employa le premier jour à donner des festins magnifiques, auxquels elle invita les chefs de l'armée et les personnages les plus considérables de l'État, afin de les mettre dans ses intérêts. Le second jour, au moment où le peuple et les grands lui rendaient leurs hommages en qualité de reine, elle fit jeter son mari en prison; et comme elle était naturellement faite pour les grandes entreprises et pleine d'audace, elle s'empara de l'empire, et régnant jusqu'à sa vieillesse, elle accomplit beaucoup de grandes choses. C'est ainsi que les récits des historiens varient au sujet de Sémiramis.

XXI. Après la mort de Sémiramis, son fils Ninyas, qu'elle avait eu de Ninus, hérita de l'autorité royale. Il régna en paix et ne fut nullement jaloux d'imiter l'humeur entreprenante et guerrière de sa mère. Il passait toute sa vie dans son palais, et ne se montrait qu'à ses femmes et à ses eunuques. Il n'ambitionnait que les plaisirs, l'oisiveté et une vie exempte de souffrances et de soucis; il ne faisait consister le bonheur de régner que dans la jouissance incessante des voluptés de la vie. Pour la sécurité de son empire et dans le but de maintenir ses sujets dans l'obéissance, il levait annuellement un certain nombre de soldats

[1] Lucien, *de la Déesse syrienne*, c. 14 : *Σεμίραμις ἐς περιστερὴν ἀπίκετο.* C'est ce qui expliquerait, selon quelques auteurs, le culte des pigeons chez les Syriens ou les Assyriens. Voyez page 116, note 3.

[2] Suivant Fabricius (*Bibliotheca græca*, t. IV, 29, p. 131), l'Athénée, dont il est ici question, était originaire de Séleucie, et philosophe péripatéticien.

dont les chefs étaient choisis dans chaque province : il rassemblait toutes ses troupes en dehors de la ville, et donnait à chaque nation un gouverneur très-dévoué à sa personne ; à la fin de l'année, il congédiait ses troupes et en faisait lever de nouvelles en nombre égal. Par ce moyen, il maintenait tous ses sujets en respect, et, par la présence de ses soldats campés en plein air, il montrait aux insubordonnés et aux rebelles une vengeance toute prête; le renouvellement annuel de ces troupes avait pour résultat, que les chefs et les soldats étaient licenciés avant d'avoir appris à se connaître mutuellement, car un long séjour dans les camps donne aux chefs l'expérience de la guerre et les dispose souvent à se révolter et à conspirer contre leur souverain. Le soin qu'il avait de ne jamais se montrer en public avait pour but de cacher ses débauches; et personne n'osait maudire le roi, comme si c'eût été un dieu invisible. Cependant il nommait dans chaque province les commandants de l'armée, les satrapes, les administrateurs, les juges, et pourvoyait à tous les besoins du gouvernement; quant à lui, il passait toute sa vie à Ninive. Tous ses successeurs, qui ont régné de père en fils pendant trente générations jusqu'à Sardanapale, se sont conduits de la même manière. Sous ce dernier roi, l'empire des Assyriens tomba au pouvoir des Mèdes, après avoir subsisté plus de treize cent soixante ans[1], comme l'indique Ctésias de Cnide, dans le second livre de son ouvrage.

XXII. Il est inutile de dire les noms de tous ces rois, et la durée de chaque règne, car ils n'ont rien fait qui soit digne de mémoire. Le seul événement qui mérite d'être rapporté est le secours envoyé par les Assyriens aux Troyens, sous le commandement de Memnon, fils de Tithon. Teutam, vingtième successeur de Ninyas[2], fils de Sémiramis, régnait en Asie à l'époque de l'expédition des Grecs sous Agamemnon contre Troie; l'empire des Assyriens en Asie existait alors depuis plus de

[1] Suivant Ctésias, l'empire des Assyriens avait duré treize cents ans. Voy. Justin, I, 2.

[2] D'après la Chronographie de Syncelle, Teutam était le vingt-septième roi depuis Ninyas, et, suivant Céphalion, le vingt-septième roi depuis Bélus.

mille ans. Priam, roi de Troie, et soumis au roi des Assyriens, envoya à celui-ci des ambassadeurs pour lui demander des secours ; Teutam lui donna dix mille Éthiopiens, autant de Susiens et deux cents chars de guerre, qu'il fit partir sous la conduite de Memnon, fils de Tithon. Tithon, commandant de Perse, jouissait alors de la plus grande faveur auprès du roi ; et son fils Memnon, dans la fleur de l'âge, se distinguait par sa valeur et ses qualités brillantes. Ce fut lui qui éleva, dans la citadelle de Suse, un palais qui a subsisté, jusqu'à la domination des Perses, sous le nom de Memnonium ; il construisit aussi une grande route qui, encore aujourd'hui, porte le nom de chaussée de Memnon. Cependant les Éthiopiens, voisins de l'Égypte, doutent de ce fait et prétendent que Memnon est né dans leur pays : ils montrent d'anciens palais qui, encore maintenant, s'appellent palais memnoniens. Quoi qu'il en soit, Memnon vint, dit-on, au secours des Troyens avec vingt mille fantassins et deux mille chars, se rendit célèbre par sa bravoure, tua dans les combats un grand nombre de Grecs, et périt enfin dans une embuscade que les Thessaliens lui avaient dressée ; les Éthiopiens s'étant emparés de son corps, le brûlèrent et rapportèrent ses ossements à Tithon. Telle est l'histoire de Memnon qui, comme l'assurent les Barbares, se trouve consignée dans les annales royales.

XXIII. Sardanapale, le dernier roi des Assyriens et le trentième[1] depuis Ninus, qui avait fondé la monarchie, surpassa tous ses prédécesseurs en luxure et en fainéantise. Non-seulement il se dérobait aux yeux du public, mais il menait tout à fait la vie d'une femme ; passant son temps au milieu de ses concubines, il travaillait la pourpre et la laine la plus fine, portait une robe de femme, se fardait le visage avec de la céruse[2] et s'enduisait tout le corps avec des préparations dont se servent les courtisanes, enfin il se montrait plus mou que la femme la plus voluptueuse. De plus, il s'efforçait de donner à sa voix un timbre féminin et

[1] Scaliger, s'appuyant sur l'autorité d'Eusèbe, pense qu'il faut lire ici *τριακοστὸς καὶ πέμπτος*, *le trente-cinquième.*

[2] Voyez sur la préparation de la céruse chez les anciens, mon *Histoire de la Chimie*, t. I, p. 131.

s'abandonnait sans réserve, non-seulement au plaisir que peuvent procurer les boissons et les aliments, mais encore aux jouissances de l'amour des deux sexes, abusant sans pudeur de l'un et de l'autre. Enfin, il était arrivé à un tel degré de honteuses débauches et d'impudence, qu'il composa lui-même son épitaphe, qu'il fit mettre sur son tombeau par ses successeurs. Cette épitaphe, écrite en langue barbare, fut plus tard ainsi traduite par un Grec[1] :

« Passant, sûr que tu es né mortel, ouvre ton âme au « plaisir, il n'y a plus de jouissances pour celui qui est mort. « Je ne suis que de la cendre, moi, jadis roi de la grande Ni- « nive ; mais je possède tout ce que j'ai mangé, tout ce qui m'a « diverti ainsi que les plaisirs que l'amour m'a procurés. Ma « puissance et mes richesses seules ne sont plus. »

Tel était Sardanapale. Non-seulement il termina honteusement sa vie, mais encore il perdit l'empire des Assyriens, qui est de tous les empires celui qui a duré le plus longtemps.

XXIV. Arbace, Mède d'origine, homme remarquable par sa valeur et son caractère, commandait le corps des Mèdes qui étaient tous les ans envoyés à Ninive. Il s'était, dans le camp, lié d'amitié avec le commandant des Babyloniens, lequel lui fit part du projet de renverser la dynastie des Assyriens. Ce commandant se nommait Bélésys ; il était le plus considéré parmi les prêtres que les Babyloniens appellent Chaldéens. Versé dans l'astrologie et la divination, il avait bien des fois prédit l'avenir. Ainsi devenu un objet d'admiration, il se mit à prédire au commandant des Mèdes, que lui, son ami, régnerait un jour sur tous les pays dont Sardanapale était roi. Arbace accueillit cette prédiction avec joie, et promit au devin le gouvernement de la Babylonie, dans le cas où l'entreprise réussirait ; aussitôt, comme encouragé par la voix d'un dieu, il rechercha l'amitié des autres chefs, les invita à des réunions et à des festins, en essayant de les attirer dans son parti. Il fut aussi curieux de voir le roi dans l'intérieur de son palais et d'examiner tout son

[1] Ce Grec s'appelait Chœrilus, s'il faut en croire Athénée (XII, 7).

genre de vie. Il fut introduit dans le palais par un eunuque auquel il avait donné une coupe d'or; et témoin de la mollesse et des mœurs efféminées de Sardanapale, il méprisa ce roi indigne et s'affermit plus que jamais dans les espérances que lui avait données le Chaldéen. Enfin, le plan de la conspiration fut arrêté: Arbace devait soulever les Mèdes et les Perses, tandis que Bélésys ferait entrer les Babyloniens dans cette conspiration, à laquelle il tâcherait aussi d'entraîner son ami, le roi des Arabes. Cependant le terme du service annuel des troupes était expiré; d'autres troupes arrivaient pour relever celles qui rentraient dans leurs foyers. De retour dans sa patrie, Arbace engagea les Mèdes à secouer le joug du roi des Assyriens, et il appela les Perses à la liberté. Bélésys, de son côté, en fit autant pour les Babyloniens; et il envoya des députés en Arabie, pour solliciter le roi de ce pays, son ami et hôte, à seconder son entreprise. Au bout d'une année, tous les chefs de la conspiration ayant rassemblé leurs soldats, arrivèrent en masse devant Ninive, sous le prétexte de relever, selon la coutume, les troupes anciennes, mais en réalité pour renverser le trône des Assyriens. Les quatre nations désignées [1] se concentrèrent sur un seul point, au nombre de quatre cent mille combattants; ils délibérèrent ainsi en commun sur leur entreprise.

XXV. Averti de cette trahison, Sardanapale marcha aussitôt contre les révoltés, à la tête de l'armée qui lui restait [2]. Un premier combat fut livré dans la plaine; les rebelles furent battus, perdirent beaucoup de monde et se réfugièrent sur une montagne, éloignée de soixante-dix stades de Ninive [3]. Ils en descendirent bientôt, et se préparèrent à un second combat. Sardanapale rangea son armée en bataille et envoya des hérauts dans le camp ennemi, pour annoncer qu'il donnerait deux cents talents d'or [4] à ceux qui tueraient Arbace, le Mède, et le double

[1] Mèdes, Perses, Babyloniens et Arabes.

[2] On pourrait se demander comment un homme, que l'on nous dépeint comme si efféminé, s'est montré tout à coup si résolu et si courageux.

[3] Plus de douze kilomètres.

[4] Environ seize millions neuf cent mille francs de notre monnaie.

avec le gouvernement de la Médie à ceux qui le lui amèneraient vivant. Il promit des récompenses semblables à ceux qui tueraient Bélésys, le Babylonien, ou qui le prendraient vivant. Personne ne se rendant à cette invitation, Sardanapale engagea le combat et tua un grand nombre de rebelles; le reste se retira dans les montagnes. Découragés par ces défaites, Arbace et les siens se consultèrent sur le parti qu'ils devaient prendre. La plupart étaient d'avis de retourner chez eux, de s'emparer des places fortes, et d'y faire tous les préparatifs nécessaires pour soutenir la guerre. Mais, Bélésys, le Babylonien assura que les dieux lui avaient déclaré par des signes manifestes, qu'à la suite de longs efforts et de beaucoup de fatigues, on arriverait à la fin de l'entreprise, et il les exhorta tous à braver le péril. Il se fit donc un troisième combat, dans lequel le roi fut de nouveau vainqueur; il se rendit maître du camp des rebelles et les poursuivit jusqu'aux frontières [1] de la Babylonie. Arbace, après avoir fait des prodiges de valeur et tué un grand nombre d'Assyriens, fut lui-même blessé. Découragés par tant de revers, les chefs des conjurés désespérèrent de la victoire et songèrent à se retirer chacun dans ses foyers. Mais Bélésys, qui avait passé toute la nuit à observer les astres, leur déclara que, s'ils voulaient tenir encore cinq jours, il leur arriverait du secours inopiné et que la fortune changerait en leur faveur. Il assurait que ce changement de fortune était annoncé par les astres, et qu'il ne leur demandait que ce délai pour leur donner une preuve de sa science et de la faveur des dieux.

XXVI. Au moment où ces promesses rappelèrent les soldats sous les armes, et que tous consentirent à tenir la campagne pendant le terme fixé par le devin, il arriva la nouvelle qu'un puissant renfort, envoyé de la Bactriane pour seconder le roi, approchait en diligence. Arbace et les autres conjurés jugèrent à propos d'aller à sa rencontre avec l'élite des troupes légères, afin que, s'ils ne parvenaient pas à persuader les Bactriens d'embrasser leur parti, on eût recours aux armes pour les y contraindre.

[1] C'est sans doute par inadvertance que Miot et Terrasson ont lu ici ὄρος montagne, au lieu de ὅρος frontière; car ὄρος n'est justifié par aucun manuscrit.

Cet appel à la liberté fut joyeusement accueilli par les chefs des Bactriens, et leur exemple fut suivi par les troupes qu'ils commandaient. Cependant, le roi des Assyriens, ignorant la défection des Bactriens, et enflé de ses succès, était retombé dans sa mollesse ; il distribuait aux soldats, pour leurs festins, les animaux immolés, une grande quantité de vin et beaucoup d'autres provisions. Averti par quelques transfuges que le camp ennemi s'abandonnait à l'oisiveté et à l'ivresse, Arbace vint l'attaquer à l'improviste pendant la nuit. Ses colonnes s'avançant en bon ordre, tombèrent sur les troupes relâchées, s'emparèrent du camp, tuèrent un grand nombre de soldats et poursuivirent le reste jusqu'à la ville. Après cette défaite, le roi remit le commandement de son armée à Salémène, frère de sa femme, et lui-même s'enferma dans Ninive pour la défendre. Les rebelles livrèrent, sous les murs de la ville, deux combats dont ils sortirent vainqueurs, tuèrent Salémène et massacrèrent une partie des fuyards; les autres, coupés dans leur retraite sur la ville, furent forcés de se jeter dans l'Euphrate où ils périrent presque tous. Le nombre des morts fut si grand que le fleuve conserva dans un long trajet la couleur du sang dont il était teint. Le roi, assiégé dans l'enceinte de la ville, fut abandonné de presque toutes les provinces, impatientes de recouvrer leur liberté. Réduit à la dernière extrémité, Sardanapale envoya ses trois fils et deux filles, ainsi que beaucoup de ses trésors, dans la Paphlagonie, auprès de Cotta, le plus dévoué de ses gouverneurs. En même temps, il dépêcha dans toutes les provinces des courriers, chargés d'un ordre écrit, pour y faire lever des troupes, et préparer tout ce qui était nécessaire pour soutenir un siége. Un ancien oracle avait dit que Ninive ne serait jamais prise d'assaut, à moins que le fleuve lui-même ne se déclarât ennemi de la ville. Or, ne s'imaginant pas que pareille chose pût jamais avoir lieu, et plein d'espérance, il se disposa à soutenir le siége en attendant les secours qu'il avait ordonnés.

XXVII. Exaltés par leurs succès, les rebelles pressèrent l'attaque, mais ils ne purent faire aucun mal aux assiégés, défendus par leurs fortifications; car les catapultes, les tortues et les béliers, machines destinées à battre les murs en brèche, n'étaient point encore inventés [1], et le roi avait eu soin de fournir la ville de vivres et de provisions en abondance. Le siége traînait ainsi en longueur : pendant deux ans on se contentait d'attaquer les murs et de couper les convois. La troisième année, il tomba des pluies si abondantes que les eaux de l'Euphrate inondèrent une partie de la ville et renversèrent le mur dans une étendue de vingt stades [2]; ce fut alors que le roi, persuadé de l'accomplissement de l'oracle, désespéra de son salut; et pour ne pas tomber vivant au pouvoir de l'ennemi, il fit dresser, dans son palais, un immense bûcher sur lequel il plaça son or, son argent et tous ses vêtements royaux; s'enfermant avec ses femmes et ses eunuques dans une chambre construite dans le milieu du bûcher, il se fit ainsi réduire en cendres avec ses gens et son palais. Instruits de la mort de Sardanapale, les rebelles entrèrent par la brèche dans la ville, et s'en emparèrent; ils revêtirent Arbace du manteau royal, le proclamèrent roi et lui déférèrent l'autorité souveraine.

XXVIII. Le nouveau roi distribua à ses compagnons des récompenses et nomma les gouverneurs des provinces. Bélésys, le Babylonien, celui qui avait prédit l'avénement d'Arbace, se présenta alors à lui pour lui rappeler ses services et réclamer le gouvernement de la Babylonie, qui lui avait été promis. Il lui déclara aussi que dans le temps où le sort était encore incertain, il avait fait vœu à Bélus que, si on réussissait à se rendre maître de Sardanapale et à brûler ses palais, il en transporterait les cendres à Babylone, et qu'il élèverait, auprès du temple de ce dieu, un monument destiné à rappeler aux navigateurs de l'Euphrate le souvenir immortel de la destruction de l'empire des Assyriens. Il faisait cette demande, parce qu'il avait appris d'un eunuque, qui s'était réfugié chez lui, que de l'or et de

[1] La plupart de ces machines ne furent inventées que sous le règne de Denis, tyran de Syracuse. Voir plus bas XIV, 41.

[2] Trois mille six cents mètres.

l'argent avaient été mis dans le bûcher. Arbace ne sachant rien de tout cela, parce que le roi s'était fait brûler dans son palais avec tous les siens, remit les cendres à Bélésys et lui accorda toute la Babylonie exempte de tribut. Bélésys fit aussitôt appareiller des barques et les envoya à Babylone, chargées de la plus grande partie de ces cendres avec l'or et l'argent y contenus. Cependant, la chose s'étant ébruitée, le roi nomma pour juges de cette affaire les chefs qui avaient été ses compagnons d'armes. L'accusé avoua son crime devant le tribunal, qui le condamna à mort. Mais le roi, plein de magnanimité, et voulant signaler le commencement de son règne par un acte de générosité, fit grâce à Bélésys et lui laissa l'argent et l'or dérobés. Il ne lui ôta pas non plus le gouvernement de la Babylonie, jugeant les services rendus plus grands que les torts qu'il avait reçus. Le bruit de cette modération se répandit partout; il en recueillit une estime universelle : tout le monde jugeait digne de la royauté celui qui savait ainsi pardonner. Arbace se conduisit avec douceur à l'égard des habitants de Ninive; il leur remit tous leurs biens, et, après leur avoir assigné pour demeure les villages d'alentour, il fit raser la ville[1]. Il fit ensuite transporter à Ecbatane en Médie, l'or et l'argent sauvés du bûcher et dont la somme s'élevait à plusieurs talents. L'empire des Assyriens, qui fut ainsi détruit par les Mèdes, avait, depuis Ninus, subsisté pendant trente générations, comprenant un intervalle de plus de treize cents ans.

XXIX. Il ne sera pas hors de propos de donner ici quelques détails sur les Chaldéens de Babylone et sur leur antiquité, afin de ne rien omettre de ce qui est digne de mémoire. Les Chaldéens sont les plus anciens des Babyloniens; ils forment, dans l'État, une classe semblable à celle des prêtres en Égypte. Institués pour exercer le culte des dieux, ils passent toute leur vie à méditer les questions philosophiques, et se sont acquis une grande répu-

[1] Ninive paraît avoir été, par la suite, relevée de ses ruines. Car Tacite (Annales, XII, 13), Ptolémée (Géographie, VI, 1) et Ammien (XXIII, 6) parlent de cette ville comme existant à leur époque.

tation dans l'astrologie. Ils se livrent surtout à la science divinatoire et font des prédictions sur l'avenir ; ils essaient de détourner le mal et de procurer le bien, soit par des purifications, soit par des sacrifices ou par des enchantements. Ils sont versés dans l'art de prédire l'avenir par le vol des oiseaux ; ils expliquent les songes et les prodiges. Expérimentés dans l'inspection des entrailles des victimes, ils passent pour saisir exactement la vérité. Mais toutes ces connaissances ne sont pas enseignées de la même manière que chez les Grecs. La philosophie des Chaldéens est une tradition de famille ; le fils qui en hérite de son père est exempté de toute charge publique. Ayant pour précepteurs leurs parents, ils ont le double avantage d'apprendre toutes ces connaissances sans réserve et d'ajouter plus de foi aux paroles de leurs maîtres. Habitués à l'étude dès leur enfance, ils font de grands progrès dans l'astrologie, soit à cause de la facilité avec laquelle on apprend dans cet âge, soit parce que leur instruction dure plus longtemps. Chez les Grecs, au contraire, on entre dans cette carrière sans connaissances préliminaires, on aborde très-tard l'étude de la philosophie, et, après y avoir travaillé pendant quelque temps, on l'abandonne pour chercher dans une autre occupation les moyens de subsistance ; quant au petit nombre de ceux qui s'absorbent dans l'étude de la philosophie et qui, pour gagner leur vie, persévèrent dans l'enseignement, ils essaient toujours de faire de nouveaux systèmes et ne suivent point les doctrines de leurs prédécesseurs. Les Chaldéens demeurant toujours au même point de la science, reçoivent leurs traditions sans altération ; tandis que les Grecs, ne songeant qu'au gain, créent de nouvelles sectes et se contredisent entre eux sur les doctrines les plus importantes, et jettent le trouble dans l'âme de leurs disciples qui, ballottés dans une incertitude continuelle, finissent par ne plus croire à rien[1]. En effet, celui qui veut examiner de près les sectes

[1] A combien de rapprochements ces paroles pourraient donner lieu !

les plus célèbres de nos philosophes, pourra se convaincre qu'elles ne s'accordent nullement entre elles, et qu'elles professent des opinions contradictoires sur les points les plus essentiels de la science.

XXX. Les Chaldéens enseignent que le monde est éternel de sa nature, qu'il n'a jamais eu de commencement et qu'il n'aura pas de fin. Selon leur philosophie, l'ordre et l'arrangement de la matière sont dus à une providence divine; rien de ce qui s'observe au ciel n'est l'effet du hasard ; tout s'accomplit par la volonté immuable et souveraine des dieux. Ayant observé les astres depuis les temps les plus reculés, ils en connaissent exactement le cours et l'influence sur les hommes, et prédisent à tout le monde l'avenir. La doctrine qui est, selon eux, la plus importante, concerne le mouvement des cinq astres que nous appelons planètes [1], et que les Chaldéens nomment interprètes. Parmi ces astres, ils regardent comme le plus considérable et le plus influent, celui auquel les Gr[illegible] ont donné le nom de Kronos [2], et qui est connu chez les Chaldéens sous le nom de Hélus. Les autres planètes sont appelées, comme chez nos astrologues, Mars, Vénus, Mercure et Jupiter. Les Chaldéens les appellent interprètes, parce que les planètes, douées d'un mouvement particulier déterminé que n'ont pas les autres astres qui sont fixes et assujettis à une marche régulière, annoncent les événements futurs et interprètent aux hommes les desseins bienveillants des dieux. Car, les observateurs habiles savent, disent-ils, tirer des présages du lever, du coucher et de la couleur de ces astres ; ils annoncent aussi les ouragans, les pluies et les chaleurs excessives. L'apparition des comètes, les éclipses de soleil et de lune, les tremblements de terre, enfin les changements qui surviennent dans l'atmosphère, sont autant de signes de bonheur ou de malheur pour les pays et les nations aussi bien que pour les rois et les particuliers.

[1] Πλανῆται, astres errants.

[2] Saturne.

Au-dessous du cours des cinq planètes sont, continuent les Chaldéens, placés trente astres, appellés les dieux conseillers; une moitié regarde les lieux de la surface de la terre; l'autre moitié, les lieux qui sont au-dessous de la terre; ces conseillers inspectent à la fois tout ce qui se passe parmi les hommes et dans le ciel. Tous les dix jours, un d'eux est envoyé, comme messager des astres, des régions supérieures dans les régions inférieures. tandis qu'un autre quitte les lieux situés au-dessous de la terre pour remonter dans ceux qui sont au-dessus; ce mouvement est exactement défini et a lieu de tout temps, dans une période invariable. Parmi les dieux conseillers il y a douze chefs dont chacun préside à un mois de l'année et à un des douze signes du zodiaque. Le soleil, la lune et les cinq planètes passent par ces signes. Le soleil accomplit sa révolution dans l'espace d'une année, et la lune dans l'espace d'un mois.

XXXI. Chaque planète a son cours particulier; les planètes diffèrent entre elles par la vitesse et le temps de leurs révolutions. Les astres influent beaucoup sur la naissance des hommes et décident du bon ou du mauvais destin; c'est pourquoi les observateurs y lisent l'avenir. Ils ont ainsi fait, disent-ils, des prédictions à un grand nombre de rois, entre autres, au vainqueur de Darius, Alexandre, et aux rois Antigone et Séleucus Nicator, prédictions qui paraissent toutes avoir été accomplies et dont nous parlerons en temps et lieu. Ils prédisent aussi aux particuliers les choses qui doivent leur arriver, et cela avec une précision telle que ceux qui en ont fait l'essai en sont frappés d'admiration, et regardent la science de ces astrologues comme quelque chose de divin. En dehors du cercle zodiacal, ils déterminent la position de vingt-quatre étoiles dont une moitié est au nord et l'autre au sud; ils les appellent juges de l'univers: les étoiles visibles sont affectées aux êtres vivants, les étoiles invisibles aux morts. La lune se meut, ajoutent les Chaldéens, au-dessous de tous les autres astres; elle est la plus voisine de la terre en raison de la pesanteur, elle exécute sa révolution dans le plus court espace de temps, non pas par la vitesse de son

mouvement, mais parce que le cercle qu'elle parcourt est très-petit; sa lumière est empruntée, et ses éclipses proviennent de l'ombre de la terre, comme l'enseignent aussi les Grecs. Quant aux éclipses de soleil, ils n'en donnent que des explications très-vagues : ils n'osent ni les prédire, ni en déterminer les époques. Ils professent des opinions tout à fait particulières à l'égard de la terre : ils soutiennent qu'elle est creuse, sous forme de nacelle, et ils en donnent des preuves nombreuses et plausibles, comme de tout ce qu'ils disent sur l'univers.

Nous nous éloignerions trop de notre sujet, si nous voulions entrer dans tous ces détails; il suffit d'être convaincu que les Chaldéens sont plus que tous les autres hommes versés dans l'astrologie, et qu'ils ont cultivé cette science avec le plus grand soin. Il est cependant difficile de croire au nombre d'années pendant lesquelles le collége des Chaldéens aurait enseigné la science de l'univers; car depuis leurs premières observations astronomiques jusqu'à l'invasion d'Alexandre, ils ne comptent pas moins de quatre cent soixante-treize mille ans[1]. Nous avons assez parlé des Chaldéens; revenons à l'empire des Assyriens qui, comme nous l'avons dit avant notre digression, fut détruit par les Mèdes.

XXXII. Comme les plus célèbres historiens ne s'accordent pas sur la grande monarchie des Mèdes, nous croyons utile, pour ceux qui veulent scruter la vérité dans le passé, de signaler ici les différences de ces historiens et de les mettre en regard les unes des autres. Au rapport d'Hérodote, les Assyriens, après avoir régné sur l'Asie pendant cinq cents ans, furent renversés par les Mèdes; puis, pendant plusieurs générations, aucun roi n'ayant essayé de se rendre maître du pouvoir, les villes se gouvernèrent elles-mêmes démocratiquement, et enfin, au

[1] Suivant le rapport de Simplicius (*Comment. in Arist. de Cœlo*, c. 11), les Chaldéens citaient, au temps d'Alexandre, une suite d'observations de 1903 ans. — M. Letronne (*Journal des savants*, année 1839, t. XXIV, p. 577) a fait très-judicieusement ressortir l'importance de ces renseignements précieux que Diodore communique ici sur l'astronomie des Chaldéens. Voyez Ideler, *Über die Sternkunde der Chaldæer* (sur l'astronomie des Chaldéens), dans les Mémoires de l'Académie de Berlin, années 1814-1815, p. 199.

bout d'un grand nombre d'années, les Mèdes élurent roi un homme d'une justice remarquable, nommé Cyaxare [1]. Cyaxare soumit les peuples voisins de la Médie et devint le chef de la nouvelle monarchie. Ses descendants agrandirent l'empire par de nouvelles conquêtes, jusqu'à Astyage, qui fut vaincu par Cyrus et par les Perses. Nous parlerons de ces événements plus en détail en temps convenable ; car ce n'est que dans la seconde année de la XVIIe olympiade [2] que, suivant Hérodote, Cyaxare fut nommé roi par les Mèdes [3]. Ctésias de Cnide vivait vers le temps de l'expédition entreprise par Cyrus contre son frère Artaxercès ; il fut fait prisonnier, et comme il était distingué pour ses connaissances médicales, il fut reçu à la cour du roi, où il vécut dix-sept ans comblé d'honneurs. Ctésias consulta scrupuleusement, ainsi qu'il nous l'apprend lui-même, les diphthères [4] royaux dans lesquels les Perses ont consigné leur histoire conformément à une certaine loi ; il composa avec ces matériaux l'ouvrage qu'il apporta avec lui en Grèce. Or, voici ce que Ctésias nous apprend. Après la dissolution de l'empire des Assyriens, les Mèdes furent maîtres de l'Asie sous le roi Arbace, le même qui avait vaincu Sardanapale, comme nous l'avons dit. Après un règne de vingt-huit ans, Arbace eut pour successeur son fils Mandaucès, qui gouverna l'Asie pendant cinquante ans. Après ce roi régnèrent successivement, Sosarme, trente ans, Artycas, cinquante, Arbiane, vingt-deux et Artée, quarante.

XXXIII. Sous le règne d'Artée, une grande guerre s'éleva entre les Mèdes et les Cadusiens. En voici l'origine : un Perse nommé Parsode [5], homme éminent par son courage, par sa prudence et d'autres qualités, avait gagné l'amitié du roi, et exer-

[1] Selon Hérodote (I, 95, 100), ce roi s'appelait Déjocès.

[2] Sept cent onze ans avant Jésus-Christ.

[3] Cette remarque est ou un *lapsus memoriæ*, ou le texte d'Hérodote était, du temps de Diodore, différent du texte actuel, ainsi que l'a déjà fait observer Wesseling.

[4] Ce sont les annales des rois, les *megella* dont parlent Esdras (VI, 2) et l'auteur d'Esther (II, 22 ; VI, 1 ; X, 2).

[5] Nicolas de Damas, qui nous a laissé quelques détails sur les intrigues de ce favori, l'appelle Parsondas.

çait la plus grande influence dans son conseil. Offensé par un jugement que le roi avait prononcé contre lui, Parsode se réfugia avec trois mille fantassins et mille cavaliers auprès des Cadusiens où il avait marié sa sœur à un des personnages les plus considérables du pays. Le rebelle exhorta cette nation à se rendre indépendante, et il fut choisi pour chef. Apprenant qu'on dirigeait contre lui des forces nombreuses, il appela aux armes tous les Cadusiens et établit son camp au passage donnant accès dans le pays, avec une armée qui ne s'élevait pas à moins de deux cent mille hommes. Il battit le roi Artée qui avait marché contre lui avec huit cent mille hommes, il en tua plus de cinquante mille et chassa le reste du pays des Cadusiens. Devenu par cette victoire un objet d'admiration, il fut choisi par les indigènes pour leur roi, et depuis lors il fit des incursions continuelles dans la Médie qu'il dévasta. Il parvint à une grande renommée; vers la fin de sa vie il fit prononcer à son successeur le serment solennel d'entretenir sans cesse la haine des Cadusiens contre les Mèdes, vouant sa race et tous les Cadusiens à la malédiction si jamais ils faisaient la paix avec les Mèdes. Voilà pourquoi les Cadusiens ont toujours été les ennemis des Mèdes, et ne se sont jamais soumis à leurs rois jusqu'à l'époque où Cyrus transporta l'empire chez les Perses.

XXXIV. Après la mort d'Artée, Artynès occupa le trône des Mèdes pendant vingt-deux ans, et Astibaras, pendant quarante. Sous ce dernier roi, les Parthes secouèrent le joug des Mèdes et livrèrent leur pays et leur ville aux Saces. Cet événement occasionna, entre les Saces et les Mèdes, une guerre de plusieurs années, pendant laquelle de nombreux combats furent livrés; beaucoup de monde périt de part et d'autre, jusqu'à ce qu'enfin la paix fût stipulée aux conditions suivantes : les Parthes devaient rentrer sous l'obéissance des Mèdes; les uns et les autres devaient conserver leurs anciennes possessions et conclure une alliance perpétuelle.

Il régnait alors chez les Saces une reine nommée Zarine, exercée dans l'art de la guerre, et se distinguant de toutes les autres femmes de sa nation par son audace et son activité. En général, les femmes des Saces sont vaillantes et partagent avec leurs maris les périls de la guerre. Zarine les surpassait toutes par sa beauté, et se faisait admirer par son génie entreprenant et fécond en ressources. Elle avait défait les peuples voisins qui tenaient insolemment les Saces sous le joug; elle avait civilisé une grande partie du pays, avait fondé de nombreuses villes, et adouci les mœurs de ses concitoyens. En reconnaissance et en mémoire de ces bienfaits, les habitants lui érigèrent, après sa mort, le tombeau le plus magnifique. Ce tombeau consistait en une pyramide triangulaire, dont chaque côté avait trois stades de long et un stade de haut[1]; le sommet se terminait en pointe. Ils avaient placé sur ce monument une statue d'or colossale, à laquelle ils rendaient les honneurs qu'on rend aux héros, et avec plus de pompe qu'à aucun de ses prédécesseurs. Astibaras, roi des Mèdes, étant mort de vieillesse à Ecbatane, laissa pour successeur son fils Aspadas, que les Grecs nomment Astyage. Ce dernier roi fut vaincu par Cyrus, qui fit passer l'empire aux Perses. Nous en parlerons plus loin en détail. Nous croyons nous être suffisamment étendu sur l'empire des Assyriens et des Mèdes, ainsi que sur le dissentiment des historiens à cet égard. Nous allons maintenant aborder l'Inde, et dire ce qu'on en raconte de fabuleux.

XXXV. La contrée de l'Inde a la figure d'un quadrilatère. Les côtés qui regardent l'orient et le midi, sont baignés par la Grande mer. Le troisième côté, tourné vers le nord, est séparé par le mont Hémodus de la Scythie, habitée par les Scythes qui sont connus sous le nom de Saces. Le quatrième côté, qui regarde le couchant, est borné par l'Indus, peut-être le plus grand de tous les fleuves après le Nil. Toute cette contrée comprend, dit-on, depuis le levant jusqu'au couchant, une étendue de vingt-huit mille stades[2], et trente-deux mille du nord au midi. En raison de sa vaste étendue, l'Inde semble

[1] Cent quatre-vingt-quatre mètres.
[2] Cinq cent quinze myriamètres.

comprendre la plus grande partie des pays situés sous le tropique d'été; en effet aux dernières limites de l'Inde on ne voit point souvent les gnomons jeter de l'ombre, et la constellation de l'Ourse est invisible pendant la nuit; Arcturus même cesse de paraître et les ombres sont tournées vers le midi. L'Inde possède de grandes et de nombreuses montagnes, couvertes d'arbres fruitiers de toute espèce, et autant de plaines fertiles, d'une beauté remarquable et traversées par une multitude de fleuves. La plus grande partie de cette contrée, étant parfaitement arrosée, donne deux récoltes par an; elle est riche en animaux de toute espèce, distingués par leur taille et leur force : les uns vivent sur le continent, les autres volent dans les airs. L'Inde nourrit en abondance des éléphants grands et nombreux, qui sont plus robustes que ceux de la Libye. Les Indiens les prennent à la chasse, et les dressent au combat, dans lesquels ces animaux décident souvent de la victoire.

XXXVI. L'abondance des vivres donne aux habitants de l'embonpoint. Comme ils respirent un air pur et qu'ils boivent des eaux très-légères, ils ont l'esprit disposé aux travaux des arts[1]. Le sol, si fertile en fruits excellents, renferme, dans son intérieur, des veines métalliques de toute nature. On y trouve beaucoup d'argent et d'or, autant d'airain et de fer; il y a aussi de l'étain et beaucoup d'autres matières employées pour l'ornement et les besoins ordinaires de la vie, ainsi que pour les usages de la guerre. Outre les céréales ordinaires, l'Inde, arrosée par ses nombreux fleuves, produit une grande quantité de millet, des légumes variés, du riz, une plante qu'on appelle *bospore*[2] et beaucoup d'autres végétaux comestibles. On y trouve

[1] L'influence de l'air, des eaux et des lieux sur le moral comme sur le physique de l'homme est incontestable. Ainsi, le crétinisme n'existe réellement que dans des localités soumises à certaines conditions physiques. Les végétaux eux-mêmes subissent l'empire des milieux environnants. Qui ne sait que la plupart des plantes aromatiques, de la famille des *Labiées*, ne croissent guère que sur un sol aride et sablonneux, tandis que d'autres végétaux exigent pour leur développement un terrain gras et marécageux.

[2] Strabon (XV, p. 1012) donne le nom de *βόσμορος* à une espèce de graminée semblable au froment.

aussi en abondance beaucoup d'autres fruits propres à la nourriture des animaux et qu'il serait trop long de décrire ici. Aussi ce pays n'est-il jamais, dit-on, désolé par la famine ou la disette. Des pluies régulières y tombent deux fois par an ; les unes en hiver, dans la saison où, comme ailleurs, on fait la semaille du blé ; les autres à l'époque du solstice d'été où l'on sème le riz, le bospore, le sésame et le millet. Les deux récoltes sont également bonnes d'ordinaire, et si l'une manque l'autre y supplée abondamment. Les fruits sauvages et les racines, qui croissent dans les lieux marécageux et se distinguent par leur saveur sucrée[1], offrent aux hommes une nourriture abondante. Presque toute la campagne est imprégnée des douces vapeurs qui s'élèvent des rivières et qui se résolvent annuellement à l'époque de l'été en des pluies régulières périodiques ; et la chaleur du soleil développe dans les marais les racines des plantes et principalement celles des grands roseaux. D'ailleurs, les lois que les Indiens observent chez eux contribuent beaucoup à les préserver de la famine : les autres nations, quand elles se font la guerre, détruisent les champs et les rendent incultivables, tandis que chez les Indiens les agriculteurs, réputés sacrés et inviolables, peuvent sans danger continuer de se livrer à leurs travaux dans le voisinage des armées rangées en bataille ; les guerriers se massacrent les uns les autres dans les combats, mais ils ne font aucun mal aux laboureurs, qu'ils regardent comme leurs bienfaiteurs communs ; ils n'incendient jamais les champs de leurs ennemis, et n'y coupent point les arbres.

XXXVII. L'Inde a plusieurs rivières navigables, qui ont leur source dans les montagnes situées au nord et se répandent dans les plaines ; quelques-unes de ces rivières se réunissent et se jettent dans le fleuve appelé *Gange*. Ce fleuve a trente stades[2] de largeur, il coule du nord au midi pour se jeter dans l'Océan[3] ; il borde, à l'orient, le pays des Gandarides, qui est rempli d'élé-

[1] La canne à sucre ou toute autre espèce de roseau riche en sucre de canne

[2] Cinq kilomètres et demi.

[3] L'océan Indien, *ἡ μεγάλη θάλαττα*. Voir chap. 35.

phants d'une taille extraordinaire. Aucun roi étranger ne s'est jamais rendu maître de ce pays, tant les autres nations redoutent le nombre et la force de ces animaux. Alexandre le Macédonien, qui avait conquis toute l'Asie, épargna les seuls Gandarides; car, après s'être dirigé avec toutes ses troupes vers le Gange, et dompté tous les autres peuples indiens, il renonça au projet d'attaquer les Gandarides, lorsqu'il eut appris que ce peuple mettait en campagne quatre mille éléphants. Un autre fleuve, semblable au Gange, est l'Indus; il vient également du nord, et, se jetant dans l'Océan, forme la limite de l'Inde. Dans son cours à travers de vastes plaines, il reçoit plusieurs rivières navigables, dont les plus célèbres sont l'Hypannis, l'Hydaspe et l'Acésine; le pays est en outre traversé par beaucoup d'autres rivières qui arrosent une foule de jardins et entretiennent la fertilité du sol. Les physiciens et philosophes indiens expliquent de la manière suivante l'origine de ce grand nombre de rivières et cette abondance des eaux : les pays voisins, disent-ils, comme ceux des Scythes, des Bactriens et des Arianiens, étant plus élevés que l'Inde, il est naturel de penser que les eaux découlent des régions élevées dans les régions basses de l'Inde dont elles arrosent le sol, et où, en se réunissant, elles forment un grand nombre de rivières. Une de ces rivières, qui s'appelle Silla, et qui dérive d'une source de même nom, présente une particularité singulière : les eaux ne laissent surnager aucun des corps qu'on y jette; tout y tombe au fond, contre l'ordre naturel[1].

XXXVIII. L'Inde, pays d'une immense étendue, est, dit-on, habitée par des peuples nombreux et divers, dont aucun n'est d'origine étrangère, car ils passent tous pour autochthones. Les Indiens n'ont jamais reçu de colonies et n'en ont jamais envoyé nulle part. On raconte que les plus anciens habi-

[1] Ce récit, répété par Pline (*Hist. nat.*, XXXI, 2), est évidemment fabuleux. On ne connait aucun liquide qui soit assez dense pour empêcher tous les corps d'y tomber au fond. Le mercure lui-même, sur lequel peuvent pourtant nager des corps treize fois plus pesants que l'eau, ne résiste pas à l'or et au platine, qui y tombent au fond.

tants se nourrissaient des fruits sauvages de la terre, et se couvraient de peaux d'animaux du pays, comme on l'a dit des premiers Grecs. Ils inventèrent bientôt les arts et d'autres pratiques utiles à la vie, le besoin servant de guide à un animal tel que l'homme, doué de mains aptes à tout travail, de raison et d'intelligence.

Nous devons rapporter ici brièvement les traditions des plus célèbres mythologues indiens. A une époque très-reculée, lorsque, disent-ils, les hommes vivaient encore épars dans des villages, Bacchus, parti des pays occidentaux, arriva chez eux avec une puissante armée, et visita toute l'Inde, qui ne renfermait encore aucune ville considérable pour lui résister. Des chaleurs excessives étant survenues, et une maladie pestilentielle ayant ravagé ses troupes, Bacchus, en chef prudent, leva son camp dans les plaines et s'établit sur les montagnes. Les vents frais qui y soufflaient, et les eaux pures puisées aux sources mêmes, éloignèrent la maladie du camp[1]. Cet endroit, où Bacchus sauva ainsi son armée, s'appelle *Méros*[2]; d'où vient la tradition grecque, selon laquelle Bacchus fut nourri dans une cuisse[3]. Après cela, s'étant livré à la culture des fruits, il enseigna aux Indiens l'art de faire du vin, et d'autres choses utiles à la vie. De plus, il devint le fondateur de villes importantes; il transporta les villages dans des endroits mieux situés, institua le culte divin, et établit des lois et des tribunaux. Enfin, l'auteur de tant de bienfaits fut compté au nombre des dieux, et reçut les honneurs qu'on décerne aux immortels. On raconte aussi qu'il avait emmené avec son armée un grand nombre de femmes, et que, dans les batailles, il se servait de tambours et de cymbales, la trompette n'étant pas encore inventée. Il mourut de vieillesse, après avoir régné sur toute l'Inde pendant cinquante-deux ans. Ses fils lui succédèrent et continuèrent à transmettre le règne comme un héritage; enfin, après un grand nombre de généra-

[1] Les eaux et les vents sont en effet deux circonstances qui peuvent s'opposer le plus puissamment aux ravages d'une maladie épidémique.

[2] Μηρός, cuisse.

[3] Dans la cuisse de Jupiter.

tions, cette dynastie fut détruite et les villes se gouvernèrent démocratiquement.

XXXIX. Voilà les traditions que les Indiens des montagnes ont conservées sur Bacchus et ses descendants. Ils disent aussi qu'Hercule est né chez eux; comme les Grecs, ils lui donnent pour attributs la massue et la peau de lion. Suivant ces mêmes récits, Hercule surpassa tous les hommes en force et en courage, et purgea de monstres la terre et la mer. Époux de plusieurs femmes, il eut un grand nombre de fils et une seule fille [1]; quand ses enfants furent arrivés à l'âge viril, Hercule partagea entre eux son royaume en portions égales; il établit de même sa fille unique reine du pays qui lui était échu en partage. Parmi les nombreuses villes que fonda Hercule, la plus célèbre et la plus grande est Palibothra [2]. Il y avait construit un palais magnifique; il avait peuplé la ville d'habitants et l'avait entourée de fossés profonds qui recevaient les eaux d'un fleuve. Après avoir quitté le séjour des hommes, Hercule fut mis au nombre des dieux et reçut les honneurs divins; ses descendants régnèrent pendant plusieurs générations et exécutèrent des travaux remarquables; mais ils ne portèrent jamais la guerre à l'étranger et n'expédièrent aucune colonie hors du pays. Plus tard, après de longues années, la plupart des villes adoptèrent le gouvernement démocratique; quelques peuples cependant conservaient encore la royauté à l'époque de l'expédition d'Alexandre.

Parmi les lois singulières qui existent chez les Indiens, il y en a une bien étonnante, enseignée par les anciens philosophes du pays. Suivant cette loi, il n'y a point d'esclaves; tous les hommes sont libres et doivent respecter l'égalité [3]. Chez les

[1] Elle s'appelait Pandæa. Voyez Arrien (*Indic*. c. 9).

[2] Au rapport d'Arrien, cette ville était située au confluent de deux fleuves, l'Erannoboa et le Gange. Aujourd'hui Allahabad. Voir Robertson, *Recherches sur l'Inde ancienne*, p. 235.

[3] Philon nous apprend que cette loi se trouvait aussi chez les Esséniens en Palestine. Les Esséniens, ayant aboli l'esclavage, accusaient tous les despotes de violer la sainte loi de l'égalité, et ils les considéraient comme des sacriléges. Les lois fondamentales de la morale chrétienne étaient depuis longtemps pratiquées par la secte des Esséniens, à laquelle Jésus-Christ ne paraît pas avoir été étranger.

Indiens les hommes qui apprennent à n'être ni les maîtres ni les esclaves de leurs semblables, offrent la garantie de la meilleure société, et qu'il est absurde de faire des lois égales pour tous et instituer en même temps l'inégalité des droits.

XL. Toute la population de l'Inde se divise en sept classes. La première comprend les philosophes; c'est la plus petite en nombre, mais la première par son rang. Exempts de toute charge publique, les philosophes ne sont les maîtres ni les esclaves de personne. Ils sont employés par les particuliers pour les sacrifices publics et pour les funérailles, parce qu'ils sont regardés comme les favoris des dieux et instruits dans les connaissances relatives aux enfers. Ils reçoivent en récompense de leurs services des dons et des honneurs considérables. Ils remplissent aussi des fonctions utiles à la société : dans une assemblée générale qui se tient au commencement de chaque année, ils prédisent les sécheresses, les pluies, les vents, les maladies et tout ce qui peut intéresser les citoyens qui les entendent. Le peuple et le roi, ainsi prévenus de l'avenir, pourvoient aux besoins futurs et disposent à l'avance tout ce qui peut être utile. Le philosophe qui se trompe dans ses prédictions est, pour tout châtiment, condamné à rester muet tout le reste de sa vie.

La seconde classe est celle des laboureurs, qui paraît être de beaucoup la plus nombreuse; dispensés de la guerre et des autres services publics, ils appliquent tous leurs soins à l'agriculture. Jamais un ennemi ne fait de mal à un laboureur qu'il rencontre dans les champs, et il s'abstient de toute injure en le considérant comme un bienfaiteur de la société. Aussi la campagne est-elle bien cultivée; riche en fruits de toute espèce, elle offre à l'homme des aliments abondants. Les agriculteurs passent leur vie à la campagne avec leurs femmes et leurs enfants, et il ne leur arrive jamais de s'établir dans les villes. Ils paient une redevance au roi, qui est propriétaire de toutes les terres de l'Inde ; il n'est permis à aucun particulier de posséder une terre[1].

[1] C'était là la condition des serfs au moyen âge, et qui se conserve encore aujourd'hui chez quelques nations à demi civilisées. Cette condition des agriculteurs chez les Indiens ne s'accorde guère avec la loi de l'égalité, énoncée plus haut.

Outre cette redevance, ils versent dans les magasins royaux le quart de la récolte.

La troisième classe se compose des pasteurs du grand et du menu bétail, en un mot de tous les bergers qui n'habitent ni les villes ni les villages, et qui passent leur vie sous des tentes; comme ils se livrent aussi à la chasse, ils purgent les champs des oiseaux et des animaux malfaisants. Par ce moyen, ils rendent cultivable le sol infesté de toute sorte d'animaux et d'oiseaux qui mangent les semences des laboureurs.

XLI. La quatrième classe comprend les artisans, dont les uns fabriquent des armes, et les autres les instruments nécessaires à l'agriculture et à d'autres usages de la vie. Ils sont non-seulement exempts de tribut, mais ils reçoivent des magasins du roi une mesure de blé. La cinquième classe est celle des militaires; elle est la seconde pour le nombre. Dans les temps de paix ils s'abandonnent à l'oisiveté et au jeu. Tous les soldats, ainsi que les chevaux et les éléphants de guerre, sont nourris aux frais du trésor royal. La sixième classe comprend les éphores; ce sont des hommes chargés d'inspecter et de surveiller tout ce qui se passe dans l'Inde, et d'en faire un rapport aux rois, ou aux magistrats, si l'État n'est pas monarchique. La septième classe est celle des sénateurs qui délibèrent en conseil sur les affaires publiques; c'est la classe la moins nombreuse, mais la plus distinguée par la noblesse de son origine et par sa sagesse. Les uns sont les conseillers des rois, les autres, les administrateurs de l'État, et les chefs des tribunaux; enfin, c'est parmi eux que sont choisis les gouverneurs et les magistrats suprêmes. Telle est à peu près la division de l'état politique des Indiens. Il est défendu à chacun de se marier en dehors de sa classe, de changer de profession ou d'exercer deux métiers à la fois, de telle sorte qu'un soldat ne peut labourer la terre ni un artisan enseigner la philosophie.

XLII. On trouve dans l'Inde un grand nombre d'éléphants d'une taille et d'une force remarquables. Ces animaux n'ont pas, comme quelques-uns le prétendent, un mode de propagation particulier; car ils s'accouplent comme les chevaux et les autres animaux quadrupèdes. Les femelles portent au moins seize mois et le plus souvent dix-huit; comme les cavales, elles ne font le plus ordinairement qu'un seul petit, et les mères le nourrissent jusqu'à six ans. La plupart des éléphants parviennent à un âge aussi avancé auquel un homme puisse atteindre; les plus vieux arrivent jusqu'à deux cents ans.

Il y a chez les Indiens des magistrats qui ont pour fonction de recevoir les étrangers et de veiller à ce qu'on ne leur fasse aucune injustice. Ils mènent des médecins auprès des étrangers qui sont malades; ils en ont bien d'autres soins encore; ils les ensevelissent quand ils meurent, et rendent aux héritiers les biens que les étrangers laissent en mourant. Ces détails sur l'histoire ancienne de l'Inde doivent suffire[1].

XLIII. Nous parlerons maintenant des Scythes qui habitent un pays voisin de l'Inde. Les Scythes n'occupaient dans l'origine qu'un territoire assez restreint, mais prenant peu à peu de l'accroissement, grâce à leur force et à leur courage, ils entrèrent en possession d'une contrée étendue, et la nation s'éleva au rang d'un État puissant et glorieux. Les Scythes n'habitaient d'abord qu'en très-petit nombre sur les rives du fleuve Araxe, et ne jouissaient d'aucune considération. Mais sous le règne d'un de leurs anciens rois, d'un esprit belliqueux et habile dans la guerre, ils conquirent tout le pays qui s'étend dans les montagnes jusqu'au Caucase, et dans les plaines jusqu'à l'Océan et aux Palus-Méotides, ainsi que tout le territoire qui va jusqu'au fleuve Tanaïs. D'après les traditions mythologiques des Scythes, il naquit parmi eux une vierge, fille de la terre, ayant le corps d'une femme depuis la tête jusqu'à la ceinture, et pour le reste la forme d'un serpent. Jupiter eut d'elle un fils appelé Scythès qui, s'étant rendu plus célèbre qu'aucun de ses devanciers, laissa son nom à la nation des Scythes[2]. Parmi les

[1] Je n'ai pas cru devoir suivre ici l'exemple de Terrasson et Miot, qui ont, contrairement au texte original, transporté tout cet alinéa à la fin du chapitre 41.

[2] Il est à remarquer que le mot slavon *tschudi* (d'où dérive sans doute le nom

descendants de ce roi se trouvaient deux frères distingués par leurs qualités; l'un se nommait Palus et l'autre Napès. Ces deux frères, après plusieurs actions d'éclat, se partagèrent le royaume et appelèrent leurs peuples chacun de son nom en les divisant en Paliens et en Napiens. Quelque temps après, leurs successeurs, renommés pour leur courage et leur habileté stratégique, étendirent leurs conquêtes au delà du Tanaïs jusqu'à la Thrace; et, portant leurs armes sur un autre point, ils pénétrèrent en Égypte jusqu'au Nil. Ayant subjugué toutes les grandes et puissantes nations situées entre ces deux points extrêmes, l'empire des Scythes s'étendit d'un côté jusqu'à l'Océan oriental, et de l'autre jusqu'à la mer Caspienne et aux Palus-Méotides. La nation des Scythes s'accrut considérablement sous des rois célèbres qui laissèrent leur nom aux Saces, aux Massagètes, aux Arimaspes et à plusieurs autres peuplades. Sous le règne de ces rois, plusieurs colonies furent tirées du sein des peuples conquis; les deux plus considérables de ces colonies sont : 1° celle des Assyriens, envoyée dans les pays situés entre la Paphlagonie et le Pont; 2° celle des Mèdes, transplantée sur les rives du Tanaïs. De cette dernière colonie descendent les Sauromates. Les Sauromates, s'étant considérablement accrus par la suite des temps, ravagèrent une grande partie de la Scythie; ils massacrèrent les habitants, et changèrent presque toute la contrée en un désert.

XLIV. Après ces événements, la Scythie fut livrée à l'anarchie; la royauté fut exercée par des femmes distinguées par leur courage. Car, chez ces nations, les femmes s'habituent aux fatigues de la guerre, comme les hommes, auxquels elles ne cèdent pas en valeur. Aussi beaucoup de ces femmes se sont-elles illustrées par leurs exploits, non-seulement chez les Scythes, mais encore dans les contrées limitrophes. Cyrus, roi des Perses, plus puissant qu'aucun autre roi de son temps, ayant dirigé une armée formidable contre la Scythie, fut battu, fait prisonnier et

de *Scythes*) signifie *étranger;* de même que le mot *Barbares* dérive du nom syriaque *Barbar*, étranger ou ennemi, *hostis*.

mis en croix par la reine de ce pays[1]. C'est là que s'est formée la nation des Amazones, si remarquable par son courage; elle fit non-seulement des incursions dans les pays voisins, mais encore elle soumit une grande partie de l'Europe et de l'Asie. Puisque nous en sommes aux Amazones, il ne sera pas hors de propos de faire connaître ici les choses incroyables qu'on en raconte.

XLV. Sur les rives du fleuve Thermodon habitait jadis un peuple gouverné par des femmes, exercées, comme les hommes, au métier de la guerre. L'une d'elles, revêtue de l'autorité royale, et remarquable par sa force et son courage, forma une armée composée de femmes, l'accoutuma aux fatigues de la guerre et s'en servit pour soumettre quelques peuplades du voisinage. Ce succès ayant augmenté sa renommée, elle marcha contre d'autres peuples limitrophes. La fortune, qui lui était encore favorable dans cette expédition, l'enfla d'orgueil : la reine se prétendit fille de Mars, contraignit les hommes à filer la laine et à se livrer à des travaux de femmes; elle fit des lois d'après lesquelles les fonctions militaires appartenaient aux femmes, tandis que les hommes étaient tenus dans l'humiliation et l'esclavage. Les femmes estropiaient les enfants mâles, dès leur naissance, des jambes et des bras, de manière à les rendre impropres au service militaire; elles brûlaient la mamelle droite aux filles, afin que la proéminence du sein ne les gênât pas dans les combats. C'est pour cette dernière raison qu'on leur donna le nom d'Amazones[2]. Enfin, leur reine, si célèbre par sa sagesse et son esprit guerrier, fonda, à l'embouchure du fleuve Thermodon, une ville considérable, nommée Themiscyre, et y construisit un palais fameux. Elle eut soin d'établir une bonne discipline, et avec le concours de son armée elle recula jusqu'au Tanaïs les limites de

[1] Les historiens ne s'accordent point entre eux sur le genre de mort infligé à Cyrus.

[2] Ἀμάζονος, *sans mamelles*. Suivant Otrokoski (*Origin. Hungar.*, t. II, c. 11), le mot *amazone* vient d'*am' azzon*, qui signifie *femme robuste* dans quelques dialectes slavons.

son empire. Enfin, après de nombreux exploits, elle eut une mort héroïque dans un combat, en se défendant vaillamment.

XLVI. Sa fille qui lui succéda au trône, jalouse d'imiter sa mère, la surpassa même en beaucoup de choses. Elle exerçait les jeunes filles à la chasse dès leur plus tendre enfance, et les accoutumait à supporter les fatigues de la guerre. Elle institua des sacrifices somptueux en honneur de Mars et de Diane, surnommée Tauropole[1]. Portant ses armes au delà du Tanaïs, elle soumit de nombreuses peuplades, en étendant ses conquêtes jusqu'à la Thrace. De retour dans son pays, et chargée de dépouilles, elle éleva à Mars et à Diane des temples splendides, et se concilia l'amour de ses sujets par la justice de son gouvernement. Entreprenant ensuite une expédition d'un côté opposé, elle conquit une grande partie de l'Asie, et étendit sa domination jusqu'à la Syrie. Les reines qui lui succédèrent comme héritières directes régnèrent avec éclat, et ajoutèrent encore à la puissance et à la renommée de la nation des Amazones. Après un grand nombre de générations, le bruit de leur valeur s'étant répandu par toute la terre, Hercule, fils d'Alcmène et de Jupiter, reçut, dit-on, d'Eurysthée la tâche de lui apporter la ceinture de l'Amazone Hippolyte. En conséquence, Hercule entreprit une expédition, et gagna une grande bataille dans laquelle il détruisit l'armée des Amazones, prit Hippolyte vivante, lui enleva sa ceinture et porta un coup mortel à la nation des Amazones. Car les Barbares du voisinage, méprisant les Amazones ainsi domptées, et se souvenant des injures passées, leur firent une guerre implacable et parvinrent jusqu'à effacer le nom même des Amazones. Cependant on raconte que, plusieurs années après l'expédition d'Hercule, on remarqua dans la guerre de Troie Penthésilée, fille de Mars et reine des Amazones, qui avait échappé à l'extermination; qu'elle s'était enfuie de sa patrie pour se soustraire à la vengeance d'un meurtre, et que, combattant vaillamment dans les rangs des Troyens, après la mort d'Hector, elle tua un grand

[1] Ταυρόπολος, habitant de la Tauride. C'est dans ce pays que l'image de cette déesse avait été transportée.

nombre de Grecs, et tomba enfin glorieusement sous le fer d'Achille. Ce fut la dernière Amazone renommée pour son courage ; ce qui restait de cette nation a fini par disparaître entièrement. C'est pourquoi, lorsqu'on parle aujourd'hui de l'histoire antique des Amazones, on croit entendre des contes forgés à plaisir.

XLVII. Puisque nous sommes arrivés à parler des contrées septentrionales de l'Asie, il ne sera pas hors de propos de dire un mot des Hyperboréens. Parmi les historiens qui ont consigné dans leurs annales les traditions de l'antiquité, Hécaté et quelques autres prétendent qu'il y a au delà de la Celtique, dans l'Océan, une île qui n'est pas moins grande que la Sicile. Cette île, située au nord, est, disent-ils, habitée par les Hyperboréens, ainsi nommés parce qu'ils vivent au delà du point d'où souffle Borée. Le sol de cette île est excellent, et si remarquable par sa fertilité qu'il produit deux récoltes par an. C'est là, selon le même récit, le lieu de naissance de Latone, ce qui explique pourquoi les insulaires vénèrent particulièrement Apollon. Ils sont tous, pour ainsi dire, les prêtres de ce dieu : chaque jour ils chantent des hymnes en son honneur. On voit aussi dans cette île une vaste enceinte consacrée à Apollon, ainsi qu'un temple magnifique de forme ronde et orné de nombreuses offrandes ; la ville de ces insulaires est également dédiée à Apollon ; ses habitants sont pour la plupart des joueurs de cithare, qui célèbrent sans cesse, dans le temple, les louanges du dieu en accompagnant le chant des hymnes avec leurs instruments. Les Hyperboréens parlent une langue qui leur est propre ; ils se montrent très-bienveillants envers les Grecs, et particulièrement envers les Athéniens et les Déliens ; et ces sentiments remontent à un temps très-reculé. On prétend même que plusieurs Grecs sont venus visiter les Hyperboréens, qu'ils y ont laissé de riches offrandes chargées d'inscriptions grecques, et que réciproquement, Abaris, l'hyperboréen, avait jadis voyagé en Grèce pour renouveler avec les Déliens l'amitié qui existait entre les deux peuples. On ajoute encore que la lune, vue de cette île, paraît être à une très-petite distance de la terre, et qu'on y observe distinctement des soulèvements de terrain. Apollon passe pour descendre dans cette île tous les dix-neuf ans. C'est aussi à la fin de cette période que les astres sont, après leur révolution, revenus à leur point de départ. Cette période de dix-neuf ans est désignée par les Grecs sous le nom de *Grande année*[1]. On voit ce dieu, pendant son apparition, danser toutes les nuits en s'accompagnant de la cithare, depuis l'équinoxe du printemps jusqu'au lever des Pléiades, comme pour se réjouir des honneurs qu'on lui rend. Le gouvernement de cette ville et la garde du temple sont confiés à des rois appelés Boréades, les descendants et les successeurs de Borée[2].

XLVIII. Nous allons parler maintenant des autres contrées de l'Asie dont nous n'avons pas encore fait mention ; commençons par l'Arabie. Ce pays est situé entre la Syrie et l'Égypte ; de nombreuses peuplades se le distribuent. Les Arabes qui habitent la partie orientale, et qui sont connus sous le nom de Nabatéens, occupent une région déserte, sans eau et très-peu fertile ; ils vivent de brigandage en pillant les territoires voisins. Ils sont difficiles à dompter dans les combats : ils ont creusé dans leurs plaines des puits qui ne sont connus que d'eux, et se mettent à l'abri du danger en se réfugiant dans l'intérieur du pays privé d'eau ; ils trouvent ainsi abondamment à boire, tandis que les étrangers qui les poursuivent meurent de soif dans ces sables arides, ou sont fort heureux de revenir chez eux après bien des fatigues. C'est ce qui explique pourquoi les Arabes de cette contrée sont inexpugnables ; ils n'obéissent à aucun maître, et n'ayant jamais voulu reconnaître l'autorité de souverains étrangers, ils conservent une indépendance absolue[3]. Les Assyriens, les rois des Mèdes, les rois des Perses et des Macédoniens, malgré leurs forces et leur adresse, furent impuissants à réduire les Arabes en esclavage. Il existe dans le pays des Nabatéens un rocher

[1] Cycle de Méton. Voyez Ideler, dans les Mém. de l'Acad. de Berlin, année 1814.

[2] Ce récit paraît tout à fait fabuleux, car il ne peut s'appliquer à aucune des îles situées au nord de la Celtique.

[3] Cette observation peut s'appliquer à presque toutes les époques de l'histoire des Arabes.

immense, forteresse naturelle; on n'y monte que par un sentier étroit; quelques hommes y passent à peine en se dépouillant de leurs armes. Il y a aussi un grand lac qui produit beaucoup d'asphalte dont ils tirent de grands revenus. Ce lac a cinq cents stades[1] de longueur sur soixante de large[2]; son eau est fétide et amère; aucun poisson ni animal aquatique ne peut y vivre. Bien que ce lac reçoive un grand nombre de fleuves dont l'eau est excellente, sa mauvaise odeur persiste. Tous les ans il s'élève du milieu du lac en bouillonnant une grande couche d'asphalte de deux et quelquefois de plus de trois plèthres d'étendue; la plus grande de ces couches est appelée *Taureau* par les habitants des environs, et la plus petite, *Veau*. Cette masse prodigieuse d'asphalte, nageant sur l'eau, apparaît au loin comme une île; le moment de son éruption s'annonce vingt jours d'avance : il se répand alors à l'entour du lac, à plusieurs stades à la ronde, une vapeur fétide qui altère la couleur de l'argent, de l'or et du cuivre qui en approchent; mais la couleur de ces métaux reparaît dès que l'éruption de l'asphalte a cessé. Les lieux environnants, remplis d'exhalaisons inflammables et fétides, sont malsains et nuisibles à la santé des habitants, qui n'y vivent pas longtemps[3]. La contrée, dans toute l'étendue où elle est arrosée par des sources et des fleuves bienfaisants, est bonne et riche en palmiers; il y a une vallée où se trouve ce qui s'appelle le baume[4], dont les Arabes tirent de grands profits; car cette plante, si utile aux médecins comme remède, ne croît dans aucune autre partie du monde.

XLIX. La partie de l'Arabie, limitrophe de cette contrée déserte et privée d'eau, offre un aspect si différent qu'en raison de l'abondance des fruits et des biens qui s'y trouvent, elle a reçu le nom d'*Arabie Heureuse*. C'est là que naissent le calamus, le jonc[5], la matière de beaucoup d'autres aromates, les

[1] Quatre-vingt-douze kilomètres.

[2] Onze kilomètres.

[3] Toutes les localités qui répandent du gaz hydrogène sulfuré donnent lieu aux observations du même genre. Ce gaz est en effet inflammable, fétide et nuisible à la santé.

[4] La gomme ammoniaque (?).

[5] Tous ces végétaux contiennent du sucre de canne.

plantes à feuilles odoriférantes et celles desquelles distillent des larmes parfumées. A l'extrémité de cette région se trouve la myrrhe, si agréable aux dieux, et l'oliban qui s'envoie dans tous les pays du continent. Les tiges du *costus*, de la *casie*, du *cinnamomum* et d'autres plantes semblables, y parviennent à une telle grosseur que ces matières, qui, ailleurs, sont mises avec parcimonie sur l'autel des dieux et sont montrées comme des raretés, sont employées, chez les Arabes, à chauffer les fours et à former les lits des domestiques. Le cinnamomum, qui sert à tant d'usages, la résine[1] et le térébinthe odorant, croissent en abondance dans ce pays. Les montagnes sont chargées de pins, de sapins, de cèdres, de genévriers et de *boratus*[2]. On y trouve une multitude d'autres végétaux odoriférants qui portent des fruits, laissent suinter des sucs et répandent des émanations très-agréables à sentir pour ceux qui s'en approchent. Toute la nature est imprégnée d'émanations aussi suaves que l'encens brûlé sur l'autel des dieux. Aussi, lorsqu'on creuse le sol dans certaines localités de l'Arabie, on découvre des veines odoriférantes qui conduisent les mineurs à de vastes carrières. Les Arabes en tirent leurs pierres à bâtir, qui, étant mouillées par la rosée, laissent couler, dans l'intervalle des jointures, un ciment qui se durcit et lie étroitement entre elles toutes les parties du mur.

L. En Arabie on extrait aussi des mines l'or qu'on appelle *apyre*[3]. Ce métal ne s'y trouve point, comme ailleurs, sous forme de sable qu'on réunit par la fusion, mais on le retire du sol sous forme de morceaux de la grosseur d'une châtaigne. Cet or a une couleur si brillante que les ouvriers qui s'en servent pour enchâsser les pierres précieuses fabriquent les plus beaux joyaux.

[1] L'auteur n'en indique pas l'espèce. Peut-être faut-il lire ῥητίνη τερεβίνθου *la résine du térébinthe*, au lieu de ῥητίνη καὶ τερέβινθος. C'est une conjecture que j'oserais proposer.

[2] Selon quelques commentateurs, c'est le *juniperus sabina ;* cette espèce de genévrier fournit une huile essentielle ayant des propriétés emménagogues.

[3] C'est de l'or natif, ἄπυρος, c'est-à-dire qui n'a pas besoin de passer par le feu, d'être calciné, tandis que tous les autres minerais doivent être travaillés au feu pour en extraire les métaux ductiles et malléables. C'est là, selon moi, le vrai sens du mot ἄπυρος, que tous les interprètes me paraissent avoir mal compris.

On y rencontre des bestiaux de toute espèce et en telle abondance que ces bestiaux suffisent amplement à l'entretien de nombreuses tribus nomades qui se passent de l'usage du blé. La partie de l'Arabie limitrophe de la Syrie est remplie de bêtes féroces; les lions, les léopards y sont plus nombreux, plus grands et plus forts qu'en Libye. On y trouve aussi le tigre, appelé le *tigre babylonien*, et des animaux d'une double nature et qui semblent provenir d'un mélange de formes diverses. De ce nombre est l'autruche, qui tient à la fois de la nature des oiseaux et des chameaux, comme l'indique son nom de *struthocamelus* [1]. Les autruches sont à peu près de la grosseur d'un chameau nouveau-né ; la tête est couverte de poils légers ; les yeux sont grands, noirs et ont l'expression de ceux du chameau ; le cou est long, le bec court et effilé [2] ; les ailes se composent de plumes molles et poilues ; le corps, supporté par deux pieds bifides, semble appartenir tout à la fois à un animal terrestre destiné à marcher et à vivre sur la terre, et à un oiseau. En raison de sa lourdeur, l'autruche ne peut ni s'élever ni s'envoler ; mais elle court rapidement à la surface du sol ; comme avec une fronde, elle lance avec ses pieds des pierres contre ceux qui la poursuivent à cheval, et cela avec tant d'adresse qu'elle fait souvent tomber ses agresseurs sous ses coups violents. Quand elle est sur le point d'être prise, elle cache sa tête dans un buisson ou sous quelque autre abri, non pas, comme quelques-uns le prétendent, par stupidité, s'imaginant qu'elle n'est pas vue parce qu'elle ne voit personne, mais par l'instinct qui la porte à garantir la tête, comme étant la partie la moins protégée de son corps. En effet, la nature est un excellent maître : elle apprend aux animaux leur propre conservation ainsi que celle de leurs petits ; et par cet instinct inné elle assure à jamais la propagation des espèces.

LI. On trouve aussi dans l'Arabie le *camélo-pardalis* [3], qui

[1] De στρουθός, moineau, et κάμηλος, chameau.

[2] Terrasson a commis ici une double erreur en traduisant ῥύγχος εἰς ὀξὺ συνηγμένον par « bec recourbé en pointe. »

[3] C'est sans doute de la girafe qu'il est ici question, bien que plusieurs

partage en quelque sorte la nature des deux animaux dont il porte les noms. Il est plus petit de taille que le chameau et son cou est plus court; sa tête et ses yeux rappellent ceux de la panthère; comme le chameau, il a une bosse au dos; la couleur de sa peau et son pelage ressemblent à ceux de la panthère, dont il se rapproche encore par la longueur de sa queue. On trouve dans cette même contrée des *tragélaphes*[1], des bubales et plusieurs autres animaux de même sorte, qui semblent chacun réunir deux types différents. Mais il serait trop long de nous y arrêter. C'est une opinion générale que les pays méridionaux, étant vivifiés par l'action fécondante du soleil, produisent les espèces d'animaux les plus nombreuses, les plus variées et les plus belles. Ainsi on voit en Égypte des crocodiles et des hippopotames; en Éthiopie et dans le désert de la Libye, des éléphants, des serpents, des dragons, et tant d'autres animaux d'une taille et d'une force extraordinaires. C'est par la même raison que l'Inde possède cette multitude d'éléphants qui l'emportent sur les autres animaux en grandeur et en puissance.

LII. Indépendamment des animaux de formes si singulières, l'Inde produit, grâce à l'influence bienfaisante du soleil, des pierres de couleurs différentes et remarquables par leur éclat ou leur transparence. Tels sont les cristaux; ils se composent d'eau pure congelée, non par le froid, mais par l'action d'un feu divin qui les rend inaltérables; ils sont diversement colorés par la pénétration d'une matière volatile. L'émeraude et le béryl se forment dans les mines de cuivre, et se colorent par l'action de substances sulfureuses tinctoriales. Les chrysolithes, engendrés par la chaleur du soleil, doivent aussi, dit-on, leur couleur à une matière volatile. C'est pourquoi on fabrique les chrysolithes artificielles, en teignant les cristaux par le moyen du feu produit par l'homme[2]. Les escarboucles

points de la description ne puissent guère s'appliquer à cet animal qui avait excité l'admiration des anciens.

[1] Τραγέλαφος signifie littéralement *bouc-cerf*.

[2] Le cristal (κρύσταλλος) que les physiciens grecs considéraient comme étant composé d'eau pure congelée, non par le froid, mais par l'action d'un feu divin,

empruntent à la lumière qui s'y trouve fixée le plus ou moins d'éclat qu'elles présentent. Il en est de même des couleurs que revêtent les oiseaux; les uns paraissent absolument de couleur pourpre; les autres sont chatoyants de diverses couleurs; ceux-ci sont d'un jaune de flamme, ceux-là d'un jaune de safran; ils prennent la couleur de l'émeraude et de l'or, suivant les diverses réflexions de la lumière. Enfin, il serait difficile de trouver un nom à chacune des colorations qui se produisent de cette manière. On observe la même chose dans la formation de l'arc-en-ciel par la lumière du soleil. De tous ces phénomènes les physiciens ont conclu que la chaleur innée et naturelle est le principe colorant des corps (dont nous venons de parler), mis en action par le soleil qui vivifie tous les êtres. Les couleurs variées des fleurs et des terrains ont la même origine. C'est donc en imitation de la puissance naturelle du soleil que les arts pratiqués par l'homme, disciple de la nature, arrivent à colorer la matière et à la faire varier d'aspect; car la lumière est la cause des couleurs; de plus, elle développe le parfum des fruits, les propriétés des sucs, la taille et les instincts des animaux. La lumière et la chaleur du soleil produisent les différentes qualités du sol; elles rendent, par leur douce influence, la terre fertile et l'eau fécondante; enfin, le soleil est l'architecte de la nature. Ni la pierre lygdienne de Paros, ni aucun marbre célèbre, n'est comparable aux pierres des Arabes: elles sont supérieures aux autres par leur blancheur éclatante, par leur poids et leur poli. Tout cela tient, comme

était le cristal de roche (acide silicique) qui est effectivement de formation plutonienne ou ignée. Le cristal de roche forme avec la potasse ou la soude la partie essentielle des pierres précieuses artificielles, dont les anciens connaissaient parfaitement la préparation. La pâte vitreuse, composée de silicate de potasse, étant fondue avec certains oxydes métalliques, donne des verres ou cristaux artificiels diversement colorés. Avec l'oxyde de cuivre, on imite l'émeraude, avec l'oxyde d'or, le rubis; avec l'oxyde de cobalt, le saphir, etc. — Les physiciens de l'antiquité avaient pour principe d'imiter la nature. Ils attribuaient, avec raison, une grande puissance génératrice au feu divin (πῦρ θεῖον), c'est-à-dire au soleil, si bien dénommé δημιουργὸς τῆς φύσεως, l'architecte de la nature. C'est le feu divin de cet architecte de la nature qu'ils cherchaient à imiter par le feu, ouvrage des mortels (πυρὸς διὰ τοῦ θνητοῦ.... γεγονότος).

nous l'avons dit, à l'action du soleil qui cimente les corps, les rend compactes par la sécheresse et leur donne de l'éclat [1].

LIII. Ce principe s'applique aussi aux oiseaux. Ayant obtenu en partage la plus grande portion de chaleur [2], ils sont, en raison de leur légèreté, destinés au vol; ils ont, par l'action du soleil, le plumage diversement nuancé, surtout dans les contrées méridionales. C'est ainsi que la Babylonie produit une multitude de paons, ornés des plus beaux plumages; et l'on voit sur les confins de la Syrie [3], des perroquets, des *porphyriens* [4], des pintades et beaucoup d'autres animaux dont les corps brillent de mille couleurs variées. La même chose se remarque dans les autres

[1] Il y a de ces vérités qui sont senties plutôt que comprises : elles sont contemporaines de l'homme. Le culte que les peuples primitifs ont voué au soleil a certainement sa raison, non pas seulement dans l'éclat lumineux de cet astre qui fait distinguer le jour des ténèbres, mais surtout dans l'influence vivifiante, mystérieuse, et pour ainsi dire toute divine, que le soleil exerce sur tout l'ensemble de la nature. Cette influence a été sans doute reconnue de tout temps, bien qu'on n'eût encore peut-être aucun moyen de s'appuyer sur des démonstrations scientifiques. Depuis des milliers d'années (Diodore n'est ici que l'interprète de témoignages plus anciens) on sait que la lumière du soleil est la cause des couleurs, mais c'est depuis un siècle et demi à peine que l'on a trouvé la démonstration scientifique de ce fait par la décomposition de la lumière en ses couleurs primitives : les corps qui nous paraissent *jaunes*, absorbent toutes les autres couleurs du spectre solaire, moins le *jaune ;* les corps qui nous paraissent *verts* absorbent toutes les autres couleurs, moins le *vert*, etc. Les anciens savaient comme nous que le chatoiement irisé des plumes des oiseaux est un effet du soleil; mais ils ne savaient pas comment cet effet résulte de certains phénomènes de diffraction que la physique nous explique aujourd'hui. Les anciens attribuaient à l'action du soleil le parfum des fruits du Midi. La chimie cherche aujourd'hui à nous rendre compte de ce fait. Les philosophes de l'école ionienne avaient été conduits à admettre théoriquement qu'il existe dans l'air un esprit (πνεῦμα) qui entretient le feu et la respiration; pendant des siècles on l'a cherché en tâtonnant; maintenant tout le monde peut le palper, cet esprit, que Lavoisier a appelé *oxygène*. Il serait inutile de multiplier les exemples. Il me suffit d'avoir fait ressortir que les grandes vérités scientifiques, exprimées dans leur formule la plus générale, ont été connues presque de tout temps, et qu'elles sont en quelque sorte inhérentes à l'intelligence même de l'homme; tous les progrès de la science ne semblent donc consister que dans la découverte des détails démonstratifs à l'appui de ces vérités.

[2] Ce qu'il y a de remarquable, c'est qu'en effet, de tous les animaux connus, les oiseaux développent le plus de chaleur et ont le sang le plus chaud, ainsi que le démontre l'expérience. Leur respiration est également plus active que celle des autres animaux.

[3] C'est-à-dire de l'Assyrie.

[4] Flamants (?).

pays qui se trouvent dans les mêmes conditions ; je veux parler de l'Inde, des bords de la mer Rouge, de l'Éthiopie et de certaines contrées de la Libye. Les pays situés vers l'orient, ayant un sol plus gras, produisent des animaux plus nobles et plus grands. Partout ailleurs, les qualités des êtres sont en rapport avec la bonté de la terre qui les nourrit. Ainsi, pour emprunter des exemples aux arbres, les palmiers de la Libye donnent des fruits secs et petits ; tandis que les palmiers de la Cœlé-Syrie, appelés *Caryotes*, donnent des fruits remarquables par leur saveur, leur volume et l'abondance du suc. Mais on trouve de ces fruits bien plus grands encore en Arabie et dans la Babylonie ; on en recueille qui ont jusqu'à six doigts de longueur, et leur couleur est tantôt d'un jaune de miel, tantôt d'un rouge de pourpre, de manière à charmer tout à la fois la vue et le palais. Les tiges des palmiers s'élèvent à une hauteur considérable ; elles sont nues et sans feuilles jusqu'à la cime ; le sommet de la tige se compose d'un faisceau de feuilles, qui est comme une chevelure dont la disposition varie. Chez les uns, ces feuilles ou rameaux sont disposés circulairement ; au milieu se trouve le fruit, qui sort, sous forme de grappe, d'une enveloppe déchirée ; chez les autres, cette chevelure du sommet est penchée de côté, semblable à un brandon dont le vent fait incliner la flamme ; dans d'autres palmiers enfin, elle est divisée en deux parties, et paraissant ainsi double, elle présente un aspect pittoresque.

LIV. La partie méridionale de l'Arabie se nomme *Arabie Heureuse*. L'intérieur est peuplé d'Arabes nomades, qui vivent sous des tentes, élèvent de grands troupeaux de bétail et habitent des plaines immenses. L'espace compris entre ces plaines et l'Arabie Heureuse, est désert et privé d'eau, comme nous l'avons dit. La région occidentale de l'Arabie est formée de plaines sablonneuses, immenses comme l'Océan, et où, comme sur la mer, le voyageur ne peut diriger sa route que d'après la constellation de l'Ourse. La partie de l'Arabie qui avoisine la Syrie est peuplée d'agriculteurs et de marchands qui, par un échange opportun de leurs marchandises, entretiennent partout une égale abondance[1]. Enfin, la partie de l'Arabie qui, située au delà de l'Arabie Heureuse, borde l'Océan, est traversée par de grands et de nombreux fleuves donnant naissance à plusieurs lacs et à des marais immenses. Arrosé par des canaux, tirés de ces fleuves, ou par les pluies d'été, le sol donne une double récolte. Ce pays nourrit des troupeaux d'éléphants et d'autres animaux terrestres monstrueux, et remarquables par leurs formes. On y trouve beaucoup de bestiaux, particulièrement des bœufs et des moutons à queue longue et épaisse. Il y a des espèces nombreuses et variées de chameaux; les uns sont sans poil, les autres velus; d'autres enfin ont sur le dos une double bosse, ce qui leur a valu le nom de chameaux *dityles*[2]. Leur lait et leur chair fournissent aux habitants une nourriture abondante. Ceux qui sont habitués à recevoir des fardeaux portent sur leur dos jusqu'à dix médimnes de froment[3], y compris cinq hommes qui les montent. Les dromadaires, étant plus légers et ayant les jambes plus grêles, supportent de grandes marches à travers les contrées désertes et sans eau. Ces animaux servent même dans la guerre; ils sont alors montés par deux archers, placés dos à dos, dont l'un combat dans l'attaque et l'autre dans la retraite.

En voilà assez sur l'Arabie. Si nous nous sommes un peu étendu sur les productions de ce pays, c'était afin de fournir au lecteur studieux un sujet intéressant.

LV. Nous allons maintenant donner quelques détails sur les merveilles d'une île découverte dans l'Océan méridional, en commençant par l'origine de cette découverte. Iambulus était, dès son enfance, curieux de s'instruire; à la mort de son père, qui était marchand, il se livra au commerce. Passant par l'Arabie pour se rendre dans la contrée d'où viennent les aromates, il fut, avec ses compagnons de voyage, saisi par des brigands.

[1] Comparez Ammien, XIV, 8 : *Huic* (Syriæ Palæstinæ) *Arabia est conserta, ex alio latere Nabatæis contigua: optima varietate commerciorum, castrisque oppleta validis et castellis.*

[2] A deux tubercules ou bosses.

[3] Environ cinq hectolitres.

Il fut d'abord employé à garder les troupeaux avec un de ses compagnons. Ils tombèrent ensuite tous deux entre les mains de quelques brigands éthiopiens, qui les emmenèrent dans la partie maritime de l'Éthiopie. Ainsi enlevés, ils furent, comme étrangers, destinés à la pratique d'une cérémonie expiatoire pour purifier le pays. Cette cérémonie, dont l'usage est établi parmi ces Éthiopiens depuis un temps immémorial et sanctionné par des oracles, s'accomplit toutes les vingt générations ou tous les six cents ans, en comptant trente ans par génération. A cet effet, on emploie deux hommes pour lesquels on équipe un navire de dimensions proportionnées, capable de résister aux tempêtes et d'être aisément conduit par deux rameurs. Ils l'approvisionnent de vivres pour six mois, y font entrer les deux hommes désignés, et leur ordonnent, conformément à l'oracle, de se diriger vers le midi. En même temps, ces deux hommes reçoivent l'assurance qu'ils arriveront dans une île fortunée, habitée par une race d'hommes doux, parmi lesquels ils passeront une vie heureuse. On déclare aussi aux voyageurs que s'ils arrivent sains et saufs dans cette île, l'Éthiopie jouira, pendant six cents ans, d'une paix et d'un bonheur continuels; mais que si, effrayés de l'immensité de l'Océan, ils ramenaient leur navire en arrière, ils s'exposeraient, comme des impies et comme des hommes funestes à l'État, aux plus terribles châtiments. Les Éthiopiens célébrèrent donc cette fête solennelle sur les bords de la mer, et après avoir brûlé des sacrifices pompeux, ils couronnèrent de fleurs les deux hommes chargés du salut de la nation, et les embarquèrent. Après avoir navigué pendant quatre mois, et lutté contre les tempêtes, ils abordèrent dans l'île désignée, qui est de figure ronde et qui a jusqu'à cinq mille stades de circonférence[1].

[1] Environ quatre-vingt-douze myriamètres. Quelques-uns pensent qu'il est ici question de l'île de Ceylan (Taprobane). Il paraît plus rationnel de regarder tout ce récit en grande partie comme le fruit de l'imagination de Iambulus. Il serait donc oiseux d'y ajouter le moindre commentaire. Au reste, Iambulus avait déjà auprès de ses compatriotes la réputation d'un *nugator*.

LVI. En s'approchant de cette île, ils virent quelques naturels venir à leur rencontre pour tirer leur barque à terre. Tous les insulaires accoururent et admirèrent l'entreprise des deux étrangers, qui furent bien accueillis et pourvus de toutes les choses nécessaires. Ces insulaires diffèrent beaucoup des habitants de nos contrées par les particularités de leurs corps et par leurs mœurs. Ils ont tous à peu près la même conformation, et leur taille est au delà de quatre coudées[1]. Leurs os peuvent se courber et se redresser, comme des cordes élastiques. Leurs corps paraissent extrêmement faibles, mais ils sont beaucoup plus vigoureux que les nôtres; car lorsqu'ils saisissent quelque chose dans leurs mains, personne ne peut le leur arracher. Ils n'ont de poils que sur la tête, aux sourcils, aux paupières et à la barbe; tout le reste du corps est si lisse qu'on n'y aperçoit pas le moindre duvet. Leur physionomie est belle, et toutes les parties du corps sont bien proportionnées. Leurs narines sont beaucoup plus ouvertes que les nôtres, et on y voit pendre une excroissance semblable à une languette. Leur langue a aussi quelque chose de particulier, en partie naturel, en partie artificiel : elle est fendue dans sa longueur de manière à paraître double jusqu'à la racine. Cette disposition leur donne la faculté de produire une grande variété de sons, d'imiter non-seulement tous les dialectes, mais encore les chants de divers oiseaux, en un mot, tous les sons imaginables. Ce qu'il y a de plus merveilleux, c'est que le même homme peut causer avec deux personnes à la fois, leur répondre et soutenir la conversation, en se servant d'une moitié de la langue pour parler au premier, et de l'autre moitié pour parler au second.

Le climat y est très-tempéré, parce que l'île est située sous la ligne équinoxiale; les habitants ne souffrent ni de trop de chaleur ni de trop de froid. Il y règne un automne perpétuel, et comme dit le poëte : « La poire mûrit près de la poire, « la pomme près de la pomme, la grappe succède à la grappe, « la figue à la figue[2]. » Les jours sont constamment égaux aux

[1] Près de deux mètres.
[2] *Odyssée*, chant VII, v. 120.

nuits, et à midi les objets ne jettent point d'ombre, parce que le soleil se trouve alors perpendiculairement sur leur tête.

LVII. Les habitants sont distribués en familles ou en tribus, dont chacune ne se compose que de quatre cents personnes au plus. Ils vivent dans des prairies, où ils trouvent tout ce qui est nécessaire à l'entretien de la vie, car la bonté du sol et la température du climat produisent plus de fruits qu'il ne leur en faut. Il croît surtout dans cette île une multitude de roseaux portant un fruit semblable à l'orobe blanche. Les habitants le recueillent et le laissent macérer dans l'eau chaude jusqu'à ce qu'il acquière la grosseur d'un œuf de pigeon; après l'avoir moulu et pétri avec leurs mains, ils en cuisent des pains d'une saveur très-douce. On y trouve aussi beaucoup de sources dont les unes, chaudes, sont employées pour les bains de délassement; les autres, froides, agréables à boire, sont propres à entretenir la santé. Les insulaires s'appliquent à toutes les sciences, et particulièrement à l'astrologie; leur alphabet se compose de sept caractères, mais dont la valeur équivaut à vingt-huit lettres, chaque caractère primitif étant modifié de quatre manières différentes. Les habitants vivent très-longtemps; ils parviennent ordinairement jusqu'à l'âge de cent cinquante ans, et sans avoir éprouvé de maladies. Une loi sévère condamne à mourir tous ceux qui sont contrefaits ou estropiés. Leur écriture consiste à tracer les signes, non pas comme nous transversalement, mais perpendiculairement de haut en bas [1]. Lorsque les habitants sont arrivés à l'âge indiqué, ils se donnent volontairement la mort par un procédé particulier. Il croît dans ce pays une plante fort singulière : lorsqu'on s'y couche, on tombe dans un sommeil profond, et l'on meurt [2].

LVIII. Le mariage n'est point en usage parmi eux; les femmes

[1] Cette écriture était analogue à celle des Mandschous. Ce passage se rattache plus immédiatement au récit donné quelques lignes plus haut. J'ai cru devoir m'abstenir de cette transposition par respect pour l'original.

[2] Cette plante rappelle le mancenillier de la vallée de Mort à Java.

et les enfants sont entretenus et élevés à frais communs et avec une égale affection. Les enfants encore à la mamelle sont souvent changés de nourrices, afin que les mères ne reconnaissent pas ceux qui leur appartiennent. Comme il ne peut y avoir ni jalousie ni ambition, les habitants vivent entre eux dans la plus parfaite harmonie. Leur île renferme une espèce d'animaux de petite taille, dont le corps et le sang présentent des propriétés fort singulières. Ces animaux sont de forme arrondie, parfaitement semblable aux tortues; leur dos est marqué de deux raies jaunes, disposées en forme de X : aux extrémités de chaque raie se trouve un œil et une bouche, de manière que l'individu a quatre yeux pour voir, et autant de bouches pour introduire les aliments dans un seul gosier qui les porte tous dans un estomac unique. Les intestins, ainsi que les autres viscères, sont également simples. Les pieds, disposés circulairement, donnent à cet animal la faculté de marcher là où l'instinct le conduit; son sang a une propriété fort extraordinaire : il agglutine sur-le-champ un membre coupé en deux, tel que la main ou toute autre partie du corps, pourvu que la coupure soit récente, et qu'elle n'intéresse pas des organes essentiels à la vie. Chaque tribu d'insulaires nourrit une espèce particulière de très-grands oiseaux qui servent à découvrir les dispositions naturelles de leurs enfants. A cet effet ils mettent les enfants sur le dos de ces oiseaux, qui les enlèvent aussitôt dans les airs; les enfants qui supportent cette manière de voyager sont conservés, et on les élève, tandis que ceux auxquels ce voyage aérien donne le mal de mer et qui se laissent choir de frayeur, sont abandonnés comme n'étant pas destinés à vivre longtemps, et comme dépourvus des bonnes qualités de l'âme. Le plus âgé est le chef de chaque tribu; il a l'autorité d'un roi auquel tous les autres obéissent; lorsqu'il atteint cent cinquante ans, il renonce, suivant la loi, volontairement à la vie, et le plus ancien le remplace immédiatement dans sa dignité.

La mer qui environne cette île est orageuse, et a des flux et des reflux considérables; mais ses eaux sont douces. Les constellations des deux Ourses, ainsi que beaucoup d'autres astres que l'on ne voit que chez nous, y sont invisibles. On compte sept îles de ce genre, toutes de même grandeur et séparées par des intervalles égaux, et qui sont toutes régies par les mêmes mœurs et les mêmes lois.

LIX. Quoique le sol fournisse à tous les habitants des vivres en abondance et sans exiger aucun travail, ils n'en usent point d'une manière désordonnée; ils ne prennent que ce qui est nécessaire, et vivent dans une grande frugalité. Ils mangent de la viande et d'autres aliments, rôtis ou cuits dans l'eau; mais ils ne connaissent point les sauces recherchées ni les épices de nos cuisiniers. Ils vénèrent comme des divinités la voûte de l'univers, le soleil, et en général tous les corps célestes. La pêche leur procure toutes sortes de poissons, et la chasse un grand nombre d'oiseaux. Parmi les arbres fruitiers sauvages, on remarque l'olivier et la vigne, qui fournissent de l'huile et du vin en abondance. On y trouve aussi des serpents énormes qui ne font aucun mal à l'homme; leur chair est bonne à manger et d'un excellent goût. Les vêtements de ces insulaires sont fabriqués avec certains joncs qui renferment au milieu un duvet brillant et doux; on recueille ce duvet, et en le mêlant avec des coquillages marins pilés, on en retire des toiles de pourpre admirables. Les animaux qu'on trouve dans ces îles ont tous des formes extraordinaires et incroyables. La manière de vivre des habitants est soumise à des règles fixes, et on ne se sert pas tous les jours des mêmes aliments. Il y a des jours déterminés d'avance pour manger du poisson, de la volaille ou de la chair d'animaux terrestres; enfin, il y a des jours auxquels on ne mange que des olives ou d'autres aliments très-simples. Les emplois sont partagés; les uns vont à la chasse, les autres se livrent à quelques métiers mécaniques; d'autres s'occupent d'autres travaux utiles; enfin, à l'exception des vieillards, ils exercent tous, alternativement et pendant un certain temps, les fonctions publiques. Dans les fêtes et les grandes solennités, ils récitent et chantent des hymnes et des louanges en l'honneur des dieux, et particulièrement en honneur du soleil auquel ils ont consacré leurs îles et leurs personnes. Ils enterrent les morts dans le sable au moment de la marée basse, afin que la mer, pendant le reflux, leur élève en quelque sorte leur tombeau. Ils prétendent que les roseaux, dont ils tirent en partie leur nourriture et qui sont de l'épaisseur d'une couronne, se remplissent à l'époque de la pleine lune, et diminuent pendant son déclin. L'eau douce et salutaire des sources chaudes, qui existent dans ces îles, conserve constamment le même degré de chaleur; elle ne se refroidit même pas lorsqu'on la mélange avec de l'eau ou du vin froids.

LX. Après un séjour de sept ans dans ces îles, Iambulus et son compagnon de voyage en furent expulsés comme des hommes méchants et de mauvaises habitudes. Ils furent donc forcés d'équiper de nouveau leur barque, et de l'approvisionner pour le retour. Au bout de plus de quatre mois de navigation, ils échouèrent, du côté de l'Inde, sur des sables et des bas-fonds. L'un périt dans ce naufrage; l'autre, Iambulus, se traîna jusqu'à un village; les habitants le conduisirent devant le roi, résidant dans la ville de Palibothra, éloignée de la mer de plusieurs journées. Ce roi, aimant les Grecs et l'instruction, lui fit un très-bon accueil, et finit par lui donner une escorte chargée de le conduire jusqu'en Perse. De là Iambulus gagna la Grèce sans accident. Tel est le récit que Iambulus a consigné lui-même dans son histoire, où il donne sur l'Inde des renseignements ailleurs inconnus. Ayant ainsi rempli la promesse que nous avions donnée au commencement, nous terminons ici le second livre.

LIVRE TROISIÈME.

SOMMAIRE.

Des Éthiopiens habitant au delà de la Libye ; de leurs traditions anciennes. — Des mines d'or, situées sur les confins de l'Égypte ; exploitation de l'or. — Des peuplades qui habitent le littoral du golfe Arabique et toute la côte de l'Océan jusqu'à l'Inde ; de leurs mœurs et des particularités tout à fait étranges et incroyables qu'on en raconte. — Histoire primitive de la Libye, des Gorgones, des Amazones, d'Ammon et d'Atlas. — Des récits fabuleux sur Nysa ; des Titans, de Bacchus et de la mère des dieux.

I. Le premier des deux livres précédents contient l'histoire des anciens rois d'Égypte, les traditions religieuses de ce pays, les particularités du Nil, la description des fruits et des divers animaux qui s'y trouvent, la topographie de l'Égypte avec les coutumes et les lois de ses habitants ; le second livre traite de l'Asie, de l'histoire des Assyriens, de la naissance et du pouvoir de Sémiramis, de la fondation de Babylone et de beaucoup d'autres villes ; de l'expédition de Sémiramis dans l'Inde ; ensuite nous avons parlé des Chaldéens et de leurs connaissances astrologiques, de l'Arabie et des productions singulières que ce pays renferme, de l'empire des Scythes, des Amazones, enfin des Hyperboréens. Conformément au plan que nous nous sommes tracé, nous allons maintenant parler des Éthiopiens, des Libyens et des Atlantides.

II. On soutient que les Éthiopiens sont les premiers de tous les hommes, et que les preuves en sont évidentes. D'abord, tout le monde étant à peu près d'accord qu'ils ne sont pas venus de l'étranger, et qu'ils sont nés dans le pays même, on peut, à juste titre, les appeler *Autochthones ;* ensuite il paraît manifeste pour tous que les hommes qui habitent le Midi sont probablement sortis les premiers du sein de la terre. Car la chaleur du soleil séchant la terre humide et la rendant propre à la génération des animaux, il est vraisemblable que la région la plus voisine du soleil a été la première peuplée d'êtres vivants[1]. On prétend aussi que les Éthiopiens ont les premiers enseigné aux hommes à vénérer les dieux, à leur offrir des sacrifices, à faire des pompes, des solennités sacrées et d'autres cérémonies, par lesquelles les hommes pratiquent le culte divin. Aussi sont-ils partout célèbres pour leur piété; et leurs sacrifices paraissent être les plus agréables à la divinité. A l'appui de cela nous avons le témoignage du poëte presque le plus ancien et le plus admiré des Grecs, qui nous représente, dans son *Iliade*, Jupiter et les autres immortels se rendant en Éthiopie pour recevoir les offrandes et les festins que les Éthiopiens leur offrent tous les ans : « Jupiter a traversé hier l'Océan « pour se rendre chez les braves Éthiopiens qui lui préparent « un festin. Tous les dieux le suivaient [2]. »

On remarque que les Éthiopiens ont recueilli, de la part des dieux, la récompense de leur piété, en n'ayant jamais essuyé le joug d'aucun despote étranger. En effet, de tout temps ils ont conservé leur liberté; et, grâce à leur union, ils n'ont jamais été soumis par les souverains qui ont marché contre eux, et dont aucun n'a réussi dans son entreprise.

III. Cambyse, qui avait tenté une expédition en Éthiopie, y perdit toute son armée, et courut lui-même les plus grands dangers. Sémiramis, si renommée par la grandeur de ses entreprises et de ses exploits, à peine s'était-elle avancée dans l'Éthiopie qu'elle abandonna aussitôt le projet de faire la guerre aux habitants de ce pays. Hercule et Bacchus, en parcourant toute la terre, ont épargné les seuls Éthiopiens, habitant au-dessus de l'Égypte, par égard à la piété de cette nation, en même temps qu'à cause de la difficulté de l'entreprise. Les Éthiopiens disent que les Égyptiens descendent d'une de leurs colonies, qui fut conduite en

[1] Comparez ce passage avec ce que Diodore a dit plus haut, liv. I. chap. 7.
[2] *Iliade*, I, 424.

Égypte par Osiris ; et ils ajoutent que ce pays n'était, au commencement du monde, qu'une mer ; mais qu'ensuite le Nil, charriant dans ses crues le limon emporté de l'Éthiopie, a peu à peu formé des atterrissements. S'appuyant sur ce qui se passe aux embouchures du Nil, ils démontrent clairement que toute l'Égypte est l'ouvrage de ce fleuve : tous les ans le terrain est exhaussé par l'apport du limon, et le sol s'agrandit aux dépens de la mer [1]. Ils disent, en outre, que la plupart des coutumes égyptiennes sont d'origine éthiopienne, en tant que les colonies conservent les traditions de la métropole ; que le respect pour les rois, considérés comme des dieux, le rite des funérailles et beaucoup d'autres usages, sont des institutions éthiopiennes ; enfin, que les types de la sculpture et les caractères de l'écriture sont également empruntés aux Éthiopiens. Les Égyptiens ont en effet deux sortes d'écritures particulières, l'une, appelée *vulgaire*, qui est apprise par tout le monde ; l'autre, appelée *sacrée*, connue des prêtres seuls, et qui leur est enseignée de père en fils, parmi les choses secrètes. Or, les Éthiopiens font indifféremment usage de l'une et de l'autre écriture. L'ordre des prêtres est, chez les deux nations, établi sur les mêmes bases. Ceux qui sont voués au culte des dieux font les mêmes purifications ; ils se rasent et sont vêtus de la même façon, et ils portent tous un sceptre en forme de charrue. Les rois des deux nations portent aussi un sceptre semblable ; ils ont de plus sur la tête un bonnet long, ombiliqué au sommet [2], et entouré de ces serpents que l'on nomme aspics. Cet ornement semble indiquer que quiconque ose commettre un attentat contre le roi est condamné à des morsures mortelles. Les Éthiopiens allèguent encore beaucoup d'autres preuves de leur antiquité et de leur colonie égyptienne ; mais nous pouvons nous dispenser de les rapporter.

[1] Comparez cette opinion avec celle qui a été récemment développée par un savant illustre, qui a parcouru l'Égypte, et examiné ce pays avec les yeux d'un profond philosophe. (*Pariset*, Mémoire sur les causes de la peste, Paris, 1837.)

[2] Ce bonnet royal ressemblait à une mitre d'évêque, comme on peut s'en convaincre par l'inspection des figures hiéroglyphiques représentant les rois de ce pays.

IV. Afin de ne rien omettre de ce qui peut intéresser l'histoire ancienne, disons maintenant un mot des caractères éthiopiens, appelés *hiéroglyphiques* par les Égyptiens. Ces caractères ressemblent les uns à diverses espèces d'animaux, les autres aux membres du corps humain, d'autres enfin, à des instruments mécaniques. Aussi, le sens de leur écriture n'est-il pas le résultat d'une réunion de syllabes; mais il ressort de la signification métaphorique des objets tracés, signification que l'exercice grave dans la mémoire. Ainsi, ils dessinent un épervier, un crocodile, un serpent ou quelque partie du corps, telle qu'un œil, une main, un visage et d'autres objets semblables. Or, ils entendent par épervier tout ce qui se fait promptement, parce que cet oiseau a le vol à peu près le plus rapide; ceci s'applique, dans un sens métaphorique, à un mouvement rapide et à tout ce qui s'y rapporte; ces choses se comprennent aussi bien que si elles étaient exprimées de vive voix. Le crocodile signifie tout ce qui a trait à la méchanceté; l'œil est le gardien de la justice et la sentinelle du corps. Parmi les membres, la main droite ouverte, avec les doigts étendus, représente le besoin d'acquérir; la main gauche fermée, la conservation et la garde des biens. Il en est de même des autres parties du corps, des instruments mécaniques ou de tout autre objet. En s'appliquant ainsi à découvrir la signification cachée de ces formes, et en exerçant leur intelligence et leur mémoire par une étude longtemps continuée, ils arrivent à lire couramment tout ce qui est ainsi écrit.

V. Les Éthiopiens ont plusieurs coutumes fort différentes de celles des autres nations, particulièrement en ce qui regarde l'élection des rois. Les prêtres choisissent les membres les plus distingués de leur classe, et celui qui est touché par l'image du dieu, portée en procession solennelle, est aussitôt proclamé roi par le peuple, qui l'adore et le vénère comme un dieu, comme s'il tenait la souveraineté d'une providence divine. Le nouveau roi se soumet au régime prescrit par les lois, et suit en général les usages héréditaires; il ne peut distribuer de bienfait ni infliger de châtiment que selon les règles établies primitivement. Il lui est défendu de mettre à mort aucun de ses sujets, il ne peut pas même punir l'accusé qui mérite la peine capitale. Dans ce dernier cas, il se borne à envoyer un de ses serviteurs, avec un certain emblème de mort, pour annoncer au criminel la sentence qui le frappe. Dès que le criminel aperçoit cet emblème, il entre dans sa maison et s'ôte lui-même la vie[1]; il n'est point permis de s'enfuir à l'étranger, et le bannissement, peine si commune chez les Grecs, est défendu. On raconte à ce sujet, qu'un jour un condamné, voyant arriver chez lui le porte-mort envoyé par le roi, voulut se sauver en Éthiopie; mais que sa mère, s'en étant aperçue, passa sa ceinture au cou de son fils, qui se laissa étrangler sans oser y opposer la moindre résistance : il s'était, au contraire, laissé patiemment serrer la gorge jusqu'à ce que la mort s'ensuivît, afin de ne pas imprimer au nom de sa famille une tache d'infamie trop grande.

VI. De toutes les coutumes, la plus singulière est celle qui se pratique à la mort des rois. A Méroé, les prêtres chargés du culte divin exercent l'autorité la plus absolue, puisqu'ils peuvent, si l'idée leur vient dans l'esprit, dépêcher au roi un messager et lui ordonner de mourir. Ils déclarent alors que telle est la volonté des dieux, et que de faibles humains ne doivent point mépriser les ordres des immortels. Ils font entendre encore d'autres raisons qu'un esprit simple accueille toujours avec confiance, élevé qu'il est dans les vieilles traditions dont il ne peut s'affranchir, et ne trouvant aucune objection contre des ordres si arbitraires. C'est ainsi que dans les siècles précédents les rois ont été soumis aux prêtres, non par la force des armes, mais par l'influence de craintes superstitieuses. Mais, sous le règne du second des Ptolémées, Ergamène, roi des Éthiopiens, élevé à l'école des Grecs et instruit dans la philosophie, osa le premier braver ces préjugés. Prenant une résolution digne d'un

[1] Ce fait seul suffirait pour faire voir l'empire extraordinaire que la valeur symbolique de certains signes exerçait sur l'imagination de ce singulier peuple. C'était là le grand secret de la puissance des sciences hiéroglyphiques et occultes.

roi, il pénétra avec ses soldats dans le sanctuaire du temple d'or des Éthiopiens et massacra tous les prêtres. Après avoir aboli une coutume absurde, il gouverna le pays selon sa volonté.

VII. Les amis du roi suivent une coutume qui, malgré son étrangeté, existe, dit-on, encore aujourd'hui. Lorsque le roi a perdu un membre du corps par un accident quelconque, tous ses familiers se privent volontairement du même membre; car ils regardent comme une chose honteuse que, le roi étant par exemple boiteux, ses courtisans puissent marcher droit, et que tous, quand il sort, ne puissent pas le suivre en boitant; enfin, il leur paraît inconvenant de ne pas partager avec le roi les incommodités corporelles, puisque la véritable amitié consiste à mettre en commun tous les biens ainsi que tous les maux, et surtout les maux physiques. Il est aussi d'usage qu'à la mort du roi tous ses amis se laissent mourir volontairement : ils croient par là donner des témoignages glorieux de leur affection sincère. Il n'est donc pas facile d'attenter, chez les Éthiopiens, aux jours du roi; car le roi et ses amis ont tous un égal intérêt à veiller à sa sûreté. Telles sont les lois et les coutumes des Éthiopiens qui habitent la métropole[1], l'île de Méroé et la partie de l'Éthiopie voisine de l'Égypte.

VIII. Il existe encore beaucoup d'autres tribus éthiopiennes, dont les unes habitent les deux rives du Nil et les îles formées par ce fleuve, les autres occupent les confins de l'Arabie, et d'autres vivent dans l'intérieur de la Libye. Presque tous ces Éthiopiens, et surtout ceux qui sont établis sur les rives du Nil, ont la peau noire, le nez épaté et les cheveux crépus[2]; leurs mœurs sont très-sauvages et féroces comme celles des bêtes auxquelles ils ressemblent, non pas tant par leur caractère, que par leurs habitudes. Leur corps est sale et leurs ongles très-longs comme ceux des animaux; ils sont étrangers aux sentiments d'humanité : quand ils parlent, ils ne font entendre qu'un son de voix aigu; enfin

[1] La ville de Méroé, portant le même nom que l'île. Héliodore, X, p. 460 : « La métropole des Éthiopiens est Méroé. »

[2] A ces caractères, tout le monde reconnait la race nègre.

ils ne cherchent point à se civiliser comme les autres nations; leurs mœurs diffèrent entièrement des nôtres. Ils ont pour armes des boucliers en cuir de bœuf, des piques courtes, des lances recourbées; quelquefois ils se servent d'arcs de bois de quatre coudées de long, qu'ils bandent avec le pied; après que toutes les flèches sont lancées, ils combattent avec des massues de bois. Ils font aussi porter les armes aux femmes, qui sont obligées de servir pendant un certain temps; la plupart d'entre elles portent ordinairement un anneau de cuivre passé dans une des lèvres de la bouche. Quelques-uns de ces Éthiopiens vont tout nus; seulement, pour se garantir des chaleurs, ils se servent des premiers objets qui tombent sous leur main; les uns coupent aux moutons les queues avec lesquelles ils se cachent les hanches en les laissant pendre par-devant pour cacher les parties sexuelles, d'autres emploient pour cela les peaux de leurs bestiaux; il y en a qui s'enveloppent le milieu du corps de ceintures faites de cheveux tressés, la nature du pays ne permettant pas aux brebis d'avoir de la laine. Quant à la nourriture, les uns vivent d'un fruit aquatique qui croît naturellement autour des étangs et dans les endroits marécageux; les autres cueillent les sommités les plus tendres des végétaux qui leur donnent pendant les fortes chaleurs un ombrage rafraîchissant; d'autres sèment du sésame et du lotus; il y en a qui se nourrissent des racines les plus tendres des roseaux. Comme beaucoup d'entre eux sont exercés à manier l'arc, ils tirent un grand nombre d'oiseaux dont la chasse leur procure d'abondants aliments; mais la plupart vivent de la chair, du lait et du fromage de leurs troupeaux.

IX. Les Éthiopiens qui habitent au-dessus de Méroé ont deux opinions différentes à l'égard des dieux. Ils disent que les uns, comme le Soleil, la Lune et le Monde, sont d'une nature éternelle et indestructible; que les autres, ayant reçu en partage une nature mortelle, ont acquis les honneurs divins par leurs vertus et leurs bienfaits. C'est ainsi qu'ils vénèrent Isis, Pan, Hercule et Jupiter, qu'ils regardent comme ayant été les plus grands bienfaiteurs du genre humain. Cependant un petit nombre d'Éthiopiens n'admettent aucunement l'existence des dieux, et maudissant le soleil comme leur plus grand ennemi, ils se retirent, au lever de cet astre, dans des marécages. Leurs coutumes concernant les morts sont fort étranges. Les uns jettent les corps dans le fleuve, pensant que c'est là le mode de sépulture le plus distingué; les autres les entourent de verre, et les gardent dans leurs demeures, dans la conviction que les morts ne doivent pas être inconnus à leurs parents, et que ces derniers ne doivent pas oublier la mémoire des membres de leur famille; d'autres renferment les morts dans des cercueils de terre cuite et les enterrent alentour des temples; le serment prononcé sur ces tombeaux est pour eux le plus solennel. Ils défèrent la royauté, tantôt aux hommes les plus beaux, dans la croyance que la royauté et la beauté sont toutes deux des dons de la fortune, tantôt à ceux qui élèvent avec le plus de soin les troupeaux, parce qu'ils les supposent les plus aptes à garder leurs sujets. Ailleurs, ils choisissent pour roi le plus riche, dans la pensée qu'il sera le plus en état de secourir ses peuples. D'autres, enfin, confient le pouvoir suprême aux plus courageux, parce qu'ils n'estiment comme dignes de commander que ceux qui ont acquis le plus de gloire à la guerre[1].

X. Il existe aux environs du Nil, dans la Libye, un endroit très-beau, qui produit avec profusion et variété tout ce qui sert à l'entretien de l'homme; et on y trouve, dans les marais, un refuge contre les chaleurs excessives. Aussi les Libyens et les Éthiopiens sont-ils continuellement en guerre, pour se disputer ce terrain. On y voit une multitude d'éléphants qui, selon quelques historiens, descendent des hautes régions, attirés par la richesse des pâturages. En effet, des deux côtés du fleuve s'étendent d'immenses prairies, riches en herbes de toute espèce. Quand une fois l'éléphant a goûté des joncs et des roseaux qui s'y trouvent, retenu par une si douce pâture, il y fixe son séjour et détruit les récoltes des

[1] Dans quelques éditions, tout ce chapitre est réuni au chapitre précédent. C'est pourquoi le livre III se compose, suivant les uns, de soixante-treize chapitres, et suivant d'autres, de soixante-quatorze.

habitants qui, pour cette raison, mènent une vie de nomades, vivent sous des tentes, et, établissent leur patrie là où ils se trouvent bien. Chassés par la faim, les éléphants abandonnent par troupeaux l'intérieur du pays; car le soleil y brûle la végétation, dessèche les sources et les rivières, de sorte que les vivres et l'eau sont très-rares. On raconte qu'il y a dans une contrée, appelée sauvage, des serpents d'une grandeur prodigieuse, qui attaquent les éléphants autour des confluents des eaux. Ces reptiles s'élancent vigoureusement sur l'éléphant, enlacent de leurs replis ses jambes, et le serrent avec force, en l'enveloppant dans leurs spires, jusqu'à ce que l'animal tombe de tout son poids, épuisé et couvert d'écume. Après cela, les serpents se rassemblent autour de la victime et l'avalent[1] : ils s'en emparent aisément, parce que l'éléphant se meut difficilement. Mais, lorsqu'ils ont par hasard manqué leur proie, ils ne poursuivent pas les traces de l'éléphant sur les bords du fleuve, et recherchent leur nourriture ordinaire. On en donne pour raison que ces immenses reptiles évitent les pays plats et se tiennent au pied des montagnes dans des crevasses ou des cavernes profondes, et qu'ils quittent rarement ces retraites convenables et habituelles; car la nature enseigne à tous les animaux les moyens de leur conservation. Voilà ce que nous avions à dire des Éthiopiens et du pays qu'ils habitent.

XI. Avant de reprendre notre sujet, il sera nécessaire de donner un aperçu des nombreux historiens qui ont traité de l'Égypte et de l'Éthiopie. Parmi ces historiens, les uns ont ajouté foi à de fausses traditions; les autres, ayant forgé des fables à plaisir, ne méritent, avec raison, aucune foi. Cependant Agatharchide de Cnide, dans le second livre de son histoire de l'Asie[2], le géographe Artémidore d'Éphèse, dans le huitième livre de son ouvrage, et quelques autres écrivains qui ont

[1] Le mot σαρκοφαγεῖν exprime ici parfaitement l'acte du serpent avalant sa proie toute crue. En effet, les reptiles avalent et ne mâchent jamais leur proie, leurs dents n'étant pas faites pour la mastication.

[2] Agatharchide, auquel notre historien a fait d'assez larges emprunts, paraît avoir été contemporain de Ptolémée VI.

habité l'Égypte, et qui ont rapporté la plupart des détails précédents, ont presque toujours rencontré juste. Enfin, nous-même, pendant notre voyage en Égypte, nous avons eu des relations avec beaucoup de prêtres, et nous nous sommes entretenus avec un grand nombre d'envoyés éthiopiens. Après avoir soigneusement recueilli ce que nous avons appris de cette manière, et compulsé les récits des historiens, nous n'avons admis dans notre narration que les faits généralement avérés. Nous avons ainsi fait suffisamment connaître ce qui concerne les Éthiopiens qui habitent à l'occident; nous allons parler maintenant de ceux qui demeurent au midi et sur les bords de la mer Rouge, après que nous aurons donné quelques détails sur l'exploitation de l'or qui existe dans ces contrées.

XII. A l'extrémité de l'Égypte, entre les confins de l'Arabie et de l'Éthiopie, se trouve un endroit riche en mines d'or, d'où l'on tire ce métal à force de bras, par un travail pénible et à grands frais. C'est un minerai noir, marqué de veines blanches et de taches resplendissantes. Ceux qui dirigent les travaux de ces mines emploient un très-grand nombre d'ouvriers, qui tous sont ou des criminels condamnés, ou des prisonniers de guerre et même des hommes poursuivis pour de fausses accusations et incarcérés par animosité; les rois d'Égypte forcent tous ces malheureux, et quelquefois même tous leurs parents, à travailler dans les mines d'or; ils réalisent ainsi la punition des condamnés, tout en retirant de grands revenus du fruit de leurs travaux. Ces malheureux, tous enchaînés, travaillent jour et nuit sans relâche, privés de tout espoir de fuir, sous la surveillance de soldats étrangers parlant des langues différentes de l'idiome du pays, afin qu'ils ne puissent être gagnés ni par des promesses ni par des prières.

La roche qui renferme l'or étant très-compacte, on la rend cassante à l'aide d'un grand feu, et on la travaille ensuite des mains; lorsque le minerai, devenu ainsi friable, est susceptible de céder à un effort modéré, des milliers de ces misérables le brisent avec des outils de fer, qui servent à tailler les pierres. Celui qui reconnaît la veine d'or se place à la tête des ouvriers et leur désigne l'endroit à fouiller. Les plus robustes des malheureux condamnés sont occupés à briser le silex avec des coins de fer, en employant pour ce travail, non les moyens de l'art, mais la force de leurs bras; les galeries qu'ils pratiquent de cette façon ne sont pas droites, mais vont dans la direction du filon métallique; et comme, dans ces sinuosités souterraines, les travailleurs se trouvent dans l'obscurité, ils portent des flambeaux attachés au front. Changeant souvent la position de leur corps, suivant les qualités de la roche, ils font tomber sur le sol les fragments qu'ils détachent. Ils travaillent ainsi sans relâche sous les yeux d'un surveillant cruel qui les accable de coups.

XIII. Des enfants encore impubères pénètrent, par les galeries souterraines, jusque dans les cavités des rochers, ramassent péniblement les fragments de minerai détachés et les portent au dehors, à l'entrée de la galerie. D'autres ouvriers, âgés de plus de trente ans, prennent une certaine mesure de ces fragments et les broient dans des mortiers de pierre avec des pilons de fer, de manière à les réduire à la grosseur d'une orobe [1]. Le minerai ainsi pilé est pris par des femmes et des vieillards qui le mettent dans une rangée de meules, et, se plaçant deux ou trois à chaque manivelle, ils réduisent par la mouture chaque mesure de minerai pilé en une poudre aussi fine que la farine. Tout le monde est saisi de commisération à l'aspect de ces malheureux qui se livrent à ces travaux pénibles, sans avoir autour du corps la moindre étoffe qui cache leur nudité. On ne fait grâce ni à l'infirme, ni à l'estropié, ni au vieillard débile, ni à la femme malade. On les force tous au travail à coups redoublés, jusqu'à ce qu'épuisés de fatigues ils expirent à la peine. C'est pourquoi ces infortunés, ployant sous les maux du présent, sans espérance de l'avenir, attendent avec joie la mort, qui leur est préférable à la vie.

XIV. Enfin, les mineurs ramassent le minerai ainsi moulu et

[1] Fruit semblable à une lentille.

mettent la dernière main au travail ; ils l'étendent d'abord sur des planches larges et un peu inclinées ; puis ils y font arriver un courant d'eau qui entraîne les matières terreuses, tandis que l'or, plus pesant, reste. Ils répètent plusieurs fois cette opération, frottent la matière légèrement entre les mains, et, en l'essuyant mollement avec des éponges fines, ils achèvent d'enlever les impuretés jusqu'à ce que la poudre d'or devienne nette et brillante. D'autres ouvriers reçoivent un poids déterminé de cette poudre et la jettent dans des vases de terre ; ils y ajoutent du plomb, en proportion du minerai, avec quelques grains de sel, un peu d'étain et du son d'orge. Après quoi, ils recouvrent les vases d'un couvercle qu'ils lutent exactement et les exposent à un feu de fourneau pendant cinq jours et cinq nuits, sans discontinuer. Ils les retirent ensuite du feu et les laissent refroidir ; en les découvrant ils n'y trouvent autre chose que l'or devenu très-pur et ayant un peu perdu de son poids ; toutes les autres matières ont disparu [1].

Tel est le mode d'exploitation des mines d'or situées sur les confins de l'Égypte. Ces immenses travaux nous font comprendre que l'or s'obtient difficilement, que sa conservation exige de grands soins et que son usage est mêlé de plaisirs et de peines. Au reste, la découverte de ces mines est très-ancienne et nous vient des premiers rois.

Nous allons maintenant parler des peuples qui habitent les bords du golfe Arabique, la Troglodytique et l'Éthiopie méridionale.

XV. Nous dirons d'abord un mot des Ichthyophages qui peuplent tout le littoral, depuis la Carmanie et la Gédrosie jusqu'à l'extrémité la plus reculée du golfe Arabique. Ce golfe s'étend dans l'intérieur des terres à une très-grande distance ; il est resserré à son entrée par deux continents, dont l'un est l'Arabie Heureuse, et l'autre la Troglodytique. Quelques-uns de ces Barbares

[1] Ce passage prouve que la connaissance de la coupellation remonte à une époque assez reculée. Voy. mon *Histoire de la Chimie*, t. I, p. 108.

vivent absolument nus ; ils ont en commun leurs troupeaux ainsi que leurs femmes et leurs enfants, n'éprouvant d'autres sensations que celles du plaisir et de la douleur ; ils n'ont aucune idée de l'honnête et du beau ; leurs habitations sont établies dans le voisinage de la mer, dans des rochers remplis de cavernes, de précipices et de défilés, communiquant entre eux par des passages tortueux. Ils ont tiré parti de ces dispositions de la côte, en fermant avec des quartiers de roche toutes les issues de leurs cavernes, dans lesquelles les poissons sont pris comme dans un filet. Car à la marée montante, qui arrive deux fois par jour, ordinairement à la troisième et à la neuvième heure, la mer recouvre tous les rochers de la côte, et les flots portent avec eux une immense quantité de poissons de toute espèce qui s'arrêtent sur le rivage, et s'engagent dans les cavités des rochers où ils sont attirés par l'appât de la nourriture. Mais au moment de la marée basse, lorsque l'eau se retire des interstices et des crevasses des pierres, les poissons y restent emprisonnés. Alors tous les habitants se rassemblent sur le rivage avec leurs femmes et leurs enfants comme s'ils étaient appelés par un ordre émané d'un seul chef ; se divisant ensuite en plusieurs bandes, chacun court vers l'espace qui lui appartient, en poussant de grands cris, comme les chasseurs lorsqu'ils aperçoivent leur proie. Les femmes et les enfants prennent les poissons les plus petits et les plus proches du bord, et les jettent sur le sable ; les individus plus robustes se saisissent des poissons plus grands. La vague rejette non-seulement des homards, des murènes et des chiens de mer, mais encore des phoques et beaucoup d'autres animaux étranges et inconnus. Ignorant la fabrication des armes, les habitants les tuent avec des cornes de boucs aiguës, et les coupent en morceaux avec des pierres tranchantes. C'est ainsi que le besoin est le premier maître de l'homme ; il lui enseigne à tirer de toutes les circonstances le meilleur parti.

XVI. Quand ils ont ramassé une assez grande quantité de poissons, ils les emportent, et les font griller sur des pierres exposées au soleil. La chaleur est si excessive qu'ils les retournent après un court intervalle, et les prenant ensuite par la queue, ils en secouent les chairs qui, amollies par le soleil, se détachent facilement des arêtes. Ces dernières, jetées en un grand tas, sont réservées à des usages dont nous parlerons plus loin. Quant aux chairs ainsi détachées, ils les mettent sur une pierre lisse, les foulent sous les pieds pendant un temps suffisant, en y mêlant le fruit du paliurus [1]. Ils forment une pâte colorée avec ce fruit, qui paraît en même temps servir d'assaisonnement; enfin, ils font de cette pâte bien pétrie des gâteaux sous forme de briques oblongues, qu'ils font convenablement sécher au soleil. Ils prennent leurs repas en mangeant de ces gâteaux, non pas en proportion déterminée par le poids ou la mesure, mais autant que chacun en veut, n'ayant dans leurs jouissances d'autres mesures que celles de l'appétit naturel. Leurs provisions se trouvent toujours toutes prêtes, et Neptune leur tient lieu de Cérès. Cependant il arrive quelquefois que la mer roule ses flots sur les bords qu'elle couvre pendant plusieurs jours, en sorte que personne ne peut en approcher. Comme ils manquent alors de vivres, ils commencent par ramasser des coquillages dont quelques-uns pèsent jusqu'à quatre mines [2]; ils en cassent la coquille avec de grosses pierres et mangent la chair crue, d'un goût semblable à celle des huîtres. Ainsi, lorsque la continuité des vents fait enfler la mer pendant longtemps et s'oppose à la pêche ordinaire, les habitants ont, comme nous venons de le dire, recours aux coquillages. Mais, lorsque cette nourriture vient à manquer, ils ont recours aux arêtes amoncelées; ils choisissent les plus succulentes, les divisent dans leurs articulations et les écrasent sous leurs dents; quant à celles qui sont trop dures, ils les broient préalablement avec des pierres et les mangent comme des bêtes féroces dans leurs tanières. C'est ainsi qu'ils savent se ménager une provision d'aliments secs.

XVII. Les Ichthyophages tirent de la mer des avantages extraordinaires et incroyables. Ils se livrent à la pêche quatre

[1] Espèce de nerprun (*Rhamnus paliurus*, L.).

[2] Plus d'un kilogramme et demi.

jours de suite, et passent leur temps dans de joyeux festins, en s'égayant par des chants sans rhythme. Puis, pour perpétuer leur race, ils vont se joindre aux premières femmes que le hasard leur offre; ils sont libres de tout souci, puisque leur nourriture est toujours toute prête. Le cinquième jour, ils vont tous ensemble boire au pied des montagnes. Ils trouvent là des sources d'eau douce, où les nomades abreuvent leurs troupeaux. Leur marche ressemble à celle d'un troupeau de bœufs; ils font entendre des cris inarticulés, un bruit de voix confus. Les mères portent sur leurs bras les enfants encore à la mamelle, et les pères, ceux qui sont sevrés; tandis que les enfants ayant plus de cinq ans accompagnent leurs parents en courant et en jouant, et se font de ce voyage une fête de réjouissance. Car, la nature qui n'est pas encore pervertie, place le souverain bien dans la satisfaction des besoins physiques, et ne songe pas aux plaisirs recherchés. Quand ils sont arrivés aux abreuvoirs des nomades, ils se remplissent le ventre de boisson tellement qu'ils ont de la peine à se traîner. Pendant toute cette journée ils ne mangent rien; chacun se couche par terre, tout repu, suffocant de plénitude et tout semblable à un homme ivre. Le lendemain ils retournent manger du poisson et continuent ce régime périodique pendant toute leur vie. Les Ichthyophages qui habitent les étroites vallées du littoral, et qui mènent ce genre de vie sont, grâce à la simplicité de leur nourriture, rarement atteints de maladies; cependant ils vivent moins longtemps que nous.

XVIII. Quant aux Ichthyophages qui demeurent sur le littoral en dehors du golfe Arabique, leurs habitudes sont beaucoup plus singulières. Ils n'éprouvent pas le besoin de boire, et n'ont naturellement aucune passion. Relégués par le sort dans un désert, loin des pays habités, ils pourvoient à leur subsistance par la pêche et ne cherchent pas d'aliment liquide. Ils mangent le poisson frais et presque cru, sans que cette nourriture leur ait donné l'envie ou même l'idée de se procurer une boisson. Contents du genre de vie que le sort leur a départi, ils s'estiment heureux d'être au-dessus des tourments du besoin. Mais ce qu'il y a de plus étrange, c'est qu'ils sont d'une si grande insensibilité qu'ils surpassent, sous ce rapport, tous les hommes, et que la chose paraît presque incroyable. Cependant, plusieurs marchands d'Égypte qui, naviguant à travers la mer Rouge, abordent encore aujourd'hui le pays des Ichthyophages, s'accordent avec notre récit concernant ces hommes apathiques. Ptolémée, troisième du nom, aimant passionnément la chasse des éléphants, qui se trouvent dans ce pays, dépêcha un de ses amis, nommé Simmias, pour explorer la contrée. Muni de tout ce qui était nécessaire pour ce voyage, Simmias explora tout le pays littoral, ainsi que nous l'apprend l'historien Agatharchide de Cnide. Cet historien raconte, entre autres, que cette peuplade d'Éthiopiens apathiques ne fait aucunement usage de boissons, par les raisons que nous avons déjà indiquées. Il ajoute que ces hommes ne se montrent point disposés à s'entretenir avec les navigateurs étrangers, dont l'aspect ne produit sur eux aucun mouvement de surprise; ils s'en soucient aussi peu que si ces navigateurs n'existaient pas. Ils ne s'enfuyaient point à la vue d'une épée nue et supportaient sans s'irriter les insultes et les coups qu'ils recevaient. La foule n'était point émue de compassion et voyait égorger sous ses yeux les enfants et les femmes sans manifester aucun signe de colère ou de pitié; soumis aux plus cruels traitements, ils restaient calmes, regardant ce qui se faisait avec des regards impassibles et inclinant la tête à chaque insulte qu'ils recevaient. On dit aussi qu'ils ne parlent aucune langue et qu'ils demandent par des signes de la main ce dont ils ont besoin. Mais la chose la plus étrange, c'est que les phoques vivent avec eux familièrement et font la pêche en commun, comme le feraient les autres hommes, se confiant réciproquement le soin de leur retraite et de leur progéniture. Ces deux races si distinctes d'êtres vivants passent leur vie en paix et dans la plus grande harmonie. Tel est le genre de vie singulier qui, soit habitude, soit nécessité, se conserve de temps immémorial chez ces espèces de créatures.

XIX. Les habitations de ces peuplades diffèrent de celles des

Ichthyophages ; elles sont accommodées à la nature de la localité. Les uns vivent dans des cavernes exposées surtout au nord, dans lesquelles ils sont rafraîchis par une ombre épaisse et par le souffle des vents. Les cavernes exposées au midi étant aussi chaudes que des fours, sont tout à fait inhabitables en raison de cet excès de chaleur. Ceux qui sont privés de grottes situées au nord, amassent les côtes des cétacés rejetés par la mer ; quand ils ont recueilli une quantité suffisante de ces côtes, ils les arc-boutent les unes contre les autres, de manière que la face convexe regarde au dehors, et ils garnissent les interstices avec des herbes marines. Ils se soustraient sous cet abri au plus fort de la chaleur, le besoin les rendant industrieux. Les Ichthyophages ont une troisième sorte d'asile : il croît dans ces parages beaucoup d'oliviers dont les racines sont arrosées par la mer et qui portent un feuillage épais ainsi qu'un fruit semblable à une châtaigne ; en entrelaçant les branches de ces arbres, ils se procurent un ombrage sous lequel ils établissent leurs demeures. Ces Ichthyophages profitent ainsi tout à la fois des avantages de la terre et de la mer ; l'ombre du feuillage les préserve du soleil et les flots de la mer tempèrent la chaleur du climat en même temps que le souffle de vents rafraîchissants invite le corps au repos. Il nous reste à dire que les Ichthyophages ont un quatrième mode d'habitation : il s'est formé, par la suite des temps, des amas d'algues marines, hauts comme des montagnes et qui, par l'action combinée et continuelle de la mer et du soleil, deviennent compactes et se consolident par le sable qui leur sert de ciment. Ils y creusent des terriers de la hauteur d'un homme, dont la partie supérieure est disposée en forme de toit et la partie inférieure percée de cavités oblongues qui communiquent entre elles. Ils y jouissent de la fraîcheur et se reposent tranquillement jusqu'au moment de la marée montante ; ils s'élancent alors de leurs retraites pour se livrer à la pêche. Lorsque les eaux se retirent, ils se réfugient de nouveau dans leurs terriers pour se régaler des poissons qu'ils ont pris. Leurs funérailles consistent à laisser les corps exposés sur le rivage pendant le reflux, et à les jeter dans la mer pendant la marée haute. Ils servent ainsi eux-mêmes de pâture aux poissons dont ils se nourrissent; et cet usage y existe de tout temps.

XX. Il y a une race d'Ichthyophages dont l'existence dans les lieux qu'ils habitent est un véritable problème. Ils sont établis dans des précipices où jamais homme n'a pu pénétrer ; ces précipices sont fermés par des rochers taillés à pic et bordés d'escarpements qui rendent tout accès impraticable; partout ailleurs ils ont pour limites la mer, qu'il est impossible de passer à gué, et les habitants ne se servent pas de bateaux, la navigation leur étant inconnue. Comme il est impossible de se procurer des renseignements sur cette race d'hommes, il me reste à dire qu'ils sont autochthones, qu'ils n'ont point d'origine et existent de tout temps; cette opinion est professée par quelques physiciens sur toutes les choses qui sont de leur ressort. Mais, quand il s'agit d'objets que notre intelligence ne peut pas atteindre, il arrive infailliblement que ceux qui veulent démontrer beaucoup savent fort peu; car les paroles peuvent flatter l'oreille sans atteindre la vérité [1].

XXI. Nous avons maintenant à parler des Éthiopiens nommés *Chélonophages* [2], de leurs mœurs et de leur manière de vivre. Il y a dans l'Océan une multitude d'îles voisines du continent, petites et basses; il n'y croît aucun fruit cultivé ou sauvage. La mer n'y est point orageuse; car ses flots se brisent contre les caps de ces îles, refuge paisible des nombreuses tortues marines qui vivent dans ces parages. Ces animaux passent les nuits dans la haute mer pour y chercher leur nourriture, et les jours ils se rendent dans les eaux qui baignent ces îles, pour dormir au soleil avec leur carapace s'élevant au-dessus de la surface des eaux, de manière à présenter l'aspect de barques renversées; car ils sont d'une grosseur énorme et peu inférieure à celle d'un très-

[1] Cette remarque est d'une haute portée philosophique; elle ne serait pas désavouée par les philosophes mêmes qui ont proclamé la nécessité de la méthode expérimentale.

[2] Χελωνοφάγοι, mangeurs de tortues.

petit bateau pêcheur. Les insulaires s'approchent alors des tortues, doucement, à la nage; ils attaquent l'animal, de droite et de gauche à la fois, d'un côté pour le retenir fixe, et de l'autre pour le soulever afin de le renverser sur le dos; ils le maintiennent dans cet état, car autrement il se sauverait, en nageant, dans les profondeurs de la mer. L'un des pêcheurs, attachant une longue corde à la queue de l'animal, gagne la terre à la nage, et tire la tortue après lui, en s'aidant des bras de ses compagnons. Arrivés chez eux, ils font un repas de la chair cachée sous les écailles, après l'avoir fait légèrement griller au soleil. Ils se servent de ces écailles, qui ont la forme d'un bateau, soit pour transporter de l'eau qu'ils vont chercher sur le continent, soit pour construire des espèces de cabanes, en plaçant les carapaces debout et inclinées au sommet. Ainsi, un seul bienfait de la nature en renferme plusieurs autres; car la tortue fournit à ces insulaires tout à la fois un aliment, un vase, une habitation et un navire.

Non loin de ces îles et sur la côte, on trouve des Barbares qui ont un genre de vivre tout particulier. Ils se nourrissent des cétacés que la mer jette sur les rivages; c'est un aliment abondant, vu la grosseur de ces animaux. Mais, lorsque cet aliment leur manque, ils sont réduits, par la famine, à se contenter des cartilages des os et des apophyses des côtes. Voilà ce que nous avions à dire des Ichthyophages et de leurs mœurs.

XXII. La partie littorale de la Babylonie touche à une contrée fertile et bien cultivée. La pêche y est si abondante, que les habitants peuvent à peine consommer tous les poissons qu'ils prennent. Ils placent, le long des bords de la mer, un grand nombre de roseaux tellement rapprochés et entrelacés, qu'on les prendrait pour un filet tendu. Dans cette espèce de palissade sont pratiquées, à de courtes distances, des portes de treillage qui, munies de gonds, tournent facilement dans les deux sens. Les flots, envahissant à la marée montante le rivage, ouvrent ces portes, et les referment pendant le reflux. Ainsi, tous les jours, au moment de la marée, les poissons, arrivant avec le courant, passent par ces portes, et sont retenus dans ce filet de roseaux, lorsque les eaux s'écoulent. Aussi y voit-on quelquefois des monceaux de poissons palpitants qu'on ramasse sur les bords de l'Océan; ceux qui se livrent à cette industrie en retirent des vivres abondants et de grands profits. Comme le pays est plat et très-bas, quelques habitants creusent des fossés de plusieurs stades de longueur, depuis la mer jusqu'à leurs demeures. Aux extrémités ils placent des portes d'osier qu'ils ouvrent à la marée haute et qu'ils ferment à la marée basse. Les eaux de la mer se retirent et les poissons restent dans ces fossés, où on les conserve et consomme selon les besoins et la volonté.

XXIII. Après avoir passé en revue toutes les peuplades qui habitent les côtes de la Babylonie jusqu'au golfe Arabique, nous allons parler des nations qui viennent après. Les *Rhizophages* [1] habitent l'Éthiopie au-dessus de l'Égypte, près du fleuve Asa [2]. Ces Barbares tirent des terres voisines les racines des roseaux et les lavent soigneusement. Après les avoir bien nettoyées, ils les broient entre des pierres jusqu'à ce qu'ils les aient réduites en une masse ténue et mucilagineuse. Ils font de cette masse des tourteaux grands comme la main, et qu'ils font cuire au soleil. Telle est la nourriture avec laquelle ils passent toute leur vie et qui ne leur manque jamais. Ils vivent constamment en paix les uns avec les autres, mais ils ont à combattre de nombreux lions, car ces animaux quittent les déserts brûlants et envahissent le pays des Rhizophages, soit pour y chercher de l'ombre, soit pour y chasser aux animaux de moindre taille. Il arrive souvent que les Éthiopiens, au moment de sortir de leurs marais, sont saisis par ces lions et se trouvent dans l'impossibilité de leur résister, ne connaissant point l'usage des armes. Cette nation périrait même entièrement, si la nature ne leur avait donné un

[1] Ῥιζοφάγοι, mangeurs de racines.

[2] Ce fleuve, plus connu sous le nom d'*Astabara* ou *Astapus* (Strabon), coulait aux environs de Méroé.

moyen de défense tout prêt. Au commencement de la canicule on voit ce pays, qui à toute autre époque est exempt de mouches[1], infesté par une quantité énorme de cousins d'une grosseur insolite. Les hommes s'en garantissent en se retirant dans les marécages; mais les lions fuient ces lieux, étant tout à la fois maltraités par la morsure de ces insectes, et épouvantés par leur bourdonnement.

XXIV. On trouve ensuite les *Hylophages*[2] et les *Spermatophages*[3]. Ces derniers vivent sans peine en été des fruits qui tombent des arbres et qu'ils ramassent en grande quantité; mais le reste du temps ils se nourrissent d'une certaine plante, très-agréable au goût, dont les nombreux rameaux procurent beaucoup d'ombrage. Cette plante à tige solide et semblable au *bunias*[4] remplace au besoin les autres aliments. Les Hylophages vont, avec leurs femmes et leurs enfants, chercher leur nourriture dans les champs. Ils montent sur les arbres pour y manger les tendrons des rameaux. Ce genre de vie les a rendus si aptes à grimper, que la chose paraît incroyable; ils sautent d'un arbre à l'autre comme des oiseaux, et montent sans danger sur les branches les plus faibles. Remarquables par leur maigreur et leur souplesse, ils sont assez adroits pour se cramponner avec leurs mains, quand le pied leur glisse; même lorsqu'ils tomberaient à terre, ils ne se feraient aucun mal en raison de leur légèreté. Ils mâchent avec leurs dents les rameaux séveux, que leur estomac digère aisément; ils vivent tout nus, et comme ils se servent de leurs femmes en commun, ils élèvent aussi leurs enfants en commun. Ils sont souvent en guerre entre eux pour l'établissement de leur demeure. Ils s'arment de bâtons qui leur servent en même temps à repousser les assaillants et à assommer les vaincus. La plupart d'entre eux meurent de faim, lorsqu'ils

[1] D'après l'édition bipontine, il faudrait lire : *μηδεμιᾶς γενομένης νηνεμίας*, *le vent ne cessant pas de souffler*, au lieu de *μηδεμιᾶς γενομένης μυίας*, leçon que j'ai adoptée.

[2] *Ὑλοφάγοι*, mangeurs de bois.

[3] *Σπερματοφάγοι*, mangeurs de graines.

[4] *Bunias*, espèce de chou; plante de la famille des crucifères.

perdent la vue[1], et qu'ils sont ainsi privés du sens qui leur est le plus nécessaire.

XXV. Après cela viennent les Éthiopiens, appelés *Cynèges*[2]. Ils sont en petit nombre, et leur genre de vie convient à leur nom. Tout leur pays est rempli de bêtes sauvages; il est fort aride et très-peu arrosé. Ils sont contraints de passer la nuit sur les arbres pour se garantir des bêtes féroces. Le matin ils se rendent armés dans les endroits où ils savent qu'il y a de l'eau, et là ils se cachent dans les bois et se mettent en sentinelle sur les arbres. Au moment des chaleurs, un grand nombre de bœufs sauvages, de panthères et d'autres animaux féroces viennent s'y rendre pour se désaltérer. Exténués par une chaleur et une soif excessives, ces animaux boivent avidement et s'emplissent le ventre. Quand ces animaux sont ainsi alourdis et presque incapables de se mouvoir, les Éthiopiens sautent à bas des arbres, et ils les tuent aisément avec des bâtons durcis au feu, avec des pierres ou avec des flèches. Ils chassent par bande et mangent leur gibier tout frais. Il arrive rarement qu'ils soient dévorés par ces animaux, quelque robustes qu'ils soient : ils suppléent le plus souvent à la force par la ruse. Quand la chasse leur manque, ils mouillent les peaux des animaux qu'ils ont pris, et ils les exposent à un feu léger, après avoir enlevé les poils avec la cendre[3]; ils partagent ces peaux entre eux et apaisent ainsi la faim. Ils exercent leurs enfants à tirer juste, et ils ne donnent à manger qu'à ceux qui ont frappé au but. Aussi deviennent-ils tous d'une habileté admirable dans un métier que la faim les a forcés d'apprendre.

XXVI. Les Éthiopiens *Éléphantomaques*[4] demeurent fort

[1] Ἀπογλαυκωθέντων τῶν ὀμμάτων, littéralement, *les yeux ayant été atteints de glaucome*. C'est probablement la cataracte dont l'auteur veut parler.

[2] Κυνηγοί, chasseurs.

[3] La cendre, composée principalement de carbonate de potasse, est un caustique qui enlève facilement les poils des peaux. Tous les traducteurs se sont donc trompés en disant que « les poils ont été brûlés sous la cendre. »

[4] Ἐλεφαντομάχοι κυνηγοί, chasseurs combattant les éléphants (*éléphantomaques*).

loin de ces derniers du côté du couchant. Ils habitent des endroits remplis de chênes et d'autres arbres; ils montent sur les plus hauts pour découvrir les entrées et les sorties des éléphants. Ils n'attaquent point ces animaux en troupe, parce qu'alors ils n'espèrent pas s'en rendre maîtres; mais quand les éléphants marchent isolément, les Éthiopiens se jettent sur eux avec une audace extraordinaire. Lorsque l'éléphant passe à la droite de l'arbre où est caché celui qui le guette, l'Éthiopien saisit la queue de cet animal, et appuie ses pieds sur la cuisse gauche. Ensuite, enlevant de son épaule, avec la main droite, une hache fort tranchante et assez légère pour s'en pouvoir servir utilement d'une seule main, le chasseur frappe à coups redoublés le jarret droit de l'éléphant, et en coupe les tendons, pendant qu'il tient son propre corps en équilibre avec la main gauche. Ils apportent à cet exercice une adresse extrême, puisque leur vie est en jeu. Car il faut ou que l'animal succombe ou que le chasseur expire, ce combat n'ayant pas d'autre issue. Quelquefois, quand l'éléphant a ainsi les tendons coupés et ne peut plus se mouvoir, il tombe à l'endroit même où il a été blessé et tue l'Éthiopien sous lui. D'autres fois, il l'applique contre une pierre ou contre un arbre jusqu'à ce qu'il l'ait écrasé sous son poids. Quelques éléphants, vaincus par la douleur, sont loin de songer à se venger de celui qui les attaque, et s'enfuient à travers les plaines, jusqu'à ce que celui qui s'est attaché à lui, le frappant continuellement au même endroit avec sa hache, lui ait coupé les tendons et l'ait étendu par terre. Quand l'animal est tombé, tous les Éthiopiens se jettent dessus par bandes, ils le dissèquent vivant encore, et enlèvent la chair des cuisses dont ils font un joyeux repas.

XXVII. Quelques Éthiopiens du voisinage vont à la chasse des éléphants sans courir aucun danger pour leur vie, et ils l'emportent sur la force par l'adresse. Après que l'éléphant a mangé, il a l'habitude de dormir; mais il ne dort pas dans la même position que les autres quadrupèdes : ne pouvant plier le genou pour se coucher à terre, il se repose en s'appuyant contre un arbre. Or, comme l'éléphant s'appuie souvent contre un même arbre, il en froisse les branches et les salit. D'ailleurs les traces de leurs pas et beaucoup d'autres indices conduisent les chasseurs aisément au gîte de l'éléphant. Quand ils ont découvert cet arbre, ils le scient au niveau du sol jusqu'à ce qu'il ne faille qu'un coup pour le faire tomber. Après avoir fait disparaître toutes les traces de leurs pas et de leur ouvrage, ils se retirent promptement avant que l'éléphant revienne. Le soir, quand l'éléphant s'est rempli d'aliments, il va chercher son gîte accoutumé. Mais à peine s'y est-il appuyé, que l'arbre l'entraîne dans sa chute. Tombant sur le dos, il demeure dans cet état toute la nuit, car l'énorme masse de son corps ne lui permet pas de se relever. Les Éthiopiens qui ont coupé l'arbre reviennent au point du jour et tuent l'éléphant. Ils dressent leurs tentes en cet endroit et ils y demeurent jusqu'à l'entière consommation de leur proie.

XXVIII. A l'ouest de ces peuplades habitent les Éthiopiens qu'on appelle *Simes* [1], et du côté du midi se trouve la race des *Struthophages* [2]. On voit chez ces derniers une espèce d'oiseau participant de la nature de l'animal terrestre, dont le nom entre dans la composition du sien [3]. Cet oiseau ne le cède pas en grosseur à un cerf de la plus grande taille; il a le cou fort long; ses flancs sont arrondis et pourvus d'ailes, sa tête est mince et petite, ses cuisses et ses jambes sont très-fortes et son pied est bifide. Il ne peut pas voler bien haut, à cause de son poids [4]; mais sa course est extrêmement rapide et à peine touche-t-il la terre du bout de ses pieds. Et, surtout quand le vent enfle ses ailes, il marche aussi vite qu'un navire voguant à pleines voiles. Il se défend contre les chasseurs, en se servant de ses pieds comme d'une fronde pour leur lancer des pierres de la grosseur d'un poing. Mais

[1] Σιμοί, *au nez camus*. Il est ici évidemment question de la race nègre.

[2] Στρουθοφάγοι, mangeurs d'autruches.

[3] C'est l'autruche, appelée par les Grecs littéralement *moineau-chameau*, στρουθο-κάμηλος.

[4] Ce n'est pas précisément à cause de son poids, mais à cause de ses ailes, qui sont trop courtes et trop dénuées de plumes, que l'autruche ne peut pas voler.

lorsqu'il est poursuivi pendant un temps calme, ses ailes sont bientôt lasses, et, privé de tout autre secours naturel, il est aisément pris. Comme dans le pays il y a un nombre infini de ces oiseaux, les Barbares inventent dans leur chasse les stratagèmes les plus divers. Ils prennent facilement un grand nombre de ces oiseaux, ils en mangent la chair et réservent les peaux pour en faire des habits et des lits. Étant souvent en guerre avec les Éthiopiens Simes, les Struthophages se servent de cornes d'oryx [1] en guise d'armes pour repousser l'ennemi ; elles sont grandes, tranchantes et très-propres aux combats. On en trouve en très-grand nombre, car les animaux qui les fournissent sont très-communs dans ce pays.

XXIX. Un peu plus loin, les *Acridophages* [2] habitent les limites du désert. Ils sont plus petits que les autres hommes, ils sont maigres et complétement noirs. Pendant le printemps, les vents d'ouest leur amènent du désert une quantité innombrable de sauterelles, remarquables par leur grosseur ainsi que par la couleur sale et désagréable de leurs ailes. Ces insectes sont si abondants, que les Barbares ne se servent pas d'autre nourriture pendant toute leur vie. Voici comment ils en font la chasse. Parallèlement à leur contrée s'étend, dans une longueur de plusieurs stades, une vallée très-profonde et très-large. Ils la remplissent d'herbes sauvages qui croissent abondamment dans le pays. Au moment où le souffle des vents indiqués amène les nuées de sauterelles, les Acridophages se répandent dans la vallée et mettent le feu aux combustibles amassés. La fumée est si épaisse que les sauterelles qui traversent la vallée en sont asphyxiées et vont tomber à peu de distance. La chasse de ces insectes dure plusieurs jours, et ils en entassent d'énormes monceaux. Et comme leur pays est riche en sel, ils en saupoudrent ces monceaux de sauterelles, tant pour les rendre plus savoureuses que pour les conserver plus longtemps et jusqu'au retour de la saison qui en ramène d'autres. Ils ont ainsi leur nourriture toujours toute prête ; et ils n'ont point d'autre ressource, car ils n'élèvent point de troupeaux et ils habitent loin de la mer. Ils sont légers de

[1] Ὄρυξ, *oryx*, espèce d'antilope. *Antilope oryx* (?).
[2] Ἀκριδοφάγοι, mangeurs de sauterelles.

corps et très-rapides à la course; leur vie n'est pas de longue durée : les plus âgés ne dépassent pas quarante ans. La fin de leur vie est aussi singulière que misérable. A l'approche de la vieillesse, il s'engendre dans leurs corps des poux ailés de différentes formes et d'un aspect repoussant. Cette maladie, commençant d'abord par le ventre et par la poitrine, gagne en peu de temps tout le corps. D'abord le malade, irrité par une violente démangeaison, éprouve à se gratter un certain plaisir mêlé de douleur. Ensuite, comme cette vermine se multiplie sans cesse et gagne la surface de la peau, il s'y répand une liqueur subtile d'une âcreté insupportable. Le malade se déchire la peau avec ses ongles et pousse de profondes lamentations. Des ulcères des mains il tombe une si grande quantité de vers, qu'il serait inutile de les recueillir; car ils se succèdent les uns aux autres, comme s'ils sortaient d'un vase partout percé de trous. Ainsi, les Acridophages finissent misérablement la vie par la décomposition de leur corps; et on ne saurait dire si c'est à la nourriture dont ils usent, ou à l'intempérie de l'air qu'ils respirent qu'on doit attribuer cette étrange maladie[1].

XXX. Cette nation est limitrophe d'un pays d'une vaste étendue et fertile en pâturages. Mais ce pays est désert et inaccessible, non parce qu'il a été, dès l'origine, peu habité, mais parce que plus tard, à la suite d'une pluie intempestive, il s'y est engendré une grande quantité d'araignées et de scorpions. On raconte que ces animaux s'y multiplièrent à un tel point, que les habitants entreprirent d'abord de tuer des ennemis naturellement si dangereux; mais comme le mal était irrémédiable et que les morsures de ces animaux causaient subitement la mort, les indigènes, désespérant de leur patrie et de leur manière de vivre, s'enfuirent de ces lieux. On ne doit point s'étonner à ce récit ni le croire inadmissible; car l'histoire véridique nous apprend qu'il se passe dans le monde des choses

[1] Cette maladie ressemble beaucoup à la phthiriasis (*morbus pedicularis*), qui le plus souvent a pour cause la malpropreté.

bien plus surprenantes. Ainsi, en Italie, des rats de champs sortirent de terre en si grand nombre, qu'ils firent déserter à plusieurs habitants leur localité. En Médie, des moineaux innombrables s'abattirent dans les champs, mangèrent les semences et contraignirent les habitants à s'établir en d'autres lieux. Des grenouilles, primitivement engendrées dans les nues et tombant comme des gouttes de pluie, forcèrent les Autariates de quitter leur patrie et de s'enfuir dans la localité qu'ils habitent actuellement. L'histoire ne met-elle pas au nombre des travaux qui ont acquis l'immortalité à Hercule celui d'avoir chassé les oiseaux qui infestèrent le lac Stymphale ? Quelques villes de la Libye ont été bouleversées par des troupes de lions sortant du désert. Ces exemples doivent suffire pour faire croire ce que nous avons rapporté plus haut. Mais reprenons le fil de notre histoire.

XXXI. Les limites extrêmes de ces régions méridionales sont habitées par des hommes que les Grecs appellent *Cynamolgues*[1], et qui sont nommés *Sauvages* dans la langue des Barbares, leurs voisins. Ils portent des barbes fort longues et nourrissent des troupeaux de chiens sauvages pour leur entretien. Depuis le commencement du solstice d'été jusqu'au milieu de l'hiver, leur pays est envahi par une quantité innombrable de bœufs indiens, sans qu'on puisse en deviner la cause. On ne sait si ces bœufs fuient les attaques d'autres animaux nombreux et féroces, ou s'ils abandonnent leur pays, manquant de pâturages ; ainsi, la cause de cette invasion est encore un secret de la nature qu'il est impossible à l'intelligence humaine de pénétrer. Ne pouvant se rendre maîtres de ces animaux aussi nombreux, les Cynamolgues lâchent sur eux des meutes de chiens, et en prennent une quantité considérable à la chasse. Ils mangent une partie de ce gibier sur-le-champ, et mettent l'autre dans des sels pour le conserver. Ils prennent encore beaucoup d'autres animaux à la chasse avec le secours de leurs chiens, et ils ne vivent que de chair. Voilà la vie sauvage que mènent les dernières races du midi, sous la forme d'êtres humains. Il nous reste encore à parler de deux

[1] *Κυναμολγοί*, qui tettent des chiennes.

autres nations, les Éthiopiens et les Troglodytes [1]; nous avons déjà parlé plus haut des Éthiopiens [2]; nous allons maintenant nous occuper des Troglodytes.

XXXII. Les Troglodytes sont appelés *Nomades* par les Grecs, parce qu'ils mènent avec leurs troupeaux une vie de pasteurs. Ils sont divisés en tribus qui ont chacune leur chef. Leurs femmes et leurs enfants sont en commun, à l'exception de la femme unique du chef. Celui qui a approché d'elle est condamné par le maître à payer comme amende un certain nombre de moutons. A l'époque des vents étésiens, qui leur amènent de grandes pluies, ils se nourrissent de sang et de lait qu'ils mêlent ensemble et qu'ils font bouillir quelques instants. Ensuite, lorsque la trop grande chaleur a desséché leurs pâturages, ils se réfugient dans les lieux marécageux et se disputent la possession du terrain. Ils ne consomment de leurs bestiaux que les plus vieux et ceux qui commencent à devenir malades. Ils refusent aux hommes le titre de parents, mais ils le donnent au taureau, à la vache, au bélier et à la brebis. Ils appellent les mâles pères, et les femelles mères; parce que ce sont ces animaux, et non leurs parents, qui leur fournissent de quoi vivre chaque jour. La boisson ordinaire des particuliers est une liqueur retirée du paliurus [3], mais on prépare pour les chefs une boisson avec le suc d'une certaine fleur et qui ressemble à notre moût de très-mauvaise qualité. Livrés au soin de leurs troupeaux, ils vont d'un lieu à un autre, évitant le séjour fixe dans un même endroit. Ils sont nus à l'exception des hanches, qu'ils couvrent de peaux. Tous les Troglodytes se font circoncire à la manière des Égyptiens, excepté ceux qui se trouvent accidentellement mutilés, et qui se nomment pour cela *Kolobes* [4]. Ceux-là demeurent dans des vallées étroites de l'intérieur du pays. Dès leur enfance, on leur coupe la totalité de la partie qui chez d'autres n'est que circoncise.

[1] Τρωγλοδύται, qui habitent des cavernes.

[2] Chap. 2 et suiv. de ce livre.

[3] Espèce de nerprun, *rhamnus paliurus*.

[4] Κολοβοί, mutilés.

XXXIII. Les Troglodytes nommés *Mugabares* ont pour armes des boucliers ronds de cuir de bœuf cru, et des massues garnies de pointes de fer. Les autres portent des arcs et des lances. Ils ont une manière particulière d'enterrer les morts. Ils garrottent le cadavre avec des branches de paliurus, de manière à attacher le cou aux cuisses; et l'exposant sur une colline, ils lui lancent en riant de grosses pierres jusqu'à ce que tout le corps en soit entièrement couvert. Enfin, ils le font surmonter d'une corne de chèvre, et se retirent sans avoir donné aucune marque d'affliction. Ils sont souvent en guerre entre eux, non pas comme les Grecs, par ressentiment ou par toute autre cause, mais pour avoir des pâturages toujours frais. Dans leurs combats ils se jettent d'abord des pierres jusqu'à ce que quelques-uns d'entre eux soient blessés, après quoi, ils s'attaquent avec des flèches. C'est alors qu'un grand nombre sont tués en peu de temps; car ils sont tous fort adroits à cet exercice, et leur corps nu n'est protégé par aucune arme défensive. Ces combats sont terminés par de vieilles femmes qui se jettent au milieu de la mêlée, et qui sont fort respectées. Il n'est permis à personne de les frapper de quelque manière que ce soit. Aussi, dès qu'elles paraissent, on cesse de tirer. Ceux que la vieillesse rend incapables de faire paître leurs troupeaux, s'étranglent avec une queue de vache, et terminent ainsi courageusement leur vie. Si quelqu'un diffère à se donner la mort, chacun peut lui passer une corde autour du cou, comme pour lui rendre service, et l'étrangler après un avertissement préalable. Leurs lois exigent aussi qu'on fasse mourir les estropiés ou ceux qui sont atteints de maladies incurables; car ils pensent que le plus grand mal est d'aimer à vivre lorsqu'on ne peut rien faire qui soit digne de la vie. C'est pourquoi on ne voit parmi tous les Troglodytes que des hommes bien faits et robustes de corps, puisque aucun d'entre eux ne dépasse soixante ans. Mais c'est assez parler des Troglodytes. Si quelque lecteur n'ajoutait pas foi au récit de ces mœurs étranges, qu'il compare le climat de la Scythie avec celui du pays des Troglodytes; cette comparaison lui fera ajouter foi à nos paroles.

XXXIV. Il y a une différence telle entre la température de notre climat et celui des contrées dont il est question, qu'elle paraît incroyable dans ses détails. Il est des pays où le froid est si excessif que les plus grands fleuves sont entièrement couverts d'une glace assez épaisse pour porter une armée entière avec ses chariots. Le vin et les autres liqueurs se congèlent au point qu'on les coupe avec des couteaux. Mais ce qui est encore plus surprenant, chez les hommes, les extrémités des membres se décomposent par le frottement de leurs habillements; les yeux sont atteints d'amaurose; le feu même perd sa force, et les statues d'airain se fendent. Dans certaines époques, les nuages deviennent si épais et si serrés qu'ils ne produisent ni éclair ni tonnerre. Il y arrive beaucoup d'autres phénomènes, incroyables à ceux qui ne connaissent pas ces climats et insupportables à ceux qui les ont éprouvés. Aux confins de l'Égypte et du pays des Troglodytes, la chaleur est si excessive, qu'à l'heure de midi les habitants ne peuvent point se distinguer entre eux, à cause de l'épaisseur de l'air. Personne ne peut marcher dans ce pays sans chaussure; car ceux qui y vont pieds nus sont aussitôt atteints de pustules. Quant à la boisson, si l'on n'en usait pas à satiété, on mourrait subitement, la chaleur consumant rapidement les humeurs du corps. Si l'on met quelque aliment dans un vase d'airain avec de l'eau, et qu'on l'expose au soleil, il est bientôt cuit, sans feu ni bois[1]. Cependant, les habitants de ces contrées d'un climat si opposé au nôtre, non-seulement ne songent pas à s'expatrier, mais ils souffriraient plutôt la mort que de se laisser imposer un autre genre de vie. Ainsi le

[1] Bien que ce récit paraisse exagéré, c'est cependant un fait aujourd'hui acquis à la science, que la température la plus élevée s'observe, non pas précisément sous l'équateur, comme on pourrait le croire *a priori*, mais sur les bords de la mer Rouge, tout près de l'ancienne contrée des Troglodytes. La température d'été y dépasse quelquefois 50 degrés du thermomètre centigrade, à l'ombre. C'est une chaleur de plus de 12 degrés supérieure à celle du sang de l'homme. Quelques voyageurs récents assurent avoir observé, sur certains plateaux de l'Abyssinie, une température encore plus élevée que celle qu'on observe aux bords de la mer Rouge. Cette concentration insolite des rayons solaires tient probablement à quelques circonstances de localité dont l'influence n'a pas encore été bien appréciée.

pays natal a un charme particulier, et l'on supporte aisément les rigueurs d'un climat auquel on est accoutumé dès l'enfance. Malgré ces différences, ces contrées ne sont pas fort éloignées les unes des autres. Car du Palus-Méotide, où quelques Scythes habitent au milieu des glaces, il est souvent venu en dix jours à Rhodes des navires de transport, par un vent favorable. Se rendant de là à Alexandrie, dans l'espace de quatre jours, ils ont abordé en Éthiopie souvent au bout de dix jours, en remontant le Nil. Ainsi, en moins de vingt-cinq jours de navigation continue, on peut passer des régions les plus froides de la terre aux régions les plus chaudes. Or comme, à si peu de distance, il y a une si grande différence de climat, il n'est pas étonnant que les mœurs, les manières de vivre, l'extérieur de ces hommes diffèrent tant de ce que nous voyons chez nous.

XXXV. Après avoir rapporté sommairement ce qui nous a paru le plus remarquable chez ces nations et parlé de leurs mœurs, nous allons donner quelques détails sur les animaux qu'on trouve dans ces contrées. Il existe un animal qu'on appelle rhinocéros[1], nom tiré de sa forme. Il est presque aussi courageux et aussi robuste que l'éléphant, mais il est d'une taille plus petite. Il a la peau fort dure et couleur de buis. Il porte à l'extrémité des narines une corne un peu aplatie, et presque aussi dure que du fer. Toujours en guerre avec l'éléphant, auquel il dispute les pâturages, il aiguise cette corne sur de grandes pierres. Dans le combat, il se jette sous le ventre de l'éléphant et lui déchire les chairs avec sa corne comme avec une épée. Il fait perdre ainsi à ces animaux tout leur sang et en tue un grand nombre. Mais lorsque l'éléphant prévient cette attaque du rhinocéros, et qu'il l'a saisi avec sa trompe, il s'en défait aisément en le frappant avec ses défenses et l'accablant de sa force. Dans l'Éthiopie et dans le pays des Troglodytes, on trouve des sphinx qui sont d'une figure semblable à celle que leur donnent les peintres; seulement ils sont

[1] Ῥινόκερως, qui a une corne au nez.

plus velus. Ils sont doux et très-dociles de leur nature, et ils apprennent aisément tout ce qu'on leur montre. Les cynocéphales sont semblables par le corps à des hommes difformes, et leur cri est un gémissement de voix humaine. Ces animaux sont fort sauvages, et on ne peut nullement les apprivoiser; leurs sourcils leur donnent un air très-austère. Leurs femelles ont cela de particulier qu'elles portent pendant toute leur vie leur matrice hors du corps [1]. Le *cepus* [2], qu'on a ainsi nommé à cause de la beauté et des belles proportions de son corps, a la face du lion; mais, par le reste du corps, il ressemble à la panthère, excepté qu'il est de la taille d'une gazelle. Le taureau carnassier est le plus sauvage des animaux dont nous venons de parler; et il est entièrement indomptable. Il est bien plus fort que le taureau domestique; il ne cède point en vitesse au cheval, et il a la gueule fendue jusqu'aux yeux. Son poil est tout roux, ses yeux sont plus glauques que ceux du lion, et ils brillent pendant la nuit. Ses cornes sont d'une nature particulière : il les remue d'ordinaire comme les oreilles; mais quand il se bat il les tient droites et immobiles [3]. Son poil est couché au rebours de celui des autres animaux. Au reste, ce taureau est si fort qu'il attaque les animaux les plus robustes, et qu'il vit de la chair de ceux qu'il a vaincus. Il dévore aussi les bestiaux des habitants, et il se bat avec acharnement contre des troupes entières de bergers et de chiens. Sa peau passe pour invulnérable; bien des fois on a essayé de le dompter, mais on n'en est

[1] L'auteur veut sans doute parler ici des callosités qu'on remarque chez les singes de l'ancien monde. Cette apparence de chair nue autour de l'anus est même un des caractères essentiels qui distinguent les singes de l'Amérique des singes de l'ancien monde.

[2] Peut-être le dauw, espèce de cheval sauvage qu'on trouve aujourd'hui aux environs du cap de Bonne-Espérance. Seulement, il n'a pas la face d'un lion. *Cepus*, de κῆπος, jardin.

[3] Les cornes, en raison même de leur origine et leur nature, ne peuvent pas être mobiles comme les oreilles. Leur mode d'accroissement et de reproduction varie selon les espèces d'animaux. Ce que Diodore raconte ici de la mobilité des cornes du taureau sauvage paraît donc être une pure fable. Les instincts carnassiers de ce ruminant sont également une de ces mille exagérations dont les Grecs ont été en tout temps si prodigues.

jamais venu à bout. Si cet animal est pris dans une fosse, ou qu'il tombe dans tout autre piége, il meurt suffoqué de rage, et ne change point sa liberté contre la domesticité. C'est donc avec raison que les Troglodytes l'estiment le plus fort de tous les animaux, puisque la nature l'a doué du courage du lion, de la vitesse du cheval, et de la force du taureau, et que de plus il ne peut être entamé par le fer, la plus dure de toutes les matières. Il y a un animal que les Éthiopiens appellent *crocottas*, qui tient de la nature du loup et de celle du chien; mais il est plus à craindre que tous les deux par sa férocité. Rien ne résiste à la force de ses dents, car il broie aisément les os les plus gros, et il les digère merveilleusement [1]. Mais nous n'ajoutons point foi aux récits fabuleux de quelques historiens, qui prétendent que cet animal imite le langage de l'homme.

XXXVI. Ceux qui habitent près du désert disent qu'on y voit des serpents de toute espèce et d'une dimension incroyable. Quelques-uns assurent en avoir vu de cent coudées de long; mais ces choses sont taxées de mensongères, non-seulement par moi, mais par tout le monde. Cependant, ils vont encore plus loin, et ils soutiennent que dans cette contrée, qui est plate, on trouve des amas de serpents qui, repliés sur eux-mêmes, ressemblent de loin à des collines; mais qui voudrait y croire? Nous dirons cependant un mot des plus grandes espèces de serpents que nous ayons vues, et qu'on apporta à Alexandrie dans des cages bien préparées. Nous décrirons même à cette occasion la manière dont on en fait la chasse. Ptolémée second [2], qui aimait beaucoup la chasse des éléphants, récompensait par de grands présents ceux qui allaient à la chasse des animaux les plus forts. Ainsi, ayant dépensé beaucoup d'argent à ce ca-

[1] Ce que Diodore rapporte ici du *crocottas* des Éthiopiens peut assez bien s'appliquer à l'hyène. Ce féroce carnassier se trouve encore aujourd'hui assez fréquemment dans l'extrémité méridionale de l'Afrique. Il est à remarquer que plusieurs espèces d'animaux, l'ibis blanc, le rhinocéros, etc., qui peuplaient anciennement l'Égypte et l'Éthiopie, se retrouvent aujourd'hui, relégués aux environs du cap de Bonne-Espérance.

[2] Ptolémée Philadelphe, second du nom. Il monta sur le trône en l'an 283 avant Jésus-Christ.

price, il rassembla un grand nombre d'éléphants propres à la guerre, et il fit connaître aux Grecs des animaux extraordinaires et qu'on n'avait pas encore vus. Quelques chasseurs, excités par la libéralité du roi qui distribuait de si belles récompenses, résolurent d'aller en troupe à la chasse des plus grands serpents, et de risquer leur vie pour en amener un tout vivant devant Ptolémée, à Alexandrie. L'entreprise était grande et hasardeuse; mais la fortune vint à leur secours, et leur procura un heureux succès. Ils guettèrent un de ces serpents qui avait trente coudées de long. Ce serpent se tenait ordinairement couché auprès des mares d'eau; il restait immobile, roulé en spirale, jusqu'à ce qu'il vît quelque animal s'approcher pour boire. Alors, se dressant tout d'un coup, il le saisissait avec sa gueule, ou il l'entrelaçait dans ses replis de manière à l'empêcher de se dégager. Comme cet immense reptile est paresseux de sa nature, les chasseurs espérèrent s'en rendre maîtres avec des cordes et des chaînes. Ainsi, s'étant munis de ce qu'ils crurent leur être nécessaire, ils s'en approchèrent courageusement. Mais à mesure qu'ils s'approchaient de cet immense reptile, ils furent bientôt saisis d'effroi en voyant ses yeux flamboyants, sa langue qu'il dardait de tous côtés, ses dents énormes, sa gueule effroyable, ses replis immenses; et surtout lorsqu'ils entendirent le bruit qu'il faisait avec ses écailles, en s'avançant à travers les broussailles. Quoique pâles de frayeur, ils jetèrent leurs lacs sur la queue du reptile, mais il ne les eut pas plutôt sentis qu'il se retourna avec des sifflements horribles; et, s'élevant par-dessus la tête de celui qui se trouvait le plus près, il le dévora tout vivant. Il en prit ensuite un second dans ses replis, et l'entrelaçant sous son ventre, il l'étouffa. Les autres, saisis d'épouvante, ne cherchèrent leur salut que dans la fuite.

XXXVII. Cependant, pour mériter les bienfaits et les bonnes grâces du roi, ils revinrent à leur entreprise, et en affrontèrent de nouveau le péril. Pour s'emparer de ce serpent, qu'ils ne pouvaient avoir par la force, ils employèrent la ruse. Voici l'expédient dont ils s'avisèrent : ils firent, avec des joncs entrelacés, une espèce de filet de la forme d'une barque, et qui, par sa longueur et son étendue, pouvait aisément contenir tout le corps du reptile. Ils épièrent ensuite la caverne où il se retirait, l'heure à laquelle il en sortait pour se repaître, et l'heure où il y rentrait. Dès que ce monstre fut, comme d'ordinaire, sorti à la chasse des autres animaux, ils commencèrent d'abord par boucher l'entrée de cette caverne avec de grosses pierres et de la terre. Ils creusèrent ensuite tout auprès une allée souterraine, où ils tendirent leur filet, qui présentait son ouverture du côté où le serpent devait entrer. Tout le long du passage on avait placé des archers, des frondeurs, beaucoup de cavaliers, même des trompettes, et tout un appareil de guerre. En s'approchant, le serpent levait sa tête beaucoup au-dessus d'eux. Les chasseurs se rassemblèrent, mais ils n'osaient s'approcher, se rappelant les malheurs passés; ils lancèrent de loin une grêle de flèches contre ce monstre, qui leur servait de but. Cependant la vue des cavaliers, la meute des chiens, et le son des trompettes épouvantèrent l'animal, pendant qu'il allait regagner sa retraite. Les chasseurs ralentirent un peu leur poursuite, de peur de l'irriter davantage. Il était déjà près de l'entrée de sa caverne murée lorsque le bruit des armes, la vue de cette foule, et le son des trompettes augmentèrent sa frayeur. Ne trouvant pas l'entrée de sa caverne, et pour éviter l'attaque des chasseurs, le reptile se jeta dans l'allée ouverte devant lui. Les replis du serpent remplirent tout le filet. Aussitôt les chasseurs vinrent à bride abattue, et fermèrent avec des chaînes l'ouverture de cette espèce de cage, disposée pour cette entreprise périlleuse; après quoi, ils la soulevèrent avec des leviers. Cependant le serpent, se sentant à l'étroit, poussait des sifflements affreux, et tâchait de briser le filet de joncs avec les dents. Il s'agitait avec tant de force que ceux qui le portaient, de peur qu'il ne leur échappât, s'arrêtèrent et se mirent à le piquer aux environs de la queue, afin que la douleur, lui faisant tourner la tête, l'empêchât de rompre ses liens. Enfin, l'ayant apporté à Alexandrie, ils en firent présent au roi, qui le regarda comme un des plus monstrueux animaux dont on eût jamais entendu parler. Par la privation de la nourriture on affaiblit la force de ce reptile, et on l'apprivoisa en peu de temps, de telle façon que tout le monde s'en étonna. Ptolémée combla les chasseurs de présents mérités. Il nourrissait ensuite dans son palais ce serpent, qu'il montrait aux étrangers comme un objet de curiosité. Beaucoup de gens l'ont vu; il ne serait donc pas juste de prendre pour une fable ce que les Éthiopiens disent de quelques-uns de leurs serpents; ces serpents sont, assurent-ils, si grands qu'ils avalent non-seulement des bœufs entiers, des taureaux et d'autres animaux de même taille, mais qu'ils attaquent même les éléphants. S'entortillant autour de leurs cuisses, ils les empêchent de se remuer; puis, s'élevant jusqu'au-dessus de la trompe, ils placent leur tête devant les yeux de l'éléphant; celui-ci, aveuglé par le feu du regard de son ennemi, tombe à terre; et, le serpent s'en étant ainsi rendu maître, le dévore.

XXXVIII. Nous avons suffisamment parlé de l'Éthiopie, de la Troglodytique et de toutes les nations voisines jusqu'aux pays inhabitables en raison de la chaleur qui y règne. Nous avons aussi parlé des nations situées le long des côtes de la mer Rouge et de la mer Atlantique méridionale. Nous allons traiter à présent des parties dont il nous reste à nous occuper, savoir, le golfe Arabique, dont nous emprunterons la description en partie aux Annales royales d'Alexandrie et en partie aux renseignements donnés par des témoins oculaires. Car on n'a qu'une faible connaissance de cette partie du monde, ainsi que des îles Britanniques et du nord. Mais nous décrirons les pays septentrionaux, voisins des régions inhabitables par le froid, lorsque nous en serons au temps de César qui, après avoir soumis à la puissance des Romains des contrées si éloignées, a procuré aux historiens des documents qui leur manquaient.

Le golfe Arabique communique avec l'Océan méridional. Il a beaucoup de stades de longueur, et est terminé par un coude compris entre les limites du pays des Troglodytes et de l'Arabie. Sa largeur, à son embouchure et à son coude, est de seize stades.

Mais, depuis le port de Panorme jusqu'à l'autre rivage, il y a une longue journée de navigation. Sa plus grande largeur est entre le mont Tyrcée et la côte inhospitalière de Macarie : ces deux points du continent sont assez distants pour qu'on ne puisse pas de l'un apercevoir l'autre. Depuis là jusqu'à son embouchure, le golfe va en se rétrécissant. Dans ce golfe se trouvent plusieurs grandes îles, entre lesquelles le passage est fort étroit, et le courant rapide. Telle est en résumé la position de ce golfe. En commençant par l'extrémité du coude, nous allons rapporter ce qu'il y a de plus remarquable sur les deux rives qui bordent le golfe. Nous commencerons par la rive droite, qui est habitée par les Troglodytes, et qui s'étend jusqu'au désert.

XXXIX. Lorsqu'en partant de la ville d'Arsinoé on longe le côté droit du golfe, on voit, en plusieurs endroits, des sources d'eau salée se précipitant des rochers dans la mer. Après avoir dépassé ces sources, on voit, au milieu d'une grande plaine, une montagne ocreuse qui offusque les yeux de ceux qui la regardent longtemps. Au pied de cette montagne est l'entrée sinueuse d'un port qu'on appelle *port de Vénus*[1]. Il y a dans ce port trois îles, dont deux pleines d'oliviers et de figuiers; la troisième est dénuée de ces arbres, mais on y trouve beaucoup de poules d'Inde. Ensuite on voit une vaste baie, nommée *Acathartus*[2]. Attenant à cette baie, est une longue presqu'île qui est si étroite que l'on y transporte les bateaux d'une mer dans l'autre[3].

En longeant cette côte, on rencontre une île, située dans la haute mer, qui a quatre-vingts stades de long. On la nomme *Ophiodès*[4]. Elle était autrefois infestée de toutes sortes de reptiles formidables, et c'est de là qu'elle a tiré son nom. Mais

[1] Ce port était plus anciennement connu sous le nom de *Port de rat*, Myormus) Μυὸς ὅρμος.

[2] Ἀκάθαρτος, impur, sale.

[3] Ce transport des navires pour franchir un isthme n'était pas alors une chose insolite, ainsi que le témoignent les expressions grecques de διισθμίζειν, ὑπερισθμίζειν τὰς ναῦς.

[4] Ὀφιώδης, île des serpents.

dans ces derniers temps, les rois d'Alexandrie l'ont fait si bien cultiver qu'on n'y voit plus aucun de ces animaux. Si l'on a eu tant de soin de cultiver cette île, c'est qu'elle produit la topaze. C'est une pierre transparente, très-agréable à la vue, semblable au verre, et d'un magnifique aspect d'or. C'est pourquoi l'entrée de cette île est défendue aux voyageurs. Tous ceux qui y abordent sont aussitôt mis à mort par les gardes qui s'y trouvent établis. Ils sont en petit nombre, et ils mènent une vie malheureuse; car, de peur qu'on ne vole quelques-unes de ces pierres, on ne laisse aucun vaisseau dans l'île, et les navigateurs se tiennent au loin par la crainte du roi. Les vivres qu'on leur amène sont promptement consommés, et l'on n'en trouve point dans le pays. Quand il ne leur reste plus que peu de vivres, les habitants du lieu viennent s'asseoir tous ensemble sur le rivage, en attendant l'arrivée de leurs provisions; et, si elles tardent à venir, ils se voient réduits à la dernière extrémité. La topaze croît dans les rochers. On ne la voit pas le jour, en raison de la clarté du soleil qui l'efface; mais elle brille dans l'obscurité de la nuit, et on distingue de fort loin le lieu où elle se trouve. Les gardes de l'île se distribuent au sort la recherche de ces lieux. Dès qu'une pierre se révèle par son éclat, ils couvrent l'endroit d'un vase de même grandeur, afin de le marquer. Au jour ils y retournent, et coupent la roche dans l'espace marqué, et la livrent à des ouvriers instruits dans l'art de polir les pierres.

XL. Au delà de ces parages, les voyageurs rencontrent diverses peuplades d'Ichthyophages et de Troglodytes nomades. Après cela, on voit plusieurs montagnes particulières, jusqu'à ce qu'on arrive au port Sauveur[1], ainsi nommé par des Grecs qui, naviguant les premiers dans ces parages, se réfugièrent dans ce port. A partir de là, le golfe commence à se rétrécir en contournant les côtes de l'Arabie; la terre et la mer changent visiblement de nature et d'aspect. La terre est basse, et on n'y aperçoit point de collines. La mer est remplie de bancs de sable;

[1] Σωτήρ, *salvator.*

elle n'a guère que trois orgyies[1] de profondeur, et ses eaux sont d'une couleur verte. On dit que cette couleur ne vient pas tant de l'eau elle-même que des algues et fucus qui s'y trouvent[2]. La rade est commode pour les navires à rames, parce que les vagues ne déferlent pas de très-loin; elle est riche en poissons et offre des pêches abondantes.

Les passagers sont exposés à de très-grands dangers sur les vaisseaux qui transportent les éléphants, parce que ces vaisseaux, en raison de leur poids, sont à grand tirant d'eau; quelquefois la nuit, voguant à pleines voiles, ils sont poussés par le vent tantôt contre des écueils, où ils font naufrage, tantôt dans des bas-fonds, où ils échouent. Les matelots ne peuvent abandonner leur navire, parce que l'eau n'est pas guéable; et quand ils ne parviennent pas à le dégager avec leurs rames, ils jettent tout dans la mer, excepté leurs vivres. Mais, ne pouvant renouveler leurs provisions, ils tombent bientôt dans une extrême détresse; il leur est impossible de découvrir ni une île, ni un cap, ni aucun autre navire; car la côte est inhospitalière, et il arrive rarement des vaisseaux dans ces parages. Pour comble de malheur, les flots accumulent en peu de temps autour de la quille du vaisseau une telle quantité de sable, qu'il semble, en quelque sorte, entouré d'une digue faite à dessein. Ceux qui sont exposés à ce désastre font d'abord entendre des gémissements modérés dans cette morne solitude, ne perdant pas encore toute espérance de salut; car souvent, au moment de la marée, les flots soulèvent les vaisseaux, et les sauvent, comme un dieu propice, d'un péril imminent. Mais, lorsque ce secours des dieux leur fait défaut et que les vivres commencent à leur manquer, les plus forts jettent dans la mer les plus faibles, afin que ce qui reste de provisions dure encore quelques jours. Quand ils ont enfin épuisé toutes leurs ressources, ils périssent encore plus misérablement que ceux qui sont morts avant eux; car ceux-ci ont rendu en un instant à la nature l'âme qu'elle leur avait

[1] Environ six mètres.

[2] Le golfe Arabique était appelé par les Hébreux ימ סוף (*Iam souph*), mer d'algues.

donnée; au lieu que les autres arrivent à la fin de leur vie par des maux qui leur causent une longue agonie. Quant aux navires, ainsi privés misérablement de leur équipage, ils demeurent longtemps entourés de ces monceaux de sables, vrais cénotaphes; montrant au loin leurs mâts et leurs antennes, ils excitent la compassion dans l'âme des passants. Un ordre du roi prescrit de laisser là ces navires, pour signaler aux navigateurs les passages dangereux. Les Ichthyophages, qui demeurent aux environs, rapportent un fait qu'ils tiennent par tradition de leurs ancêtres. Ils racontent qu'un jour le reflux fut tel que tout le golfe se changea en une terre ferme, offrant l'aspect d'une verte campagne; toute la mer s'étant retirée sur les côtes opposées, son lit fut mis à découvert; mais les eaux, revenant tout à coup, reprirent leur cours ordinaire [1].

XLI. Nous avons décrit la traversée depuis Ptolémaïs jusqu'au promontoire des Taureaux, lorsque nous avons parlé de la chasse que Ptolémée fit aux éléphants. C'est à ce promontoire que la côte commence à décliner vers l'orient. Là, à l'époque du solstice d'été jusqu'à la saison qui suit, les ombres sont tournées du côté du midi, contrairement à ce qui a lieu dans nos climats. Ce pays est arrosé par des fleuves qui ont leurs sources dans les monts Psébéens. Il est traversé par de grandes plaines fertiles en mauve, en cardamome et en palmiers d'une hauteur prodigieuse. Il produit des fruits de différentes espèces, d'un goût fade, et qui nous sont inconnus. L'intérieur du pays est rempli d'éléphants, de taureaux sauvages, de lions et de beaucoup d'autres animaux robustes. La mer, qui touche à cette contrée, est parsemée de plusieurs îles, où l'on ne trouve aucun fruit cultivé, et qui nourrissent des espèces particulières d'oiseaux d'un aspect admirable. Plus loin, la mer devient très-profonde, et on y voit des cétacés de dimensions énormes. Ces animaux ne font point de mal aux hommes, à moins qu'on ne tombe par hasard sur

[1] Il est curieux de comparer cette tradition avec le récit de Moïse, d'après lequel les Israélites, poursuivis par l'armée de Pharaon, passèrent la mer Rouge à sec. *Exod.* XIV, 21.

les nageoires de leur dos. Ils ne peuvent point suivre les navigateurs, parce qu'en s'élevant à la surface de l'eau, leurs yeux sont aveuglés par les rayons du soleil.

Voilà ce que l'on connaît des extrémités du pays des Troglodytes, dont les limites sont formées par les promontoires Psébéens.

XLII. Nous allons maintenant décrire la côte opposée, appartenant à l'Arabie, en commençant également par la pointe du golfe. Cette pointe porte le nom de Posidium, à cause d'un autel consacré à Neptune par Ariston, que Ptolémée envoya explorer les côtes de l'Arabie jusqu'à l'Océan. Immédiatement après la pointe du golfe, on rencontre un territoire auquel les indigènes rendent une sorte de culte, en raison des avantages qu'il procure. Ce territoire est appelé *Jardin des Palmiers*, parce qu'il produit des palmiers qui portent abondance de fruits aussi agréables qu'utiles[1]. Toute la contrée voisine manque d'eau, et par sa position au midi elle est comme embrasée. Ce n'est donc pas sans raison que les Barbares ont consacré aux dieux ce territoire fertile qui, tout environné qu'il est de terres inhabitables, satisfait abondamment aux besoins de l'homme. Il est arrosé par de nombreuses sources dont l'eau est aussi fraîche que la neige, et qui entretiennent sur les rives une verdure délicieuse. On y trouve un autel antique, bâti d'une pierre dure, et portant une inscription en caractères anciens et inconnus. L'enceinte sacrée de cet autel est gardée par un homme et une femme, qui remplissent les fonctions sacerdotales pendant tout le cours de leur vie. Les habitants de ce territoire vivent très-longtemps. Ils couchent sur des arbres, dans la crainte des bêtes féroces. Après avoir dépassé ce verger de palmiers, le navigateur trouve en avant de la saillie du promontoire une île qui a été appelée l'*Ile des Phoques*, à cause de la multitude de ces animaux qui y séjournent, à la grande surprise du voyageur. Le promontoire en face de cette île regarde l'Arabie dite Pétrée et la Palestine. C'est là que les Gerrhéens et les Minnéens apportent, dit-

[1] Tous les voyageurs, tant anciens que modernes, parlent avec enthousiasme des délicieux bosquets de palmiers qu'on rencontre dans ces parages.

on, de l'Arabie supérieure l'encens et les autres parfums.

XLIII. La côte, qui vient après, était habitée d'abord par les Maranes et ensuite par les Garyndanes, leurs voisins, qui s'en emparèrent de la manière suivante : Il se fait tous les cinq ans une fête dans le territoire aux palmiers, où se réunissent tous les habitants d'alentour. Ils s'y rendent pour sacrifier aux dieux, dans l'enceinte sacrée, des hécatombes de chameaux engraissés, aussi bien que pour remporter chez eux des eaux du pays, qui passent pour rendre la santé aux malades qui en boivent. Or, pendant que les Maranes assistaient à cette fête, les Garyndanes égorgèrent tous ceux de cette nation qui étaient demeurés dans le pays, et ils firent périr les autres traîtreusement à leur retour. Après avoir ainsi dépeuplé la contrée, les Garyndanes se partagèrent les champs fertiles et les pâturages qui nourrissaient de nombreux troupeaux.

On rencontre peu de ports sur cette côte; mais on y voit beaucoup de montagnes élevées, et qui, par leurs couleurs variées, présentent au navigateur un spectacle admirable. Après avoir dépassé cette côte, le navigateur entre dans le golfe Léanite[1]. Ce golfe est bordé d'un grand nombre de villages habités par les Arabes Nabatéens[2]. Ces Arabes occupent non-seulement une grande partie du littoral, mais encore une grande étendue de l'intérieur du pays. Ils forment une nation très-considérable et abondamment pourvue de bestiaux. Ils vivaient autrefois selon les règles de la justice, en se contentant de leurs troupeaux. Mais, lorsque les rois d'Alexandrie eurent rendu ce golfe navigable pour les navires de transport, ces Arabes maltraitèrent les naufragés, et, équipant des bateaux de piraterie, ils pillèrent les navigateurs, en imitant les mœurs féroces et sauvages des habitants de la Tauride, dans le Pont. Mais, atteints sur mer par des trirèmes lancées à leur poursuite, ils furent châtiés

[1] Ce golfe a eu plusieurs noms. Comparez Pline, *Hist. nat.*, VI, 28 : *Sinus intimus, in quo Læanitæ, qui nomen ei dedere. Regia eorum Agra, et in sinu Læana, vel, ut alii, Ælana. Nam et ipsum sinum nostri Ælaniticum scripsere, alii Ælanaticum, Artemidorus Aleniticum, Juba Læaniticum*

[2] J'adopte cette orthographe d'après le grec Ναβαταῖοι.

comme ils le méritaient. Après le golfe Léanite, on voit une contrée plate, bien arrosée, et qui produit, à cause des nombreuses sources qui la traversent, l'agrostis, le jonc de Médie et le lotus, de la grandeur d'un homme. Les pâturages y sont si abondants et si gras qu'on y trouve non-seulement des bestiaux de toute espèce, mais encore des chameaux sauvages, des cerfs et des gazelles. Outre ces animaux, qui y vivent en fort grand nombre, on voit fréquemment sortir du désert des troupes de lions, de loups et de panthères, contre lesquels les pâtres sont obligés de se battre nuit et jour pour la défense de leurs troupeaux. Ainsi, la richesse de la contrée est en même temps une source d'infortunes pour les habitants; car la nature mêle en général des maux aux biens qu'elle accorde aux hommes.

XLIV. Après avoir dépassé cette plaine, le navigateur remonte une baie d'un aspect singulier. Cette baie s'enfonce dans la terre dans une étendue de cinq cents stades [1]; elle est entourée de tous les côtés par d'immenses rochers qui en rendent l'entrée tortueuse et presque impraticable. Un de ces rochers, étant à fleur d'eau, rétrécit tellement le passage, qu'il est impossible à un navire d'entrer dans cette baie ni d'en sortir. Lorsque les vagues sont soulevées par les vents, elles se brisent contre cet écueil et font retentir au loin leurs mugissements. Les bords de cette baie sont habités par les Banizomènes; ils vivent de la chasse et se nourrissent de la chair d'animaux terrestres. On trouve dans cet endroit un temple vénéré de tous les Arabes. Plus loin, en face de la côte dont nous venons de parler, sont trois îles qui ont plusieurs ports. La première est, dit-on, tout à fait déserte, et consacrée à Isis. On y voit des fondements en pierre d'anciens édifices et des colonnes chargées d'inscriptions en caractères barbares. Les autres îles sont également désertes. Toutes ces îles sont couvertes d'oliviers, différents des nôtres. Au delà de ces îles, la côte est escarpée et inaccessible aux navires dans une étendue de plus de mille stades [2]; car il n'y a ni port ni rade où les

[1] Quatre-vingt-douze kilomètres.
[2] Cent quatre-vingt-quatre kilomètres.

matelots puissent jeter l'ancre; il n'y a même pas une langue de terre où les voyageurs fatigués puissent trouver un asile. C'est là que se trouve une montagne au sommet de laquelle s'élèvent des rochers taillés à pic et d'une hauteur prodigieuse. La racine de cette montagne est garnie d'écueils aigus qui s'avancent dans la mer, et qui forment derrière elle des gouffres sinueux. Comme ces récifs sont très-rapprochés les uns des autres et que la mer y est très-profonde, les brisants, par leur arrivée et leur retrait alternatifs, font entendre un bruit semblable à un fort mugissement. Une partie des vagues, lancées contre ces immenses rochers, s'élèvent et se résolvent en écume; une autre partie, s'engloutissant dans des gouffres, forme des tournants épouvantables; de telle sorte que ceux qui passent auprès de cette montagne meurent presque de frayeur. Cette côte est habitée par les Arabes Thamudéniens. De là on arrive à une baie assez vaste, remplie d'îles qui présentent l'aspect des Échinades. Les bords de cette baie se composent de monceaux de sable noir d'une étendue et d'une épaisseur prodigieuses. Plus loin, on découvre une presqu'île; c'est là qu'est le port appelé *Charmuthas*, le plus beau de tous ceux qui nous sont connus par les relations des historiens. Car une langue de terre, située à l'occident, sert à former une baie non-seulement d'un très-bel aspect, mais encore qui surpasse toutes les autres en commodité. Elle est dominée par une montagne couverte d'arbres et qui a cent stades de tour[1]. Son entrée est large de deux plèthres[2]. Ce port peut contenir deux mille navires à l'abri de tous les vents. En outre, on y trouve de l'eau douce en abondance, car un grand fleuve se décharge dans ce port. Il y a au milieu une île bien arrosée, susceptible de recevoir des plantations. En un mot, ce port est tout à fait semblable au port de Carthage, appelé *Cothon*, dont nous parlerons en temps et lieu. Le grand calme qui y règne et les eaux douces qui y affluent attirent de la haute mer une quantité infinie de poissons.

[1] Environ dix-huit kilomètres.

[2] Plus de soixante mètres.

XLV. En poursuivant sa route, le navigateur découvre cinq montagnes, distantes les unes des autres, qui s'élèvent et se terminent en forme de mamelon, et présentent un aspect semblable à celui des pyramides d'Égypte[1]. Il trouve ensuite un golfe environné d'immenses promontoires ; au centre s'élève un monticule en forme de table. Là, on a bâti trois temples d'une hauteur prodigieuse et consacrés à des divinités inconnues aux Grecs, mais qui sont en grande vénération auprès des indigènes. Plus loin, s'étend une côte pourvue de ruisseaux d'eau douce. C'est là qu'est le mont Chabinus, couvert de bois touffus. Le terrain dépendant de cette montagne est habité par les Arabes Dèbes. Ils élèvent des chameaux qui leur servent à tous les besoins de la vie ; ils en font usage pour la guerre aussi bien que pour le transport de leurs marchandises. Ils en boivent le lait, en mangent la chair, et parcourent rapidement tout le pays montés sur leurs chameaux dromadaires. Cette contrée est traversée dans son milieu par un fleuve qui charrie du sable d'or en si grande abondance, que ce sable brille dans le limon qui se dépose à l'embouchure. Les habitants sont tout à fait inexpérimentés dans l'art de travailler l'or. Ils refusent l'hospitalité à tous les étrangers, excepté aux habitants de la Béotie et du Péloponèse, parce que, selon la tradition du pays, Hercule avait contracté jadis un commerce intime avec eux. La contrée qui suit est habitée par les Arabes Aliléens et les Gasandes. Celle-là n'est point brûlée par la chaleur du soleil comme les contrées voisines, et elle en est ordinairement garantie par d'épais nuages. Il y tombe de la neige et des pluies bienfaisantes qui tempèrent les chaleurs de l'été. Le terrain est d'une excellente qualité ; il produirait des fruits de toutes espèces, si les habitants avaient soin de le cultiver. Ils retirent beaucoup d'or des entrailles de la terre ; cet or n'a pas besoin d'être extrait du minerai par la fusion, car il y est à l'état natif, ce qui lui a fait donner le nom d'*apyre*[2].

[1] Cet aspect mamelonné est en général l'indice d'un terrain volcanique.

[2] Χρυσὸς ἄπυρος, *de l'or qui n'a pas besoin de passer par le feu pour être pur*. Voilà le véritable sens de ces termes, qui ont été mal compris par presque tous les interprètes. Voyez pag. 166.

Les plus petits morceaux qu'on y trouve sont de la grosseur d'une amande, et les plus gros du volume d'une noix. Ils font des bracelets et des colliers de ces morceaux d'or enfilés et entremêlés de pierres précieuses. Mais comme ils n'ont ni cuivre ni fer, ils achètent ces métaux à des marchands étrangers contre un poids égal d'or.

XLVI. Après ce peuple viennent les Carbes et ensuite les Sabéens, qui sont la plus nombreuse des tribus arabes. Ils occupent l'Arabie appelée *Heureuse*, où croissent la plupart de nos produits, et qui nourrit un nombre prodigieux de toutes sortes de bestiaux. Un parfum continuel s'exhale de la terre qui engendre, sans interruption, à peu près tous les aromates. Sur le littoral croît le baume, la casie et une graminée d'une espèce particulière. Celle-ci, fraîchement cueillie, réjouit on ne peut plus la vue, mais elle se fane rapidement. Dans l'intérieur du pays, on trouve des forêts épaisses où croissent les arbres qui portent l'encens et la myrrhe, sans parler du palmier, du roseau et du cinnamome et d'autres plantes odoriférantes. Il est impossible de distinguer chacune des odeurs particulières à ces végétaux, à cause de leur nombre inexprimable. Une chose, en quelque sorte divine, et qu'aucun langage ne saurait rendre, ce sont ces émanations suaves qui viennent frapper, même au loin, les sens du navigateur. Les vents de terre, qui s'élèvent au printemps, apportent les exhalaisons délicieuses de ces végétaux aromatiques jusque dans les endroits voisins de la mer. Ce ne sont pas là ces faibles parfums conservés dans des vases, mais c'est l'émanation de l'essence même de la fleur dans toute sa vigueur, et qui s'insinue dans les parties les plus subtiles des sens. Ces émanations de parfums naturels sont aussi délicieuses que salubres pour les navigateurs qui longent ces côtes. Ces parfums ne sont pas faibles comme ceux d'un fruit tombé et qui a perdu sa force, ni comme ceux qu'on conserve dans des vases, mais ils émanent de la fleur arrivée à son point de maturité, et dont la tige n'a rien perdu de sa nature divine. Aussi, ceux qui ont respiré ces parfums croient-ils avoir savouré l'ambroisie de la fable, et ils ne trouvent point d'autre terme pour exprimer leur sensation

XLVII. Cependant la fortune n'a point accordé aux hommes cette félicité sans aucun mélange d'amertume; elle y a mêlé quelque chose de malfaisant comme un avertissement salutaire pour ceux qui, dans le bonheur, pourraient oublier les dieux. Ces forêts odoriférantes sont pleines de serpents de couleur pourpre, de la longueur d'un spithame [1], et dont la morsure est incurable. Ils s'élancent sur l'homme et le couvrent de sang par leurs morsures. De plus, les habitants de ce pays sont sujets à une maladie singulière et fort grave. La nature incisive de ces parfums pénétrant le corps, relâche toutes les fibres, et amène une décomposition totale des tissus que rien ne peut prévenir. Ils combattent cette maladie par les contraires [2], en faisant brûler du bitume et des poils de bouc; car les meilleures choses ne sont utiles et agréables à l'homme que lorsqu'il en use avec une certaine modération en harmonie avec sa nature.

La ville de Saba, bâtie sur une montagne, est la capitale de tout ce pays. La royauté est héréditaire; les rois reçoivent du peuple de grands honneurs, mais leur condition est un mélange de bien et de mal. Ces rois paraissent heureux en ce qu'ils commandent à tout le monde, sans rendre à personne compte de leurs actes; mais ils sont estimés malheureux en ce qu'il leur est défendu de sortir de leur palais, sous peine d'être lapidés par le peuple, selon l'ordre d'un ancien oracle. Cette nation surpasse en richesses non-seulement les Arabes du voisinage, mais encore toutes les autres nations. Dans les échanges et les achats, ils mettent les moindres marchandises à un très-haut prix, et ne trafiquent que pour l'argent. De plus, comme leur situation éloignée les a toujours mis à l'abri du pillage, ils ont des monceaux d'or et d'argent, particulièrement à Saba, qui est

[1] Environ huit pouces.

[2] Ταῖς ἐναντίαις φύσεσι καταμαχόμενοι. L'axiome de l'allopathie, *contraria contrariis curantur*, est, comme on voit, très-ancien et pratiqué par des peuples primitifs.

la résidence des rois. Ils ont des vases et des coupes en or et en argent ciselés ; des lits et des trépieds en argent, et beaucoup d'autres meubles de même métal. On y voit des péristyles de hautes colonnes, les unes dorées, les autres ornées à leurs chapiteaux de figures d'argent ; des plafonds et des portes revêtus de plaques d'or et de pierres précieuses ; des édifices d'une magnificence prodigieuse dans tous leurs détails, et des ameublements en argent, en or, en ivoire, en pierres précieuses et en d'autres matières auxquelles l'homme attache le plus grand prix. Les habitants ont conservé cette félicité pendant des siècles, parce qu'à la différence de la plupart des hommes, ils ne cherchent point à s'enrichir aux dépens d'autrui. La mer, auprès de leurs côtes, paraît blanche, phénomène singulier dont il est difficile d'assigner la cause. Dans le voisinage se trouvent les îles Fortunées ; les villes n'y sont pas ceintes de murailles ; les bestiaux sont tous blancs, et les femelles n'ont point de cornes. De tout côté les marchands abordent dans ces îles, ils s'y rendent surtout de Potana, qu'Alexandre fit construire au bord du fleuve Indus, pour avoir une station navale dans l'océan Indien. Voilà ce que nous avions à dire de cette contrée et de ses habitants.

XLVIII. Il ne faut point passer sous silence les phénomènes qui s'observent dans le ciel de ces contrées. Le plus merveilleux, et qui met le plus souvent les navigateurs dans l'embarras, se rapporte à la constellation de l'Ourse. On n'y voit, dit-on, aucune des sept étoiles qui la composent, avant l'heure de la première garde, dans le mois que les Athéniens appellent *mémactérion*[1], et avant l'heure de la seconde, dans le mois de *posidion*[2] ; et, dans les mois suivants, le moment de leur lever retarde successivement pour les navigateurs. On n'y découvre jamais non plus aucun des astres qu'on appelle *planètes ;* les uns sont plus grands que dans nos climats, et leur lever et leur coucher sont différents ; enfin, le lever du soleil ne s'annonce pas, comme chez nous, par le reflet de la lumière

[1] Le mois d'octobre.

[2] Mois de novembre.

qui le précède, mais cet astre se montre tout à coup, sortant des ténèbres de la nuit, de manière que dans ces climats il ne fait jour qu'à l'instant où on voit le soleil. On dit encore que le soleil semble sortir de la mer comme un charbon ardent qui jette de grandes étincelles; qu'il ne se montre point, comme à nous, sous la forme d'un disque, mais qu'il s'élève sur l'horizon comme une colonne dont le chapiteau est un peu écrasé. D'ailleurs, il ne jette ni éclat ni rayons pendant la première heure; il ressemble seulement à un feu allumé au milieu de l'obscurité. A la seconde heure, il prend la forme d'un bouclier, et répand une lumière très-vive et réchauffante. Tout le contraire arrive à son coucher; car, après avoir disparu, il semble éclairer le monde de nouveaux rayons pendant au moins deux heures, ou même pendant trois, s'il faut en croire Agatharchide de Cnide; et c'est pour ces peuples le temps le plus agréable de la journée, parce que la chaleur du soleil est affaiblie [1]. Les vents appelés *zéphyre*, *lips*, *argeste*, *eurus* [2] soufflent là comme ailleurs; mais dans toute l'Éthiopie on ne connaît pas les vents du midi. Cependant, dans la Troglodytique et dans l'Arabie, les vents sont si chauds qu'ils embrasent les forêts, épuisent les habitants, lors même qu'ils se sont réfugiés dans l'ombre de leurs cabanes; c'est pourquoi ils regardent le vent du nord comme le meilleur de tous les vents, parce qu'il traverse toute la terre sans rien perdre de sa fraîcheur.

XLIX. Après ces récits, il ne sera pas hors de propos de dire un mot des Libyens qui habitent près de l'Égypte, et de parcourir la contrée limitrophe. La Cyrénaïque, les Syrtes, et l'intérieur des régions adjacentes, sont habités par quatre races de Libyens. Les Nasamons sont au midi; les Auchises au couchant; les Marmarides occupent cette lisière de terre située

[1] Plusieurs de ces effets, que l'auteur, dans un récit assez confus, attribue au soleil, proviennent sans doute de certains météores. Une colonne de feu s'élevant de l'horizon, une gerbe de lumière jetant des étincelles comme un charbon ardent, etc.; en un mot, plusieurs de ces phénomènes énumérés par l'auteur, semblent assez bien s'appliquer aux aurores boréales.

[2] Ouest, sud-ouest, nord-ouest, est.

entre l'Égypte et la Cyrénaïque, et qui touche aux côtes de la mer; enfin, les Maces, qui sont les plus nombreux, habitent dans les environs des Syrtes. Parmi ces Libyens, ceux qui possèdent des terres propres à produire des fruits, se livrent à l'agriculture; les Nomades sont pasteurs et vivent de leurs troupeaux. Ces deux races ont des rois. Elles ne sont pas tout à fait sauvages ni étrangères à la civilisation. Mais il y a une troisième race de Libyens qui ne reconnaissent aucun roi, n'ont point la notion du juste, et ne vivent que de brigandages. Ils sortent à l'improviste de leurs solitudes, enlèvent ce qui leur tombe sous la main, et retournent aussitôt dans leurs retraites. Tous ces Libyens mènent une vie sauvage, couchent en plein air, et n'ont que des instincts de brutes. Ils sont sauvages dans leur manière de vivre et dans leurs vêtements : ils ne s'habillent que de peaux de chèvre. Leurs chefs ne possèdent pas de villes, mais ils ont quelques tours assises au bord de l'eau, dans lesquelles ils conservent le restant de leurs vivres. Ils font annuellement prêter à leurs sujets serment de fidélité. Ils soignent comme leurs compagnons d'armes ceux qui leur sont soumis; mais ils condamnent à la mort ceux qui ne reconnaissent pas leur domination et les poursuivent comme leurs ennemis. Leurs armes sont appropriées à leur pays et à leurs habitudes; en effet, légers de corps et habitant une contrée en général plate, ils vont aux combats avec trois lances et quelques pierres dans des sacs de cuir. Ils ne portent ni épée, ni casque, ni aucune autre arme. Ils ne songent qu'à surpasser l'ennemi en légèreté, dans la poursuite ou dans la retraite. Aussi sont-ils fort habiles à la course, à lancer des pierres, et fortifient par l'exercice et par l'habitude les dispositions naturelles. Ils n'observent aucune justice, ni aucune foi à l'égard des étrangers.

L. Le territoire limitrophe de la Cyrénaïque est excellent, et produit quantité de fruits; car il est non-seulement fertile en blés, mais il produit aussi des vignes, des oliviers et toutes sortes d'arbres sauvages. Il est arrosé par des fleuves qui sont d'une grande utilité pour les habitants. La région qui s'étend vers le midi et où s'engendre le nitre [1], est stérile et manque d'eau. Dénuée de tout paysage accidenté, elle ressemble à une mer; elle est limitée par le désert, où il est difficile de pénétrer. Aussi n'aperçoit-on jamais d'oiseaux dans l'air, et on n'y voit d'autre quadrupède que la gazelle et le bœuf; aucun végétal, rien n'y repose la vue; et, dans l'intérieur du pays, on ne voit la terre couverte que d'immenses amas de sable. Mais autant ce pays est dépourvu de toutes les choses nécessaires à la vie, autant il est rempli de serpents de toutes espèces et de toute grandeur, et surtout de cérastes, dont les morsures sont mortelles. Comme leur couleur approche de celle du sol, il est très-difficile de distinguer ces reptiles; et la plupart des voyageurs, en marchant sur eux, s'attirent une mort imprévue. On raconte que l'Égypte fut jadis infestée par une si grande quantité de ces serpents, qu'elle en devint en partie inhabitable.

Il se passe un phénomène extraordinaire dans cette région et dans la partie de la Libye au delà de la Syrte. A certaines époques, mais surtout pendant les calmes, l'air y est rempli d'images de toutes sortes d'animaux; les unes sont immobiles, et les autres flottantes. Tantôt elles paraissent fuir, tantôt elles semblent poursuivre; elles sont toutes d'une grandeur démesurée, et ce spectacle remplit de terreur et d'épouvante ceux qui n'y sont pas habitués. Quand ces figures atteignent les passants qu'elles poursuivent, elles leur entourent le corps, froides et tremblotantes. Les étrangers, qui ne sont point accoutumés à cet étrange phénomène, sont saisis de frayeur; mais les habitants du pays, qui y sont souvent exposés, ne s'en mettent point en peine.

LI. Quelques physiciens essaient d'expliquer les véritables causes de ce phénomène, qui semble extraordinaire et fabuleux. Il ne souffle, disent-ils, point de vent dans ce pays; ou, s'il en souffle, ce ne peut être qu'un vent faible et léger; c'est pourquoi l'air est presque toujours calme et tranquille. Comme il n'y a dans

[1] Sans doute le carbonate de soude qu'on rencontre encore aujourd'hui dans cette contrée, comme une efflorescence du sol.

les environs ni bois, ni collines, ni vallons ombragés, que cette région manque de rivières, et que tout le voisinage, en raison de sa stérilité, ne produit aucune exhalaison, les vents sont absolument privés des principes d'où ils proviennent. Les masses d'air condensées, environnant la terre, produisent en Libye ce que produisent chez nous, quelquefois, les nuages dans les jours de pluie, savoir, des images de toute forme qui surgissent de tout côté dans l'air. Ces couches d'air, suspendues par des brises légères, se confondent avec d'autres couches en exécutant des mouvements oscillatoires très-rapides; tandis que le calme se fait, elles s'abaissent sur le sol par leur poids et en conservant leurs figures qu'elles tenaient du hasard; si aucune cause ne les disperse, elles s'appliquent spontanément sur les premiers animaux qui se présentent. Les mouvements qu'elles paraissent avoir ne sont pas l'effet d'une volonté; car il est impossible qu'un être inanimé puisse marcher en avant ou reculer. Mais ce sont les êtres animés qui, à leur insu, produisent ces mouvements de vibration; car en s'avançant ils font violemment reculer les images qui semblent fuir devant eux. Par une raison inverse, ceux qui reculent paraissent, en produisant un vide et un relâchement dans les couches d'air, être poursuivis par des spectres aériens. Les fuyards, lorsqu'ils se retournent ou qu'ils s'arrêtent, sont probablement atteints par la matière de ces images, qui se brise sur eux, et produit, au moment du choc, la sensation du froid [1].

LII. Après cet exposé, nous allons reprendre notre récit des Amazones d'Afrique qui habitèrent jadis la Libye : car ceux-là se trompent qui croient qu'il n'y a point eu d'autres Amazones que celles qui ont demeuré dans le Pont, sur les bords du fleuve Thermodon. Il est certain, au contraire, que les Amazones de Libye sont plus anciennes que les autres, et ont accompli de

[1] L'auteur décrit ici, quoique d'une manière obscure et confuse, un phénomène météorologique qu'il ne parait point avoir vu lui-même. C'est le mirage si fréquent dans cette partie de l'Afrique, et qui est l'effet de la réfraction des rayons du soleil traversant des couches d'air de densité inégale. Cet effet de réfraction fait paraître tous les objets renversés et comme *mirés* dans une vaste nappe d'eau.

grands exploits. Nous n'ignorons pas que leur histoire paraîtra nouvelle et tout à fait étrange à beaucoup de lecteurs ; car cette race d'Amazones a entièrement disparu plusieurs générations avant la guerre de Troie ; au lieu que les Amazones du fleuve Thermodon florissaient encore un peu avant cette époque. Il n'est donc pas étonnant que ces dernières, venues plus tard, soient plus connues, et aient hérité de la gloire des premières, que le temps a fait presque oublier. A l'exemple de beaucoup de poëtes et d'historiens anciens, et même d'autres écrivains plus récents qui ont fait mention des Amazones, nous essaierons aussi d'en parler sommairement, en prenant pour guide Dionysius[1] qui a écrit l'histoire des Argonautes, de Bacchus et de toutes les choses les plus mémorables de l'antiquité. Or, il y a eu en Libye plusieurs races de femmes guerrières d'une bravoure prodigieuse. On sait par tradition que la race des Gorgones, contre lesquelles Persée combattit, a été extrêmement courageuse ; ce qui prouverait la valeur et la puissance de ces femmes, c'est que ce fils de Jupiter, de son temps le plus vaillant des Grecs, regarda cette expédition comme un grand exploit. Mais les Amazones dont nous allons parler paraîtront bien supérieures aux Gorgones.

LIII. On rapporte qu'aux confins de la terre et à l'occident de la Libye habite une nation gouvernée par des femmes, dont les mœurs sont toutes différentes des nôtres. Il y est de coutume que les femmes font le service de guerre pendant un temps déterminé, en conservant leur virginité. Quand le terme du service militaire est passé, elles approchent des hommes pour en avoir des enfants ; elles remplissent les magistratures et toutes les fonctions publiques. Les hommes passent toute leur vie à la maison, comme chez nous les ménagères, et ils ne se livrent qu'à des occupations domestiques ; ils sont tenus éloignés de l'armée, de la magistrature et de toute autre fonction publique qui pourrait leur inspirer l'idée de se dérober au joug des femmes. Après leur accouchement, les Amazones remettent le nouveau-né

[1] Dionysius de Milète. On croit qu'il a vécu un peu avant l'époque de César.

entre les mains des hommes, qui le nourrissent de lait et d'autres aliments convenables à son âge. Si l'enfant est une fille, on lui brûle les mamelles, afin d'empêcher ces organes de se développer par suite de l'âge : car des mamelles saillantes seraient incommodes pour l'exercice guerrier ; c'est ce qui explique le nom d'Amazones que les Grecs leur ont donné [1]. Selon la tradition, les Amazones habitaient une île appelée *Hespéra*, et située à l'occident, dans le lac Tritonis. Ce lac, qui est près de l'Océan, qui environne la terre, tire son nom du fleuve Triton, qui s'y jette. Le lac Tritonis se trouve dans le voisinage de l'Éthiopie [2], au pied de la plus haute montagne de ce pays-là, que les Grecs appellent *Atlas*, et qui touche à l'Océan. L'île Hespéra est assez spacieuse, et pleine d'arbres fruitiers de toutes espèces, qui fournissent aux besoins des habitants. Ces derniers se nourrissent aussi du lait et de la chair de leurs chèvres et de leurs brebis, dont ils entretiennent de grands troupeaux ; mais ils n'ont pas encore appris l'usage du blé. Entraînées par leurs instincts guerriers, les Amazones soumirent d'abord par leurs armes toutes les villes de cette île, excepté une seule nommée *Méné*, qu'on regardait comme sacrée. Cette ville était habitée par des Éthiopiens ichthyophages ; on y voyait des exhalaisons enflammées, et on y trouvait quantité de pierres précieuses, du genre de celles que les Grecs appellent escarboucles, sardoines et émeraudes. Après cela, les Amazones subjuguèrent dans les environs, beaucoup de tribus de Libyens nomades et bâtirent, dans le lac Tritonis, une ville qu'elles appelèrent *Chersonèse* [3] d'après son aspect.

LIV. Encouragées par ces succès, les Amazones parcoururent plusieurs parties du monde. Les premiers hommes qu'elles attaquèrent furent, dit-on, les Atlantes, le peuple le plus civilisé de ces contrées, et habitant un pays riche et contenant de grandes

[1] Voyez pag. 161, note 2.

[2] Il s'agit ici de l'Éthiopie occidentale, baignée par l'Océan, différente de l'Éthiopie orientale, située au-dessus de l'Égypte, selon la division qu'en fait Homère. *Odyss.*, I, v. 3 et 24.

[3] Presqu'île.

villes. C'est chez les Atlantes, et dans le pays voisin de l'Océan, que, selon la mythologie, les dieux ont pris naissance; et cela s'accorde assez avec ce que les mythologues grecs en racontent; nous en parlerons plus bas en détail. Myrina, reine des Amazones, assembla, dit-on, une armée de trentre mille femmes d'infanterie, et de vingt mille de cavalerie; elles s'appliquaient plus particulièrement à l'exercice du cheval, à cause de son utilité dans la guerre. Elles portaient pour armes défensives des peaux de serpent, car la Libye produit des reptiles énormes. Leurs armes offensives étaient des épées, des lances et des arcs. Elles se servaient fort adroitement de ces dernières armes, non-seulement pour l'attaque, mais encore pour repousser ceux qui les poursuivaient dans leur fuite. Après avoir envahi le territoire des Atlantes, elles défirent d'abord en bataille rangée les habitants de Cerné, et poursuivirent les fuyards, jusqu'en dedans des murs. Elles s'emparèrent de la ville et maltraitèrent les captifs, afin de répandre la terreur chez les peuples voisins. Elles passèrent au fil de l'épée tous les hommes pubères, réduisirent en esclavage les femmes et les enfants, et démolirent la ville. Le bruit du désastre des Cernéens s'étant répandu dans tout le pays, le reste des Atlantes en fut si épouvanté que tous, d'un commun accord, rendirent leurs villes, et promirent de faire ce qu'on leur ordonnerait. La reine Myrina les traita avec douceur, leur accorda son amitié et, à la place de la ville détruite, elle fonda une autre ville à laquelle elle donna son nom. Elle la peupla des prisonniers qu'elle avait faits de tous les indigènes qui voulaient y demeurer. Après cela, les Atlantes lui donnèrent des présents magnifiques et lui décernèrent publiquement de grands honneurs; elle accueillit ces marques de leur affection, et leur promit de les protéger. Comme les Atlantes étaient souvent attaqués par les Gorgones, établies dans le voisinage, et qui de tout temps étaient leurs ennemies, la reine Myrina alla combattre les Gorgones dans leur pays, à la prière des Atlantes. Les Gorgones se rangèrent en bataille; le combat fut acharné; mais enfin les Amazones l'emportèrent, tuèrent un grand nombre de leurs ennemies, et ne firent pas moins de trois mille prisonnières. Le reste s'étant sauvé dans les bois, Myrina, voulant entièrement détruire cette nation, y mit le feu; n'ayant pas réussi dans ce dessein, elle se retira sur les frontières du pays.

LV. Comme une nuit les Amazones, enflées de ce succès, faisaient la garde avec négligence, les Gorgones, leurs prisonnières, se saisirent de leurs épées et en égorgèrent un grand nombre. Mais étant bientôt entourées par les Amazones et accablées par le nombre, elles furent toutes tuées après une résistance vigoureuse. Myrina fit brûler sur trois bûchers les corps de ses compagnes tuées, et elle fit élever avec de la terre trois grands tombeaux qui s'appellent encore aujourd'hui les tombeaux des Amazones. Les Gorgones s'étant multipliées dans la suite, furent aussi attaquées par Persée, fils de Jupiter; Méduse était alors leur reine. Enfin, les Gorgones ainsi que la race des Amazones furent exterminées par Hercule, lorsque, dans son expédition de l'Occident, il posa une colonne dans la Libye, ne pouvant souffrir, qu'après tant de bienfaits dont il avait comblé le genre humain, il y eût une nation gouvernée par des femmes. On rapporte que le lac Tritonis a entièrement disparu par suite des tremblements de terre qui ont fait rompre les digues du côté de l'Océan. Myrina, après avoir parcouru avec son armée une grande partie de la Libye, entra dans l'Égypte où elle se lia d'amitié avec Horus, fils d'Isis, qui était alors roi du pays. De là, elle alla faire la guerre aux Arabes, et en extermina un très-grand nombre. Ensuite, elle subjugua toute la Syrie; les Ciliciens allèrent à sa rencontre en lui offrant des présents, et lui promettant de se soumettre volontairement à ses ordres. Myrina leur laissa la liberté, parce qu'ils étaient venus se rendre spontanément. C'est pour cela qu'on les appelle encore à présent *Éleuthero-Ciliciens*[1]. Après avoir fait la guerre aux peuples qui habitent le mont Taurus, et qui sont remarquables par leur force, elle entra dans la grande Phrygie, située près de la mer, et ayant

[1] Ciliciens libres. Ils n'avaient jamais obéi à aucun roi. C'est ce qui leur a valu leur nom, s'il faut en croire Cicéron, XV, Ep. 4; et V. Attic. Ep. 20.

parcouru avec son armée plusieurs contrées maritimes, elle termina son expédition au bord du fleuve Caïcus. Dans le pays conquis, elle choisit les lieux les plus propres à la fondation des villes; elle en construisit plusieurs, parmi lesquelles il y en a une qui porte son nom. Elle donna aux autres villes les noms des Amazones qui avaient commandé les principaux corps d'armées; telles sont les villes de Cyme, de Pitane et de Priène; celles-ci sont situées au bord de la mer; elle en fonda plusieurs autres dans l'intérieur du pays. Elle soumit aussi quelques îles, et particulièrement Lesbos, où elle fonda la ville appelée *Mitylène*, du nom de sa sœur qui avait pris part à l'expédition. Pendant qu'elle allait subjuguer d'autres îles, son vaisseau fut assailli par une tempête; et, implorant pour son salut la mère des dieux, elle fut jetée dans une île déserte; suivant un avertissement qu'elle avait eu en songe, elle consacra cette île à la déesse invoquée, elle lui dressa des autels et lui institua des sacrifices. Elle donna à cette île le nom de *Samothrace*, qui, traduit en grec, signifie *île sainte*[1]. Quelques historiens soutiennent que cette île s'appelait d'abord Samos et que depuis elle fut appelée Samothrace par les Thraces qui l'habitèrent. Quoi qu'il en soit, lorsque, selon la tradition, les Amazones eurent gagné le continent, la mère des dieux transporta dans cette île, qui lui plaisait, des colons pour la peupler, et entr'autres ses fils, les Corybantes[2], dont le père n'est révélé qu'aux initiés dans les mystères. Cette déesse leur enseigna les mystères qui se célèbrent encore aujourd'hui dans cette île, et y consacra un temple inviolable. A cette époque, Mopsus de Thrace, banni de sa patrie par Lycurgue qui en était roi, envahit le pays des Amazones avec une armée. Sipylus, Scythe de nation, banni de même de sa patrie, la Scythie, limitrophe de la Thrace, se joignit à l'expédition de Mopsus. Une bataille eut lieu; les troupes de Mopsus et de Sipylus remportèrent la victoire. Myrina, la reine des Amazones,

[1] Dans les dialectes slavons (scythes) *same*, *samla*, signifie terre. Samothrace signiderait donc terre des Thraces.

[2] Les *Corybantes*, les *Cabires* étaient sans doute les *μεγάλοι θεοί*. Voy. Orphée, hymne XXXVII, sur les Curètes et Corybantes.

et la plupart de ses compagnes furent massacrées. Il y eut par la suite plusieurs autres combats dans lesquels les Thraces demeurèrent vainqueurs; et ce qui resta de l'armée des Amazones se retira dans la Libye. Telle fut, selon la mythologie, la fin de l'expédition des Amazones.

LVI. Comme nous avons fait mention des Atlantes, nous pensons qu'il ne sera pas hors de propos de rapporter ici ce qu'ils racontent de la naissance des dieux; leurs traditions ne sont pas, à cet égard, fort éloignées de celles des Grecs. Les Atlantes habitent le littoral de l'Océan, et un pays très-fertile. Ils semblent se distinguer de leurs voisins par leur piété et par leur hospitalité. Ils prétendent que leur pays est le berceau des dieux; et le plus célèbre de tous les poëtes de la Grèce paraît partager cette opinion, lorsqu'il fait dire à Junon [1] : « Je pars pour visiter les limites de la terre, l'Océan, père des dieux, et Téthys, leur mère. » Or, selon la tradition mythologique des Atlantes, leur premier roi fut Uranus [2]. Ce prince rassembla dans l'enceinte d'une ville les hommes qui avant lui étaient répandus dans les campagnes. Il retira ses sujets de la vie sauvage; il leur enseigna l'usage des fruits et la manière de les conserver, et leur communiqua plusieurs autres inventions utiles. Son empire s'étendait presque sur toute la terre, mais principalement du côté de l'occident et du nord. Exact observateur des astres, il prédit plusieurs événements qui devaient arriver dans le monde, et apprit aux nations à mesurer l'année par le cours du soleil, et les mois par celui de la lune; et il divisa l'année en saisons. Le vulgaire, qui ignorait l'ordre éternel du mouvement des astres, admirait ces prédictions, et regardait celui qui les avait faites comme un être surnaturel. Après sa mort, les peuples lui décernèrent les honneurs divins, en souvenir des bienfaits qu'ils avaient reçus de lui. Ils donnèrent son nom à l'univers; tant parce qu'ils lui attribuaient la connaissance du lever et du coucher des astres et d'autres phénomènes naturels, que pour témoigner leur re-

[1] *Iliade*, chant XIV, v. 200.

[2] Voyez sur les Atlantes ou Atlantides Platon dans *Critias*.

connaissance par les honneurs éminents qu'ils lui rendaient : ils l'appelèrent enfin roi éternel de toutes choses.

LVII. Selon ces mêmes traditions, Uranus eut quarante-cinq enfants de plusieurs femmes; il en eut dix-huit de Titéa. Ces derniers, ayant chacun un nom particulier, furent en commun appelés Titans du nom de leur mère. Titéa, connue pour sa sagesse et ses bienfaits, fut, après sa mort, mise au rang des dieux par ceux qu'elle avait comblés de biens, et son nom fut changé en celui de *Terre*. Uranus eut aussi plusieurs filles dont les deux aînées furent les plus célèbres, Basiléa et Rhéa, que quelques-uns nomment aussi Pandore. Basiléa, la plus âgée et en même temps la plus sage et la plus intelligente, éleva tous ses frères, et leur prodigua les soins d'une mère. Aussi fut-elle surnommée la *Grande mère*. Lorsque son père fut élevé au rang des dieux, elle monta sur le trône avec l'agrément des peuples et de ses frères. Elle était encore vierge, et par un excès de sagesse elle ne voulait pas se marier. Plus tard, pour avoir des enfants qui pussent lui succéder dans la royauté, elle épousa Hypérion, celui de ses frères qu'elle aimait le plus. Elle en eut deux enfants, Hélius et Séléné, tous deux admirables de beauté et de sagesse. Ce bonheur attira à Basiléa la jalousie de ses frères, qui craignant qu'Hypérion ne s'emparât de la royauté, conçurent un dessein exécrable. D'après un complot arrêté entre eux, ils égorgèrent Hypérion et noyèrent dans l'Éridan son fils Hélius, qui n'était encore qu'un enfant. Ce malheur s'étant découvert, Séléné, qui aimait beaucoup son frère, se précipita du haut du palais. Pendant que Basiléa cherchait le long du fleuve le corps de son fils Hélius, elle s'endormit de lassitude; elle vit en songe Hélius qui la consola en lui recommandant de ne point s'affliger de la mort de ses enfants; il ajouta que les Titans recevraient le châtiment mérité; que sa sœur et lui allaient être transformés en êtres immortels par l'ordre d'une providence divine; que ce qui s'appelait autrefois dans le ciel le *feu sacré* serait désigné par les hommes sous le nom d'Hélius

(Soleil), et que l'ancien nom de *Méné*[1] serait changé en celui de Séléné (Lune). A son réveil, elle raconta au peuple le songe qu'elle avait eu, et ses infortunes. Elle ordonna ensuite d'accorder à ses enfants des honneurs divins, et défendit que personne ne touchât son corps. Après cela, elle tomba dans une espèce de manie. Saisissant les jouets de sa fille, instruments bruyants, elle errait par tout le pays, les cheveux épars, dansant comme au son des tympanons et des cymbales, et devint ainsi pour ceux qui la voyaient un objet de surprise. Tout le monde eut pitié d'elle; quelques-uns voulurent l'arrêter, lorsqu'il tomba une grande pluie, accompagnée de coups de tonnerre continuels. Dans ce moment, Basiléa disparut. Le peuple, admirant cet événement, plaça Hélius et Séléné parmi les astres. On éleva des autels en l'honneur de leur mère, et on lui offrit des sacrifices ainsi que d'autres honneurs, au bruit des tympanons et des cymbales, à l'imitation de ce qu'on lui avait vu faire.

LVIII. Les Phrygiens racontent autrement la naissance de cette déesse. D'après leur tradition, Méon régnait autrefois sur la Phrygie et la Lydie; il épousa Dindyme et en eut une fille. Ne voulant pas l'élever, il l'exposa sur le mont Cybélus. Là, protégée des dieux, l'enfant fut nourrie du lait de panthères et d'autres animaux féroces. Quelques femmes, menant paître leurs troupeaux sur la montagne, furent témoins de ce fait miraculeux; elles emportèrent l'enfant, et l'appelèrent Cybèle, du nom de l'endroit où elles l'avaient trouvée. Cette fille, en grandissant, se fit remarquer par sa beauté, son intelligence et son esprit. Elle inventa la première flûte à plusieurs tuyaux, et elle introduisit dans les jeux et la danse les cymbales et les tympanons. Elle composa des remèdes purifiants pour les bestiaux malades et les nouveau-nés; et, comme par des chants magiques elle guérissait beaucoup d'enfants qu'elle tenait dans ses bras, elle reçut pour ces bienfaits le nom de *Mère de la montagne*. Le plus

[1] L'ancien nom de Méné (Μήνη) se rapproche singulièrement de celui de *Moon* ou *Mond*, par lequel on désigne également *la lune* dans les langues indo-germaniques.

intime de ses amis était, dit-on, Marsyas le Phrygien, homme admiré pour son esprit et sa sagesse. Marsyas donna une preuve de son esprit lorsqu'il inventa la flûte simple, imitant seule tous les sons de la flûte à plusieurs tuyaux; et on jugera de sa chasteté, lorsqu'on saura qu'il est mort sans avoir connu les plaisirs vénériens. Cependant, arrivée à l'âge de puberté, Cybèle aima un jeune homme du pays, appelé d'abord Attis et ensuite Papas. Elle eut avec lui un commerce intime et devint enceinte au moment où elle fut reconnue par ses parents.

LIX. Ramenée dans le palais du roi, elle fut d'abord reçue comme une vierge par le père et la mère. Sa faute ayant été ensuite découverte, le père fit tuer les bergères qui l'avaient nourrie ainsi qu'Attis, et laissa leurs corps sans sépulture. Transportée d'amour pour ce jeune homme et affligée du sort de ses nourrices, Cybèle devint folle; elle parcourut le pays, les cheveux épars, en gémissant et en battant du tambour. Marsyas, saisi de commisération, se mit à la suivre volontairement, en souvenir de l'amitié qu'il lui avait autrefois portée. Ils arrivèrent ainsi ensemble chez Bacchus à Nyse, et ils y rencontrèrent Apollon, alors célèbre par le jeu de la cithare. On prétend que Mercure a été l'inventeur de cet instrument; mais qu'Apollon est le premier qui s'en soit servi avec méthode. Marsyas étant entré en lutte avec Apollon pour l'art de la musique, ils choisirent les Nysiens pour juges. Apollon joua le premier sur la cithare, sans accompagnement de chant [1]; mais Marsyas, prenant sa flûte, frappa davantage les auditeurs par la nouveauté du son et par la mélodie de son jeu, et il parut l'emporter de beaucoup sur son rival. Ils convinrent de recommencer la lutte et de donner aux juges une nouvelle preuve de leur habileté; Apollon succéda à son antagoniste, et, mêlant le chant au jeu de la cithare, il surpassa de beaucoup le jeu primitif de la flûte

[1] C'est là, sans doute, la véritable signification du mot *ψιλῇ*, ou, que presque tous les traducteurs ont, à tort, rendu par *air simple*, etc. Du reste, ce qui suit prouve que notre interprétation est exacte; car, dans une nouvelle épreuve, le jeu d'Apollon n'était plus *ψιλῇ*, mais accompagné de chant, *ἁρμόττουσαν τῷ μέλει τῆς κιθάρας ᾠδήν*.

seule. Marsyas, indigné, représenta à ses auditeurs qu'il était frustré contre toute justice; puisque c'était de l'exécution instrumentale et non de la voix qu'il fallait juger, et qu'il ne s'agissait que de savoir laquelle de la cithare ou de la flûte l'emportait pour l'harmonie et la mélodie du son; en un mot, qu'il était injuste d'employer deux arts contre un. Apollon répondit, suivant ce que disent les mythologues, qu'il n'avait pris aucun avantage sur lui; qu'il avait fait comme Marsyas soufflant dans sa flûte, et que, pour que la lutte fût égale, il fallait qu'aucun des antagonistes ne se servît de la bouche dans l'exercice de son art, ou qu'ils ne se servissent tous deux que de leurs doigts. Les auditeurs trouvèrent qu'Apollon avait raisonné juste, et ils ordonnèrent une nouvelle épreuve. Marsyas fut encore vaincu, et Apollon, que cette lutte avait aigri, l'écorcha tout vif. Apollon s'en repentit cependant peu de temps après; et, contristé de ce qu'il avait fait, il brisa les cordes de sa cithare, et fit disparaître le mode d'harmonie dont il était l'inventeur. Les Muses retrouvèrent depuis la *Mésé*[1], Linus, la *Lichanos*, Orphée et Thamyris, l'*Hypaté* et la *Parypaté*. Apollon déposa dans la grotte de Bacchus sa cithare et les flûtes de Marsyas, devint amoureux de Cybèle et l'accompagna dans ses courses jusque chez les Hyperboréens. A cette époque, les Phrygiens étaient affligés par une maladie, et la terre était stérile. Dans leur détresse, les habitants s'adressèrent à l'oracle, qui leur ordonna d'enterrer le corps d'Attis et d'honorer Cybèle comme une déesse. Mais comme le corps d'Attis avait été entièrement consumé par le temps, les Phrygiens le représentèrent par la figure d'un jeune homme, devant laquelle ils faisaient de grandes lamentations, pour apaiser la colère de celui qui avait été injustement mis à mort; cette cérémonie a été conservée jusqu'à présent. Ils font aussi en l'honneur de Cybèle des sacrifices annuels sur leurs anciens autels. Enfin ils lui construisirent un temple magnifique à Pisinunte, en Phrygie, et ils établirent des fêtes à la solennité desquelles le roi Midas

[1] Voyez sur les intervalles musicaux, Aristoxène, *Harmon.*. II, p. 40; Ptolémée, *Harmon.*, II, c. X.

contribua beaucoup. La statue de Cybèle est entourée de lions et de panthères, parce qu'on croit que cette déesse fut allaitée par ces animaux. Voilà ce que les Phrygiens et les Atlantes, habitant les bords de l'Océan, racontent de la mère des dieux.

LX. Après la mort d'Hypérion, les enfants d'Uranus se partagèrent le royaume. Les plus célèbres furent Atlas et Saturne. Les contrées littorales étant échues par le sort à Atlas, celui-ci donna son nom aux Atlantes ses sujets, et à la plus haute montagne de son pays. Atlas excellait dans l'astrologie; et le premier il représenta le monde par une sphère. De là vient la fable, d'après laquelle Atlas porte le monde sur ses épaules. Atlas eut plusieurs enfants; mais Hespérus se distingua seul par sa piété, par sa justice et sa douceur. Monté sur le sommet de l'Atlas pour observer les astres, Hespérus fut subitement emporté par un vent impétueux. Le peuple, touché de son sort, et se rappelant ses vertus, lui décerna les honneurs divins, et consacra son nom au plus brillant des astres [1]. Atlas fut aussi père de sept filles qui furent, d'après le nom de leur père, appelées Atlantides; les noms de chacune d'elles sont Maïa, Électra, Taygète, Astérope, Mérope, Alcyone et Céléno. Unies aux plus nobles des héros et des dieux, elles en eurent des enfants qui furent les chefs de bien des peuples, et qui devinrent dans la suite aussi fameux que leurs pères. Maïa, l'aînée de toutes, eut de Jupiter un fils appelé Mercure (Hermès), qui fut l'inventeur de plusieurs arts utiles aux hommes. Les autres Atlantides eurent aussi des enfants célèbres; car les uns donnèrent naissance à plusieurs nations, et les autres fondèrent des villes. C'est pourquoi non-seulement quelques Barbares, mais encore les Grecs, font descendre des Atlantides la plupart de leurs plus anciens héros. Ces femmes étaient d'une sagesse remarquable; après leur mort, elles furent vénérées comme des divinités et placées dans le ciel, sous le nom de Pléiades. Les Atlantides furent aussi appelées

[1] Vénus. On donnait à cette planète le nom d'Hespérus quand elle paraissait après le coucher du soleil, et celui de Phosphorus (*Lucifer*) quand elle précédait son lever.

Nymphes, parce que dans leur pays on nommait ainsi toutes les femmes.

LXI. Suivant le récit des mythologues, Saturne, frère d'Atlas, se fit, au contraire, remarquer par son impiété et son avarice. Il épousa sa sœur Rhéa, et en eut Jupiter, surnommé par la suite l'Olympien. Il y a eu un autre Jupiter, frère d'Uranus et roi de Crète, mais il fut inférieur en gloire à celui qui naquit plus tard, car le dernier fut maître du monde entier. Jupiter, roi de Crète, eut dix enfants nommés Curètes; il appela l'île de Crète *Idéa*, du nom de sa femme; il y fut enterré, et on montre encore aujourd'hui le lieu de son tombeau. Cependant les Crétois racontent ces choses différemment; nous y reviendrons en parlant de l'histoire de la Crète. Saturne régna sur la Sicile, la Libye, et même l'Italie; en un mot, il étendit son empire sur tous les pays de l'Occident. Il construisit dans ces pays des forteresses confiées à des gardes, en même temps qu'il fortifia tous les points élevés. C'est pourquoi on appelle encore aujourd'hui Saturniens les lieux élevés qu'on voit en Sicile et dans les pays occidentaux. Jupiter, fils de Saturne, mena une vie tout opposée à celle de son père; il se montra doux et bienveillant envers les hommes. C'est pourquoi les peuples lui donnèrent le nom de Père. Il succéda à l'empire, soit que Saturne le lui eût cédé volontairement, soit qu'il y eût été contraint par ses sujets, auxquels il était odieux. Jupiter vainquit son père, qui était venu l'attaquer avec les Titans, et demeura maître du trône. Il parcourut ensuite toute la terre pour répandre ses bienfaits sur la race des hommes. Doué d'une grande force ainsi que de beaucoup d'autres qualités, il devint bientôt le maître du monde entier. Il s'efforçait de rendre ses sujets heureux; et il punissait sévèrement les impies et les méchants. Aussi, après sa mort, les hommes lui donnèrent le nom de *Zeus*, parce qu'il leur avait enseigné à bien vivre[1]. Ils le placèrent par reconnaissance dans le ciel, et lui décernèrent le titre de dieu et de maître

[1] Ζῆνα, de ζῆν, vivre.

éternel de tout l'univers. Telles sont en abrégé les traditions des Atlantes, relatives à l'origine des dieux.

LXII. Dans notre histoire des Égyptiens, nous avons rapporté les traditions de cette nation sur la naissance et les exploits de Bacchus; nous croyons devoir placer ici ce que les Grecs racontent de ce dieu. Comme les anciens mythologues et les poëtes diffèrent entre eux au sujet de Bacchus, et mêlent à leurs récits beaucoup de merveilleux, il est fort difficile de démêler la vérité de l'origine et des actions de Bacchus. Les uns ne reconnaissent qu'un seul Bacchus; d'autres en admettent trois. Quelques-uns même soutiennent que ce Dieu n'a jamais apparu sous forme humaine, et que par le nom de Bacchus il faut entendre le vin. Nous rapporterons succinctement les différentes opinions émises à ce sujet. Ceux qui parlent de ce dieu en physiciens, et qui nomment Bacchus le fruit de la vigne, soutiennent que la terre, entre autres fruits, produisit d'elle-même primitivement la vigne, qui n'a point été découverte. Ils en donnent comme preuve, qu'on trouve encore aujourd'hui, dans beaucoup d'endroits, des vignes sauvages, portant des fruits semblables à ceux de la vigne cultivée. Ils ajoutent que Bacchus a été nommé *Déméter* par les anciens, comptant pour une première naissance le moment de la germination de la plante, et regardant comme une seconde naissance l'époque où la vigne porte des grappes; de cette manière Bacchus aurait eu deux naissances, l'une en sortant du sein de la terre, l'autre en produisant le fruit de la vigne. Quelques mythologues lui attribuent encore une troisième naissance : ils racontent que Bacchus, né de Jupiter et de Cérès, fut déchiré par les enfants de la terre, qui le mirent en pièces et le firent bouillir; mais que Cérès ramassa ses membres et lui rendit la vie. On donne une interprétation physique de ce mythe, en disant que Bacchus, fils de Jupiter et de Cérès, signifie que la vigne s'accroît, et que son fruit, qui fournit le vin, mûrit par le moyen de la terre (Cérès), et par la pluie (Jupiter). Bacchus, déchiré dans sa jeunesse par les enfants de la terre, signifierait la vendange que font les cultivateurs; car les hommes considèrent Cérès comme la terre. Les membres qu'on a fait bouillir indiqueraient l'usage assez général de faire cuire le vin pour le rendre meilleur et lui donner un fumet plus suave. Les membres déchirés par les enfants de la terre et remis dans leur premier état par les soins de Cérès, expriment qu'après qu'on a dépouillé la vigne de son fruit, et qu'on l'a taillée, la terre la met à même de germer de nouveau selon la saison de l'année. En général, les anciens poëtes et les mythologues appellent la terre, en tant que mère, du nom de *Cérès*, (*Déméter*). Tout cela est conforme à ce qu'en disent les chants d'Orphée, et aux cérémonies introduites dans les mystères dont il n'est pas permis de parler à ceux qui n'y sont pas initiés. C'est aussi par des raisons physiques que d'autres expliquent comment Bacchus est fils de Sémélé ; car ils disent que la terre fut nommée par les anciens Thyoné ; qu'on lui avait donné le nom de Sémélé à cause de la vénération qu'on avait pour cette déesse, et Thyoné, à cause des sacrifices qu'on faisait en son honneur. Selon la tradition, Bacchus naquit deux fois de Jupiter, parce que le déluge de Deucalion ayant fait périr la vigne, celle-ci reparut bientôt après la pluie. Bacchus s'étant montré ainsi aux hommes une seconde fois, avait été, selon le mythe, gardé dans la cuisse de Jupiter. Telles sont les opinions de ceux qui n'entendent par Bacchus que l'usage et la découverte du vin.

LXIII. Les mythologues qui reconnaissent un Bacchus de forme humaine, lui attribuent d'un commun accord la découverte de la culture des vignes et de tout ce qui concerne la fabrication du vin. Mais ils ne s'accordent pas s'il y a eu plusieurs Bacchus ou s'il n'y en a eu qu'un seul. Les uns disent qu'il n'y a eu qu'un seul Bacchus qui enseigna aux hommes à faire du vin, et à recueillir les fruits des arbres; qui fit une expédition dans toute la terre, et qui institua les mystères sacrés et les Bacchanales. Les autres, comme je l'ai déjà dit, prétendent qu'il y a eu trois Bacchus ayant vécu à des époques différentes, et ils attribuent à chacun d'eux des actions particulières. Ils assurent que le plus ancien était Indien de nation, que son pays produisant spontanément la vigne, il s'avisa le premier d'écraser des grappes de raisin et d'inventer ainsi l'usage du vin. Il eut également soin de cultiver les figuiers et d'autres arbres à fruit; enfin il fut l'inventeur de tout ce qui concerne la récolte. C'est pourquoi il fut appelé *Lénéus*[1]. On lui donne aussi le nom de *Catapogon*[2], parce que les Indiens ont la coutume de laisser croître leur barbe jusqu'à la fin de leur vie. Ce même Bacchus parcourut toute la terre à la tête d'une armée, et enseigna l'art de planter la vigne et de presser le raisin, ce qui lui fit donner le nom de *Lénéus*. Enfin, après avoir communiqué aux hommes plusieurs autres découvertes, il fut mis, après sa mort, au rang des immortels par ceux qu'il avait comblés de ses bienfaits. Les Indiens montrent encore aujourd'hui l'endroit de sa naissance, et ils ont plusieurs villes qui portent dans leur langue le nom de ce dieu. Il nous reste encore beaucoup d'autres monuments remarquables qui attestent que Bacchus est né chez les Indiens; mais il serait trop long de nous y arrêter.

LXIV. Selon ces mêmes mythologues, le second Bacchus naquit de Jupiter et de Proserpine; quelques-uns disent de Cérès. Ce fut lui qui le premier attela des bœufs à la charrue; car auparavant les hommes travaillaient la terre avec leurs mains. Il inventa plusieurs autres choses utiles à l'agriculture, et qui soulagèrent beaucoup les laboureurs de leurs fatigues. C'est pourquoi les hommes, n'oubliant point ces bienfaits, lui décernèrent les honneurs divins et lui offrirent des sacrifices. Les peintres ou les sculpteurs représentent ce Bacchus avec des cornes, tant pour le distinguer de l'autre que pour indiquer de quelle utilité a été aux hommes l'invention de faire servir le bœuf au labourage[3]. Le troisième Bacchus naquit, selon la tradition, à Thèbes, en Béotie, de Jupiter et de Sémélé, fille de Cadmus. Épris de Sémélé, qui était très-belle, Jupiter eut avec elle des rapports fréquents. Junon en devint jalouse, et,

[1] Ληνός signifie pressoir.

[2] A longue barbe, πώγων.

[3] C'est ce qui avait valu à Bacchus le surnom de *Dieu aux cornes de taureau*, ταυρόκερως θεός (Euripid. *Bacch.*, v. 100).

voulant se venger de sa rivale, elle prit la figure d'une des confidentes de Sémélé et lui dressa un piége. Sous ce déguisement, elle lui persuada qu'il serait plus convenable, que Jupiter vînt la trouver avec la même pompe que lorsqu'il allait voir Junon. S'étant ainsi laissé séduire, Sémélé exigea de Jupiter les mêmes honneurs qu'il rendait à Junon. Jupiter se présenta donc armé de la foudre et du tonnerre; Sémélé, qui ne put soutenir l'éclat de cette apparition, accoucha avant terme et mourut. Jupiter cacha aussitôt le fœtus dans sa cuisse, et, lorsque ce fœtus eut pris tout le développement d'un enfant à terme, il le porta à Nyse, en Arabie. Là, cet enfant fut élevé par les Nymphes, et appelé Dionysus [1], nom composé de celui de son père et de celui du lieu où il avait été nourri. Il était d'une beauté remarquable, et passa sa jeunesse parmi des femmes, en festins, en danses et en toutes sortes de réjouissances. Composant ensuite une armée avec ces femmes, auxquelles il donna des thyrses pour armes, il parcourut toute la terre. Il institua les mystères, et n'initia dans les cérémonies que des hommes pieux et d'une vie irréprochable. Il établit partout des fêtes publiques et des luttes musicales. Il apaisa les différends qui divisaient les nations et les villes, et substitua aux troubles et à la guerre l'ordre et une paix durable.

LXV. La renommée ayant partout annoncé la présence du dieu, divulgué les bienfaits de la civilisation qu'il apportait, tout le monde courait au-devant de lui; on le recevait partout avec de grandes marques de joie. Un petit nombre d'hommes le méprisaient par orgueil ou par impiété. Ils disaient que c'était par incontinence qu'il menait les Bacchantes avec lui, et qu'il n'avait inventé les mystères et les initiations que pour corrompre les femmes d'autrui. Mais Bacchus s'en vengea immédiatement; car quelquefois il se servait de son pouvoir surnaturel pour rendre ces impies tantôt insensés, tantôt pour les faire déchirer par les mains des femmes qui le suivaient. Quelquefois il usait d'un stratagème pour se défaire de ses ennemis : au lieu de thyrses, il donna à ses Bacchantes des lances dont la pointe acérée

[1] Nom grec de Bacchus.

était cachée sous les feuilles de lierre. Les rois, ignorant ce stratagème, méprisaient ces troupes de femmes, et, n'étant protégés par aucune arme défensive, ils étaient blessés contre leur attente. Les plus célèbres de ceux qui furent ainsi punis, sont : Penthée, chez les Grecs, Myrrhanus, roi chez les Indiens, et Lycurgue, chez les Thraces. Au sujet de celui-ci, la tradition rapporte que Bacchus, voulant conduire son armée d'Asie en Europe, contracta une alliance avec Lycurgue, roi de la Thrace sur l'Hellespont. Il avait déjà fait entrer l'avant-garde des Bacchantes dans ce pays allié, lorsque Lycurgue commanda à ses soldats de faire une attaque nocturne, et de tuer Bacchus et toutes les Ménades. Averti de cette trahison par un Thrace appelé Tharops, Bacchus fut terrifié, parce que son armée était encore sur l'autre rive, et qu'il n'avait passé la mer qu'accompagné d'un très-petit nombre d'amis. C'est pourquoi il repassa secrètement la mer pour aller rejoindre ses troupes. Lycurgue attaqua les Ménades dans un lieu appelé *Nysium*, et les tua toutes. Mais Bacchus, franchissant l'Hellespont avec son armée, défit les Thraces en bataille rangée, et fit prisonnier Lycurgue, auquel il fit crever les yeux ; et, après lui avoir fait subir toutes sortes de tourments, il le fit enfin mettre en croix. Ensuite, pour témoigner à Tharops sa reconnaissance, il lui donna le royaume des Thraces, et lui enseigna les mystères Orgiaques. Œagre, fils de Tharops, succéda à son père, et apprit de lui les mystères, auxquels il initia plus tard son fils Orphée. Surpassant tous ses contemporains par son génie et son instruction, Orphée changea plusieurs choses dans les Orgies. C'est pourquoi on appelle Orphiques les mystères de Bacchus. Quelques poëtes, au nombre desquels est Antimaque [1], disent que Lycurgue était roi, non de la Thrace, mais de l'Arabie; et que ce fut à Nyse, en Arabie, qu'il avait attaqué Bacchus et les Bacchantes. Châtiant ainsi les impies et accueillant avec douceur les autres hommes, Bacchus revint des Indes à Thèbes, où il fit son entrée sur un éléphant. Il employa en tout trois ans à cette expédition; c'est pourquoi les Grecs appellent

[1] Poëte de Colophon, ville de l'Ionie; il était contemporain de Platon.

Triétérides les fêtes Dionysiaques. Les mythologues prétendent encore que Bacchus, chargé des dépouilles qu'il avait recueillies dans une si grande expédition, conduisit le premier triomphe en revenant dans sa patrie.

LXVI. Telles sont les origines de Bacchus sur lesquelles on est le plus d'accord chez les anciens. Mais beaucoup de villes grecques se disputent l'honneur d'avoir donné le jour à Bacchus. Les Éliens, les Naxiens, les habitants d'Éleuthère, les Teïens, et beaucoup d'autres encore essaient de prouver que Bacchus est né chez eux. Les Teïens donnent pour preuve une source qui, à des époques fixes, laisse couler naturellement un vin d'un parfum exquis. Les uns allèguent que leur pays est consacré à Bacchus; d'autres appuient leur prétention sur les temples, et les enceintes sacrées, qui sont de temps immémorial dédiées à ce dieu. En général, comme Bacchus a laissé, en beaucoup d'endroits de la terre, des marques de sa présence bienfaisante, il n'est pas étonnant que tant de villes et de contrées le réclament. Le poët confirme notre récit, lorsque, dans ses hymnes, il parle ainsi des villes qui se disputent la naissance de Bacchus; et en même temps, il le fait naître à Nyse, en Arabie : « Les « Dracaniens, les habitants d'Icare exposés aux tempêtes, « les Naxiens, la race divine des Iraphiotes, ceux qui habitent « les rives de l'Alphée aux tournants profonds, les Thébains, « réclament, ô Seigneur, ta naissance. Ils se trompent. Tu na- « quis du père des dieux et des hommes, loin des mortels et à « l'insu de Junon aux bras blancs. [Tu reçus le jour] à Nyse, « sur une montagne élevée, couverte de bois fleuri, loin de la « Phénicie, et près des ondes de l'Égyptus. [1] » Je n'ignore pas que les Libyens, qui habitent les bords de l'Océan, revendiquent aussi la naissance de Bacchus. Ils prétendent que la plupart des choses que les mythes racontent de ce dieu, se sont passées dans leur pays; ils ont même une ville appelée Nyse, et citent beaucoup d'autres vestiges qui, à ce qu'on dit, s'y voient encore aujourd'hui. De plus, ils s'appuient sur ce

[1] Fragment homérique d'un hymne à Bacchus qui ne nous a pas été conservé.

que beaucoup d'anciens mythologues et poëtes de la Grèce, et même quelques écrivains plus récents, ont adopté cette opinion. Aussi, pour ne rien omettre relativement à l'histoire de Bacchus, rapporterons-nous succinctement les traditions des Libyens, conformes à celles que racontent les historiens grecs, et surtout Dionysius [1], qui a mis en ordre les anciens mythes. Cet auteur a rassemblé tout ce qui concerne Bacchus, les Amazones, les Argonautes, la guerre de Troie et plusieurs autres choses; il y a joint les chants des anciens mythologues ou poëtes.

LXVII. Conformément au récit de Dionysius, Linus inventa le premier, chez les Grecs, le rhythme et la mélodie; de plus, après que Cadmus eut apporté de la Phénicie les lettres, Linus les appliqua le premier à la langue grecque, donna à chacune son nom, et fixa leur forme. Ses lettres furent appelées, d'une dénomination générale, phéniciennes, parce qu'elles avaient été apportées de la Phénicie en Grèce; elles portaient plus particulièrement le nom de pélasgiennes, parce que les Pélasgiens se sont les premiers servis de ces caractères transportés [2]. Linus, admiré pour sa poésie et son chant [3], eut un grand nombre de disciples, dont trois très-célèbres, Hercule, Thamyris et Orphée. D'une intelligence lente, Hercule ne fit point de progrès dans l'art de jouer de la lyre, qu'il apprenait; son maître s'avisa alors de le frapper. Hercule, transporté de colère, tua Linus d'un coup de sa lyre. Thamyris avait des dispositions plus heureuses. Il se livra à la musique; mais la perfection où il parvint lui inspira la prétention de mieux chanter que les Muses. Ces déesses, irritées, le privèrent de son talent pour la musique, et lui ôtèrent la vue, ainsi qu'Homère le témoigne, lorsqu'il dit :

[1] Dionysius de Milète. L'auteur l'a déjà cité au chap. 52.

[2] Ce passage paraît avoir subi quelques altérations. Car les Pélasgiens sont bien plus anciens que Cadmus, et pourtant ils ont connu l'emploi des lettres avant l'arrivée de ce dernier. Au reste, Cadmus me paraît être un personnage tout à fait mythique, symbole de la civilisation venant de l'Orient, car le nom de *Cadmus* dérive, selon moi, de l'hébreu ou du phénicien קדם (*cadm*), qui signifie *du côté de l'orient*.

Selon Apollodore (II, 4, 9), Linus, qu'Hercule tua d'un coup de sa lyre, était frère d'Orphée, qui avait pris part à l'expédition des Argonautes.

« C'est ici que les Muses, irritées, firent taire le chant de Tha- « myris le Thrace [1]. » Il dit encore : « Les déesses, irritées, « l'aveuglèrent. Elles le privèrent de sa voix et lui firent perdre « la mémoire du jeu de la lyre. » Quant à Orphée, troisième disciple de Linus, nous en parlerons en détail, en racontant les aventures de sa vie. On rapporte que Linus [2] écrivit en lettres pélasgiennes l'histoire du premier Bacchus, et plusieurs autres mythes, qu'il a laissés dans ses commentaires. Orphée et Pronapidès [3], maître d'Homère, doués l'un et l'autre de grands talents pour la composition du chant, se sont également servis des lettres pélasgiennes. Enfin Thymœtès, fils de Thymœtès, descendant de Laomédon, qui vivait du temps d'Orphée, parcourut une grande partie du monde, et arriva vers les côtes occidentales de la Libye ; il y vit la ville de Nyse, où, selon la tradition des habitants, fut élevé Bacchus. Les Nyséens lui apprirent en détail l'histoire de ce dieu. Thymœtès composa ensuite un poëme surnommé Phrygien, écrit en langue et en caractères antiques.

LXVIII. Selon le récit de cet écrivain, Ammon, roi d'une partie de la Libye, épousa Rhéa, fille d'Uranus, sœur de Saturne et des autres Titans. En visitant son royaume, Ammon trouva, près des monts Cérauniens, une fille singulièrement belle, qui s'appelait Amalthée. Il en devint amoureux, et en eut un enfant d'une beauté et d'une force admirables. Il donna à Amalthée la souveraineté de la contrée voisine, dont la configuration rappelle la corne d'un bœuf, et qu'on appelait la corne d'Hespérus [4]. Cette contrée, en raison de la fertilité de son sol, produit non-seulement beaucoup de vignes, mais encore toutes sortes d'arbres fruitiers. Amalthée prit donc le gouvernement de cette

[1] *Iliade*, chant II, v. 595 et 600.

[2] Ce Linus ne paraît pas être le même que le précédent. Suivant Pausanias (IX, 29), il était de plusieurs années antérieur à Hercule le Thébain et contemporain de Cadmus.

[3] On n'a pas d'autre renseignement sur le poëte Pronapidès. Selon Tatien (*Orat. ad Græc.* cap. 62), il était originaire d'Athènes. On est encore moins renseigné au sujet de Thymœtès.

[4] Nom d'un promontoire occidental de l'Afrique.

contrée, à laquelle elle laissa le nom de corne d'Amalthée, et on a depuis lors appelé Amalthées tous les pays fertiles. Craignant la jalousie de Rhéa, Ammon cacha avec soin cet enfant, et le fit transporter secrètement dans la ville de Nyse, qui était fort éloignée de là. Cette ville est située dans une île environnée par le fleuve Triton; elle est très-escarpée, et l'on ne peut y entrer que par un passage étroit qu'on nomme les portes Nyséennes. L'île est formée d'une terre très-fertile, garnie de prairies charmantes, de jardins cultivés, et arrosée de sources abondantes; elle est couverte d'arbres fruitiers de toute espèce, et de vignes sauvages, la plupart sous forme d'arbrisseaux. Toute cette région est bien exposée aux vents et extrêmement saine; aussi ceux qui l'habitent vivent-ils beaucoup plus longtemps que leurs voisins. L'entrée de cette île se présente d'abord sous la forme d'une vallée, ombragée d'arbres élevés et touffus, qui laissent à peine y pénétrer un faible rayon du soleil.

LXIX. Partout les bords des chemins sont arrosés par de sources d'une eau excellente et qui invite les passants à s'y reposer. En avançant, on rencontre une grotte arrondie d'une grandeur et d'une beauté extraordinaires. Cette grotte est surmontée d'un rocher escarpé d'une hauteur prodigieuse, et dont les pierres brillent des couleurs les plus éclatantes, semblables à la pourpre marine, à l'azur et autres nuances resplendissantes; enfin on ne pourrait imaginer aucune couleur qui ne se trouvât pas là. A l'entrée de cette grotte, il y a des arbres énormes dont les uns portent des fruits; les autres, toujours verts, semblent n'avoir été produits par la nature que pour réjouir la vue. Là nichent des oiseaux de toute espèce, remarquables par la beauté de leur plumage et par la douceur de leur chant; aussi ce lieu est-il fait non-seulement pour les jouissances de la vue, mais encore pour celles de l'oreille, ravie par les sons des chanteurs naturels qui surpassent la mélodie même des artistes. Derrière l'entrée, la grotte est entièrement découverte et reçoit les rayons du soleil. Il y croît des plantes de toute espèce, mais surtout la casie et d'autres végétaux dont l'odeur se conserve pendant des années. On voit aussi dans cette grotte plusieurs lits de Nymphes, formés de toutes sortes de fleurs, œuvre non pas de l'homme, mais de la nature. Tout à l'entour, on n'aperçoit point de fleurs flétries ni de feuilles tombées. C'est pourquoi, outre le plaisir que procure la vue, on a encore celui de l'odorat.

LXX. Ce fut dans cette grotte qu'Ammon déposa son fils, et qu'il le donna à nourrir à Nysa, fille d'Aristée[1]. Il désigna, pour surveiller l'éducation de cet enfant, Aristée, homme remarquable par son esprit, par sa sagesse, et par son instruction variée. Afin de le garantir contre les embûches de Rhéa, sa marâtre, Ammon en confia la garde à Minerve, qui venait de naître de la Terre, sur les rives du fleuve Triton, d'où elle fut surnommée Tritonis. Selon le récit des mythologues, cette déesse fit vœu de garder une virginité perpétuelle, et à tant de sagesse, elle joignit un esprit si pénétrant, qu'elle inventa un grand nombre d'arts. Robuste et très-courageuse, elle s'adonna aussi au métier des armes, et elle fit beaucoup d'exploits mémorables. Elle tua l'Ægide, monstre terrible et tout à fait indomptable; il était né de la Terre et vomissait de sa gueule une masse de flammes. Ce monstre parut d'abord dans la Phrygie, et brûla toute la contrée qui, encore aujourd'hui, s'appelle la Phrygie brûlée. Il infesta ensuite le mont Taurus, et incendia toutes les forêts jusqu'à l'Inde. Après cela, retournant vers la mer, il entra dans la Phénicie, et mit en feu les forêts du Liban. Ayant ensuite traversé l'Égypte et parcouru les régions occidentales de la Libye, il tomba, comme la foudre, sur les forêts des monts Cérauniens. Il mettait en feu toute la contrée, faisant périr les habitants, ou les forçant à s'expatrier, lorsque parut Minerve qui, surpassant les hommes en prudence et en courage, tua ce monstre. Depuis lors elle porta toujours la peau de l'Ægide sur sa poitrine, soit comme une arme défensive, soit comme un souvenir de sa valeur et de sa juste renommée[2]. La Terre, mère de ce

[1] Apollonius de Rhodes (IV, v. 1132) donne à la fille d'Aristée, nourrice de Bacchus, le nom de Macris.

[2] Comparez Servius *In Æneid.*, lib. VIII, v. 435 : *Ægis proprie est munimentum*

monstre, en fut irritée : elle enfanta les géants qui furent plus tard vaincus par Jupiter avec le secours de Minerve, de Bacchus et des autres dieux. Ainsi donc, Bacchus ayant été nourri à Nyse et instruit dans les plus belles sciences, était non-seulement d'une force et d'une beauté remarquables, mais il aimait les arts et inventa plusieurs choses utiles. Étant encore enfant, il découvrit la nature et l'usage du vin, en écrasant des raisins de vignes sauvages. Il trouva aussi qu'on pouvait faire sécher les fruits mûrs, et les conserver utilement. Il inventa ensuite la culture la plus convenable à chaque plante. Il résolut de faire part aux hommes de ces découvertes, espérant qu'ils lui accorderaient, en mémoire de ces grands bienfaits, les honneurs divins.

LXXI. La renommée de Bacchus s'étant ainsi répandue, Rhéa, irritée contre Ammon, résolut de s'emparer de Bacchus. Mais, ne réussissant pas dans son entreprise, elle quitta Ammon, et, retournant auprès des Titans, ses frères, elle épousa son frère Saturne. Celui-ci, à l'instigation de Rhéa, marcha contre Ammon et le défit en bataille rangée. Pressé par la famine, Ammon se réfugia en Crète. Là il épousa Créta, l'une des filles des Curètes, alors régnant, et il fut reconnu roi de cette île, qui, nommée auparavant Idéa, reçut le nom de Crète, du nom de la femme du roi. Saturne s'empara des pays d'Ammon, y régna avec cruauté, et marcha à la tête d'une nombreuse armée contre Nyse et Bacchus. Mais Bacchus, instruit de la défaite de son père, et de la marche des Titans, leva des troupes dans Nyse. Au nombre de ces guerriers étaient deux cents jeunes gens, tous élevés avec lui, d'une bravoure et d'un attachement à toute épreuve ; il fit venir des contrées voisines les Libyens et les Amazones qui, comme nous l'avons dit, célèbres par leur courage, avaient les premières entrepris une expédition lointaine, et soumis par leurs armes une grande partie de la terre. Ce fut à l'in-

pectoris æreum, habens in medio Gorgonis caput; quod munimentum si in pectore numinis fuerit, Ægis vocatur; si in pectore hominis, sicut in antiquis imperatorum statuis videmus, lorica dicitur.

stigation de Minerve, animée des mêmes goûts guerriers, que les Amazones devinrent les auxiliaires de Bacchus. Comme ces femmes, elle s'était vouée au métier des armes et à la virginité. L'armée se partagea en deux corps; Bacchus commanda les hommes, et Minerve les femmes; ils attaquèrent ainsi la troupe des Titans. Le combat fut sanglant, et il tomba beaucoup de monde de part et d'autre; enfin Saturne fut blessé, et Bacchus remporta la victoire. Les Titans s'enfuirent dans les pays jadis occupés par Ammon; Bacchus revint à Nyse avec un grand nombre de prisonniers. Là, entourant les captifs avec toute son armée sous les armes, il reprocha aux Titans leur conduite, et leur fit croire qu'il allait les faire périr; mais il leur fit grâce, et les laissa libres de partir ou de l'accompagner à la guerre. Ils devinrent tous ses compagnons d'armes; et en reconnaissance de leur salut inespéré, ils l'adorèrent comme un dieu. Bacchus, appelant les prisonniers l'un après l'autre, et leur offrant une coupe de vin pour faire une libation, leur fit jurer de servir fidèlement, et de combattre courageusement pour lui jusqu'à la fin de leur vie. Ces soldats ainsi engagés furent nommés *Hypospondes;* de là on appela plus tard, en mémoire de ce fait, *Spondes*, les trèves conclues avec l'ennemi.

LXXII. Au moment où Bacchus allait marcher contre Saturne, et faire sortir ses troupes de Nyse, Aristée, son précepteur, lui offrit un sacrifice, et fut ainsi le premier homme qui rendit à Bacchus des honneurs divins. Les plus distingués des Nyséens prirent part à cette expédition. On les appelait Silènes, du nom de Silénus, premier roi de Nyse, et dont l'origine antique est inconnue. Ce Silénus avait une queue au bas du dos, et ses descendants, participant de la même nature, portaient tous ce signe distinctif. Bacchus se mit en route à la tête de son armée, et après avoir traversé beaucoup de pays privés d'eau, et d'autres qui étaient déserts et incultes, il s'établit devant la ville libyenne Zabirna. Là, il tua un monstre, né de la Terre; ce monstre s'appelait Campé, et avait dévoré beaucoup d'habitants. Cet exploit lui acquit une grande réputation auprès des indigènes. Pour y perpétuer sa mémoire, il fit élever, sur le corps de ce monstre, un tertre énorme, monument qui a subsisté jusqu'à des temps assez récents. Bacchus se porta ensuite à la rencontre des Titans. Dans sa marche, il maintint parmi les troupes une discipline sévère, et se montra doux et humain envers les habitants. Enfin il déclara qu'il n'avait entrepris cette expédition que pour châtier les impies et répandre ses bienfaits sur le genre humain. Les Libyens, admirant la discipline de ses troupes et sa magnanimité, fournirent abondamment des vivres aux soldats et les suivirent avec joie. Lorsque l'armée de Bacchus se fut approchée de la ville des Ammoniens, Saturne lui livra bataille en dehors des murs; ayant été vaincu, il fit, pendant la nuit, incendier la ville, afin de détruire le palais paternel de Bacchus. Emmenant avec lui Rhéa, sa femme, et quelques-uns de ses amis, il abandonna la ville clandestinement. Cependant Bacchus eut une conduite toute différente; car, ayant fait prisonniers Saturne et Rhéa, non-seulement il leur pardonna, en considération des liens de parenté, mais il les pria même de le regarder à l'avenir comme leur fils, et de le laisser vivre avec eux, en les honorant. Rhéa l'aima toute sa vie comme un fils; mais Saturne ne lui fut jamais sincèrement attaché. A cette même époque, Saturne eut un fils appelé Jupiter, que Bacchus honorait beaucoup, et qui devint, par la suite, roi de l'univers.

LXXIII. Avant le combat, les Libyens avaient raconté à Bacchus qu'à l'époque où Ammon fut chassé de son royaume, il avait été prédit aux habitants du pays, que, dans un temps déterminé, viendrait son fils, pour prendre possession du trône de son père, et que, maître de toute la terre, il serait considéré comme un dieu. Bacchus ajouta foi à cette prédiction, et institua un oracle en honneur de son père, fonda une ville, lui décerna les honneurs divins et établit des prêtres pour l'oracle qu'il avait institué. Ammon y est représenté avec une tête de bélier, insigne que ce roi portait sur son casque, dans la guerre. Quelques mythologues prétendent qu'il avait naturellement une véritable corne sur chaque côté des tempes, et que son fils Bacchus avait le même aspect. C'est ce qui accrédita la tradition que Bacchus était né cornu. Après la fondation de la ville et l'établissement de l'oracle d'Ammon, Bacchus fut, dit-on, le premier qui consulta l'oracle de son père; et il obtint pour réponse qu'il acquerrait l'immortalité par ses bienfaits envers les hommes. C'est pourquoi, rempli d'espérance, il envahit d'abord avec son armée l'Égypte, et y établit pour roi Jupiter, fils de Saturne et de Rhéa. Comme celui-ci était encore fort jeune, il lui donna Olympus pour gouverneur. Formé ainsi dans la vertu, par les préceptes de son maître, Jupiter fut surnommé Olympien. Bacchus enseigna aux Égyptiens la culture et l'usage de la vigne, la conservation du vin, du fruit des arbres, et d'autres produits. Sa réputation s'étant répandue partout, personne n'osa lui résister; tous les hommes se soumirent volontairement, et vénérèrent Bacchus comme un dieu par des louanges et des sacrifices. Bacchus parcourut ainsi toute la terre, plantant la vigne, et comblant les nations de ses bienfaits, dont le souvenir est éternel. Aussi ces hommes, qui n'accordent pas également les mêmes honneurs aux autres divinités, sont presque tous unanimes sur le culte de Bacchus. Car ce dieu a répandu ses biens sur les Grecs aussi bien que sur les Barbares. Et il a même appris à ceux qui habitent des contrées sauvages et peu propres à la culture de la vigne, à composer, avec de l'orge, une boisson qui, pour le goût, ne le cède guère au vin. On raconte que Bacchus, revenant de l'Inde, descendit vers la côte de la Méditerranée, et fut obligé de combattre les Titans, dont les troupes réunies avaient pénétré dans l'île de Crète pour attaquer Ammon. Jupiter envoya des soldats égyptiens au secours d'Ammon, et la guerre s'allumant dans cette île, Bacchus, Minerve, et quelques autres dieux, y accoururent. Il se livra une grande bataille; Bacchus resta vainqueur, et tous les Titans furent tués. Après cela, Ammon et Bacchus échangèrent le séjour terrestre contre la demeure des immortels. Jupiter régna, selon la tradition, sur tout l'univers; car, après le châtiment des Titans, personne ne fut assez sacrilége pour lui disputer l'empire.

LXXIV. Telle est, d'après la tradition des Libyens, l'histoire du premier Bacchus, fils d'Ammon et d'Amalthée. Quant au second, qui était fils de Jupiter et d'Io, fille d'Inachus, il fut roi d'Égypte, et enseigna les mystères sacrés. Enfin, le troisième, né de Jupiter et de Sémélé, fut, chez les Grecs, l'émule des deux précédents. Imitant les deux premiers, il parcourut toute la terre à la tête d'une armée; il éleva plusieurs colonnes pour marquer les termes de son expédition; il répandit la culture de la terre; il menait avec lui des femmes armées, comme l'ancien Bacchus avait à sa suite les Amazones. Il s'occupa beaucoup des Orgies, perfectionna quelques cérémonies, et en inventa de nouvelles. Ce dernier Bacchus recueillit ainsi la gloire des deux premiers, que la longueur du temps avait presque effacés de la mémoire des hommes. La même chose est arrivée non-seulement à Bacchus, mais encore à Hercule. En effet, il y a eu plusieurs héros de ce nom. Hercule, le plus ancien, est, selon la tradition, d'origine égyptienne; après avoir subjugué une grande partie de la terre, il éleva une colonne sur la côte de la Libye. Le second, originaire de la Crète, l'un des Dactyles idéens, se livra à la magie et à l'art de la guerre, et institua les jeux olympiques. Enfin, le dernier Hercule, né de Jupiter et d'Alcmène, peu de temps avant la guerre de Troie, parcourut, obéissant aux ordres d'Eurysthée, une grande partie de la terre. Après avoir heureusement achevé ses travaux, il érigea en Europe la colonne qui porte son nom. A cause de la ressemblance de nom et de mœurs, on attribua à ce dernier les actions des deux Hercule plus anciens; confondant les temps, de trois, on n'en fit qu'un. Parmi les diverses preuves qu'on allègue pour démontrer qu'il y a eu plusieurs Bacchus, il y en a une qu'on tire de la guerre des Titans. Tout le monde est d'accord que Bacchus fut l'auxiliaire de Jupiter, dans la guerre contre les Titans. Or, il est absurde de placer la race des Titans dans le temps où vivait Sémélé, et de faire Cadmus, fils d'Agénor, plus ancien que les dieux de l'Olympe. Telles sont les traditions mythologiques des Libyens au sujet de Bacchus. Nous terminons ici le troisième livre, d'après le plan que nous nous étions tracé au commencement.

LIVRE QUATRIÈME.

SOMMAIRE.

Des historiens grecs qui ont parlé des temps primitifs. — Des plus célèbres héros, des demi-dieux et en général de ceux qui se sont distingués dans la guerre. — Bacchus, Priape, Hermaphrodite et les Muses. — Hercule, ses douze travaux et ses autres exploits jusqu'à sa réception au nombre des dieux. — Les Argonautes; Médée et les filles de Pélias. — Postérité d'Hercule. — Thésée et ses combats. — Des sept chefs contre Thèbes. — Les descendants des sept chefs contre Thèbes. — Nélée et sa postérité. — Les Lapithes et les Centaures. — Esculape et sa postérité. — Les filles d'Asopus et les fils d'Æacus. — Pélops, Œnomaüs et Niobé. — Dardanus et ses descendants jusqu'à Priam. — Dédale et le Minotaure; expédition de Minos contre le roi Cocalus, en Sicile. — Aristée, Daphnis, Éryx et Orion.

I. Nous n'ignorons pas que ceux qui écrivent l'histoire des temps fabuleux, sont exposés à omettre dans leur description beaucoup de faits; car il est bien difficile de fouiller dans les ténèbres de l'antiquité. Les lecteurs ne font aucun cas de l'histoire qui ne peut être exactement fixée par la chronologie. De plus, la tâche de l'historien est rendue difficile par la variété et le grand nombre de demi-dieux, de héros, et d'hommes célèbres dont il a à parler. Mais ce qu'il y a de plus embarrassant, c'est que ceux qui ont écrit sur l'histoire la plus ancienne et la mythologie ne s'accordent pas entre eux. Aussi, par la suite, les principaux historiens n'ont-ils point touché au récit des mythes et ont essayé de raconter des faits plus récents. Éphore de Cumes [1], disciple d'Isocrate, ayant entrepris d'écrire une histoire universelle, passe sous silence tout ce qui tient à la mythologie ancienne, et il ne commence son ouvrage qu'au retour des Héraclides. De même aussi, Callisthène [2] et Théopompe, con-

[1] Éphore a été souvent consulté par notre historien. Voir liv. XVI, 77.

[2] Callisthène avait suivi Alexandre dans ses expéditions. Outre la relation qu'il

temporains d'Euphore, ont passé sous silence les anciens mythes. Quant à nous, nous avons suivi une route contraire, et nous avons jugé convenable au plan de notre ouvrage de ne pas négliger l'histoire de l'antiquité. Car bien des choses mémorables ont été accomplies par les héros, par les demi-dieux et par beaucoup d'autres hommes de bien. En reconnaissance des bienfaits reçus d'eux, la postérité a honoré les uns par des sacrifices divins, et les autres par des sacrifices héroïques, et l'histoire leur doit à tous des louanges éternelles.

Nous avons rapporté dans les trois livres précédents les traditions mythologiques des autres nations, nous avons donné la topographie des pays habités par chaque peuple ; nous avons parlé des bêtes féroces, et d'autres animaux qui y naissent ; en un mot nous avons traité de toutes les choses remarquables et dignes de mémoire. Nous exposerons dans le présent livre ce que les Grecs racontent des temps primitifs ; nous y parlerons des demi-dieux et des plus célèbres héros, et en général de tous ceux qui se sont rendus fameux dans la guerre par leurs exploits, ou dans la paix par des inventions utiles et leur législation. Nous commencerons par Bacchus, tant à cause de son origine antique, qu'à cause des immenses services qu'il a rendus au genre humain. Nous avons déjà dit dans les livres précédents que plusieurs nations barbares revendiquent la naissance de ce dieu. Les Égyptiens prétendent que le dieu qui porte chez eux le nom d'Osiris est le Bacchus des Grecs ; selon leur mythologie, ce dieu a parcouru toute la terre, et enseigné aux hommes à cultiver la vigne ; enfin, en reconnaissance de ce bienfait, il a, d'un commun accord, reçu l'immortalité. Les Indiens placent à leur tour chez eux le berceau de ce dieu ; ils racontent qu'il s'est livré à la culture de la vigne, et qu'il a enseigné aux hommes l'usage du vin. Comme nous avons déjà ailleurs fait connaître les opinions des Barbares, nous n'exposerons ici que les traditions des Grecs.

II. Cadmus, fils d'Agénor, fut envoyé, par le roi de Phénicie,

en avait faite, il avait écrit une histoire de la Grèce. Il était astronome et géographe. Voyez sur Callisthène, XIV, 117 ; et sur Théopompe, XVI, 4.

à la recherche d'Europe, avec défense de revenir en Phénicie sans ramener cette fille avec lui. Cadmus parcourut bien des pays sans la trouver, et ne pouvant la rencontrer nulle part il renonça à retourner dans sa patrie; il arriva dans la Béotie, où il fonda Thèbes, selon l'ordre d'un oracle. Il y établit sa résidence et épousa Harmonia, fille de Vénus; il en eut Sémélé, Ino, Autonoé, Agavé et Polydore. Sémélé, qui était très-belle, fut aimée de Jupiter. Mais comme Jupiter ne la voyait qu'en secret, elle se crut méprisée; et elle le pria de la visiter avec toute la pompe qui l'entoure, lorsqu'il s'approche de Junon. Jupiter s'avança donc armé du tonnerre et de la foudre; Sémélé, qui était enceinte, ne put soutenir cet éclat: elle avorta et fut elle-même brûlée. Jupiter prit l'enfant et le remit à Mercure, avec ordre de le porter dans une grotte à Nyse, située entre la Phénicie et le Nil, et de le donner à nourrir aux Nymphes, qui devaient en prendre un soin extrême. Bacchus, ayant été élevé à Nyse, fut appelé Dionysus d'un nom composé de Dios[1] et de Nyse. Ainsi que le témoigne Homère, lorsqu'il dit dans ses hymnes: « Nyse, montagne élevée, toujours verdoyante, loin de la Phénicie et près des ondes de l'Égyptus[2]. » Après avoir été ainsi élevé par les Nymphes, Bacchus découvrit le vin, et enseigna aux hommes la culture de la vigne. Il parcourut presque toute la terre, répandit dans beaucoup de pays la civilisation, et recueillit partout de grands honneurs. Il inventa aussi une boisson préparée avec de l'orge, et que quelques-uns appellent *zythus;* cette boisson est presque aussi bonne que le vin[3]. Il en enseigna la préparation à ceux qui habitent les contrées impropres à la culture de la vigne. Il était accompagné d'une armée, composée non-seulement d'hommes, mais aussi de femmes : elle lui servait à punir les méchants et les impies. Bienfaisant envers sa patrie, il rendit libres toutes les villes de

[1] Jupiter.

[2] Voy. plus haut, page 248.

[3] La bière, liqueur susceptible d'éprouver, comme le jus des grappes, la fermentation alcoolique et d'acquérir ainsi des propriétés enivrantes.

la Béotie, et il en fonda une qui fut appelée *Éleuthera*, nom qui rappelle sa constitution libérale.

III. Bacchus employa trois ans entiers à son expédition dans l'Inde; il revint en Béotie, chargé de riches dépouilles. Monté sur un éléphant indien, il obtint le premier l'honneur du triomphe. Les Béotiens, les Thraces, et les autres Grecs ont institué en mémoire de cette expédition dans l'Inde les fêtes de Bacchus qu'on appelle *triétérides* (triennales); Bacchus passe alors pour un dieu qui se montre aux hommes. Dans beaucoup de villes grecques les femmes se rassemblent tous les trois ans pour célébrer les bacchanales; il est alors de coutume que les filles portent des thyrses, et que saisies d'enthousiasme, elles chantent les louanges de Bacchus. Les femmes se réunissent par troupes pour lui offrir des sacrifices; et supposant dans leurs hymnes la présence de ce dieu, elles imitent les Ménades qui l'avaient jadis accompagné. Bacchus châtia dans son expédition tous ceux qui passaient pour impies; les plus fameux étaient Penthée et Lycurgue. Comme la découverte du vin est un grand bienfait pour les hommes, non-seulement à cause du plaisir qu'il leur procure, mais aussi parce que l'usage du vin fortifie le corps, on invoque le bon génie, lorsque, pendant les repas, on donne, à tous les convives, du vin pur. Mais lorsque après le repas on leur donne du vin mêlé d'eau, on invoque Jupiter Sauveur. Le vin pur rend l'homme furieux; mais quand il est tempéré par la pluie de Jupiter, il ne leur procure que du plaisir, en corrigeant le principe maniaque et corrupteur. Bacchus et Cérès sont les deux divinités auxquelles les hommes rendent les plus grands honneurs, en souvenir des bienfaits qu'ils en ont reçus. Car l'un a inventé une boisson très-agréable, et l'autre a gratifié les hommes du meilleur aliment sec.

IV. Selon quelques mythologues, il y a eu un autre Bacchus beaucoup plus ancien que celui-là. Il naquit de Jupiter et de Proserpine; quelques-uns lui donnent le nom de Sabazius. On célèbre sa naissance; mais on ne lui offre des sacrifices, et on ne lui rend les honneurs divins que la nuit et clandestinement, à cause de la honte qui s'attache à ces assemblées. Il avait, dit-on, l'esprit très-inventif; il attela le premier des bœufs à la charrue pour ensemencer le sol. C'est pourquoi on le représente cornu. Bacchus, fils de Sémélé, naquit longtemps après celui-ci. Le fils de Sémélé était luxurieux, délicat de corps, et surpassait tous les autres hommes par sa beauté. Il était aussi fort adonné aux plaisirs vénériens, et se faisait suivre par un grand nombre de femmes armées de lances en forme de thyrses. Il fut accompagné dans ses courses par les Muses, filles instruites, et qui le divertissaient par leurs chants, par leurs danses, et d'autres amusements. Il avait aussi dans son armée Silène, son nourricier et son précepteur; Silène avait beaucoup contribué à la gloire de son disciple. Dans les combats, Bacchus était couvert d'armes guerrières et de peaux de panthère. Mais en temps de paix, pendant les solennités publiques et les fêtes, il était vêtu d'étoffes fines, belles comme les fleurs[1]. Son front était serré d'un bandeau, pour se garantir des maux de tête, causés par l'excès du vin; c'est pourquoi on l'a appelé *Mithrophore*. On dit que ce bandeau est l'origine du diadème des rois. Bacchus est aussi appelé *Dimeter*, parce que les deux Bacchus sont nés d'un seul père, et de deux mères. Le plus jeune a hérité des exploits de son aîné. De là vient que la postérité, ignorant la vérité, et trompée par la ressemblance du nom, a pensé qu'il n'y avait eu qu'un Bacchus. On donne à Bacchus une baguette comme attribut, par la raison que nous allons dire. Comme primitivement on n'avait pas encore songé à mélanger le vin avec de l'eau, on le buvait pur. Il arrivait donc souvent que dans les assemblées et les festins, les convives enivrés entraient en fureur, et se frappaient les uns les autres avec des bâtons. Les uns étaient blessés, et les autres mouraient de leurs blessures. Pour remédier à ces choses, Bacchus ne condamna pas les hommes

[1] Comparez Ovide, *Métamorph.*, III, 555:

> *Quem neque bella juvant, nec tela, nec usus equorum;*
> *Sed madidus myrrha crinis, mollesque coronæ,*
> *Purpuraque et pictis intextum vestibus aurum.*

à s'abstenir entièrement du plaisir de boire du vin pur, mais il ordonna qu'au lieu de bâtons, ils se servissent de baguettes.

V. Les hommes ont donné à Bacchus plusieurs épithètes, rappelant différents événements. Ils l'ont appelé *Bacchéus*, à cause des Bacchantes qui l'accompagnaient; *Lénéus*, parce qu'on écrase les raisins dans le pressoir[1]; *Bromius* à cause du bruit qu'on entendit au moment de sa naissance. C'est pour une raison semblable qu'on l'a appelé aussi *Pyrigène*[2]. Il fut nommé *Thriambus*, parce que, revenant de l'Inde chargé de riches dépouilles, il obtint le premier, dans sa patrie, l'honneur du triomphe. On explique de la même façon les autres épithètes qu'on lui donne. Il serait trop long, et hors de notre sujet, de nous y arrêter davantage. On le représente dimorphe parce qu'il y a eu deux Bacchus; l'ancien était barbu, car tous les anciens laissaient croître leur barbe; le plus jeune était beau et voluptueux, comme nous l'avons déjà dit. Quelques-uns prétendent qu'on lui a attribué deux formes à cause du caractère différent des gens ivres, dont les uns sont furieux, les autres gais. Bacchus avait aussi avec lui les Satyres qui l'amusaient par les danses et par les jeux tragiques[3]. Les Muses le délassaient par la variété de leurs connaissances, et l'égayaient par leurs divertissements. Les Satyres lui faisaient passer une vie heureuse. Enfin, Bacchus est regardé comme l'inventeur des représentations scéniques et des théâtres. Il établit même des écoles de musique. Il exempta de toute charge, ceux qui, dans ses expéditions militaires, s'étaient rendus habiles dans l'art musical. C'est pourquoi on a depuis lors fondé des sociétés de musiciens qui ont joui d'immunités. Ce que nous avons dit de Bacchus suffit dans l'ordre de notre plan.

VI. Nous allons maintenant joindre à l'histoire de Bacchus

[1] Ληνός, pressoir.

[2] Né du feu (πῦρ, feu; γίνομαι, je nais).

[3] Nous trouvons ici le mot tragédie (de τράγος, bouc, et ᾠδή, chant), dans son acception primitive. Les tragédies étaient originairement des divertissements scéniques exécutés pendant les Bacchanales. Le bouc était le symbole de la luxure et de la fécondation.

celle de Priape. Selon les anciens mythologues, Priape est fils de Bacchus et de Vénus; et ils expliquent cette naissance en disant que le vin porte naturellement aux plaisirs de Vénus. Quelques-uns prétendent que les anciens mythologues désignaient par le nom de Priape les parties génitales de l'homme. Il y en a même qui disent qu'on a décerné à ces parties les honneurs divins, comme étant le principe de la génération et de la conservation perpétuelle du genre humain. Les mythologues égyptiens qui ont parlé de Priape, racontent que les Titans dressèrent des embûches à Osiris et le massacrèrent; qu'après avoir divisé son corps en plusieurs parties égales, ils les emportèrent secrètement hors du palais; que les seules parties génitales furent jetées dans le fleuve, parce que personne ne voulait les conserver. Isis ayant recherché les meurtriers de son mari, et fait périr les Titans, rassembla les autres parties du corps d'Osiris et leur donna une figure humaine; puis elle confia aux prêtres le soin de les enterrer et leur commanda de vénérer Osiris comme un dieu. Mais ne pouvant retrouver les parties génitales, elle leur fit rendre les honneurs divins et en déposa l'image dans un temple. Voilà ce que les anciens Égyptiens racontent de Priape et des honneurs qu'on lui rend. Quelques-uns donnent à ce Dieu le nom d'Ithyphallus, et d'autres celui de Tychon. On lui offre des sacrifices non-seulement dans les villes, mais encore dans les campagnes; et on le regarde comme le gardien des fruits de la vigne et des jardins. Ceux qui par sortilége détruisent quelque bien, reçoivent de lui leur punition. On rend quelques honneurs à Priape non-seulement dans les mystères de Bacchus, mais aussi dans presque tous les autres mystères, en le célébrant par le rire et le jeu. L'origine d'Hermaphrodite, fils de Mercure et de Vénus est, suivant les mythologues, analogue à celle de Priape. Ce Dieu fut appelé Hermaphrodite d'un nom composé de celui de son père et de celui de sa mère[1]. Quelques-uns prétendent que ce Dieu se montre aux hommes à certaines époques; que son corps est un mélange

[1] *Hermès*, Mercure, et *Aphrodite*, Vénus.

d'homme et de femme ; en effet, il a toute la beauté et la mollesse du corps d'une femme, en même temps que son aspect a quelque chose de mâle et de rude. D'autres considèrent ces productions comme des monstruosités rares, et quiprésagent tantôt des biens, tantôt des maux. Mais ces détails doivent suffire[1].

VII. Il est à propos de dire ici un mot des Muses dont nous avons déjà fait mention dans l'histoire de Bacchus. Selon la plupart et les plus célèbres mythologues, les Muses sont filles de Jupiter et de Mnémosyne. Quelques poëtes cependant, au nombre desquels est Alcman[2], disent qu'elles sont filles d'Uranus et de la Terre. On n'est pas non plus d'accord sur leur nombre ; car les uns en admettent trois, les autres neuf. Cependant l'opinion de ceux qui en admettent neuf a prévalu, comme ayant été professée par les hommes les plus célèbres ; je veux parler d'Homère, d'Hésiode et de plusieurs autres. Car Homère[3] dit : « Les neuf Muses alternent dans leur chant mélodieux. » Hésiode les appelle toutes par leurs noms[4], savoir, « Clio, Euterpe, Thalie, Melpomène, Terpsichore, Érato, Polymnie, Uranie et Callioppe, la plus savante d'entre elles. » On les fait présider chacune aux diverses parties de la musique, telles que : la mélodie, la danse, les chœurs, l'astrologie, etc. La plupart des mythologues disent qu'elles sont vierges, parce que les vertus acquises par l'éducation paraissent incorruptibles. Elles sont appelées Muses, parce qu'elles initient les hommes aux sciences[5] ; c'est-à-dire qu'elles enseignent aux

[1] Les hermaphrodites sont des monstruosités par arrêt de développement. A une certaine époque de la vie intra-utérine, le sexe du fétus ne peut encore être distingué : les parties génitales de l'enfant mâle et de l'enfant femelle se confondent. Lorsque, par suite d'un arrêt de développement, cette confusion persiste, même pendant la vie extra-utérine, les individus sont de véritables hermaphrodites, c'est-à-dire qu'on est incertain s'il faut les ranger dans le sexe masculin ou dans le sexe féminin. Les annales de la science présentent de nombreux exemples de ce genre. Dans toute l'antiquité et même au moyen âge, les monstruosités en général étaient considérées tantôt comme un bon, tantôt comme un mauvais augure.

[2] Alcman de Messène, poëte lyrique, vivait environ 668 ans avant Jésus-Christ.

[3] Dans l'hymne d'Apollon, 189.

[4] Théogonie, vers 77.

[5] Μυεῖν, initier.

hommes des choses belles et utiles, qui sont hors de la portée des ignorants. Chacun de leurs noms est justifié. Clio a été ainsi appelée, parce que ceux qui sont chantés par les poëtes acquièrent une grande gloire; Euterpe, à cause du plaisir que les beaux-arts procurent à ceux qui les entendent; Thalie, parce qu'elle rajeunit éternellement ceux qui sont loués par la poësie; Melpomène, parce que la mélodie s'insinue jusque dans le fond de l'âme; Terpsichore, pour indiquer les jouissances que ceux qui sont initiés aux beaux-arts retirent de leurs études; Érato, parce que les gens instruits sont recherchés et aimés de tout le monde; Polymnie indique par son nom que les poëtes ont acquis par leurs hymnes une gloire immortelle. Uranie, parce que ceux qu'elle instruit élèvent leurs pensées et leur gloire jusqu'au ciel. Enfin, Calliope, parce qu'elle a une belle voix, c'est-à-dire que les chants de la poésie sont applaudis par ceux qui les écoutent.

Maintenant, revenons à l'histoire d'Hercule.

VIII. Je n'ignore pas que l'histoire des mythes antiques et surtout celui d'Hercule, offre de grandes difficultés à résoudre: ce dieu a surpassé par la grandeur de ses exploits tout ce qui s'est jamais fait de mémorable parmi les hommes; il est donc difficile de raconter dignement chacune de ces actions dont l'immortalité a été le prix. Comme en général on ne croit point aux mythes, en raison de leur ancienneté et de leur invraisemblance, il faut, ou qu'omettant les plus importantes des actions d'Hercule, on amoindrisse sa gloire, ou qu'en les rapportant toutes, on fasse un récit qui n'est point cru. En effet, quelques lecteurs, par un jugement injuste, exigent, dans le récit des temps fabuleux, la même exactitude que pour l'histoire de notre époque, et ils estiment la force d'Hercule d'après la faiblesse des hommes actuels; de là vient qu'on ne croit pas aux choses anciennement accomplies, en raison même de leur immensité. Cependant, il ne faut pas toujours chercher dans les récits mythologiques l'exacte vérité. Dans les représentations théâtrales nous ne croyons pas aux Centaures à deux formes, ni à Géryon à trois corps. Cependant nous les accueillons et nous applaudissons aux hauts faits du dieu. Il n'est pas raisonnable que les hommes envient à Hercule les louanges dues aux bienfaits de la civilisation qu'il a répandus sur la terre par tant de travaux ; et nous devons conserver pour la mémoire de ce dieu la vénération que nos ancêtres ont eue pour lui, en le plaçant d'un commun accord au rang des dieux. Après ces raisonnements, nous allons rapporter par ordre les actions d'Hercule, conformément au témoignage des plus anciens poëtes et mythologues.

IX. Persée fut fils de Jupiter et de Danaë, fille d'Acrisius. Il épousa Andromède, fille de Céphée, et en eut un fils, nommé Électryon. De celui-ci et d'Eurymède, fille de Pélops, naquit Alcmène. Jupiter ayant eu des rapports clandestins avec Alcmène, en eut Hercule. Ainsi, tant du côté paternel que du côté maternel, Hercule tirait son origine du plus grand des dieux. Il faut l'apprécier non-seulement par la grandeur de ses actions, mais encore par le phénomène qui précéda sa naissance. Jupiter étant dans les bras d'Alcmène tripla la durée de la nuit, indiquant ainsi la force de l'enfant à naître, par la longueur du temps qu'il mettait à l'engendrer. Ce ne fut point pour satisfaire une passion amoureuse qu'il rechercha Alcmène, comme il avait recherché toutes les autres femmes, mais seulement pour en avoir un enfant. Ne voulant point contraindre Alcmène par la force, et désespérant de vaincre sa vertu par la persuasion, il eut recours à la ruse : il prit la forme d'Amphytrion, et la trompa sous ce masque. Vers le temps de la grossesse d'Alcmène, Jupiter, attentif à la naissance d'Hercule, déclara, en présence de tous les dieux, qu'il donnerait le royaume des Persides à un enfant qui devait naître ce même jour. Junon, jalouse, mit dans ses intérêts sa fille Ilithye[1], prolongea la grossesse d'Alcmène, et fit naître Eurysthée avant terme. Jupiter, quoique prévenu par ce stratagème, ne révoqua point sa parole ; mais il songea d'avance à la gloire d'Hercule. Il accorda donc à Eurysthée le royaume promis, et lui donna Hercule pour sujet ; mais il persuada à

[1] Ilithye, selon la mythologie, présidait aux accouchements.

Junon de placer ce dernier au rang des dieux après qu'il aurait accompli douze travaux, ordonnés par Eurysthée. Alcmène accoucha; mais redoutant la jalousie de Junon, elle exposa son enfant dans un champ qui s'appelle encore aujourd'hui le *Champ d'Hercule*. Cependant Minerve se promenant avec Junon fut frappée de la beauté de cet enfant, et supplia Junon de lui présenter le sein. Hercule ayant serré la mamelle beaucoup plus fort que son âge ne semblait le permettre, Junon, poussée par la douleur, jeta l'enfant; mais Minerve le remit à sa mère, et l'engagea à le nourrir. Sort étrange! la mère qui devait chérir son enfant, l'exposa; et celle qui devait le haïr comme sa marâtre, sauva, sans le savoir, l'enfant qui devait lui être naturellement odieux.

X. Après cela, Junon envoya deux dragons pour dévorer l'enfant; mais celui-ci les saisit chacun par le cou et les étrangla l'un et l'autre avec ses deux mains. L'enfant portait d'abord le nom d'Alcée; mais les Argiens ayant appris cet événement, ils lui donnèrent le nom d'Hercule [1], parce que c'était de Junon que dérivait toute sa gloire. Ainsi pendant qu'ailleurs les parents donnent un nom à leurs enfants, Hercule seul ne dut le sien qu'à sa vertu. Amphytrion banni de Tirynthe s'établit à Thèbes. Hercule élevé dans cette ville, et habile dans les exercices du corps, surpassa tous les autres hommes par la force de son corps, et la grandeur de son âme. A peine arrivé à l'adolescence, il délivra Thèbes, et paya à sa patrie sa dette de reconnaissance. Les Thébains étaient soumis alors à Erginus, roi des Minyens; et ce roi y faisait tous les ans insolemment percevoir le tribut; bravant la puissance des despotes, Hercule entreprit une action qui lui acquit une immense gloire. Car, lorsque ceux d'entre les Minyens qui venaient demander si insolemment le tribut étaient arrivés, il les chassa de la ville, après leur avoir coupé les membres. Erginus demanda l'extradition du coupable, et Créon, roi de Thèbes, redoutant la puissance ennemie, était

[1] Héraclès, gloire de Junon, ou par Junon (de Ἥρα, Junon, et κλέος, gloire).

prêt à le livrer. Mais Hercule, appelant les jeunes gens à délivrer leur patrie, il leur donna les armes qui étaient suspendues dans les temples, et que leurs ancêtres y avaient déposées comme des dépouilles consacrées aux dieux. Car il était impossible de trouver dans la ville des armes privées : les Minyens avaient désarmé les Thébains, afin de leur ôter toute idée de révolte. Hercule instruit qu'Erginus, roi des Minyens, s'approchait de la ville avec ses soldats, l'attaqua dans un défilé, et rendant ainsi un grand nombre de combattants inutile, il tua Erginus lui-même et fit périr avec lui presque tous ses soldats. Puis il investit soudain Orchomène, capitale des Minyens, il y brûla le palais du roi et rasa la ville. Le bruit de cet exploit se répandit dans toute la Grèce, et chacun l'admira comme un prodige. Le roi Créon, frappé lui-même du courage de ce jeune homme, lui donna sa fille Mégara en mariage; et le traitant comme son propre fils, il lui confia le gouvernement de son État. Mais Eurysthée, roi d'Argos, jaloux de l'accroissement de la puissance d'Hercule, le fit appeler auprès de lui, et lui ordonna d'achever ses travaux. Hercule s'y refusa d'abord, mais Jupiter lui commanda d'obéir à Eurysthée. Hercule se rendit à Delphes, et ayant interrogé l'oracle, il reçut pour réponse que les dieux lui ordonnaient les douze travaux, et qu'après leur exécution il recevrait l'immortalité.

XI. En recevant cet ordre, Hercule tomba dans une grande tristesse : d'un côté il jugeait indigne de servir un homme qui lui était inférieur; d'un autre côté, il lui paraissait dangereux et impossible de désobéir à Jupiter, son père. Livré à ce cruel embarras, il fut atteint d'une frénésie que lui envoya Junon. La folie s'empara de son esprit malade, et le mal augmenta; dans un de ses accès de fureur, il voulut tuer Iolaüs; mais Iolaüs s'étant enfui, Hercule perça à coups de flèches les enfants qu'il avait de Mégara, et qui se trouvaient près de lui, croyant que c'étaient des ennemis [1]. Revenu de sa fureur, et

[1]. On n'est pas d'accord sur le nombre de ces enfants, ni sur le genre de mort qu'ils ont éprouvé. Les uns en admettent quatre, les autres huit.

ayant reconnu son erreur, il fut très-affligé de l'excès de son infortune. Pendant que tout le monde prenait part à ses malheurs, il se tint longtemps tranquillement dans sa maison, fuyant la société et la rencontre des hommes. Le temps ayant calmé sa douleur, Hercule se rendit auprès d'Eurysthée dans le dessein d'affronter tous les périls.

Son premier travail fut de tuer le lion de Némée. Cet animal était d'une grandeur monstrueuse, et comme il était invulnérable par le fer, l'airain, et les pierres, il fallait nécessairement employer la force des bras pour le dompter. Ce lion vivait dans le pays qui est situé entre Mycènes et Némée, auprès d'une montagne appelée *Trétos*, c'est-à-dire perforée. Au pied de cette montagne, il y avait une vaste caverne où l'animal avait établi son gîte ordinaire [1]. Hercule y vint l'attaquer; mais le lion s'enfuit dans sa retraite. Hercule l'y suivit; après avoir bouché l'entrée, il le combattit corps à corps, et, lui serrant le cou avec ses deux mains, il l'étrangla. Il s'enveloppa de la peau de cet animal qui était immense, et s'en servit, par la suite, comme d'une arme défensive.

Le second travail consista à tuer l'hydre de Lerne. Ce monstre portait dans un seul corps cent cous, surmontés d'autant de têtes de serpent. Si l'une était coupée, aussitôt une tête double poussait à sa place [2]. C'est pourquoi ce monstre passait pour invincible : une partie enlevée apportait donc un double secours. Pour surmonter cette difficulté, Hercule se servit d'un artifice : il commanda à Iolaüs de brûler avec un flambeau la partie coupée, afin d'empêcher le sang de couler. Après avoir ainsi dompté le monstre, il trempa les pointes des flèches dans son fiel, afin que chaque trait lancé engendrât des plaies incurables.

[1] Le lion de Némée avait été nourri par la Lune (Ælien, *Hist. an.*, XII, 7); Hygin., fab. XXX : *Leonem Nemeum, quem Luna nutrierat, in antro Amphitreto Atrotum necavit.*

[2] Ceci est très-poétiquement décrit par Ovide (*Métamorph.*, IX, 70) :

Vulneribus fecunda suis erat illa : nec ullum
De centum numero caput est impune recisum.
Quin gemino cervix herede valentior esset.

XII. Eurysthée lui ordonna pour troisième travail, de lui amener vivant le sanglier d'Érymanthe, qui séjournait dans la plaine de l'Arcadie[1]. Cet ordre paraissait d'une difficile exécution, et pour l'accomplir, il fallait choisir le moment avec beaucoup d'adresse. Car s'il laissait trop de liberté à l'animal, Hercule courait risque d'être déchiré; il risquait de le tuer et de manquer son but, s'il l'attaquait trop vivement. Cependant il le combattit si à propos, qu'il vint à bout de l'apporter tout vivant à Eurysthée. Le roi voyant Hercule porter ce sanglier sur ses épaules, fut saisi de frayeur, et se cacha dans un tonneau d'airain. Hercule combattit ensuite les Centaures, à l'occasion que nous allons rapporter. Un Centaure appelé Pholus, qui donna le nom de Pholoé à la montagne voisine, avait accordé l'hospitalité à Hercule et déterré un tonneau de vin. Suivant le récit mythologique, l'ancien Bacchus avait donné ce tonneau à Pholus, avec ordre de ne l'ouvrir qu'à l'arrivée d'Hercule. Ce héros étant donc arrivé dans ce pays au bout de quatre générations, le Centaure se rappela l'ordre de Bacchus et perça le tonneau. Le fumet d'un vin fort et ancien se répandit jusqu'aux demeures voisines des Centaures, et fut pour eux un stimulant qui les incita à se réunir en masse autour de l'habitation de Pholus, et à se jeter avec fureur sur cette boisson. Pholus se cacha de frayeur; Hercule lutta vigoureusement contre les assaillants. Il fallait combattre des monstres à double corps que la mère des dieux avait doués de la force et de la vitesse des chevaux, ainsi que de l'expérience et de l'esprit des hommes. Les Centaures arrivèrent armés, les uns de pins tout déracinés, les autres de grandes pierres; quelques-uns portaient des torches allumées et le reste était armé de haches propres à tuer des bœufs. Hercule attendit les Centaures de pied ferme et engagea un combat digne de ses premiers exploits. Néphélé, mère des Centaures, vint à leur

[1] D'après le récit de la plupart des mythographes, ce sanglier vivait, non pas dans une plaine, mais dans une montagne de l'Arcadie, appelée *Érymanthe*, ou plutôt dans une partie de cette montagne, connue sous le nom de *Lampéa*. (Pausanias, VIII, 24.)

secours, en faisant tomber une masse de pluie; cette pluie ne gênait nullement les Centaures, qui avaient quatre pieds, mais elle faisait glisser celui qui ne se soutenait que sur deux. Cependant, malgré tous les avantages que ses adversaires avaient sur lui, Hercule les combattit vaillamment; il en tua la plupart et mit les autres en fuite. Les plus célèbres parmi les morts furent Daphnis, Argée, Amphion, Hippotion, Orée, Isoplès, Melanchète, Thérée, Doupon et Phrixus. Les fuyards reçurent plus tard le châtiment mérité.

Homade qui avait violé en Arcadie Alcyone, sœur d'Eurysthée, fut tué par Hercule. C'est ici qu'il faut surtout admirer la vertu de ce héros; car quoiqu'il haït Eurysthée comme son ennemi personnel, il crut cependant qu'il était humain d'avoir compassion d'une femme outragée. Il arriva un accident singulier à Pholus, ami d'Hercule. Attaché aux Centaures par les liens de la famille, Pholus enterrait tous ceux qui avaient été tués. En tirant un trait du corps d'un d'entre eux, il se blessa lui-même et, sa plaie étant incurable, il mourut. Hercule enterra Pholus magnifiquement, sous une montagne préférable au plus célèbre monument. Car cette montagne fut nommée depuis Pholoé, en conservant fidèlement la mémoire de celui qui y avait été enterré, sans qu'il fût besoin d'aucune épitaphe. Hercule tua aussi involontairement le Centaure Chiron, qui s'était rendu fameux dans l'art de guérir. Mais nous en avons assez dit des Centaures.

XIII. Hercule reçut ensuite l'ordre d'amener la biche aux cornes d'or et à la course rapide. Il se servit tout autant de son adresse que de sa force pour venir à bout de cette entreprise. Car les uns disent qu'il prit la biche dans des filets, d'autres, qu'il la dépista dans son sommeil, et d'autres enfin, qu'il la prit en la forçant à la course. Enfin, il acheva cet exploit par l'adresse seule sans courir aucun danger.

Ensuite Hercule reçut l'ordre de chasser les oiseaux du lac Stymphalis, et il réussit encore facilement par son adresse. Il s'était rassemblé autour de ce lac une multitude incroyable d'oiseaux qui ravageaient les fruits du pays d'alentour. Il était impossible d'exterminer tous ces animaux. Hercule eut donc recours à un stratagème; il imagina une sonnette d'airain qui par son bruit étrange et continuel fit fuir les animaux : il parvint ainsi à nettoyer le lac.

Après qu'Hercule eut achevé ce travail, Eurysthée lui ordonna de nettoyer, sans l'aide de personne, l'étable d'Augias, où s'était amassée depuis bien des années une énorme quantité de fumier. Ce travail était humiliant. Hercule dédaigna d'emporter ce fumier sur ses épaules; afin d'éviter ce que cette corvée avait d'injurieux, il nettoya l'étable en y faisant passer le fleuve Pénée [1]. Ce travail fut accompli dans l'espace d'un jour. Hercule donna là une grande preuve de son esprit ; car n'entreprenant rien qui fût indigne de l'immortalité, il exécuta d'une manière honorable un ordre humiliant.

Après ce travail il entreprit d'amener de Crète le taureau qui fut, dit-on, aimé de Pasiphaé. Il arriva dans cette île, et, du consentement du roi Minos, il amena ce monstre dans le Péloponnèse, après avoir fait une longue traversée.

XIV. Après ce travail [2], Hercule institua les jeux olympiques. Ayant choisi près du fleuve Alphée un champ favorable pour cette solennité, il consacra les jeux à Jupiter son père. Il proposa pour prix une couronne, parce que lui-même n'avait jamais accepté aucun salaire pour les services qu'il avait rendus aux hommes. Hercule fut victorieux dans tous les jeux, sans combat, car personne n'osait se mesurer avec lui, à cause de sa force extraordinaire. Cependant ces jeux demandent des qualités fort différentes entre elles. Ainsi, il est difficile à l'athlète ou au pancratiaste [3] de devancer un coureur. De même il est malaisé à ceux qui excellent dans les combats légers de

[1] Il y avait deux fleuves de ce nom : l'un en Thessalie et l'autre en Élide. Il ne peut être ici question que du dernier. Suivant Apollodore (II, 4, 5), Hercule détourna deux fleuves, l'Alphée et le Pénée, qui paraît être le même que le Myniée de Pausanias (V, 1).

[2] Diodore donne aux travaux d'Hercule le nom de ἆθλοι ou de ἆθλα, combats.

[3] Qui se présente pour toute espèce de combat, παγκρατιαστής.

vaincre ceux qui se distinguent dans les combats de force. La victoire appartient donc avec justice à qui est le maître dans tous ces exercices.

Il serait injuste de passer sous silence les présents que les dieux firent à Hercule pour honorer sa vertu ; car lorsqu'il se fut retiré de la guerre pour se délasser dans les fêtes, dans les assemblées et jeux, chacun des dieux l'honora d'un don convenable. Minerve lui donna un voile, Vulcain une massue et une cuirasse. Il y eut une grande émulation entre ces deux divinités : Minerve se livrait aux arts concernant les plaisirs de la vie pacifique, et Vulcain ne travaillait qu'aux arts de la guerre. Parmi les autres dieux, Neptune lui donna un cheval, Mercure une épée, Apollon un arc, et il lui apprit à s'en servir. Cérès, voulant aussi honorer Hercule, institua les petits mystères pour l'expiation du meurtre des Centaures. On cite une particularité de la naissance d'Hercule : de toutes les femmes que Jupiter aima, la première fut Niobé, fille de Phoronée, et la dernière fut Alcmène. Les mythographes comptent seize générations depuis Niobé jusqu'à Alcmène. Jupiter commença donc à engendrer des hommes avec une femme qu'Alcmène comptait parmi ses ancêtres, et il finit par celle-ci tout commerce avec des mortelles, car il n'espérait plus avoir des enfants dignes de leurs aînés, et il ne voulait point gâter ce qui était bon par un mauvais mélange.

XV. Les Géants faisaient la guerre aux immortels près de Pallène [1]. Hercule vint au secours des dieux ; il tua un grand nombre de ces enfants de la Terre, et acquit une grande renommée. Jupiter donna aux seuls dieux qui l'avaient secouru le nom d'Olympiens, afin que par cet honneur le brave pût être distingué du lâche. Quoique Bacchus et Hercule fussent nés de femmes mortelles, ils furent cependant honorés du nom d'Olympiens, non-seulement parce qu'ils étaient fils de Jupiter, mais aussi parce que, obéissant aux penchants de leur père, ils avaient adouci par leurs bienfaits la vie des hommes.

[1] Ville de la Macédoine.

Jupiter tenait enchaîné Prométhée pour avoir communiqué aux hommes le feu, et lui faisait ronger le foie par un aigle. Hercule, voyant que Prométhée n'était puni que pour avoir fait du bien aux hommes, tua l'aigle à coups de flèches ; et ayant apaisé par sa voix la colère de Jupiter, il sauva le commun bienfaiteur.

Eurysthée lui ordonna ensuite d'amener les juments de Diomède le Thrace. Elles étaient si indomptables qu'on leur avait donné des mangeoires d'airain, et si fortes qu'on était obligé de les tenir avec des brides de fer. Elles ne se nourrissaient pas des fruits de la terre ; on leur donnait à manger les membres coupés de malheureux étrangers. Voulant s'emparer de ces juments, Hercule se saisit d'abord de Diomède, leur maître, et il les rendit obéissantes en les rassasiant de la chair de celui qui leur avait donné l'habitude criminelle de manger de la chair. Amenées devant Eurysthée, les juments furent consacrées à Junon. Leur race subsista jusqu'au règne d'Alexandre le Macédonien. Après cet exploit, Hercule accompagna Jason dans la Colchide pour enlever la toison d'or. Mais nous parlerons en détail de l'expédition des Argonautes.

XVI. Hercule reçut l'ordre d'apporter la ceinture de l'Amazone Hippolyte. Ayant traversé la mer à laquelle il donna le nom de *Pont-Euxin*, et arrivé aux embouchures du fleuve Thermodon, Hercule déclara la guerre aux Amazones, et vint camper près de la ville Thémiscyre où résidait leur reine. Il leur demanda d'abord la ceinture qui était l'objet de son expédition, et, après avoir été refusé, il livra bataille aux Amazones. Celles d'un rang inférieur furent opposées à la troupe ; mais les plus braves combattirent Hercule lui-même, et se défendirent vaillamment. La première qui l'attaqua fut Aella[1], ainsi nommée à cause de sa prestesse ; mais elle trouva un ennemi encore plus léger à la course qu'elle-même. La seconde fut Philippis : elle tomba sur-le-champ d'une blessure mortelle. Ensuite vint, dans l'ordre de bataille, Prothoë, qui avait, dit-on, vaincu dans sept combats singuliers. Elle tomba de même, et Hercule

[1] Ἄελλα, tempête.

dompta une quatrième appelée Éribœa. Celle-ci, renommée pour sa bravoure, se vantait de n'avoir besoin d'aucun secours ; mais elle s'était trompée : elle succomba sous les coups d'un homme plus vaillant qu'elle. Céléno, Eurybia et Phœbé, compagnes de Diane chasseresse, et habiles à tirer de l'arc, manquèrent leur seul but, et se couvrant de leurs boucliers, elles furent toutes massacrées. Hercule défit ensuite Déjanire, Astérie, Marpé, Tecmessa et Alcippe. Cette dernière ayant juré de demeurer vierge, garda son serment ; mais elle ne sauva pas sa vie. Mélanippe, qui commandait la troupe des Amazones, et qui se faisait admirer par sa bravoure, perdit son commandement. Hercule tua ainsi les plus célèbres des Amazones, et força les autres à s'enfuir ; enfin il extermina entièrement cette nation. Parmi les captives, il choisit Antiope pour en faire présent à Thésée. Mélanippe se racheta en donnant à Hercule la ceinture demandée.

XVII. Le dixième travail qu'Eurysthée ordonna à Hercule, fut d'amener les vaches de Géryon qui paissaient alors sur les côtes de l'Ibérie, baignées par l'Océan. Voyant que cette entreprise demandait beaucoup de peine et d'appareil, Hercule équipa une belle flotte, et leva un grand nombre de soldats dignes d'une telle expédition. Le bruit s'était répandu par toute la terre que Chrysaor [1], ainsi nommé à cause de ses richesses, régnait sur toute l'Ibérie, et qu'il avait pour compagnons d'armes trois fils remarquables par leur force et leur vaillance ; que, de plus, chacun d'eux commandait de puissantes armées composées d'hommes guerriers. Eurysthée, persuadé que c'était là une entreprise insurmontable, en avait à dessein chargé Hercule ; mais celui-ci affronta ce péril avec autant de courage qu'il avait affronté les autres. Il rassembla ses troupes dans l'île de Crète, car cette île est avantageusement située pour faire partir de là des armées sur toute la terre. Les Crétois accueillirent Hercule avec de grands honneurs ; et, pour leur en té-

[1] Qui porte une épée d'or, χρυσὸν ἄορ ἔχων. C'est l'étymologie donnée par Hesychius.

moigner sa reconnaissance, il purgea leur île des bêtes féroces; c'est depuis lors qu'on ne trouve dans l'île de Crète ni ours, ni loups, ni serpents, ni d'autres animaux semblables. Il voulut aussi par cette action illustrer un pays où Jupiter était né, et où il avait été élevé. Parti de cette île, Hercule relâcha en Libye. A son arrivée, il provoqua au combat Antée, qui, fameux par la force de son corps et son habileté dans la lutte, faisait mourir tous les étrangers qu'il avait vaincus; mais il fut enfin lui-même tué en se battant contre Hercule corps à corps.

Hercule purifia ensuite la Libye d'un grand nombre d'animaux sauvages dont elle était remplie; il fit cultiver beaucoup de contrées désertes, qui se couvrirent bientôt d'arbres fruitiers, de vignes, d'oliviers et d'autres plantations. En un mot, de la Libye, infestée de bêtes féroces, il fit une terre fertile et prospère; exterminant les scélérats ou les despotes insolents, il rendit les villes florissantes. On prétend que c'était par ressentiment qu'il était l'ennemi des bêtes féroces et des hommes méchants, parce que, étant encore enfant, il avait été attaqué par des serpents; et que, devenu homme, il avait été soumis aux ordres d'un monarque injuste et insolent.

XVIII. Après la mort d'Antée, Hercule se rendit en Égypte, et tua le roi Busiris qui massacrait tous les étrangers arrivés dans le pays; il traversa le désert aride de la Libye, et, après avoir trouvé un pays fertile et bien arrosé, il y fonda une ville d'une grandeur prodigieuse. Cette ville reçut le nom d'*Hécatompyle*[1], à cause du nombre de ses portes, et sa renommée s'est perpétuée jusqu'à ces derniers temps; les Carthaginois envoyèrent contre elle des troupes considérables, conduites par d'excellents chefs, et s'en rendirent maîtres. Hercule parcourut la Libye jusqu'à l'Océan, qui baigne Gadès, et il éleva deux colonnes sur les bords de l'un et de l'autre continent. De là, abordant avec sa flotte, dans l'Ibérie, il atteignit les fils de Chrysaor qui commandaient trois armées séparées. Hercule les tua dans un combat singulier, soumit l'Ibérie, et emmena ces fameux

[1] Ville aux cent portes.

troupeaux de vaches. En traversant le pays des Ibériens, il fut honorablement accueilli par un roi de ce pays, homme distingué par sa piété et sa justice; en retour de cet accueil il donna au roi une partie de ces vaches. Le roi les consacra toutes à Hercule, et il lui sacrifia, tous les ans, le plus beau taureau né de ces vaches sacrées. Ces dernières ont été conservées en Ibérie jusqu'à nos jours.

Nous allons nous arrêter un moment sur les colonnes d'Hercule dont nous venons de faire mention. Arrivé aux extrémités de la Libye et de l'Europe, Hercule érigea ces colonnes sur les bords de l'Océan. Pour laisser un souvenir immortel de son expédition, il rapprocha, dit-on, par une digue, les extrémités des deux continents, qui étaient autrefois très-distants l'un de l'autre, et il ne laissa aux eaux de la mer qu'un passage étroit, empêchant les cétacés [1] de l'Océan d'entrer dans la mer intérieure : ouvrage immense, qui perpétua la mémoire d'Hercule. Quelques-uns prétendent, au contraire, que les deux continents étant joints, Hercule perça l'isthme, et forma ainsi le détroit qui fait aujourd'hui communiquer l'Océan avec notre mer [2]. Chacun est libre d'adopter l'une ou l'autre de ces deux opinions. Hercule avait déjà fait un ouvrage semblable en Grèce. La vallée appelée Tempé, était couverte d'eaux stagnantes dans une grande étendue. Il creusa un canal, par lequel s'écoulèrent ces eaux, et fit ainsi apparaître la plaine de Thessalie, arrosée par le fleuve Pénée. Il fit le contraire dans la Béotie, qu'il ravagea tout entière par une inondation, en barrant le fleuve qui passe près d'Orchomène de Minye. L'ouvrage qu'il avait exécuté en Thessalie fut un bienfait pour les Grecs, et par celui qu'il avait accompli en Béotie, il vengea les Thébains de la servitude que leur avaient imposée les Minyens.

[1] Tout le monde sait que les cétacés, tels que les baleines, les cachalots, les phoques, etc., sont extrêmement rares dans la mer Méditerranée. Quelques-uns de ces animaux ne s'y sont même jamais vus. C'est un fait que les anciens connaissaient parfaitement.

[2] Notre mer, ἡ καθ' ἡμᾶς θάλαττα, la mer Méditerranée. C'était le *mare nostrum* des Romains. Le détroit dont il est ici question, est le détroit de Gibraltar (*Gibel al Tarick*, rocher de Tarick).

XIX. Hercule donna le royaume des Ibères aux plus vertueux des indigènes. Quant à lui il se mit à la tête de son armée, et pénétra dans la Celtique ; parcourant toute cette contrée, il abolit des coutumes sauvages, et entre autres celle de tuer les étrangers. Comme son armée se composait de volontaires accourus de toutes les nations, il fonda une ville qu'il appela *Alésia*[1], nom tiré des longues courses de ses troupes. Un grand nombre d'indigènes vinrent s'y établir, et comme ils étaient plus nombreux que les autres habitants, il arriva que toute la population adopta les mœurs des Barbares. Cette ville est, jusqu'à nos jours, en honneur parmi les Celtes, qui la regardent comme le foyer et la métropole de toute la Celtique. Elle est demeurée libre et imprenable depuis Hercule jusqu'à nos jours. Mais enfin, Caïus César, divinisé pour la grandeur de ses exploits, la prit d'assaut, et la soumit avec le reste de la Celtique à la puissance des Romains.

Passant de la Celtique en Italie, Hercule traversa les Alpes. Il rendit la route, de rude et difficile qu'elle était, accessible à une armée avec tout son bagage. Les Barbares qui habitaient ces montagnes avaient coutume de piller et de massacrer les troupes qui les traversaient. Hercule soumit cette nation, et, après avoir puni les chefs des brigands, il assura pour toujours la sécurité de ces passages. En descendant des Alpes, il parcourut la plaine qu'on appelle aujourd'hui la Gaule (cisalpine), et entra ensuite dans la Ligurie.

XX. La région qu'habitent les Liguriens est âpre et stérile. Cependant, grâce aux travaux et aux immenses efforts de ses habitants, elle produit quelques rares fruits. Les Liguriens sont de petite taille ; mais ils deviennent vigoureux par la suite de continuels exercices ; éloignés du luxe de la vie, ils acquièrent une force et une agilité remarquables dans les combats. Le sol qu'ils cultivent demande beaucoup de fatigues et de labour ; les femmes mêmes sont accoutumées à partager avec les hommes

[1] Ἄλη, Course vagabonde. L'*Alésia* des anciens est, dit-on, aujourd'hui le bourg d'Alise ou Sainte-Reine, dans le département de la Côte-d'Or.

les travaux des champs. Les hommes et les femmes louent leurs bras moyennant salaire. Il arriva de nos jours une chose fort singulière, relativement à une femme de ce pays. Quoique enceinte, elle travaillait à la journée avec des hommes. Atteinte des douleurs de l'enfantement, elle se retira sans bruit dans quelques buissons. Là, étant accouchée, elle couvrit son enfant de feuilles et l'y cacha. Elle revint ensuite se mêler aux travailleurs et partagea leurs fatigues, sans rien dire de ce qui était arrivé ; mais les cris de l'enfant découvrirent la chose. Cependant le chef des ouvriers ne put obtenir de la mère qu'elle quittât son travail ; elle ne se retira que lorsque son maître, ayant pitié d'elle, lui eut payé son salaire [1].

XXI. En quittant la Ligurie et le pays des Tyrrhéniens, Hercule arriva sur les bords du Tibre, et campa dans l'endroit même où est aujourd'hui Rome qui ne fut fondée que plusieurs générations après par Romulus, fils de Mars. Quelques indigènes habitaient alors sur le mont Palatin une toute petite ville. Cacius et Pinarius [2], les plus considérables d'entre eux, accueillirent Hercule d'une manière distinguée, et l'honorèrent de présents. Les souvenirs de ces hommes se sont conservés dans Rome jusqu'à notre époque ; et la famille des Pinariens passe encore aujourd'hui pour la plus ancienne noblesse romaine. Il y a au mont Palatin un escalier dont les degrés sont de pierre, et qu'on appelle escalier de Cacius, parce qu'il se trouve près du lieu où était la maison de Cacius. Hercule, ayant reçu les témoignages d'affection que lui donnèrent les habitants du mont Palatin, leur prédit que ceux qui, après son apothéose, donne-

[1] Ces exemples sont très-communs chez les femmes sauvages : et on peut admettre que les Liguriennes étaient alors à peu près dans la même condition dans laquelle se trouvent aujourd'hui les femmes sauvages de l'Afrique et de l'Amérique. Au reste, c'est une remarque générale, que chez les femmes appartenant à la classe la plus civilisée les accouchements sont bien plus laborieux que chez les femmes de la classe ouvrière.

[2] Rhodomann pense qu'il faudrait lire ici *Politius* au lieu de *Pinarius*. Voy. sur cette famille Tite Live, IX, 29. D'après l'autorité de Solinus, il faudrait lire *Cacus* au lieu de *Cacius*. Solin. *Polyhist.*, c. 1 : *Dicta est primum Roma quadrata, quod ad æquilibrium foret posita. Ea incipit a Silva, quæ est in area Apollinis et ad supercilium* SCALARUM CACI *habet terminum.*

raient en offrande à Hercule le dixième de leurs biens, auraient une vie très-heureuse. Cette prédiction s'est accomplie jusqu'à nos jours. Car plusieurs Romains de fortune médiocre, et même quelques citoyens fort riches, après avoir fait vœu de donner à Hercule la dixième partie de leurs richesses, ont vu cette offrande s'élever à quatre mille talents. Lucullus, peut-être le plus riche Romain de son temps, après avoir fait évaluer sa fortune, en sacrifia à Hercule la dixième partie, qu'il employa continuellement en festins somptueux. Les Romains ont élevé à ce dieu, sur le bord du Tibre, un temple splendide, où ils lui consacrent la dixième partie de leurs biens.

Hercule, quittant les bords du Tibre, parcourut le littoral de l'Italie. Il entra dans la campagne de Cumes, où il y avait, dit-on, des hommes qui, étant très-robustes et méchants, portaient le nom de Géants. Cette campagne s'appelait aussi champ Phlégréen, à cause d'une colline qui vomissait jadis des masses de flammes, comme l'Ætna, en Sicile. Cet endroit est à présent nommé le Vésuve, et on y remarque encore beaucoup de traces de son ancien embrasement[1]. Instruits de la présence d'Hercule, les Géants s'assemblèrent tous et marchèrent contre lui en ordre de bataille. En raison de la forme et de la vigueur des Géants, le combat fut rude. Enfin Hercule demeura vainqueur, grâce au secours des dieux. Il tua la plupart des Géants, et pacifia la contrée. Selon le récit des mythologues, les Géants sont fils de la Terre, en raison de leur taille prodigieuse. Voilà ce que racontent sur la défaite des Géants à Phlègre plusieurs mythologues dont l'autorité a été suivie par Timée, l'historien[2].

XXII. Quittant le champ Phlégréen, Hercule continua à longer les côtes de la mer. Il acheva plusieurs travaux autour

[1] C'est un fait acquis à la science, que les volcans étaient anciennement bien plus fréquents qu'aujourd'hui. On trouve dans l'intérieur même de la France et dans bien d'autres pays les vestiges de volcans éteints, qui devaient être en pleine activité il y a quelques milliers d'années.

[2] Timée de Sicile était contemporain d'Agathocle et de Ptolémée Philadelphe. Il avait écrit l'histoire de la Sicile, de l'Italie et de la Grèce. Longin l'accuse d'être trop enclin à la critique. Diodore lui fait ailleurs à peu près le même reproche.

du lac d'Averne, consacré à Proserpine. Ce lac est situé entre Misène et Dicéarchée, dans le voisinage d'une source d'eaux chaudes. Il a environ cinq stades de tour, et il est d'une profondeur incroyable. C'est pourquoi ses eaux, d'ailleurs très-pures, sont de couleur bleue. Les mythologues racontent qu'il y avait anciennement en cet endroit un oracle rendu par les morts, mais qu'il a disparu par la suite des temps. Ce lac se déchargeait dans la mer : Hercule en ferma, dit-on, l'embouchure, et construisit le long des côtes de la mer une route qui s'appelle encore aujourd'hui route Herculéenne. Tels sont les travaux qu'Hercule exécuta dans cette contrée. Il entra ensuite dans le pays des Posidoniates, et il trouva une pierre à laquelle se rattache le récit d'un singulier événement. Un fameux chasseur de ce pays avait depuis longtemps la coutume de consacrer à Diane et de clouer aux arbres les têtes et les pieds de tous les animaux qu'il avait pris à la chasse. Un jour, ayant pris un énorme sanglier, il insulta la déesse, en disant qu'il se consacrerait à lui-même la tête de cet animal; et, joignant l'effet aux paroles, il cloua la tête du sanglier à un arbre. Il faisait alors fort chaud. Le chasseur s'endormit sur le midi; en ce moment la tête du sanglier se détacha d'elle-même de l'arbre, et, tombant sur le chasseur endormi, le tua du coup. Il ne faut pas s'étonner de cet événement, puisqu'on raconte bien d'autres châtiments que Diane a infligés aux impies. Il arriva le contraire à Hercule, en récompense de sa piété. Arrivé aux confins du pays de Rhégium et de Locres, et se reposant de la fatigue d'un long voyage, il pria les dieux de faire disparaître une multitude de cigales qui l'incommodaient par leur cri. Les dieux exaucèrent sa prière : non-seulement ces insectes disparurent à l'instant, mais on n'en a jamais revu depuis dans ce pays.

Parvenu au passage le plus étroit de la mer, Hercule fit passer ses vaches en Sicile. Quant à lui, saisissant les cornes d'un taureau, il traversa à la nage toute la largeur de ce détroit, qui, au rapport de Timée, est de treize stades[1].

[1] Environ deux mille quatre cents mètres.

XXIII. Dans l'intention de faire ensuite le tour de la Sicile, il alla du cap Pélore jusqu'au mont Éryx. Pendant qu'il marchait le long des côtes de l'île, les Nymphes lui ouvrirent, dit-on, des bains d'eau chaude, afin de le délasser des fatigues de la route. Il y a deux sources thermales, celle d'Himère et celle d'Égeste [1]. En s'approchant des domaines d'Éryx, Hercule fut provoqué à la lutte par Éryx, fils de Vénus et d'un roi du pays, appelé Butas. Pour prix de la lutte, Éryx offrit son royaume, et Hercule ses vaches. Éryx se fâcha d'abord en soutenant que son royaume valait bien plus que les vaches d'Hercule. Mais Hercule lui ayant montré que, s'il perdait ses vaches, il serait privé de l'immortalité, Éryx accepta les conditions de la lutte. Cependant il fut vaincu et perdit ses États; Hercule les céda aux indigènes, et leur permit d'en recueillir les fruits, jusqu'à ce que quelqu'un de ses descendants viendrait en réclamer la possession. C'est ce qui arriva. Doriée le Lacédémonien, venu en Sicile plusieurs générations après Hercule, prit possession de ce pays, et y fonda la ville d'Héraclée. Cette ville prospéra, et les Carthaginois lui portèrent envie. Ils craignirent qu'elle ne devînt plus puissante que Carthage, et qu'elle ne leur ôtât la suprématie. Ils vinrent donc l'attaquer avec de puissantes armées, la prirent d'assaut et la rasèrent. Mais nous parlerons de tout cela en détail en temps convenable [2].

Hercule fit le tour de la Sicile, et arriva enfin dans la ville qu'on appelle aujourd'hui Syracuse, où il apprit l'histoire de l'enlèvement de Proserpine. Il offrit aux déesses [3] un magnifique sacrifice. Il immola près de Cyané un des plus beaux taureaux, et enseigna aux habitants à faire tous les ans, en l'honneur de Proserpine, des fêtes et des sacrifices solennels. Ayant ensuite pénétré avec ses vaches dans l'intérieur du pays, les Sicaniens

[1] Les sources thermales devaient être bien moins rares autrefois qu'aujourd'hui, puisqu'il est reconnu qu'il y avait anciennement bien plus de terrains volcaniques auxquels les eaux thermales devaient en grande partie emprunter leur température élevée.

[2] Dans un des livres perdus, entre le cinquième et le onzième.

[3] Sans doute Cérès et Proserpine.

vinrent à sa rencontre avec des troupes considérables; mais il les vainquit dans un combat célèbre. Il tua un grand nombre d'ennemis, parmi lesquels on compte Leucaspis, Pédiacratès, Buphonas, Gaugatas, Cygéus et Crytidas, tous chefs célèbres auxquels on rend encore aujourd'hui les honneurs héroïques.

XXIV. Après cela, Hercule entra dans la campagne de Léontium et admira la beauté du pays. Les habitants le reçurent avec des marques de respect; il laissa chez eux des monuments éternels de son passage. Il lui arriva quelque chose de singulier dans la ville des Agyrinéens : les habitants l'honorèrent avec les mêmes fêtes et les mêmes sacrifices qu'on offre aux dieux de l'Olympe. Hercule n'avait jusqu'alors accepté l'offre d'aucun sacrifice; le culte que lui rendirent les Agyrinéens fut le premier auquel il consentit comme un indice divin de son immortalité. Non loin de la ville est un chemin pierreux dans lequel les vaches d'Hercule imprimèrent leurs traces comme sur de la cire. Ce nouvel indice, joint à l'accomplissement de son dixième travail, lui fit croire qu'il était déjà immortel; et il accepta les sacrifices annuels que les habitants avaient institués en son honneur. Pour témoigner sa reconnaissance à ceux qui l'avaient tant honoré, il creusa devant leur ville un lac de quatre stades de tour[1], et il lui imposa son nom. Dans l'endroit où ses vaches avaient imprimé leurs traces, il consacra au héros Géryon une enceinte qui est encore aujourd'hui en vénération auprès des indigènes. Il consacra une autre enceinte à Iolaüs, son neveu et son compagnon d'armes; et il institua en son honneur des sacrifices annuels qu'on célèbre encore maintenant. Tous les habitants d'Agyre vouent dès la naissance leurs cheveux à Iolaüs, et les font croître jusqu'au moment où ils les offrent à ce dieu avec de magnifiques sacrifices. Le temple de Iolaüs est si saint et si vénéré que les enfants qui manquent d'y faire ces offrandes accoutumées deviennent muets et semblables à des morts. Cependant ils sont, dit-on, guéris de leur maladie dès qu'ils ont fait vœu de satisfaire à ce sacrifice, et qu'ils en ont donné le gage.

[1] Environ sept cent cinquante mètres.

Les habitants ont nommé Herculéenne la porte devant laquelle ils font leurs offrandes à ce dieu. Ils célèbrent joyeusement cette solennité tous les ans, par des exercices de lutte et des courses de chevaux; les maîtres se confondent alors avec les esclaves, et tous ensemble honorent le dieu par des danses, par des festins et des sacrifices.

Hercule repassa avec ses vaches en Italie et se dirigea le long des bords de la mer. Il assomma Lacinius qui voulait lui dérober ses vaches, il tua involontairement Croton, lui fit des obsèques magnifiques et lui éleva un tombeau. Il prédit aux indigènes qu'un jour s'élèverait dans cet endroit une ville célèbre qui porterait le même nom que le mort.

XXV. Après avoir fait à pied le tour des côtes de la mer Adriatique, il entra, en suivant les bords de ce golfe, dans l'Épire, d'où il se rendit dans le Péloponnèse.

A peine Hercule eut-il fini son dixième travail, qu'Eurysthée lui ordonna d'amener des enfers à la lumière du jour le chien Cerbère. Dès qu'Hercule eut reçu ordre d'exécuter ce travail, qu'il regarda comme glorieux pour lui, il se rendit à Athènes, et se fit initier dans les mystères d'Éleusis, dont Musée, fils d'Orphée [1], était alors le chef. Nous venons de mentionner Orphée, il ne sera pas hors de propos d'en dire ici un mot. Orphée était fils d'Œagre et Thrace de nation. Son instruction et son habileté dans le chant et la poésie l'ont mis au-dessus de tous ceux dont l'histoire a conservé le souvenir. Il composa un poëme admirable et harmonieux. Il s'acquit tant de réputation qu'il semblait, par sa mélodie, charmer les bêtes féroces et les arbres. Appliqué dès son enfance à l'étude des traditions théologiques, il se rendit en Égypte où il se perfectionna dans ces connaissances; et il fut le plus grand des Grecs dans la science des mystères et de la théologie aussi bien que dans la poésie et le chant. Orphée accompagna aussi les Argonautes dans leur expédition, et, entraîné par son amour pour sa femme, il osa

[1] Selon les uns, le père de Musée s'appelait Eumolpe; et selon d'autres, Antiphème.

descendre jusque dans les enfers. Après avoir séduit Proserpine par la douceur de son chant, il obtint d'elle la permission de ramener sa femme décédée, et la tira des enfers à l'exemple de Bacchus. Car on raconte que ce dieu avait fait sortir des enfers Sémélé, sa mère, et qu'en lui donnant l'immortalité, il l'appela du nom de Thyoné. Après cette digression sur Orphée, revenons à Hercule.

XXVI. Ce héros, descendu dans les enfers, fut, suivant la tradition, accueilli de Proserpine comme un frère : elle lui permit même de délivrer et d'emmener avec lui Thésée et Pirithoüs. Il enchaîna Cerbère, le tira des enfers et le montra aux hommes.

Son dernier travail fut d'apporter les pommes d'or des Hespérides. Hercule navigua alors de nouveau vers la Libye. Les sentiments des mythographes sont partagés au sujet de ces pommes : les uns disent qu'il y avait des pommes d'or dans quelques jardins des Hespérides, en Libye, et qu'elles étaient continuellement gardées par un redoutable dragon. D'autres soutiennent que les Hespérides possédaient de si beaux troupeaux de brebis, que, par une métaphore poétique, on les avait appelées pommes d'or, comme on appelle Vénus dorée, à cause de sa beauté. Quelques-uns enfin disent que ces brebis étaient d'une couleur particulière et semblable à l'or ; que, par le dragon, il faut entendre le gardien de ces troupeaux, homme robuste et courageux, tuant tous ceux qui cherchaient à lui ravir ces brebis. Mais chacun est libre de croire à cet égard ce qu'il voudra. Hercule tua le gardien de ces troupeaux ou de ces pommes[1], et les apporta à Eurysthée ; ayant ainsi accompli ses travaux, il attendit pour récompense l'immortalité, comme le lui avait promis Apollon.

XXVII. Il ne faut point omettre ce que les mythographes racontent d'Atlas et de l'origine des Hespérides. Dans le pays appelé Hespéritis, vivaient deux frères célèbres, Hespérus et

[1] Il y a ici en grec un jeu de mots qu'il est impossible de rendre en français : μῆλα signifie tout à la fois pommes et troupeau de brebis.

Atlas ; ils possédaient des troupeaux d'une rare beauté, de couleur jaune, semblable à de l'or ; et comme les poëtes appellent les brebis des pommes, ces troupeaux reçurent le nom de pommes d'or. Hespérus eut une fille nommée Hespéris ; il la donna en mariage à son frère Atlas. C'est d'elle que le pays d'Hespéritis prit son nom. Atlas eut d'Hespéris sept filles, appelées Atlantides du nom de leur père, et Hespérides de celui de leur mère. Comme elles étaient distinguées pour leur beauté et leur sagesse, Busiris, roi d'Égypte, désira, dit-on, s'en emparer. Dans ce dessein, il envoya des pirates avec l'ordre d'enlever ces filles et de les lui amener.

A cette époque, Hercule, achevant son dernier travail, venait de tuer, en Libye, Antée qui provoquait tous les étrangers à la lutte ; il venait aussi de châtier, en Égypte, en l'immolant à Jupiter, Busiris, qui égorgeait les voyageurs étrangers. Puis, remontant le Nil jusqu'en Éthiopie, il tua Imathion, roi des Éthiopiens, qui voulait le combattre, et retourna pour prendre l'ordre d'un nouveau travail. Or, les pirates (envoyés par Busiris) trouvèrent les filles d'Atlas jouant dans un jardin ; ils les enlevèrent et s'enfuirent promptement dans leurs vaisseaux. Hercule les ayant surpris au moment où ils mangeaient sur le rivage, et ayant appris de ces filles ce qui leur était arrivé, il tua tous les ravisseurs, et rendit les filles à leur père Atlas. En reconnaissance de ce service, Atlas donna à Hercule non-seulement ce qu'il était venu chercher, mais encore il l'initia dans l'astronomie. Atlas avait bien approfondi cette science, et il avait construit avec art une sphère céleste ; c'est pourquoi on le supposait portant le monde sur ses épaules. Comme Hercule apporta le premier en Grèce la science de la sphère, il en retira une grande gloire ; c'est ce qui fit dire aux hommes, allégoriquement, qu'il avait reçu d'Atlas le fardeau du monde.

XXVIII. Pendant qu'Hercule était occupé à ses travaux, le reste des Amazones se rassembla sur les bords du fleuve Thermodon : elles se hâtèrent de se venger sur les Grecs de la défaite qu'elles avaient essuyée dans leur guerre contre Hercule. Elles étaient surtout exaspérées contre les Athéniens, parce qu'Antiope, reine des Amazones, que quelques écrivains nomment Hippolyte, était retenue en esclavage par Thésée. Ainsi donc, après s'être alliées avec les Scythes, elles mirent sur pied une armée considérable. Cette armée, sous la conduite des Amazones, traversa le Bosphore Cimmérien, parcourut la Thrace et une grande partie de l'Europe, pénétra enfin dans l'Attique et vint camper dans un endroit qu'on appelle encore aujourd'hui le Champ des Amazones. Informé de la marche des Amazones, Thésée alla à leur rencontre avec les troupes de la ville. Il était accompagné d'Antiope, dont il avait un fils, nommé Hippolyte. Une bataille se livra; les Athéniens, soldats de Thésée, furent victorieux par leur bravoure : ils taillèrent en pièces une partie des Amazones, et expulsèrent le reste hors de l'Attique. Antiope, combattant elle-même à côté de Thésée, son mari, termina sa vie d'une manière héroïque. Les Amazones qui échappèrent au carnage, désespérant de regagner leur patrie, retournèrent dans la Scythie, où elles s'établirent avec les Scythes. Mais nous nous sommes suffisamment étendu sur les Amazones; reprenons l'histoire d'Hercule.

XXIX. Après avoir achevé ses travaux, Hercule reçut un ordre de l'oracle qui lui enjoignit, avant d'être reçu au nombre des dieux, d'envoyer une colonie en Sardaigne, sous la conduite des fils qu'il avait eus des Thespiades. Mais ces fils étaient encore fort jeunes; Hercule jugea à propos de mettre à leur tête Iolaüs, son neveu. Il nous semble nécessaire de raconter auparavant la naissance de ces enfants, pour parler ensuite, avec plus d'ordre, de leur colonie. Thespius, d'une famille illustre d'Athènes, fils d'Érechthée, et roi d'un pays qui portait son nom, avait eu de plusieurs femmes cinquante filles [1]. Hercule était encore fort jeune, et d'une force de corps prodigieuse; ce qui fit désirer à Thespius que ses filles eussent des enfants de lui. Thespius l'invita donc à un sacrifice, lui prépara un splendide repas, et lui

[1] Comparez Apollodore, II, 7, 8; et Pausanias, IX, 28.

envoya toutes ses filles, une à une. Hercule les rendit toutes enceintes et devint père de cinquante fils, qu'on appela, d'un nom commun, Thespiades. Quand ils furent parvenus à l'âge adulte, Hercule les envoya conduire une colonie en Sardaigne, suivant l'ordre de l'oracle. Comme Iolaüs l'avait accompagné dans toutes ses expéditions et qu'il commandait toute la flotte, Hercule lui confia les Thespiades et l'administration de la colonie. De ces cinquante enfants d'Hercule, il n'en resta que deux à Thèbes; et leurs descendants y jouissent encore aujourd'hui d'une grande considération. Il en reste sept autres à Thespies, où ils portent le nom de *Démuches*[1] ; et l'on dit que leur postérité y a régné jusque dans ces derniers temps. Tous les autres, ainsi que beaucoup de volontaires, s'étant joints à la colonie conduite par Iolaüs, firent voile pour la Sardaigne. Iolaüs soumit les insulaires dans un combat, et s'adjugea le plus bel endroit de l'île, et une plaine qui porte encore aujourd'hui le nom de *Iolaïon.* Il défricha cette contrée, la planta d'arbres fruitiers, et la fortifia. Cette île devint si célèbre pour sa fertilité, que les Carthaginois, devenus plus tard puissants, désirèrent s'en emparer, livrèrent plusieurs batailles et s'exposèrent à des dangers. Mais nous parlerons de cela en temps convenable[2].

XXX. Après avoir établi sa colonie, Iolaüs fit venir Dédale de Sicile, pour faire exécuter de grands ouvrages qui subsistent encore aujourd'hui, et qui s'appellent Dédaliens, du nom de celui qui les a accomplis. Il construisit de grands et beaux gymnases, des tribunaux, en un mot, tout ce qui peut faire prospérer une colonie. Les Thespiades permirent même à leur chef de donner son nom à la colonie, et ils lui décernèrent cet honneur comme à un père; ils l'avaient en effet jugé digne de ce titre par l'attachement qu'il leur portait. C'est pourquoi, par la suite, ceux qui font des sacrifices au dieu Iolaüs, lui donnent le nom de père, à l'exemple des Perses, qui donnent ce même nom à Cyrus. Cependant Iolaüs, retournant en Grèce, aborda en Sicile,

[1] Δημοῦχοι, défenseurs du peuple.

[2] Dans quelqu'un des livres perdus entre le cinquième et le onzième.

et demeura assez longtemps dans cette île. Quelques-uns de ses compagnons de voyage, charmés de la beauté du pays, s'y établirent; ils se mêlèrent aux Sicaniens, et furent particulièrement honorés des indigènes. Quant à Iolaüs, en retour de ses nombreux bienfaits, il reçut, dans beaucoup de villes, les honneurs héroïques.

Il arriva une chose singulière à la colonie des Thespiades. L'oracle avait prédit que tous les colons, ainsi que leurs descendants, jouiraient d'une liberté perpétuelle; et cet oracle a reçu son accomplissement jusqu'à nos jours. Car des Barbares s'étant mêlés, par la suite des temps, à ces colons, ils adoptèrent tous les mœurs de ces Barbares et allèrent se fixer dans les gorges des montagnes. Ne se nourrissant que de la chair et du lait de leurs nombreux troupeaux, ils ne manquent jamais de vivres. Comme leurs habitations sont souterraines et qu'ils vivent dans des cavernes, ils échappèrent aux périls de la guerre. C'est pourquoi d'abord les Carthaginois, et ensuite les Romains, les attaquèrent souvent, sans réussir dans leur entreprise [1]. Ce que nous venons de dire de la colonie conduite en Sardaigne doit suffire. Revenons à l'histoire d'Hercule.

XXXI. Après qu'Hercule eut achevé ses travaux, il céda à Iolaüs sa femme Mégara, qu'il soupçonna coupable du sort malheureux de ses enfants : il espérait qu'une autre lui donnerait une progéniture plus heureuse. Il demanda en mariage Iolé, fille d'Eurytus, roi d'Œchalie. Mais Eurytus, instruit de l'infortune de Mégara, demanda du temps pour se déterminer. Hercule, ainsi rebuté, emmena, pour se venger de l'affront, les juments d'Eurytus [2]. Iphitus, fils d'Eurytus, soupçonnant la vérité, se rendit à Tirynthe, à la recherche de ces animaux. Hercule le fit monter sur une tour élevée, et lui ordonna de s'assurer s'il ne

[1] Il faut se rappeler qu'il n'est pas ici question de tous les habitants de l'île de Sardaigne, mais seulement des montagnards qui, presque dans tous les pays, se sont soustraits à la domination étrangère. L'histoire est remplie de faits de ce genre.

[2] Terrasson, Miot, et l'interprète latin, ont traduit chevaux, bien qu'il y eût dans le texte τὰς ἵππους, les juments.

les voyait pas paître quelque part. Iphitus ne pouvant les apercevoir, Hercule lui reprocha d'avoir été injustement accusé de vol, et le précipita du haut de la tour. Hercule devint malade en punition de ce meurtre ; il se rendit à Pylos, chez Nélée, et le pria de l'en purifier. Nélée consulta ses enfants, et tous, à l'exception de Nestor, le plus jeune, furent d'avis de refuser cette purification. Hercule se rendit de là chez Deïphobus, fils d'Hippolyte, qui ne s'y refusa point ; mais, ne pouvant être délivré de sa maladie, il alla consulter Apollon pour sa guérison. L'oracle lui répondit qu'il serait aisément guéri, s'il voulait se laisser vendre publiquement, et donner exactement le prix de sa vente aux enfants d'Iphitus. La maladie l'obligeant d'obéir à cet oracle, Hercule vint, avec quelques-uns de ses amis, aborder en Asie. Quand il fut arrivé dans ce pays, il se laissa vendre par un de ses amis ; et il devint esclave d'Omphale, fille d'Iardanus, et reine des Méoniens, qu'on appelle aujourd'hui Lydiens. Le vendeur remit ensuite aux enfants d'Iphitus, selon l'ordre de l'oracle, le prix de la vente d'Hercule. Hercule recouvra la santé. Pendant qu'il était esclave de la reine Omphale, il châtia les brigands qui infestaient la contrée. Il châtia surtout les Cercopes, qui exerçaient beaucoup de brigandages ; il tua les uns et apporta les autres enchaînés à Omphale. Il tua aussi, d'un coup de bêche, Sylée, qui enlevait les voyageurs étrangers, et les obligeait de travailler à ses vignes. Il reprit aux Itons, qui avaient ravagé une grande partie du pays appartenant à Omphale, leur butin ; il prit leur ville, la rasa, et vendit les habitants comme esclaves. Omphale admira la vertu d'Hercule, et, ayant appris qui il était, elle le rendit libre et l'épousa. Elle en eut un fils, nommé Lamus. Hercule avait eu auparavant, d'une esclave, un fils appelé Cléolaüs.

XXXII. Après cela, Hercule retourna dans le Péloponnèse, et marcha contre Troie, pour se venger du roi Laomédon. Celui-ci avait refusé les chevaux qu'il avait promis à Hercule, qui, pendant son expédition avec Jason, pour la conquête de la toison d'or, avait purgé la Troade d'un monstre marin. Nous en parlerons plus bas en détail, à l'occasion de l'histoire des Argonautes[1]. L'expédition de la toison d'or ne laissant pas alors à Hercule le temps de se venger, il remit sa vengeance à un autre moment. Selon quelques auteurs, il partit pour la guerre de Troie avec dix-huit vaisseaux longs. Mais, selon le témoignage d'Homère, il n'en avait que six : ce poëte fait ainsi parler Tlépolème, fils d'Hercule[2] : « Tel était Hercule mon père, « ce héros vaillant et intrépide, lorsque, réclamant les che- « vaux de Laomédon, il aborda ces rivages avec six vaisseaux « seulement et un petit nombre de guerriers, et qu'il saccagea « la ville d'Ilion et en rendit les rues veuves d'habitants. » Hercule aborda dans la Troade, prit avec lui les plus braves de ses compagnons, et s'avança vers la ville. Il laissa Oïclée, fils d'Amphiaraüs, au commandement de ses vaisseaux. Laomédon, à qui cette attaque imprévue n'avait pas permis de lever une armée considérable, assembla les soldats qu'il trouva sous sa main, et alla droit aux vaisseaux d'Hercule, espérant que, s'il pouvait les brûler, il mettrait fin à la guerre. Oïclée vint à sa rencontre : mais Oïclée, le chef, tomba, et les autres qui l'avaient suivi s'enfuirent dans leurs vaisseaux, et prirent aussitôt le large. Laomédon revint sur ses pas, attaqua les soldats d'Hercule qui assiégeaient Troie, et tomba dans la mêlée avec un grand nombre des siens. Hercule prit la ville d'assaut, et fit passer au fil de l'épée un grand nombre d'habitants ; il rendit justice à Priam, en lui donnant le royaume des Iliens; car Priam était le seul des fils de Laomédon qui, contrairement à l'avis du père, eût conseillé de remettre à Hercule les chevaux qu'on lui avait promis. Hercule récompensa la vaillance de Télamon en lui donnant Hésione, fille de Laomédon. Télamon avait le premier forcé l'entrée de la ville, pendant qu'Hercule attaquait la partie la plus forte de la citadelle.

XXXIII. Hercule, de retour dans le Péloponnèse, déclara la guerre à Augéas, qui l'avait frustré de son salaire. Il livra une

[1] Chapitre 42.
[2] *Iliade*, V, vers 638.

bataille aux Éliens, et se rendit ensuite à Olénum, chez Dexaménus. Hippolyte, fille de ce dernier, venait d'être mariée à Axas. Hercule, assistant au festin des noces, tua le centaure Eurytion qui voulait violer Hippolyte. De retour à Tirynthe, Hercule fut accusé par Eurysthée de conspirer contre son royaume, et lui ordonna d'en sortir, lui, Alcmène, Iphiclès, et Iolaüs. Ainsi obligé de s'exiler de Tirynthe, Hercule vint s'établir, avec ses compagnons, à Phénée, dans l'Arcadie. Là, informé qu'une pompe religieuse partie d'Élis se rendait dans l'isthme pour célébrer la fête de Neptune, et qu'Eurytus, neveu d'Augéas, était à la tête du convoi, il l'attaqua soudain, et tua Eurytus près de Cléones, dans l'endroit même où existe maintenant le temple d'Hercule. Il marcha ensuite contre Élis, et tua le roi Augéas; ayant pris d'assaut la ville, il rappela Phylée, fils d'Augéas, et lui remit la royauté. Phylée avait été exilé par son père à l'époque où, choisi pour arbitre entre Augéas et Hercule, au sujet du salaire, il avait donné gain de cause à Hercule. Après cet événement, Hippocoon exila de Sparte son frère Tyndarus; et les fils d'Hippocoon, au nombre de vingt, tuèrent Oïonus, fils de Licymnius, ami d'Hercule. Indigné de ce meurtre, Hercule marcha contre les fils d'Hippocoon; il les défit dans un grand combat, et les tua tous. Il prit aussi d'assaut la ville de Sparte, et déféra la royauté à Tyndarus, père des Dioscures. Mais comme ce royaume était le fruit de sa conquête, il ne le lui céda qu'à condition de le remettre un jour à ses descendants. Hercule ne perdit dans cette bataille que fort peu de soldats, au nombre desquels étaient des hommes célèbres, Iphiclus et dix-sept fils de Céphée. Car, de vingt qu'ils étaient, il n'en échappa que trois. Du côté des ennemis tomba Hippocoon, dix de ses fils, et un grand nombre de Spartiates.

De retour de cette guerre, Hercule entra en Arcadie. Il s'arrêta chez le roi Aléus; il y vit Augé, fille de ce roi, et, après l'avoir rendue grosse, il partit pour Stymphale. Cependant Aléus ignorait ce qui était arrivé, jusqu'au moment où la grossesse de sa fille vint révéler la faute. Aléus cherchait le séducteur, lorsque Augé lui déclara qu'elle avait été violée par Hercule. Mais, ne croyant pas ce qu'elle lui disait, il ordonna à un de ses amis, appelé Nauplius, de la noyer dans la mer. Pendant qu'Augé fut conduite à Nauplie, et qu'elle traversait le mont Parthénien, elle fut saisie des douleurs de l'enfantement, et se retira dans le bois voisin, comme pour satisfaire à un besoin naturel. Là elle accoucha d'un enfant mâle, et le laissa caché sous quelques buissons. Augé continua ensuite sa route avec Nauplius, et arriva à Nauplie, port de l'Argolide, où elle fut sauvée d'une manière inattendue. Car Nauplius ne jugea pas à propos de la noyer, suivant les ordres qu'il avait reçus, et la donna à quelques étrangers cariens qui allaient retourner en Asie. Ceux-ci la conduisirent donc en Asie et la vendirent à Teuthras, roi de la Mysie. Cependant l'enfant qu'Augé avait exposé sur le mont Parthénien fut trouvé tetant une biche par quelques bergers du roi Corythus, qui le donnèrent à leur maître. Ce roi accueillit l'enfant avec joie, l'éleva comme son propre fils, et lui donna le nom de Télèphe[1], de ce qu'il avait été nourri par une biche. Arrivé à l'âge adulte, et désireux de connaître sa mère, Télèphe alla consulter l'oracle de Delphes, qui lui ordonna de se rendre en Mysie, chez le roi Teuthras. Télèphe y rencontra sa mère, apprit qui était son père, et parvint à une très-grande célébrité. Teuthras, qui n'avait point d'enfant mâle, lui donna en mariage sa fille Argiope, et déclara Télèphe son successeur à l'empire.

XXXIV. Cinq ans après son établissement à Phénée, Hercule, attristé de la mort d'Oïonus, fils de Licymnius, et de celle de son frère Iphiclus, s'exila volontairement de l'Arcadie et de tout le Péloponnèse. Il se rendit à Calydon, en Étolie, suivi de beaucoup d'Arcadiens, et s'y établit. N'ayant ni enfant ni femme légitimes, il épousa, après la mort de Méléagre, Déjanire, fille d'Oïnée. Nous ne croyons pas hors de propos de raconter ici brièvement l'histoire de Méléagre.

[1] Ἔλαφος, ἡ, biche.

Après une moisson abondante, Oïnée fit des sacrifices à tous les dieux, excepté à Diane, qu'il négligea. La déesse, irritée, envoya à Calydon un sanglier d'une taille démesurée. Ce sanglier ravageait les campagnes voisines et détruisait les propriétés. Méléagre, fils d'Oïnée, à la fleur de son âge, et distingué pour sa force et son courage, assembla les plus braves de ses compagnons pour faire la chasse de cet animal. Méléagre l'atteignit le premier de son javelot : on lui décerna, d'un commun accord, le prix de la chasse, la peau du sanglier. Méléagre, amoureux d'Atalante, fille de Schœnée, qui assistait à cette chasse, lui fit présent de cette peau, comme du prix d'honneur. Les enfants de Thestius, qui assistaient aussi à cette chasse, s'indignèrent de ce que Méléagre avait honoré une étrangère de préférence à ses parents. Ils attendirent donc Atalante dans une embuscade, l'attaquèrent pendant son retour en Arcadie, et lui enlevèrent la peau du sanglier. Méléagre, irrité de l'affront qu'on avait fait à celle qu'il aimait, courut à son secours. D'abord il engagea les ravisseurs à rendre à Atalante le prix qu'ils lui avaient arraché. Mais, voyant qu'ils s'y refusaient, il les tua tous, quoiqu'ils fussent frères d'Althéa, sa mère. Althéa, affligée du meurtre de ses frères, dévoua Méléagre à la mort par d'horribles imprécations, et les dieux exaucèrent sa prière. Quelques mythologues prétendent qu'à la naissance de Méléagre, les Parques apparurent en songe à Althéa, et lui dirent que son fils Méléagre ne mourrait que quand le flambeau qu'elles lui donnaient serait consumé; qu'après ses couches, Althéa, croyant que le salut de son fils dépendait de ce flambeau, le conserva avec soin ; qu'ensuite, irritée du meurtre de ses frères, elle le brûla, et fut ainsi la cause de la mort de Méléagre. Enfin, désespérée de tout ce qui était arrivé, elle s'étrangla.

XXXV. Sur ces entrefaites, Hipponoüs d'Olénum, irrité contre sa fille Péribéa, qui se disait enceinte de Mars, l'envoya en Étolie, chez Oïnée, qu'il chargea de la faire disparaître au plus vite. Mais Oïnée, qui venait de perdre son fils et sa femme, refusa de tuer Péribéa; il l'épousa, et en eut pour fils Tydée. Telle est l'histoire de Méléagre, d'Althéa et d'Oïnée.

Pour complaire aux Calydoniens, Hercule détourna le fleuve Achéloüs, dans le lit qu'il avait creusé lui-même; il fertilisa ainsi une vaste contrée par les eaux de ce fleuve. C'est pourquoi on représente Hercule combattant Achéloüs sous la forme d'un taureau; dans ce combat il lui cassa une corne, dont il fit présent aux Étoliens; cette corne, appelée la corne d'Amalthée, était supposée renfermer tous les fruits d'automne, tels que des raisins, des pommes, etc. Or, dans cette allégorie, la corne représente le canal de l'Achéloüs; les raisins, les pommes et les grenades indiquent la fertilité des environs du fleuve et la multitude des arbres fruitiers qui y croissent. Le nom d'Amalthée, donné à cette corne, signifie l'ardeur et la persévérance du travail qu'exige la culture de la terre.

XXXVI. Hercule aida ensuite les Calydoniens à combattre les Thesprotes. Il prit d'assaut la ville d'Éphyre, et tua de sa propre main Phylée, roi des Thesprotes. Il fit prisonnière la fille de Phylée, approcha d'elle, et en eut un fils appelé Tlépolème. Trois ans après son mariage avec Déjanire, Hercule se trouvait à table chez Oïnée, où il était servi par Eurynomus, fils d'Architélès. Ce jeune homme, à peine sorti de l'enfance, fit une faute en servant. Hercule le frappa du poing, et le tua involontairement par ce coup malencontreux. Affligé de cet accident, il s'exila lui-même de Calydon, avec Déjanire sa femme, et son fils Hyllus, qui était encore enfant. Arrivé aux bords du fleuve Événus, il rencontra le centaure Nessus, qui, moyennant salaire, transportait les voyageurs d'une rive du fleuve à l'autre. Ce centaure commença d'abord par transporter Déjanire, et, ravi de sa beauté, il entreprit de la violer. Déjanire implora le secours de son mari. Hercule lança un trait contre le centaure, qui, au milieu de l'action et en se mourant de la blessure, dit à Déjanire qu'il voulait lui laisser un philtre ayant la propriété d'empêcher Hercule de ne plus aimer aucune autre femme; que, pour cet effet, il fallait prendre son sperme, le mêler avec de l'huile et avec le sang qui découlait de la flèche, et en frotter la tunique d'Hercule. Il expira dès qu'il eut donné cette recette à Déjanire. Suivant le précepte de Nessus, elle recueillit dans un vase le philtre, et le garda à l'insu de son mari. Hercule traversa le fleuve et se rendit chez Céyx, roi de Trachinie, et il s'établit dans ce pays avec les Arcadiens qu'il avait toujours à sa suite.

XXXVII. Le bruit s'étant répandu que Phylas, roi des Dryopes, avait profané le temple de Delphes, Hercule entreprit une expédition à la tête des Méliens, tua le roi des Dryopes, chassa le reste de la population, et donna le pays aux Méliens. Il fit prisonnière la fille de Phylas, et, ayant approché d'elle, il en eut un fils appelé Antiochus. Il avait eu aussi deux autres enfants de Déjanire, Glénée et Hoditès, plus jeunes qu'Hyllus. Quant aux Dryopes expulsés, les uns se retirèrent en Eubée, et y fondèrent la ville de Caryste; les autres abordèrent dans l'île de Cypre, et s'y fixèrent en se mêlant aux indigènes. Le reste des Dryopes se réfugia chez Eurysthée, qui les secourut en haine d'Hercule; avec l'aide de ce roi, ils bâtirent trois villes dans le Péloponnèse, Asine, Hermione et Éion. Après l'expulsion des Dryopes, la guerre s'alluma entre les Doriens habitant l'Hestiéotide [1], sujets du roi Égimius, et entre les Lapithes habitant les environs du mont Olympe, et sujets du roi Coronus, fils de Cénée. L'armée des Lapithes étant beaucoup plus nombreuse, les Doriens se réfugièrent auprès d'Hercule. Ils lui offrirent le tiers de la Doride et de leur royaume pour le secours qu'il leur prêterait dans cette guerre. Après avoir réussi dans leur négociation auprès d'Hercule, ils marchèrent contre les Lapithes. Hercule eut avec lui les Arcadiens qui l'accompagnaient dans toutes ses expéditions; il défit les Lapithes, tua le roi Coronus; et, ayant laissé un grand nombre d'ennemis sur le champ de bataille, il les obligea de céder aux Doriens le pays contesté. Après cela, Hercule remit à Égimius le tiers du pays, avec l'ordre de le conserver pour ses descendants. Pendant son retour à Trachine, il tua Cycnus, fils de Mars, qui l'avait provoqué au

[1] Contrée située entre l'Ossa et l'Olympe.

combat. En quittant Itone, il traversa la Pélasgiotide, se joignit au roi Orménius et lui demanda en mariage Astydamie, sa fille. Orménius n'accueillit pas cette demande, sachant qu'Hercule était marié à Déjanire, fille d'Oïnée. En conséquence de ce refus, Hercule lui déclara la guerre; il prit sa ville, et tua ce roi, qu'il n'avait pu persuader. Maître d'Astydamie, qui était sa captive, il en eut un fils nommé Ctésippus. Après cela, il pénétra dans l'Œchalie et marcha contre les enfants d'Eurytus pour se venger du refus d'Iole qu'il avait demandée en mariage. Les Arcadiens l'accompagnèrent dans cette expédition; il prit la ville, et tua Toxée, Molion et Pytius, fils d'Eurytus. Après avoir fait prisonnière Iolé, il se rendit sur un promontoire de l'Eubée, appelé Cénéum.

XXXVIII. Offrant un sacrifice dans cet endroit, Hercule envoya à Trachine un de ses serviteurs, Lichas, pour demander à Déjanire, sa femme, la tunique dont il avait coutume de se revêtir pendant les sacrifices. Déjanire, informée par Lichas que son mari était amoureux d'Iolé, frotta cette tunique du philtre que le centaure Nessus lui avait donné pour se faire toujours aimer d'Hercule. Lichas, ignorant ce secret, apporta le vêtement pour le sacrifice. Hercule revêtit la tunique ointe, et bientôt, la force du poison septique venant à agir, il fut réduit à la dernière extrémité; car le venin de l'hydre dans lequel la flèche d'Hercule avait été trempée, et dont sa tunique était imbibée, corrompit par la chaleur la chair du corps[1]. En proie à d'horribles souffrances, Hercule tua son serviteur Lichas,

[1] Il est curieux de faire remarquer l'épithète de σηπτικόν donnée au poison (φάρμακον) dont la composition a été décrite chap. 36. En effet, la plupart des matières animales, et surtout le sang, acquièrent, par suite d'une fermentation putride, des propriétés extrêmement vénéneuses. Tous ceux qui ont disséqué des cadavres savent combien sont graves les moindres piqûres faites par un scalpel souillé d'un sang putride. Je suis d'opinion que le sang de taureau que les Athéniens faisaient boire aux condamnés à mort était du sang putréfié, c'est-à-dire un des poisons septiques les plus énergiques. L'huile elle-même, qui entrait dans la composition du φίλτρον donné à Déjanire par le centaure Nessus, pouvait, par suite d'une décomposition lente, acquérir des propriétés toxiques. Ainsi, une huile rance et âcre peut produire sur la peau une irritation très-vive et une sorte d'érysipèle; prise à l'intérieur, elle agit comme un drastique violent. J'insiste sur ces

licencia ensuite son armée et revint à Trachine. La maladie faisant de rapides progrès, il envoya à Delphes Licymnius et Iolaüs pour consulter Apollon. Déjanire, frappée du malheur d'Hercule, et se voyant coupable, s'étrangla elle-même. L'oracle répondit qu'il fallait porter Hercule avec un appareil guerrier sur le mont Œta, dresser auprès de lui un immense bûcher, et que Jupiter aurait soin du reste. Iolaüs et ses compagnons exécutèrent cet ordre, et se tinrent à distance, attentifs à ce qui allait arriver. Hercule, désespérant de sa guérison, monta sur le bûcher, et pria chacun d'approcher et d'y mettre le feu. Personne n'osa le faire ; Philoctète seul obéit. En récompense de ce service, Hercule lui donna ses flèches et son arc. Aussitôt la foudre tomba du ciel et embrasa tout le bûcher. Lorsque Iolaüs et sa troupe revinrent chercher les os, ils n'en retrouvèrent aucun ; ils se persuadèrent ainsi qu'Hercule avait été, conformément aux oracles, reçu parmi les dieux.

XXXIX. Ils lui rendirent les honneurs dus aux héros, et ils ne s'en retournèrent à Trachine qu'après avoir élevé un tertre funéraire. Monœtius, fils d'Actor et ami d'Hercule, sacrifia au héros un taureau, un sanglier et un bélier[1] ; il ordonna qu'on offrît tous les ans, à Oponte, ce même sacrifice héroïque en honneur d'Hercule. Les Thébains en firent autant. Cependant les Athéniens ont été les premiers à rendre à Hercule les honneurs divins ; et l'exemple de cette piété fut d'abord suivi par tous les Grecs ; ensuite tous les habitants de la terre honorèrent Hercule comme un dieu. Nous devons ajouter qu'après l'apothéose d'Hercule, Jupiter persuada à Junon d'adopter Hercule pour son fils, et que cette déesse eut toujours pour lui dans la suite l'affection d'une mère. Cette adoption se fit, dit-on, de la manière suivante : Junon monta dans son lit, tenant Hercule attaché à son corps, et, imitant un véritable accouchement, elle le laissa tomber sous ses vêtements. Cette cérémonie est encore aujour-

choses, afin de faire sentir l'importance de l'élément scientifique, qui a été trop négligé dans l'étude des auteurs anciens.

[1] Ce genre de sacrifice était appelé par les Romains *suovetaurilia*.

d'hui en usage chez les Barbares lorsqu'ils veulent adopter un enfant[1]. Les mythologues racontent qu'après cette adoption, Junon donna à Hercule Hébé pour épouse. Le poëte lui-même en parle dans l'évocation des morts : « Ce n'est qu'une ombre ; « car lui-même se réjouit aux festins des dieux immortels, et « possède Hébé aux jolis pieds[2]. » On raconte qu'Hercule, mis par Jupiter au nombre des douze dieux, ne voulut point recevoir cet honneur, parce qu'il aurait fallu auparavant exclure de l'Olympe l'un des douze dieux. Nous nous sommes beaucoup étendu sur Hercule; mais aussi nous n'avons rien omis de ce que les mythographes ont dit à cet égard.

XL. C'est ici le lieu de parler de l'expédition des Argonautes, à laquelle Hercule avait pris part. Jason était, selon la tradition, fils d'Œson et neveu de Pélias, roi des Thessaliens. Surpassant par la force de son corps et par l'éclat de son intelligence tous les hommes de son âge, il désirait faire quelque entreprise digne de mémoire. Il savait qu'avant lui Persée et quelques autres s'étaient acquis une gloire immortelle par leurs expéditions lointaines et leurs exploits prodigieux; il les prit donc pour modèles. Il communiqua son dessein au roi, qui y consentit aussitôt, non pas que Pélias fût désireux de voir ce jeune homme s'acquérir de la gloire, mais parce qu'il espérait le voir périr dans des expéditions périlleuses; car Pélias n'avait point engendré d'enfant mâle, et il craignait que son frère ne le détrônât avec l'aide de son fils. Cependant il cacha ses soupçons, et, promettant de fournir tous les secours nécessaires à une expédition, il engagea son neveu à se rendre avec une flotte en Colchide, pour y conquérir la fameuse toison d'or. Les bords du Pont-Euxin étaient dans ces temps habités par des na-

[1] Wesseling cite, à cette occasion, un passage de l'abbé Guibert (*Histor. Hierosol.*, III, 13) qui s'exprime ainsi au sujet de l'adoption de Baudouin par le prince d'Edesse : *Adoptationis autem talis pro gentis consuetudine dicitur fuisse modus : Intra lineam interulam, quam nos vocamus camisiam, nudum intrare fecit et sibi adstrinxit; et hæc omnia osculo libato firmavit; idem et mulier postmodum fecit.*

[2] *Odyssée*, XI, v. 601.

tions barbares et entièrement sauvages, qui tuaient tous les étrangers qui abordaient dans ces parages. C'est pourquoi les Grecs lui ont donné le nom d'*Axenos* [1]. Cependant Jason, avide de gloire, jugeant cette expédition difficile, mais non pas impossible, espéra d'en tirer d'autant plus d'honneur, et se prépara pour l'exécution de son projet.

XLI. Il fit d'abord construire, près du mont Pélion, un navire qui surpassait par sa grandeur et par son appareil tous ceux que l'on avait encore vus; car on ne naviguait alors que dans des barques ou de légers bateaux. La construction de ce navire frappa d'étonnement tous ceux qui en étaient témoins; le bruit s'en répandit en Grèce, et inspira à un grand nombre de jeunes gens distingués le désir de prendre part à cette expédition. Jason lança son vaisseau du chantier, l'équipa magnifiquement de toutes les choses nécessaires, et choisit les plus braves de ceux qui désiraient faire partie de l'expédition. Ils étaient au nombre de cinquante-quatre; les plus fameux étaient Castor, Pollux, Hercule, Télamon, Orphée, Atalante, fille de Schœnée, les fils de Thespius, et enfin Jason, le chef de l'expédition en Colchide. Selon quelques mythographes, le navire s'appela *Argo*, du nom de celui qui l'avait construit; Argus s'y embarqua lui-même afin d'être toujours prêt à radouber le vaisseau. D'autres prétendent que ce nom a été donné à ce vaisseau pour indiquer sa grande vitesse: *argos* signifie vite chez les anciens. Les Argonautes réunis choisirent Hercule pour leur chef, comme le plus digne par sa vaillance.

XLII. Ils partirent ensuite du port d'Iolcos; ils avaient déjà dépassé le mont Athos et Samothrace lorsqu'une tempête les jeta sur le cap Sigée, dans la Troade. Là ils firent une descente, et trouvèrent, dit-on, sur le bord de la mer une fille qui y était enchaînée pour les motifs suivants: Selon le récit mythologique, Neptune, irrité contre le roi Laomédon, au sujet de la construc-

[1] Inhospitalier, ἄξενος. C'est par euphémisme que cette mer fut appelée Pont-Euxin (εὔξενος, hospitalier), au lieu de Pont-Axin (ἄξενος, inhospitalier).

tion des murs de Troie[1], envoya un monstre marin qui enlevait subitement les habitants de la côte et les laboureurs des campagnes voisines. En outre, une maladie contagieuse désolait la population, et détruisait même les récoltes en sorte que tout le monde fut épouvanté de l'immensité du fléau. Le peuple s'étant assemblé pour chercher un remède à ces maux, le roi envoya consulter Apollon. L'oracle répondit que la cause de ces maux était la colère de Neptune, et qu'elle cesserait dès que les Troïens auraient exposé en pâture au monstre celui de leurs enfants que le sort aurait désigné. Tous les sorts ayant été jetés, on tira celui d'Hésione, fille du roi. Laomédon fut donc obligé de livrer sa fille; elle venait d'être enchaînée sur le bord de la mer, lorsque Hercule descendit à terre avec les Argonautes. Dès que cette fille lui eut appris son infortune, Hercule brisa les chaînes qui la tenaient attachée, et, entrant dans la ville, il promit au roi de tuer le monstre. Laomédon accueillit cette offre, et promit en récompense ses juments invincibles. Hercule tua le monstre. On laissa à Hésione le choix de suivre son libérateur ou de demeurer auprès de ses parents, dans sa patrie. Hésione, qui préférait son bienfaiteur à ses parents, et qui craignait que ses concitoyens ne l'exposassent de nouveau si le monstre venait à reparaître, aima mieux vivre avec l'étranger. Comblé d'honneurs et de présents, Hercule confia à Laomédon la garde d'Hésione et des juments promises, jusqu'à son retour de la Colchide, et il se rembarqua avec les Argonautes, poursuivant ardemment leur entreprise.

XLIII. Ils furent assaillis d'une violente tempête; et, comme les principaux désespéraient de leur salut, Orphée, le seul des navigateurs qui fût initié dans les mystères, fit, pour conjurer l'orage, des vœux aux dieux de Samothrace. Aussitôt le vent cessa : deux étoiles tombèrent sur les têtes des Dioscures au grand étonnement de tout le monde, et on se crut à l'abri des dangers par l'intervention d'une providence divine. De là vient

[1] Laomédon avait promis à Apollon et à Neptune, constructeurs des murs de Troie, une récompense qu'il leur refusa ensuite

la coutume traditionnelle des marins d'invoquer au milieu des tempêtes les dieux de Samothrace, et d'attribuer à la présence des Dioscures l'apparition des astres[1].

Après que la tempête fut calmée, les principaux des Argonautes descendirent dans une contrée de la Thrace, dont Phinée était roi. Là, ils trouvèrent deux jeunes gens enfouis par vengeance, et frappés sans relâche à coups de fouet. Ils étaient fils de Phinée et de Cléopâtre, qu'on disait être fille de Borée et d'Orithyia, fille d'Érechthée. L'audace et les calomnies d'une marâtre les avaient fait traiter indignement par leur père ; car Phinée avait épousé Idéa, fille de Dardanus, roi des Scythes, et il lui accordait tout par amour pour elle. Elle prétendait que, pour faire plaisir à leur mère, ils avaient voulu l'insulter. Dès qu'Hercule et ses compagnons eurent paru si inopinément, ces jeunes gens les implorèrent comme des dieux, et, après leur avoir appris les motifs de l'indigne traitement subi de la part de leur père, ils les prièrent de les délivrer de leur infortune.

[1] Le phénomène lumineux qui se manifesta sur les têtes des Dioscures, Castor et Pollux, était sans doute de nature électrique. Pendant un temps orageux où l'air est chargé d'électricité, il n'est pas bien rare de voir des étincelles au sommet des pointes métalliques, et même sur la tête de certaines personnes qui semblent mieux conduire l'électricité que d'autres. César (*de Bello Africano*, cap. 6), Tite-Live (XXII, 1), Pline (*Hist. nat.*, II, 37), ont décrit des phénomènes semblables. Les marins, dit Pline, les attribuaient à Castor et Pollux, qui étaient, pendant les tempêtes, invoqués comme des dieux. M. Sweigger (*Ueber die alteste Physik*, etc.; Nürnberg, 1823) s'est attaché à démontrer, d'une manière très-ingénieuse, que le mythe des Dioscures chez les anciens était la connaissance symbolique de l'électricité positive et de l'électricité négative : l'une ne se manifeste qu'autant que l'autre disparait, de même que Pollux vit pendant que Castor meurt, et réciproquement. Il y a bien d'autres analogies encore qui viennent à l'appui de cette opinion. Ainsi, les Dioscures sont représentés ayant chacun une flamme au sommet de la tête ; leur vitesse, qui est extrême, est désignée symboliquement par des ailes blanches ou des chevaux blancs ; leur apparition, comme de bons génies pendant les orages ; le bruit sifflant qui accompagne cette apparition, enfin, la puissance et les attributs des Dioscures, peuvent merveilleusement s'appliquer à plusieurs propriétés du fluide électrique. Enfin, l'opinion aujourd'hui scientifiquement démontrée que l'orage est un phénomène essentiellement électrique qui se passe principalement entre les deux électricités opposées du ciel et de la terre, les anciens l'ont enseignée symboliquement par le mythe des Dioscures, tous deux fils du dieu de la foudre et du tonnerre, tous deux envoyés comme des génies propices au milieu des orages, l'un étant au ciel pendant que l'autre est dans les enfers. — Quant aux dieux de Samothrace, nous en parlerons plus bas (livre V, 49).

XLIV. Phinée accourut au-devant de ces étrangers, et leur ordonna avec aigreur de ne point se mêler de ses affaires, en ajoutant qu'aucun père ne tirait vengeance de ses fils, à moins que la grandeur de leurs forfaits n'eût étouffé l'affection naturelle que les parents ont pour leurs enfants. Cependant les Boréades, frères de Cléopâtre et compagnons d'Hercule, marchèrent les premiers pour secourir ces jeunes gens, auxquels ils tenaient par les liens de la parenté. Ils brisèrent d'abord les chaînes dont ces jeunes gens étaient liés, et tuèrent tous les Barbares qui avaient voulu s'opposer à cette délivrance. Phinée marcha contre les Argonautes en ordre de bataille, et une multitude de Thraces se joignirent à lui; mais Hercule, qui le surpassait tous en bravoure, tua Phinée et un grand nombre de ses compagnons. Enfin il s'empara du palais du roi, il fit sortir Cléopâtre de prison, et rendit aux Phinéides le royaume de leur père. Comme ils voulaient infliger à leur marâtre une mort honteuse, Hercule leur conseilla de n'en rien faire, de la renvoyer en Scythie, auprès de son père, et d'engager ce dernier à les venger des injures qu'ils avaient reçues d'elle. Ce conseil fut suivi : le Scythe condamna sa fille à mourir, et les fils de Cléopâtre s'acquirent chez les Thraces la réputation d'hommes équitables. Je n'ignore pas que quelques mythographes prétendent que Phinée avait fait crever les yeux à ses enfants, et qu'il reçut de Borée un traitement semblable[1]. Quelques autres disent aussi qu'Hercule, descendu à terre pour chercher de l'eau, avait été laissé sur la côte de l'Asie par les Argonautes; en un mot, les anciens mythes sont loin d'être d'accord entre eux. C'est pourquoi il ne faut pas s'étonner si quelques-uns des faits que nous rapportons ne s'accordent pas avec le récit de tous les poëtes et historiens. Quoi qu'il en soit, selon la tradition, les Phinéides partirent avec les Argonautes, après avoir confié le royaume à Cléopâtre leur mère. En quittant la Thrace, les Argonautes firent voile pour le Pont, et abordèrent dans la Tauride, ignorant la férocité des indigènes. C'était une coutume

[1] Sophocle, *Antigone*, v. 1090; Apollodore, III, 14.

établie chez les Barbares habitant cette contrée de sacrifier à Diane Taurique tous les étrangers qui abordaient ces parages. C'est là que, dans la suite, Iphigénie, établie prêtresse de cette déesse, lui sacrifiait tous les captifs.

XLV. Il est nécessaire de rapporter ici succinctement la raison de cette coutume meurtrière; d'autant plus que cette digression vient à propos de l'histoire des Argonautes.

Hélius eut deux fils, Æétès et Persès, tous deux fameux pour leur cruauté. Æétès fut roi de la Colchide; Persès, roi de la Tauride. Persès eut une fille appelée Hécate, encore plus cruelle et plus méchante que son père. Elle aimait beaucoup la chasse, et, à défaut de gibier, elle perçait les hommes à coups de flèches comme des bêtes féroces. Devenue habile dans la composition des poisons mortels, elle découvrit ce qu'on appelle l'*aconit*[1]. Elle expérimentait la puissance de chaque poison en le mélangeant aux aliments qu'elle donnait aux étrangers. Possédant ainsi une grande expérience dans ces choses, elle empoisonna

[1] L'aconit (*Aconitum*) est un genre de plantes comprenant des espèces très-vénéneuses. Parmi ces espèces on compte surtout l'aconit napel (*Aconitum napellus*), l'aconit tue-loup (*Aconitum lycoctonum*), qui doit son nom à son action éminemment toxique. Le traducteur allemand, Stroth, ignorait sans doute les propriétés de cette plante, puisqu'il n'a pas craint de commettre une infidélité en rendant *ἀκόνιτον*, *aconitum*, par *ciguë* (*Schierling*). Il est probable que les anciens soumettaient les différentes parties de la plante à une opération, dans le but d'en concentrer le principe le plus actif. L'opération la plus simple consistait à les faire bouillir avec de l'eau ou avec du vin, et à évaporer ensuite la liqueur de manière à obtenir un extrait aqueux ou alcoolique. J'incline à penser que c'est sous forme d'extrait que la ciguë, l'aconit et d'autres plantes vénéneuses, ont été anciennement employées en guise de poisons. Mon hypothèse semble d'ailleurs très-bien s'accorder avec ce que dit Apollonius de Rhodes en parlant d'Hécate :

> Τὴν [Μηδείαν] Ἑκάτη περίαλλα θεὰ δάε τεχνήσασθαι
> Φάρμακ', ὅσ' ἤπειρός τε φύει καὶ νήχυτον ὕδωρ.

Ainsi, Hécate instruisit Médée dans l'art de préparer (*τεχνήσασθαι*) les poisons que produisent la terre et l'eau, c'est-à-dire dans l'*art de faire subir un traitement particulier aux poisons naturels, aux plantes vénéneuses*, etc., afin de rendre leur action encore plus énergique. Or, cet art, dans son plus grand état de simplicité, ne pouvait être, ainsi que je viens de le dire, que la préparation des extraits, à moins d'admettre que les anciens eussent connu le moyen d'extraire les alcalis végétaux, l'aconitine de l'aconit, la cicutine de la ciguë, etc., ce qui ne me paraît pas probable.

d'abord son père, et s'empara du royaume. Ensuite elle fit élever un temple à Diane, et, ordonnant de sacrifier à cette déesse tous les étrangers qui y aborderaient, elle devint célèbre pour ses cruautés. Ææétès, qui l'épousa, en eut deux filles, Circé et Médée, et un fils appelée Ægialée. Circé, livrée à l'étude des poisons de toutes sortes, découvrit diverses espèces de racines et leurs propriétés incroyables. Elle avait appris beaucoup de secrets d'Hécate, sa mère; mais elle en découvrit bien plus encore par sa propre sagacité, de telle sorte qu'elle ne le cédait à personne dans l'art de préparer les poisons. Elle fut donnée en mariage au roi des Sarmates, que quelques-uns appellent Scythes. Elle empoisonna d'abord son mari, se saisit ensuite de la couronne, et traita ses sujets avec cruauté et violence. Aussi fut-elle chassée du royaume, et, au rapport de quelques mythologues, elle se réfugia du côté de l'Océan, où elle s'établit dans une île déserte avec les femmes qui l'avaient accompagnée dans sa fuite; selon d'autres historiens, elle quitta le Pont, et vint habiter un promontoire de l'Italie, qui porte encore aujourd'hui le nom de *Circéum*.

XLVI. Médée apprit de sa mère et de sa sœur toutes les propriétés des poisons; mais elle mena une conduite tout opposée. Elle s'occupait toute sa vie à sauver les étrangers qui abordaient dans le pays : tantôt elle implorait de son père la grâce de ceux qu'il allait faire mourir, tantôt elle faisait sortir de prison ces infortunés, et pourvoyait à leur sûreté; car Ææétès, entraîné tant par son instinct férоce que par les conseils de sa femme, avait adopté la coutume de tuer les étrangers. Comme Médée continuait à résister aux volontés de ses parents, Ææétès soupçonna sa fille de lui dresser des embûches, et la fit garder à vue. Cependant Médée parvint à s'échapper, et se réfugia dans le temple d'Hélius (Soleil), situé sur les bords de la mer. Ce fut dans ce moment que les Argonautes, partis de la Tauride, abordèrent, la nuit, dans la Colchide, tout près du temple d'Hélius. Là, ils rencontrèrent Médée errante, et apprirent d'elle la coutume de faire mourir les étrangers. Charmés de la douceur de cette fille, les Argonautes lui découvrirent leurs desseins. Alors elle leur raconta les dangers qu'elle avait courus de la part de son père, pour s'être montrée bienveillante envers les étrangers. Confondant ses intérêts avec ceux des Argonautes, elle promit de les aider jusqu'au bout de leur entreprise. Jason, de son côté, jura qu'il l'épouserait, et qu'il passerait avec elle toute sa vie. Après avoir confié à quelques-uns des leurs la garde du vaisseau, les Argonautes partirent de nuit avec Médée, pour enlever la toison d'or. Mais il est à propos d'exposer ici en détail l'origine de cette toison, afin de ne rien omettre de ce qui concerne cette histoire.

XLVII. Suivant le rapport des mythologues, Phrixus, fils d'Athamas, fut obligé de fuir de la Grèce avec sa sœur Hellé, pour échapper aux embûches de leur belle-mère. Guidés par une providence des dieux, ils passèrent d'Europe en Asie, sur un bélier à toison d'or. Hellé tomba dans la mer, qui depuis lors s'appelle l'Hellespont. Phrixus traversa heureusement le Pont, et aborda dans la Colchide. Là il sacrifia son bélier, pour obéir à un oracle, et en déposa la toison dans le temple de Mars. Après cet événement, un oracle prédit qu'Æétès, roi de la Colchide, terminerait sa vie lorsque des étrangers, arrivés par mer, lui enlèveraient la toison d'or. C'est pourquoi, et en raison de sa cruauté naturelle, le roi ordonna d'immoler tous les étrangers, afin que, la renommée publiant partout cette coutume féroce de la Colchide, personne n'osât y aborder. Il fit aussi environner d'un mur le temple de Mars, et le confia à la garde d'un grand nombre de Tauriens. C'est ce qui a donné lieu aux mythes merveilleux des Grecs, d'après lesquels ce temple était entouré de taureaux soufflant des flammes, et un dragon gardait la toison d'or. Les Tauriens sont ainsi transformés en taureaux, et la coutume barbare de tuer les étrangers, en flammes lancées des narines de ces taureaux. Enfin, les poëtes ont changé le gardien, qui se nommait Dragon, en un animal monstrueux qui porte le même nom. On a travesti de même l'histoire de Phrixus: Phrixus s'embarqua sur un navire dont la proue portait la tête d'un bélier, et Hellé, atteinte du mal de mer, s'avança sur le bord du navire, s'inclina et tomba dans les flots. Selon quelques-uns, le roi des Scythes, gendre d'Æétès, voyageait en Colchide au moment où Phrixus venait d'y être saisi avec son précepteur ; épris d'amour pour ce jeune homme, ce roi le demanda à Æétès, qui le lui céda; et, le chérissant comme son propre fils, il lui laissa son royaume; mais le précepteur, qui s'appelait *Krios*[1], fut immolé, et, ayant été écorché, sa peau fut suspendue dans un temple, conformément à l'usage. Æétès apprit ensuite par un oracle qu'il mourrait dès que la peau de Krios serait enlevée par des navigateurs étrangers; le roi fit dorer cette peau, afin qu'elle fût plus soigneusement gardée par des soldats qu'il y avait établis. Le lecteur est libre d'adopter l'opinion qui lui plaira le plus

XLVIII. Suivant l'histoire, Médée conduisit les Argonautes dans le temple de Mars, éloigné de soixante-dix stades[2] de la ville de Sibaris, où était le palais du roi des Colchidiens. Arrivée aux portes du temple, qui étaient fermées pendant la nuit, elle parla aux gardiens en langue taurique. Pour obéir à la fille du roi, ils ouvrirent volontiers les portes. Aussitôt les Argonautes y pénétrèrent l'épée à la main, et tuèrent un grand nombre de Barbares; les autres, épouvantés, s'enfuirent du temple. Les Argonautes prirent ensuite la toison, et l'emportèrent à la hâte dans leur navire. De son côté, Médée empoisonna le dragon qui veillait sans cesse dans le temple et qui entourait la toison d'or par les replis de son corps. Elle descendit ensuite avec Jason sur les bords de la mer. Les Tauriens qui s'étaient sauvés par la fuite annoncèrent au roi ce qui s'était passé. On dit qu'Æétès se mit à la tête de ses soldats, et poursuivit les Grecs, qu'il rencontra près de la mer. Il engagea aussitôt le combat et tua un des Argonautes, Iphitus, frère de cet Eurysthée qui avait ordonné les travaux d'Hercule. Mais, enveloppée de toutes parts et pressée vivement, la troupe tomba sous les coups de Méléagre ;

[1] Κριός, bélier.
[2] Environ treize kilomètres.

le roi lui-même périt, et les Grecs, ranimés, mirent en fuite les Colchidiens et en massacrèrent le plus grand nombre. Jason, Laërte, Atalante et les Thespiades furent blessés : mais on dit que Médée les guérit en peu de jours, au moyen de quelques herbes.

Après avoir approvisionné leur navire, les Argonautes prirent le large. Ils étaient déjà au milieu du Pont-Euxin, lorsqu'ils furent assaillis d'une tempête qui leur fit courir le plus grand danger. Orphée fit, comme auparavant, des vœux aux dieux de Samothrace, et les vents s'apaisèrent. On vit apparaître à côté du navire Glaucus, le dieu marin. Celui-ci accompagna le navire sans relâche pendant deux jours et deux nuits. Il prédit à Hercule ses travaux et l'immortalité. Il prédit aussi aux Tyndarides qu'ils recevraient le nom de Dioscures[1], et que tous les hommes leur décerneraient des honneurs divins. Enfin il appela tous les Argonautes par leur nom ; il leur dit que c'était par les vœux d'Orphée et par l'ordre des dieux qu'il leur apparaissait, pour leur découvrir l'avenir. Il leur conseilla, dès qu'ils auraient touché terre, de s'acquitter des vœux qu'ils avaient faits aux dieux auxquels ils devaient deux fois leur salut.

XLIX. Glaucus replongea ensuite dans la mer. Arrivés au détroit de la mer du Pont, les Argonautes mirent pied à terre dans un pays dont Byzas était alors roi, et qui a laissé son nom à la ville de Byzance. Là, les Argonautes élevèrent des autels, accomplirent leurs vœux, et consacrèrent aux dieux un terrain qui est encore aujourd'hui vénéré par les navigateurs. Ils abordèrent ensuite dans la Troade, après avoir traversé la Propontide et l'Hellespont. Hercule envoya dans la ville Iphiclus, son frère, et Télamon, pour demander Hésione et les chevaux. Mais Laomédon fit, dit-on, mettre les envoyés en prison, et dressa des piéges à tous les autres Argonautes, pour les faire périr. Tous ses enfants concoururent à ce dessein. Priam seul était d'un avis opposé : il voulait qu'on gardât l'hospitalité envers ces étrangers, et qu'on leur livrât sa sœur et les juments promises.

[1] Fils de Jupiter, Διόσκουροι.

Mais comme personne ne l'écoutait, il apporta dans la prison deux épées, et les donna en secret à Télamon et à son compagnon. Il leur découvrit l'intention de son père, et devint la cause de leur salut; car, après avoir tué les gardiens qui voulaient leur résister, Télamon et son compagnon s'enfuirent vers la mer, et ils apprirent aux Argonautes ce qui leur était arrivé. Ceux-ci se tinrent prêts au combat, et allèrent à la rencontre d'une troupe qui était sortie de la ville sous la conduite du roi. Le combat fut sanglant. Les Argonautes se signalèrent par leur bravoure. Mais Hercule les surpassa tous par sa valeur. Il tua Laomédon, prit la ville d'assaut et châtia tous ceux qui avaient trempé dans le complot du roi. Il donna le royaume à Priam, pour prix de sa justice. Il fit avec lui une alliance, et se remit en mer avec les autres Argonautes. Cependant quelques anciens poëtes prétendent que ce fut sans les Argonautes qu'Hercule avait entrepris cette expédition avec six navires, pour demander les juments promises, et qu'il se rendit maître de Troie. Homère appuie par son témoignage cette opinion dans les vers où il dit : « Tel était Hercule, mon père, ce héros vaillant et intrépide, lorsque, réclamant les chevaux de Laomédon, il aborda ces rivages avec six vaisseaux seulement, et un petit nombre de guerriers, et qu'il saccagea la ville d'Ilion et en rendit les rues veuves d'habitants[1]. » Les Argonautes se rendirent de la Troade dans l'île de Samothrace. Là, ils accomplirent de nouveau les vœux qu'ils avaient faits aux grands dieux, et ils déposèrent dans le temple les coupes qui s'y conservent encore à présent.

L. On ignorait le retour des Argonautes, lorsque le bruit se répandit en Thessalie que Jason et tous ses compagnons avaient péri dans les contrées du Pont. Pélias jugea alors le moment favorable de se défaire de tous ceux qui pouvaient aspirer à l'empire. Il força donc le père de Jason de boire du sang de taureau[2], et égorgea Promachus, frère de Jason, encore en-

[1] *Iliade*, chant V, vers 638 et suiv.

[2] Le sang de taureau a été une pierre d'achoppement pour tous les commentateurs qui se sont refusés à reconnaître au sang des propriétés toxiques. Le sang de bœuf, le sang de porc, etc., ne servent-ils pas tous les jours d'aliments? Il y a

fant. Amphinome, mère de Promachus, se voyant également condamnée à mourir, accomplit une action courageuse et digne de mémoire : réfugiée auprès du foyer du roi, et priant les dieux de punir ces impiétés, elle se perça la poitrine avec une épée, et termina sa vie d'une manière héroïque. Pélias, qui avait fait ainsi mourir toute la famille de Jason, reçut bientôt le châtiment de ses crimes. Jason aborda la nuit en Thessalie, et débarqua dans un port non loin d'Iolcos, sans être aperçu de la ville. Là, il apprit par un habitant de la campagne tous les malheurs des siens. Tous les Argonautes étaient prêts à secourir Jason, et à partager avec lui tous les périls. Mais il s'éleva une dispute entre eux. Les uns conseillaient de pénétrer aussitôt de force dans la ville, et d'attaquer le roi à l'improviste ; les autres étaient d'avis que chacun d'eux levât des soldats dans son pays, et qu'on déclarât ensuite une guerre générale, alléguant que c'était une chose impossible à cinquante-trois hommes de vaincre un roi qui avait à sa disposition une puissante armée et des villes considérables.

Pendant qu'ils hésitaient ainsi sur le parti à prendre, Médée s'offrit elle-même pour faire mourir le roi clandestinement, et leur livrer le palais sans coup férir. Étonnés de cette offre, ils voulurent tous connaître le plan de Médée : elle leur dit qu'elle portait avec elle beaucoup de poisons de propriétés étranges, inventés par Hécate, sa mère, et par Circé, sa sœur ; qu'elle ne s'en était jamais jusque-là servie pour faire mourir des hommes, mais qu'il lui était maintenant facile de les employer pour châtier des coupables. Elle détailla ensuite aux Argonautes le plan de son entreprise, et convint d'un signal qu'elle donnerait du haut du palais, de manière à être aperçue par une sentinelle placée

à cela une réponse qui tranche toutes les difficultés : pour que le sang de taureau, comme celui de tout autre animal, soit un poison, et même un des poisons les plus énergiques, il faut qu'il soit, non pas frais, mais à l'état de *putréfaction*. C'est du sang de taureau putréfié que les Athéniens donnaient à boire aux condamnés à mort. Tout le monde connait les accidents d'empoisonnement qui sont occasionnés par les produits de charcuterie mal conservés. Comparez la note 1, p. 299.

sur un point élevé aux bords de la mer. Ce signal était de la fumée pendant le jour, et du feu pendant la nuit [1].

LI. Médée construisit donc une image creuse de Diane, dans laquelle elle cacha toutes sortes de poisons. Après s'être oint les cheveux avec quelques matières fortes, pour les blanchir, elle se rendit, le visage et le corps si ridés, que ceux qui la voyaient la prenaient pour une toute vieille femme. Enfin elle entra dans la ville dès la pointe du jour, portant avec elle l'image de cette déesse, qu'elle avait construite de manière à inspirer à la foule une terreur superstitieuse. Saisie d'une inspiration divine, elle ordonna au peuple, accouru en foule dans les rues, de recevoir pieusement la déesse arrivant des contrées hyperboréennes pour le salut de toute la ville et pour celui du roi. Pendant que la multitude, saisie d'une fureur fanatique, adorait la déesse et lui faisait des sacrifices, Médée s'introduisit dans le palais. Dominés par une crainte superstitieuse, Pélias et ses filles crurent effectivement que la déesse était arrivée pour faire le bonheur de la maison du roi. Médée leur annonça que Diane, voyageant dans les airs sur un char attelé de dragons, avait traversé une grande partie de la terre, et qu'elle avait choisi ce pays pour y établir son culte, auprès du plus pieux des rois. Elle ajouta qu'elle avait reçu ordre d'ôter la vieillesse à Pélias, au moyen de quelques remèdes puissants; de rajeunir son corps, et de lui procurer une vie heureuse et agréable à la divinité. Le roi fut frappé de ce discours étrange; Médée annonça qu'elle en allait faire sur-le-champ l'expérience sur elle-même, et ordonna à une des filles de Pélias de lui apporter de l'eau pure. Cet ordre exécuté, Médée s'enferma, dit-on, dans une chambre. Là, s'étant lavé tout le corps, elle enleva les substances dont elle s'était frottée. Après avoir ainsi recouvré son état habituel, elle se montra au roi, et frappa d'étonnement les spectateurs; elle semblait, par une intervention divine, avoir transformé sa vieillesse en la beauté de la jeunesse. Ensuite, au moyen de

[1] Ces signaux étaient anciennement souvent adoptés pour guider la marche des armées. On se rappelle la colonne de feu qui précédait l'armée des Israélites.

quelques substances médicamenteuses [1], elle fit paraître des figures de dragons qui avaient transporté, disait-elle, la déesse des pays hyperboréens chez Pélias. Ces choses paraissant surnaturelles, Pélias rendit à Médée de grands honneurs, et ajouta foi à tous ses discours. On dit même qu'il recommanda à chacune de ses filles d'aider Médée, et de faire tout ce qu'elle ordonnerait; parce qu'il était juste que le roi reçût les bienfaits des dieux par le ministère de ses filles, plutôt que par les mains de ses esclaves. Sur cette recommandation expresse, les filles de Pélias se tinrent prêtes à exécuter les ordres de Médée.

[1] Le mot *φάρμακον* signifie en même temps *poison* et *médicament*. En effet, les médicaments, pris à hautes doses, agissent comme des poisons, et inversement, les poisons, pris à très-petites doses, peuvent produire les effets salutaires d'un médicament. Les anciens auraient-ils connu l'action variable des substances médicamenteuses suivant la dose à laquelle elles ont été prises? Les matières, qui, selon moi, jouaient le plus grand rôle dans les sortiléges des anciens et dans les enchantements des prétendus sorciers du moyen âge, étaient empruntées aux plantes de la famille des *Solanées*. Les fruits ou les feuilles de la stramoine, de la belladone, de la jusquiame, de quelques espèces de *solanum* (mandragore), voilà les véritables secrets des Médées de l'antiquité et du moyen âge. Il y a surtout deux effets singuliers que ces matières ne manquent presque jamais de produire : une aberration de la vision et une somnolence plus ou moins grande. C'est précisément aussi ce qu'on remarque chez Pélias : il vit des figures de dragons, et plus tard il tomba dans un profond sommeil. Ceux qui s'empoisonnent avec des plantes de la famille des Solanées sont atteints d'un délire pendant lequel ils voient les images les plus étranges et se croient transportés dans une autre sphère, ignorant ce qui se passe autour d'eux. A cette hallucination, dont la durée varie, succède un sommeil tourmenté par des rêves. On trouve consignés dans les annales de la science mille exemples de ce genre d'empoisonnement et des symptômes qui l'accompagnent. Un de ces exemples les plus frappants se trouve rapporté dans la *Phytographie médicale* de M. Larroque. En 1813, toute une compagnie de soldats français, fatiguée par une longue journée de marche, mangea, dans un bois des environs de Dresde, des fruits de belladone, que la plupart avaient pris pour des cerises d'une nouvelle espèce (sans noyau monosperme). Peu de moments après, ces malheureux offrirent le spectacle le plus étrange : les uns commandaient la charge, prenant leurs camarades pour des Cosaques; les autres brûlaient leurs doigts dans le feu du bivouac, s'imaginant allumer leurs pipes; tous étaient atteints des aberrations les plus bizarres de la vision. — Quoi de plus simple que d'attribuer, dans ces siècles de barbarie, à l'intervention d'un esprit surnaturel les singuliers effets de certaines plantes vénéneuses, particulièrement connues des jongleurs, qui, en tout temps, ont exploité la crédulité des hommes. Ainsi, ceux qu'on brûlait jadis comme des sorciers n'étaient souvent que des empoisonneurs, et leur châtiment était de la justice divine.

LII. A la nuit tombante, Pélias fut atteint d'un profond sommeil. Médée ordonna alors de faire bouillir le corps de Pélias dans une chaudière. Quoique les filles se disposassent déjà à exécuter cet ordre, Médée voulut néanmoins les confirmer dans leur crédulité par une seconde expérience. On entretenait dans la maison un vieux bélier; elle leur dit qu'après qu'il aurait été bouilli, il redeviendrait un agneau. Ces filles y ayant consenti, Médée coupa, dit-on, le bélier en morceaux et le fit bouillir. Leur ayant ensuite fasciné la vue au moyen de certaines substances, elle retira de la chaudière la figure d'un agneau. Ce prodige les remplit de stupeur, et elles s'empressèrent d'obéir aux ordres de Médée. Elles prirent donc Pélias, et toutes le firent mourir sous leurs coups. La seule Alceste, par excès de tendresse filiale, ne toucha point à son père. Cependant Médée différa de couper en morceaux et de faire bouillir le corps, sous prétexte qu'il fallait auparavant invoquer la lune. Puis elle fit monter les filles de Pélias avec des flambeaux sur le sommet du toit du palais, et elle se mit à réciter en langue colchique une longue invocation, pour donner aux Argonautes le temps de préparer l'attaque. Avertis par la sentinelle, et certains de la mort du roi, les Argonautes coururent vers la ville. Ils franchirent la muraille, pénétrèrent dans le palais l'épée à la main, et tuèrent les gardiens qui voulaient leur résister. Les filles de Pélias venaient de descendre du toit pour faire bouillir le corps de leur père, lorsqu'elles aperçurent dans le palais Jason et les Argonautes. Elles éclatèrent en lamentations; impuissantes à se venger de Médée, à réparer le crime odieux que sa tromperie leur avait fait commettre, elles allaient s'ôter la vie, lorsque Jason, saisi de compassion, les en empêcha, et les consola en leur disant qu'elles ne devaient point s'imputer un crime que la fraude leur avait fait commettre involontairement.

LIII. Enfin Jason assembla ses parents pour se justifier de tout ce qui était arrivé, et il déclara, en présence du peuple, que le châtiment qu'il avait infligé à ceux qui lui avaient fait tort était encore moindre que l'offense. Il donna à Acaste, fils de Pélias, le royaume de son père ; il jugea convenable d'avoir soin des filles du roi, et, pour exécuter la promesse qu'il leur avait faite, il les maria toutes, quelque temps après, aux hommes les plus illustres. Alceste, l'aînée, fut donnée en mariage à Admète, Thessalien, fils de Phérès ; Amphinome à Andrémon, frère de Léontée, et Évadne à Canès, fils de Céphale, et alors roi des Phocéens. Mais cela ne se fit que plus tard. Pour lors, il fit voile avec les Argonautes vers le Péloponnèse. Arrivé à l'isthme de Corinthe, il offrit des sacrifices à Neptune, et il lui consacra le navire Argo. S'étant attiré l'estime de Créon, roi des Corinthiens, il obtint le droit de cité, et demeura le reste de sa vie à Corinthe.

Au moment où les Argonautes allaient retourner dans leur pays, Hercule leur proposa de s'engager tous par serment à se secourir mutuellement dans l'adversité. Il leur persuada de choisir le plus célèbre endroit de la Grèce pour y établir des jeux, et pour y instituer une assemblée solennelle, et de consacrer ces jeux au plus grand des dieux, à Jupiter Olympien. Les Argonautes se jurèrent l'alliance proposée, et chargèrent Hercule de l'institution des jeux, Hercule choisit pour lieu de l'assemblée le pays des Éliens, près du fleuve Alphée, et, consacrant cette contrée riveraine au plus grand des dieux [1], il l'appela Olympie. Hercule institua des jeux hippiques et gymniques, régla tout ce qui les concernait, et envoya des *Théores* dans les villes, pour inviter les habitants au spectacle des jeux. La réputation qu'il s'était acquise dans l'expédition des Argonautes fut augmentée par l'institution des jeux olympiques ; il devint donc le plus célèbre de tous les Grecs. Son nom se répandit même dans la plupart des villes ; beaucoup d'habitants recherchèrent son amitié et offrirent avec empressement leur alliance. Admiré pour son courage et son expérience militaire, il leva promptement une puissante armée, et parcourut toute la terre pour faire du bien aux hommes, qui, par reconnaissance, lui décernèrent d'un

[1] Ceux qui avaient violé ce territoire par les armes, par un meurtre ou par toute autre agression injuste, étaient déclarés sacriléges.

commun accord l'immortalité. Les poëtes, habitués à raconter des merveilles, prétendent qu'Hercule avait exécuté seul et sans armes ses travaux tant célèbres.

LIV. Mais nous avons déjà rapporté tout ce que les mythologues disent d'Hercule. Il nous reste maintenant à terminer l'histoire de Jason.

Jason demeura à Corinthe et vécut dix ans avec Médée dont il eut trois enfants. Les deux aînés étaient jumeaux et s'appelaient Thessalus et Alcimène. Le troisième, beaucoup plus jeune, se nommait Tisandre. Pendant cet espace de temps, Médée fut toujours aimée de son mari, car elle était belle, sage, et ornée d'autres vertus. Mais comme les années firent disparaître la beauté de Médée, Jason devint amoureux de Glaucé, fille de Créon, et la demanda en mariage. Créon ayant consenti à ce mariage, et ayant fixé le jour des noces, Jason proposa d'abord à sa femme une séparation volontaire. Il ajouta qu'il voulait épouser Glaucé, non pour répudier Médée, mais pour allier ses enfants avec la famille du roi. Indignée de cette proposition, Médée prit les dieux à témoin des serments que son mari lui avait faits. Mais Jason, méprisant la colère de Médée, épousa la fille de Créon. Médée fut bannie de la ville, et Créon ne lui accorda qu'un seul jour pour préparer son départ. Cependant Médée, s'étant changé la figure par des drogues, entra la nuit dans le palais et y mit le feu avec une petite racine [1] qui avait été trouvée par Circé, sa sœur, et qui avait la propriété de ne s'éteindre que difficilement lorsqu'elle était allumée. Aussitôt le palais fut en flammes; Jason s'échappa promptement; mais Glaucé et Créon furent consumés par le feu. Suivant quelques historiens, les fils de Médée portèrent à la nouvelle mariée des présents frottés de drogues; Glaucé, après les avoir reçus et mis sur elle, subit son destin; son père, venant à son secours et

[1] Quelques critiques ont pensé que cette racine était le naphthe. Mais le naphthe n'est pas la partie d'un végétal, c'est une espèce d'huile essentielle (pétrole) qu'on trouve dans quelques localités, à une certaine profondeur dans le sol. Le ῥίζιον était peut être quelque racine molle et poreuse, qui, étant bien sèche,

ayant touché le corps de sa fille, mourut également[1]. Après avoir ainsi réussi dans ses tentatives, Médée ne renonça pas à se venger de Jason. Elle était parvenue à un tel degré de colère, de jalousie et de cruauté, qu'elle lui fit sentir qu'il n'avait échappé au danger où avait péri sa jeune épouse que pour souffrir le supplice le plus cruel dans la mort de leurs enfants communs. En effet, elle les égorgea tous, à l'exception d'un seul qui s'enfuit, et elle enterra leurs corps dans le temple de Junon. Enfin, s'enfuyant de Corinthe, au milieu de la nuit, avec ses plus fidèles esclaves, elle se réfugia à Thèbes, auprès d'Hercule. Celui-ci, garant du pacte conclu en Colchide, avait promis de la protéger si Jason lui manquait de foi.

LV. Cependant Jason, privé de sa femme et de ses enfants, semblait justement expier ses torts. Accablé de la grandeur de son infortune, il s'ôta lui-même la vie. Les Corinthiens furent consternés de tout ce qui venait d'arriver, mais ils furent surtout très-embarrassés au sujet de la sépulture des enfants de Jason. Ils envoyèrent donc des députés à Pytho, pour demander à l'oracle ce qu'il fallait faire des corps de ces enfants. La pythie ordonna de les enterrer dans le temple de Junon, et de leur rendre les honneurs héroïques. Les Corinthiens exécutèrent les ordres de l'oracle[2]. Sur ces entrefaites, Thessalus, qui avait échappé à sa mère, fut élevé à Corinthe, et se rendit ensuite à Iolcos, patrie de Jason. Là, apprenant la mort d'Acaste, fils de

pouvait faire l'office d'une mèche ou de l'amadou. Les racines pourries et desséchées du pin ou du sapin sont parfaitement propres à cet effet.

[1] Nous connaissons beaucoup de poisons qui, étant appliqués sur la peau, tuent, à la condition pourtant que la peau soit préalablement dénudée de son épiderme; mais nous n'en connaissons aucun qui, par le simple toucher, puisse occasionner la mort, comme c'est ici le cas de Créon. L'épiderme de la main surtout offre une barrière presque insurmontable à l'absorption. Pour qu'il y eût un effet toxique, il faudrait que la main trempée dans le poison eût touché la conjonctive ou quelque autre membrane muqueuse sur laquelle l'absorption s'effectue facilement.

[2] Ces enfants avaient été déjà enterrés dans le temple de Junon par Médée, leur mère, ainsi que l'auteur vient de le dire. Il y a donc ici une phrase de trop; à moins de supposer que les enfants de Jason eussent été déterrés et ensevelis une seconde fois.

Pélias, il prit le royaume qui lui appartenait par droit de naissance. Ses sujets furent, d'après lui, appelés Thessaliens. Je n'ignore pas toutefois qu'on raconte d'autres événements très-différents pour expliquer le nom de Thessaliens; nous en parlerons en temps convenable.

Arrivée à Thèbes, Médée trouva Hercule en proie à une manie furieuse, et le guérit par ses remèdes. Comme Eurysthée le pressait alors d'exécuter ses ordres, Médée, renonçant pour le moment à tirer de lui des secours, se réfugia à Athènes, chez Égée, fils de Pandion. Ce fut là qu'Égée l'épousa, et en eut un fils appelé Médus, qui fut plus tard roi des Mèdes. Selon quelques historiens, Médée fut traduite devant la justice par Hippotus, fils de Créon, et déclarée innocente. Mais lorsque Thésée fut revenu de Trézène à Athènes, Médée fut accusée comme empoisonneuse, et s'enfuit de cette ville; Égée lui donna des guides chargés de l'accompagner partout où elle voudrait aller, et elle se retira en Phénicie. De là elle se rendit dans les contrées de l'Asie Supérieure, y épousa un des plus célèbres rois, et en eut un fils appelé Médus, qui, distingué par son courage, hérita de la royauté après la mort de son père, et donna à ses sujets le nom de Mèdes.

LVI. En général, les poëtes tragiques ont beaucoup orné de leurs fictions l'histoire de Médée. Quelques-uns, pour flatter les Athéniens, racontent que Médée, emmenant avec elle Médus, fils d'Égée, se réfugia chez les Colchidiens; que dans ce même temps, Æétès avait été chassé du royaume par son frère Persès, et que Médus, fils de Médée, tua Persès et rétablit Æétès sur son trône; que Médus, devenu ensuite chef d'une armée, parcourut une grande partie de l'Asie située au-dessus du Pont, et vint occuper la contrée à laquelle il donna le nom de Médie. Mais il serait trop long et inutile de consigner ici tout ce que les mythologues ont dit de Médée. Nous allons ajouter ce qui nous reste de l'histoire des Argonautes.

Beaucoup d'historiens, tant anciens que modernes (de ce nombre est Timée), prétendent que les Argonautes, après avoir enlevé la toison d'or, apprirent qu'Æétès tenait l'entrée du Pont fermée par ses navires, et que cette circonstance fournit aux Argonautes l'occasion de faire une action étrange et mémorable : ils remontèrent jusqu'aux sources du Tanaïs, tirèrent leur navire à terre, le traînèrent jusqu'à un autre fleuve qui se jette dans l'Océan, et arrivèrent ainsi dans la mer ; ayant la terre à gauche, ils continuèrent leur navigation du nord au couchant, et, arrivés près du détroit de Gadès, ils entrèrent dans la Méditerranée [1]. Pour prouver ce fait, ces historiens ajoutent que les Celtes qui habitent les bords de l'Océan vénèrent surtout les Dioscures [2] ; et que, selon la tradition de ces mêmes habitants, ces dieux arrivèrent anciennement par l'Océan ; qu'il y a encore, sur le littoral de l'Océan, plusieurs endroits qui portent le nom des Argonautes et des Dioscures, et qu'on voit également, dans le pays en dedans du détroit de Gadès, des marques évidentes de leur passage. Les Argonautes, ajoutent-ils, côtoyant la Tyrrhénie, abordèrent dans l'île appelée Éthalie [3], où se trouve le plus beau port de ces parages ; ce port se nomme Argos, du nom de leur vaisseau, et il a conservé ce nom jusqu'à ce jour. Pareillement ils ont donné le nom de Télamon à un port de la Tyrrhénie, éloigné de huit cents stades de Rome [4] ; et enfin, à Formies en Italie, il y a le port d'Æétès, qui s'appelle aujourd'hui Caiète. De plus, les vents les ayant rejetés dans les Syrtes, les Argonautes apprirent de Triton, alors roi de

[1] Miot, Wesseling et quelques autres critiques regardent cette expédition, dont parlent aussi Pseudo-Orphée (*Argonaut.*, V, 1054) et Apollonius de Rhodes (IV, 284), comme fabuleuse et absurde. Je n'y vois rien d'absurde ni de fabuleux, en admettant qu'il faut lire ici Ister (Danube), au lieu de Tanaïs (Don), confusion assez fréquente chez les géographes et historiens anciens. Après avoir remonté ainsi jusqu'aux sources du Danube, quelques hardis navigateurs auraient bien pu traîner leur bateau jusqu'aux sources du Rhin, et descendre ce fleuve jusque dans la mer du Nord, longer les côtes de la Celtique, de l'Ibérie, de la Lusitanie, et rentrer, par le détroit de Gibraltar, dans la mer Méditerranée. Le transport des navires par terre dans une étendue quelquefois très-considérable était, chez les anciens, une chose fort ordinaire. Voyez note 3, pag. 215.

[2] Suivant Tacite (*de Moribus Germanorum*, 44), il y avait chez les Narhavales, nation d'origine celtique, un bois antique où étaient adorés Castor et Pollux.

[3] L'île d'Elbe.

[4] Environ quinze myriamètres.

l'Afrique, la nature particulière de cette mer; et après avoir échappé au péril, ils lui firent présent d'un trépied d'airain. Ce trépied portait une inscription gravée en caractères anciens ; les Evespérides l'ont gardé jusque dans ces derniers temps. Il ne faut pas omettre de réfuter ici l'opinion suivant laquelle les Argonautes auraient remonté l'Ister[1] jusqu'à ses sources, et seraient entrés par une branche opposée de ce fleuve dans le golfe Adriatique. Le temps a convaincu d'erreur ceux qui ont cru que l'Ister, se jetant par plusieurs bouches dans le Pont-Euxin, et l'Ister se jetant dans la mer Adriatique, ont leurs sources dans le même endroit. En effet, lorsque les Romains eurent soumis les Istriens, on a trouvé que les sources de ce dernier fleuve[2] ne sont qu'à quarante stades de la mer[3]. L'homonymie de ces deux fleuves a été la cause de l'erreur des historiens.

LVII. Nous nous sommes suffisamment étendu sur l'histoire des Argonautes et les travaux d'Hercule. Notre plan exige que nous décrivions maintenant les exploits des enfants d'Hercule.

Après l'apothéose d'Hercule, ses enfants demeurèrent à Trachine, chez le roi Céyx. Cependant Hyllus et quelques autres ayant atteint l'adolescence, Eurysthée craignit qu'il ne fût plus tard chassé par eux du royaume de Mycènes, et il résolut d'exiler de toute la Grèce les enfants d'Hercule. Il pria donc le roi Céyx d'expulser de son royaume les Héraclides, les enfants de Licymnius, Iolaüs et tous les Arcadiens, compagnons d'armes d'Hercule; et il le prévint qu'en cas de refus il lui déclarerait la guerre. Les Héraclides et leurs compagnons, ne se voyant pas en état de faire la guerre à Eurysthée, s'exilèrent volontairement de Trachine. Ils visitèrent ensuite les villes les plus considérables, demandant à y être accueillis comme habitants. Mais aucune d'elles n'osa les recevoir; les Athéniens seuls, guidés par leur

[1] Le Danube.

[2] On ignore quel était ce petit fleuve de l'Istrie, portant le même nom que le Danube, et qui se jetait dans le golfe Adriatique.

[3] Près de huit kilomètres.

équité naturelle, accueillirent les Héraclides. Ils leur assignèrent pour demeure, à eux et à leurs compagnons d'exil, Tricorynthe, un endroit de la Tétrapole [1]. Quelque temps après, lorsque tous les enfants d'Hercule étaient devenus adultes et se glorifiaient des exploits de leur père, Eurysthée, voyant avec jalousie croître leur puissance, conduisit contre eux une nombreuse armée. Mais les Héraclides, secourus par les Athéniens et commandés par Iolaüs, neveu d'Hercule, par Thésée et par Hyllus, défirent Eurysthée en bataille rangée, et tuèrent le plus grand nombre de ses soldats. Eurysthée lui-même, ayant rompu son char pendant la fuite, fut tué par Hyllus, fils d'Hercule, et tous ses enfants périrent dans ce combat.

LVIII. Après cette défaite éclatante d'Eurysthée, les Héraclides, voyant par ce succès accroître le nombre de leurs alliés, entrèrent dans le Péloponnèse, sous la conduite d'Hyllus. Depuis la mort d'Eurysthée, Atrée occupait le royaume de Mycènes. Ayant pour alliés les Tégéates et quelques autres, Atrée marcha contre les Héraclides. Les deux armées se trouvèrent en présence dans l'isthme de Corinthe. Hyllus, fils d'Hercule, provoqua à un combat singulier un de ses ennemis, quel qu'il fût, à cette condition que, s'il était vainqueur, les Héraclides recevraient le royaume d'Eurysthée; et que, s'il était vaincu, les Héraclides ne descendraient pas dans le Péloponnèse avant cinquante ans. Échémus, roi des Tégéates, accepta le défi, et tua Hyllus dans ce combat singulier. Suivant les clauses du traité, les Héraclides donc renoncèrent à leur expédition, et retournèrent à Tricorynthe. Quelque temps après, Licymnius vint avec ses enfants, et avec Tlépolème, fils d'Hercule, s'établir à Argos, où les Argiens les avaient reçus volontairement. Mais tous les autres restèrent à Tricorynthe, pour ne rentrer dans le Péloponnèse qu'après le terme de cinquante ans. Nous rapporterons leurs exploits en temps convenable [2].

[1] Τετράπολις, *quatre villes*. C'était le nom d'un des cantons de l'Attique. Voyez Strabon, XIII, 588. Les quatre villes de ce canton étaient OEnoé, Marathon, Probalynthe et Tricorynthe.

[2] Dans quelqu'un des livres perdus entre le cinquième et le onzième.

Alcmène arriva à Thèbes, et comme elle disparut subitement, les Thébains lui rendirent les honneurs divins. Le reste des Héraclides se rendit, selon la tradition, chez Égimius, fils de Dorus, pour redemander la portion de pays que leur père lui avait laissée en dépôt; et ils s'y établirent avec les Doriens. Pendant son séjour à Argos, Tlépolème, fils d'Hercule, eut une querelle avec Licymnius, fils d'Électryon, et le tua. Obligé de fuir d'Argos à cause de ce meurtre, il vint demeurer à Rhodes. Cette île était alors occupée par les Hellènes qui y avaient été conduits par Triops, fils de Phorbas. De concert avec les habitants, Tlépolème divisa cette île en trois parties, et y construisit trois villes, Linde, Iélyse et Camire. En raison de la gloire d'Hercule, son père, Tlépolème régna sur tous les Rhodiens, et il accompagna plus tard Agamemnon à la prise de Troie.

LIX. Après nous être arrêté sur Hercule et ses descendants, il est juste de parler de Thésée, qui a été si jaloux d'imiter les travaux d'Hercule.

Thésée était fils de Neptune et d'Éthra, fille de Pitthé. Il avait été élevé à Trézène chez Pitthé, son aïeul maternel; et après avoir trouvé les signes de reconnaissance qu'Égée avait, selon le récit mythologique, cachés sous une pierre [1], il partit pour Athènes. Pendant qu'il cheminait le long du littoral, il résolut, jaloux d'Hercule, de s'acquérir de la gloire par de grands travaux. Il tua d'abord Corynète [2], ainsi nommé parce qu'il portait une massue qui lui servait d'arme défensive, et avec laquelle il assommait aussi les passants. Il tua Sinis, qui habitait l'isthme. Sinis courbait deux pins, attachait à chacun d'eux un bras, après quoi il lâchait ces arbres soudain; les corps étaient ainsi déchirés avec violence, et les malheureux périssaient dans d'horribles souffrances. En troisième lieu, il tua le sanglier de Crommyone, qui était d'une taille et d'une force remarquables, et qui avait déchiré beaucoup d'hommes. Il châtia aussi Sciron, qui habitait sur le territoire de Mégare, des

[1] Une chaussure et une épée. Voyez Plutarque, *Vie de Thésée*.
[2] Κορύνη, massue.

rochers qu'on appelle les Scironides. Sciron avait l'habitude de forcer tous les passants à lui laver les pieds sur le bord d'un précipice; et, les poussant ensuite d'un coup de pied, il les faisait rouler dans la mer, au milieu d'un gouffre appelé la Tortue. Thésée égorgea ensuite, près d'Éleusis, Cercyon, qui luttait avec les passants, et assommait les vaincus. Après cela, il tua Procruste, qui demeurait à Corydalle, dans l'Attique. Procruste contraignait les voyageurs de se jeter sur un lit; il leur coupait les membres trop grands et qui dépassaient le lit, et étirait les pieds de ceux qui étaient trop petits. C'est pour cette raison qu'on l'appelait *Procruste* [1]. Après ces exploits, Thésée arriva à Athènes, et fut reconnu par Égée aux signes qu'il portait. Plus tard, il attaqua, à Marathon, le taureau qu'Hercule, dans l'exécution d'un de ses travaux, avait transporté de Crète dans le Péloponnèse; il s'en rendit maître dans une lutte, et l'amena à Athènes. Égée l'offrit en sacrifice à Apollon.

LX. Il nous reste à parler de la défaite du Minotaure par Thésée; mais, pour en faire mieux comprendre la narration, nous allons remonter le cours du temps, et faire connaître quelques événements qui se rattachent à cette histoire.

Tectamus, fils de Dorus, petit-fils d'Hellen, et arrière-petit-fils de Deucalion, aborda dans l'île de Crète, avec des Éoliens et des Pélasgiens, et devint roi de cette île. Il épousa la fille de Créthès, et en eut pour fils Astérius. Pendant le règne de ce dernier, Jupiter enleva, dit-on, Europe de la Phénicie, la transporta en Crète sur un taureau, eut commerce avec elle, et engendra trois enfants, Minos, Rhadamanthe et Sarpédon. Ensuite Astérius, roi de Crète, épousa Europe; comme il était sans enfants, il adopta les fils de Jupiter, et leur laissa son royaume. Rhadamanthe fut le législateur des Crétois [2]; Minos, ayant succédé à la royauté, épousa Itone, fille de Lyctius, et en eut

[1] *Procruste*, ainsi que l'écrit Diodore (de προκρούω, j'étire avec violence), est plus conforme à l'étymologie que le nom de Procuste, qu'on a généralement adopté.

[2] D'après l'opinion vulgaire, c'est Minos qui fut le législateur des Crétois. Cependant Platon (*Des Lois*, liv. I) parle aussi de Rhadamanthe comme d'un législateur.

Lycaste. Arrivé à l'empire, Lycaste épousa Ida, fille de Corybas, et engendra le second Minos, que quelques-uns disent fils de Jupiter. Celui-ci, ayant équipé une puissante flotte, domina le premier sur la mer. Il épousa Pasiphaé, fille du Soleil et de Crète, et engendra Deucalion, Astrée, Androgée, Ariane, et plusieurs autres enfants. Androgée, fils de Minos, vint à Athènes sous le règne d'Égée, au moment où l'on célébrait les fêtes panathéniennes [1]; il vainquit dans les jeux tous les athlètes, et devint le familier des fils de Pallas. Mais Égée prit ombrage de cette amitié, et, craignant que Minos n'aidât les fils de Pallas à le dépouiller de son royaume, il dressa des embûches à Androgée. Il choisit le moment où celui-ci se rendit à Thèbes, et le fit tuer traîtreusement par quelques habitants, près d'OEnoé [2], en Attique.

LXI. Informé de la mort d'Androgée, Minos accourut à Athènes pour demander justice de ce meurtre. Et comme il n'obtenait point de satisfaction, il déclara la guerre aux Athéniens, et invoqua avec des imprécations Jupiter pour leur envoyer la sécheresse et la famine. Aussitôt il arriva dans l'Attique et dans la Grèce une telle sécheresse que les récoltes furent détruites. Les chefs des villes se réunirent et demandèrent à Apollon comment ils pourraient faire cesser le fléau. L'oracle leur ordonna de se rendre chez Éacus, fils de Jupiter et d'Égine, fille d'Asope, et de l'engager à faire des vœux pour eux. Cet ordre fut exécuté; Éacus accomplit ces vœux, et la sécheresse cessa dans la Grèce, excepté sur la terre des Athéniens. Ces derniers furent donc forcés de consulter de nouveau l'oracle sur le moyen de faire cesser le fléau; le dieu leur ordonna d'accorder à Minos la satisfaction qu'il demandait pour le meurtre d'Androgée. Les Athéniens obéirent, et Minos exigea d'eux de livrer, tous les neuf ans, sept jeunes garçons et autant de jeunes filles pour

[1] Ces fêtes étaient célébrées depuis que Thésée avait réuni tous les habitants du territoire de l'Attique en un seul État.

[2] Il y avait deux OEnoé en Attique; l'un était près d'Éleuthère et l'autre près de Marathon.

servir de pâture au Minotaure, tant que ce monstre vivrait. Dès que les Athéniens eurent accordé cette satisfaction, la sécheresse disparut dans l'Attique, et Minos s'abstint de leur faire la guerre.

Au bout de neuf années, Minos revint dans l'Attique avec une flotte considérable, et demanda le tribut de quatorze jeunes gens. Thésée était de leur nombre. Au moment de mettre à la voile, Égée recommanda au pilote de hisser, à son retour, des voiles blanches, si Thésée avait vaincu le Minotaure, et, s'il avait péri, de conserver les voiles noires dont on faisait usage auparavant. Cependant on débarqua dans l'île de Crète; Ariane, fille de Minos, devint amoureuse de Thésée qui était d'une grande beauté; elle lui parla, et lui offrit son assistance. Thésée tua le Minotaure et s'échappa du labyrinthe dont Ariane lui avait appris la sortie. Au moment de retourner dans sa patrie, il enleva secrètement Ariane; il sortit du port pendant la nuit, et vint relâcher dans l'île de Dia, qu'on appelle maintenant Naxos. Ce fut alors que, selon le récit des mythologues, Bacchus, épris de la beauté d'Ariane, la ravit à Thésée; et, la prenant pour sa femme, il eut pour elle un amour extrême. Car lorsqu'elle fut morte, il lui rendit les honneurs divins, et plaça la couronne d'Ariane parmi les astres. Thésée, au désespoir d'avoir ainsi perdu Ariane, oublia de chagrin les ordres d'Égée, et gouverna vers l'Attique avec des voiles noires. Égée, ayant aperçu le navire de loin, et croyant son fils mort, termina sa vie d'une manière héroïque. Il monta sur la citadelle, et, dégoûté de la vie, il se précipita en bas. Après la mort d'Égée, Thésée succéda au trône, gouverna le peuple avec justice, et travailla beaucoup à l'agrandissement de sa patrie. Ce qu'il fit de plus remarquable, c'est qu'il réunit à Athènes tous les bourgs nombreux, mais peu peuplés, des environs. Depuis ces temps, les Athéniens, fiers de l'importance de leur ville, ont aspiré à l'empire de la Grèce. Mais nous allons d'abord achever l'histoire de Thésée.

LXII. Deucalion, l'aîné des enfants de Minos, devenu souverain de Crète, fit alliance avec les Athéniens, et donna en mariage à Thésée, Phèdre, sa propre sœur. Après ce mariage, Thésée envoya à Trézène son fils Hippolyte, qu'il avait eu d'une Amazone, et le fit élever auprès des frères d'Éthra. Il eut deux enfants de Phèdre, Acamante et Démophon. Peu de temps après, Hippolyte étant revenu à Athènes pour la célébration des mystères, Phèdre s'éprit de lui; et, quand il fut parti, elle éleva à côté de la citadelle un temple à Vénus, d'où elle pouvait découvrir Trézène; s'étant ensuite rendue avec Thésée auprès de Pitthée, elle pria Hippolyte de satisfaire sa passion. Celui-ci s'y refusa; Phèdre en fut irritée, et, de retour à Athènes, elle dit à Thésée qu'Hippolyte avait voulu la violer. Thésée, doutant de la vérité de cette accusation, fit venir Hippolyte pour l'entendre se justifier. Phèdre, redoutant une enquête, se pendit elle-même[1]. Hippolyte, monté sur un char, apprit en chemin cette calomnie; il en fut si affecté, que ses chevaux s'effarouchèrent : son char fut rompu, et lui-même, s'étant embarrassé dans les rênes, fut entraîné et mourut. Hippolyte perdit ainsi la vie par un excès de sagesse; les Trézéniens lui rendirent les honneurs divins. Quelque temps après, Thésée mourut sur la terre étrangère, exilé de sa patrie pendant une révolte. Mais les Athéniens, s'en étant plus tard repentis, firent rapporter ses os, lui rendirent les honneurs divins, et lui consacrèrent un temple avec droit d'asile, qui reçut le nom de *Théséum*[2].

LXIII. Après l'histoire de Thésée, nous allons parler en détail de l'enlèvement d'Hélène, et des prétentions de Pirithoüs à la main de Proserpine: car ces histoires se rattachent à celle de Thésée.

Pirithoüs, fils d'Ixion, après la mort d'Hippodamie, sa femme, de laquelle il avait un fils appelé Polypœte, vint à Athènes chez Thésée. Informé que Phèdre, femme de Thésée,

[1] Comparez Euripide (*Hippolyte*, vers 856 et 1235). Tout le monde sait qu'Euripide et Racine ont fait de ce sujet chacun une tragédie célèbre (*Hippolyte* et *Phèdre*).

[2] Ceci arriva environ dans la quatrième année de la 77e olympiade (environ 469 ans avant J.-C.), pendant que Cimon, fils de Miltiade, occupait Scyros.

était morte, il persuada à Thésée d'enlever Hélène, fille de Léda, et de Jupiter, qui était alors âgée de dix ans et très-belle. Ils partirent donc ensemble pour Lacédémone avec une petite troupe, et, ayant saisi une occasion favorable, ils enlevèrent Hélène et la conduisirent à Athènes. Ils convinrent de faire décider par le sort à qui appartiendrait Hélène, et que celui à qui elle tomberait en partage, ferait serment de tout risquer pour aider son compagnon à trouver une autre femme. Le sort favorisa Thésée. Mais comme il voyait les Athéniens irrités de cet enlèvement, Thésée, intimidé, déposa Hélène à Aphidna, une des villes de l'Attique; et il la confia à la garde d'Éthra, sa mère, et de ses plus braves amis. Pirithoüs fixa son choix sur Proserpine, et engagea Thésée à l'aider dans cette entreprise. Thésée tâcha d'abord de le dissuader de ce sacrilége; mais Pirithoüs insistant davantage, Thésée fut forcé par son serment à y prendre part. Ils descendirent dans les enfers, où ils furent tous deux enchaînés en punition de leur impiété. Dans la suite, Thésée fut délivré par l'entremise d'Hercule; mais Pirithoüs demeura dans les enfers, expiant son audace par un châtiment éternel. Quelques mythographes disent même que ni l'un ni l'autre n'en sont revenus. A cette époque, les Dioscures, frères d'Hélène, attaquèrent Aphidna, la prirent d'assaut et la rasèrent. Ils ramenèrent Hélène, encore vierge, à Lacédémone, et avec elle Éthra, mère de Thésée, réduite en esclavage.

LXIV. Nous allons maintenant raconter en détail l'histoire des sept chefs contre Thèbes, en remontant d'abord à l'origine de cette guerre. Laïus, roi de Thèbes, avait épousé Jocaste, fille de Créon. Étant depuis longtemps sans enfants, il envoya consulter l'oracle pour avoir de la progéniture. La pythie répondit qu'il serait dangereux d'avoir des enfants; que l'enfant qui lui naîtrait deviendrait parricide, et qu'il remplirait toute sa maison de grands malheurs. Laïus oublia cet oracle, et eut un fils; mais il le fit exposer après lui avoir percé les talons avec un fer. C'est pourquoi on lui donna le nom d'Œdipe [1]. Les esclaves qui

[1] Qui a les pieds enflés (de οἰδᾶν, enfler, et πούς, pied).

avaient pris cet enfant ne voulurent pas l'exposer, et le donnèrent à la femme de Polybe, qui était stérile. OEdipe était déjà grand, lorsque Laïus jugea à propos de consulter le dieu sur l'enfant exposé. De son côté, OEdipe, instruit qu'il était un enfant supposé, alla demander à la pythie de lui indiquer ses véritables parents. Ils se rencontrèrent tous deux dans la Phocide; Laïus lui ordonna insolemment de s'écarter du chemin; et OEdipe, irrité, tua Laïus sans savoir que c'était son père. Dans ce même temps, apparut à Thèbes un monstre biforme, le Sphinx. Il proposait une énigme, et tuait ceux qui ne savaient pas la deviner. On donnait comme prix à celui qui résoudrait l'énigme d'épouser la reine Jocaste, et de régner sur Thèbes. OEdipe seul devina l'énigme. Le Sphinx demandait quel est l'animal qui marche à deux, à trois et à quatre pieds, et qui, cependant, est toujours le même. OEdipe répondit que c'était l'homme : dans l'enfance, il marche à quatre pieds; à un âge plus avancé, il marche à deux pieds; et enfin, dans la vieillesse, il marche à trois pieds, en se soutenant sur un bâton. Alors le Sphinx se précipita du haut du rocher où il était, ainsi que, selon la mythologie, l'avait prédit un oracle. OEdipe épousa sa mère sans la connaître, et en eut deux fils, Étéocle et Polynice, et deux filles, Antigone et Ismène.

LXV. Arrivés à l'âge adulte, les deux fils, instruits de l'opprobre de leur maison, forcèrent OEdipe à demeurer enfermé dans son palais. S'étant rendus maîtres du royaume, ils convinrent entre eux de régner tour à tour l'espace d'une année. Étéocle, l'aîné, régna le premier; mais son terme étant expiré, il refusa de céder l'empire que Polynice lui demanda, d'après leurs conventions. Ce dernier, indigné, se retira à Argos, chez le roi Adraste. A cette époque, Tydée, fils d'OEnée, qui avait tué, à Calydon, Alcathoüs et Lycopée, ses oncles[1], se réfugia de l'Étolie à Argos. Adraste les accueillit bien tous deux, et, selon

[1] Les auteurs ne sont pas d'accord sur ces événements et les noms des principaux acteurs, ce qui, d'ailleurs, a fort peu d'importance. Voyez à ce sujet la savante note de Wesseling dans le tome III, page 524 de l'édition bipontine.

l'ordre d'un oracle, il leur donna ses filles en mariage, Argie à Polynice, et Déipyle à Tydée. Ces jeunes gens si distingués étaient fort estimés du roi. Pour leur être agréable, Adraste leur promit de les faire rentrer tous deux dans leur patrie. Voulant d'abord ramener Polynice, il envoya Tydée auprès d'Étéocle, pour lui annoncer le retour de son frère. On raconte que Tydée, tombé alors en route dans une embuscade de cinquante hommes, postés par Étéocle, les tua tous, et qu'il se sauva miraculeusement à Argos. Averti de cette trahison, Adraste se prépara à la guerre; il y engagea Capanée, Hippomédon et Parthénopéus, fils d'Atalante, fille de Schœnée. Polynice persuada le devin Amphiaraüs de marcher avec eux contre Thèbes. Mais comme le devin, grâce à son art, savait d'avance qu'il périrait dans cette guerre, il s'y refusa. Polynice fit, dit-on, présent à la femme d'Amphiaraüs d'un collier d'or, que Vénus[1] avait donné à Harmonie, afin qu'elle engageât son mari à prendre part à l'expédition. Dans ce temps, Adraste et Amphiaraüs se disputèrent l'empire, et ils convinrent de s'en rapporter à la décision d'Ériphyle, femme d'Amphiaraüs et sœur d'Adraste : elle se prononça en faveur d'Adraste, et déclara qu'Amphiaraüs devait prendre part à l'expédition contre Thèbes. Amphiaraüs, quoique convaincu de la trahison de sa femme, consentit à partir; mais il recommanda à Alcméon, son fils, de tuer Ériphyle dès qu'il apprendrait sa mort. Alcméon tua plus tard sa mère, d'après l'ordre du père. La conscience, qui lui reprochait ce crime, le fit tomber dans une manie. Cependant Adraste, Polynice et Tydée se partagèrent le commandement de l'expédition avec Amphiaraüs, Capanée, Hippomédon et Parthénopéus, fils d'Atalante, fille de Schœnée, et marchèrent contre Thèbes à la tête d'une armée respectable. Étéocle et Polynice se tuèrent l'un et l'autre; Capanée, escaladant le mur, fut renversé et mourut[2]. Amphiaraüs fut englouti avec son

[1] Les commentateurs ont beaucoup discuté pour savoir s'il faut lire ici Minerve ou Vénus.

[2] Cet épisode est très-bien dépeint par Euripide (*Phœniss.*, vers 1180).

char sous la terre qui s'entr'ouvrit. Tous les autres chefs périrent de même, à l'exception d'Adraste. Un grand nombre de soldats y tombèrent ; et comme les Thébains refusaient l'enlèvement des morts, Adraste revint à Argos sans leur donner la sépulture. Personne n'osait enterrer les hommes tombés devant la Cadmée ; les Athéniens, se distinguant des autres peuples par leur humanité, leur rendirent le dernier devoir.

LXVI. Telle fut la fin de l'expédition des sept chefs contre Thèbes.

Leurs enfants, qu'on appela *Épigones* [1], voulurent venger la mort de leurs pères, et résolurent de marcher tous contre Thèbes. L'oracle d'Apollon les prévint de donner le commandement du siége à Alcméon, fils d'Amphiaraüs. Alcméon, nommé chef de l'expédition, consulta le dieu sur le parti à prendre au sujet de la guerre, et au sujet du châtiment d'Ériphyle, sa mère. Apollon lui répondit qu'il devait faire l'un et l'autre, parce que la mère avait reçu non-seulement un collier d'or pour perdre le père, mais encore un voile pour faire périr le fils. Ce collier et ce voile, dont Vénus avait autrefois fait présent à Harmonie, fille de Cadmus, avaient été donnés à Ériphyle, l'un par Polynice, et l'autre par Thersandre, fils de Polynice, afin qu'elle engageât son fils à marcher contre Thèbes. Alcméon leva donc des troupes dans Argos et dans les villes voisines ; il marcha contre Thèbes avec une armée considérable. Les Thébains se portèrent à sa rencontre. Le combat fut sanglant ; Alcméon remporta la victoire. Les Thébains, vaincus, ayant perdu beaucoup de citoyens, furent découragés. Se voyant hors d'état de combattre, ils consultèrent le devin Tirésias, qui leur ordonna, comme unique moyen de salut, de s'enfuir de Thèbes. Les Cadméens quittèrent donc leur ville, selon le conseil de ce devin, et se réfugièrent la nuit dans un certain bourg de la Béotie, appelé Tilphosséum. Les Épigones prirent ensuite la ville et la pillèrent. Pour remplir un vœu, ils consacrèrent au dieu de Delphes, comme prémices de leurs dépouilles, Daphné,

[1] Ἐπίγονοι, descendants.

fille de Tirésias. Elle ne fut pas moins savante que son père dans l'art divinatoire, et elle y fit de plus grands progrès par son séjour à Delphes. Douée d'un talent merveilleux, elle rédigea un grand nombre d'oracles avec un art particulier. C'est pourquoi on dit que le poëte Homère s'est approprié beaucoup de vers de la fille de Tirésias, pour en orner son poëme. Comme elle était d'ordinaire saisie d'une fureur divine en rendant ses réponses, on lui donna le nom de Sibylle, de *sivyllénin* [σιβυλλαίνειν], qui, dans la langue du pays, signifie *être inspiré*.

LXVII. Après cette expédition mémorable, les Épigones retournèrent dans leur patrie chargés de riches dépouilles. Tirésias mourut à Tilphosséum, où les Cadméens s'étaient réfugiés : ils l'ensevelirent avec pompe, et lui rendirent les honneurs divins. Se voyant exilés de leur ville, ils marchèrent contre les Doriens, et, après les avoir vaincus en bataille rangée, ils les expulsèrent de leur patrie, et s'y établirent. Mais, au bout de quelque temps, une partie resta dans le pays conquis, et les autres retournèrent à Thèbes, sous le règne de Créon, fils de Ménœcée. Les Doriens rentrèrent plus tard dans leur patrie, dont ils avaient été chassés; ils vinrent se fixer à Érinée, à Cytinie et à Boïe.

Avant cette époque, Béotus, fils de Neptune et d'Arné, était entré dans le pays, nommé alors Éolie, et qui s'appelle maintenant Thessalie; il donna à ses compagnons le nom de Béotiens. Mais il est nécessaire de parler ici des Éoliens, en remontant à leur origine. Dans les premiers temps, les fils d'Éole, petits-fils d'Hellen, et arrière-petits-fils de Deucalion, s'étaient en partie établis dans les lieux que nous venons de nommer. Mimas étant resté, devint roi de l'Éolie. Hippotès, fils de Mimas, eut de sa femme Melanippe un fils appelé Éole. Arné, fille d'Éole, fut mère de Béotus, qu'elle eut de Neptune. Mais Éole, n'ajoutant pas foi à la paternité de Neptune, et croyant sa fille déshonorée, la donna à un étranger Métapontin qui par hasard voyageait dans le pays, avec ordre de la conduire à Métaponte. L'étranger obéit. Arné, vivant à Métaponte, mit au monde deux fils, Éole et Béotus. Le Métapontin, qui était sans enfants, les adopta, selon l'ordre d'un oracle. Arrivés à l'âge viril, ils profitèrent d'une émeute qui éclata à Métaponte pour s'emparer du royaume. Plus tard, ils tuèrent Autolyte, femme du Métapontin, en venant au secours de leur mère avec qui elle était en querelle. Mais ce meurtre ayant irrité le Métapontin, ils s'enfuirent et s'embarquèrent avec Arné et beaucoup de leurs amis. Éole vint occuper les îles situées dans la mer Tyrrhénienne, et qui furent, de son nom, appelées Éoliennes; il y fonda la ville qu'il nomma Lipare. Béotus vint débarquer chez Éole, père d'Arné, qui l'adopta, et lui laissa le royaume de l'Éolie. Béotus donna au pays le nom de sa mère Arné, et le sien aux Béotiens, ses sujets. Iton, fils de Béotus, engendra quatre fils, Hippalcime, Électryon, Archilyque et Alégénor. Hippalcime engendra Pénélée; Électryon, Léitus; Alégénor, Clonius; Archilyque, Prothoénor et Arcésilaüs, qui furent les chefs de tous les Béotiens au siége de Troie.

LXVIII. Après ce récit, nous allons parler de Salmonée, de Tyro et de leurs descendants jusqu'à Nestor, qui assista à la guerre de Troie. Salmonée était fils d'Éole, petit-fils d'Hellen, et arrière-petit-fils de Deucalion. Salmonée, sorti de l'Éolide avec plusieurs Éoliens, vint s'établir dans l'Élide, sur les bords du fleuve Alphée. Il y fonda une ville qu'il appela Salmonia de son nom. Il épousa Alcidice, fille d'Aléc, et en eut une fille appelée Tyro, d'une beauté remarquable. Alcidice étant morte, il se remaria à Sidéro. Celle-ci se conduisit en marâtre et maltraita Tyro. Plus tard, Salmonée, homme violent et impie, fut haï de ses sujets, et Jupiter le frappa de la foudre, pour le châtier de son impiété. A cette époque, Tyro, encore vierge, eut un commerce secret avec Neptune, et mit au monde deux fils, Pélias et Nélée. Tyro épousa Crétès; elle le rendit père d'Amythaon, de Phérès et d'Éson. Après la mort de Crétès, Pélias et Nélée se disputèrent le royaume. Pélias devint roi d'Iolcos et des pays d'alentour, et Nélée envahit le Péloponnèse, avec Mélampe, Bias, fils d'Amythaon et d'Aglaïa, et avec quelques Achaïens, Phthiotes et Éoliens.

Mélampe, qui était devin, guérit à Argos les femmes, que la colère de Bacchus avait rendues insensées. Anaxagore, roi des Argiens, et fils de Mégapenthès, lui donna, en récompense de ce service, les deux tiers de son royaume Mélampe s'établit à Argos, et associa son frère Bias à l'empire. Il épousa Iphianire, fille de Mégapenthès; il en eut Antiphatès, Manto, Bias[1], et Pronoé. Antiphatès eut de Zeuxippe, fille d'Hippocoon, Oïclée et Amphalcée. Oïclée eut d'Hypermnestre, fille de Thespius, Iphianire, Polybéa et Amphiaraüs. C'est ainsi que Mélampe, Bias et leurs descendants possédèrent le royaume d'Argos. Cependant Nélée, suivi de ses compagnons, avait envahi le pays de Messène; il y fonda la ville de Pylos, avec le consentement des indigènes. Il devint roi de la contrée, épousa Chloris, fille d'Amphion le Thébain, et en eut douze enfants, dont l'aîné fut Périclymène et le plus jeune Nestor, qui fit partie de l'expédition contre Troie. Mais en voilà assez sur les ancêtres de Nestor.

LXIX. Nous allons maintenant nous arrêter sur les Lapithes et les Centaures. D'après les mythes, Océan et Thétis eurent plusieurs enfants, qui portèrent les noms d'autant de fleuves. Parmi eux était Pénée, qui a laissé son nom à un fleuve de la Thessalie. Celui-ci engendra, avec une nymphe appelée Creüse, Ypsée et Stilbé. De Stilbé et d'Apollon naquirent Lapithès et Centaurus. Lapithès s'établit sur les bords du fleuve Pénée, et devint roi de la contrée. Il épousa Orsinome, fille d'Eurynome, et en eut deux fils, Phorbas et Périphas, qui lui succédèrent au trône. Ses sujets furent appelés, d'après son nom, Lapithes. Phorbas se rendit à Olénum. Alector, roi des Éliens, redoutant la puissance de Pélops, appela Phorbas à son secours et partagea avec lui son royaume. Phorbas eut deux fils, Égée et Actor, qui

[1] D'après l'autorité d'autres écrivains (Apollonius de Rhodes, Pausanias et Apollodore), il faudrait lire *Abas*, au lieu de Bias. Ces erreurs de noms propres et ce défaut d'accord relativement aux récits mythologiques sont extrêmement fréquents chez les auteurs anciens. On perdrait son temps à discuter sur de pareilles questions dont la solution même, si elle était possible, n'offrirait aucune espèce d'intérêt. Je fais cette remarque une fois pour toutes, afin de ne plus avoir besoin d'y revenir.

eurent en héritage le royaume des Éliens. Périphas, second fils de Lapithès, épousa Astiagée, fille d'Ypsée, et en eut huit enfants, dont l'aîné, Antion, engendra Ixion avec Périmèle, fille d'Amythaon. Ixion, ayant promis beaucoup de présents à Hésionée, épousa Dia, fille d'Hésionée, et en eut Pirithoüs. Comme Ixion ne livra pas à la femme les présents qu'il avait promis, Hésionée enleva à leur place ses cavales. Ixion fit venir Hésionée auprès de lui, en lui annonçant qu'il se soumettrait à tout; mais dès qu'Hésionée fut arrivé, Ixion le précipita dans un gouffre de feu. Rien ne pouvait faire expier un crime aussi énorme. Enfin Jupiter réhabilita, selon les mythes, Ixion, qui devint ensuite amoureux de Junon, et osa lui déclarer sa passion. Jupiter envoya un nuage ayant la ressemblance de Junon; Ixion en approcha et engendra les Centaures de forme humaine. Enfin la tradition rapporte qu'en punition de ses forfaits, Jupiter attacha Ixion, après sa mort, à une roue, et lui infligea un châtiment éternel.

LXX. Selon quelques-uns, les Centaures furent nourris par les Nymphes, sur le mont Pélius. Arrivés à l'âge viril, ils eurent commerce avec des cavales, et engendrèrent les Hippocentaures, monstres biformes[1]. D'autres disent qu'on donna aux Centaures, fils d'Ixion et de Néphélé, le nom d'Hippocentaures, parce qu'ils avaient les premiers essayé de monter à cheval; et que c'est de là que provient la fiction mythique, d'après laquelle ils étaient biformes. Ceux-ci demandèrent à leur frère Pirithoüs leur part du royaume de leur père; comme Pirithoüs s'y refusa, ils lui déclarèrent la guerre à lui et aux Lapithes. Cette guère étant terminée, Pirithoüs épousa Hippodamie, fille de Bystus, et invita à ses noces Thésée et les Centaures. Ces derniers, s'étant enivrés, violèrent, dit-on, les femmes invitées au festin. Thésée et les Lapithes, indignés de ce crime, en tuèrent un grand nombre, et chassèrent les autres hors de la ville. Ce fut là l'origine de la guerre des Centaures contre les Lapithes; beaucoup de ces derniers périrent, et le reste s'enfuit

[1] Ἱπποκένταυροι. Ils tenaient de la forme du cheval et de celle de l'homme.

à Pholoé, en Arcadie. Quelques-uns des Lapithes se réfugièrent à Malée [1], et s'y établirent. Les Centaures, enflés de leur succès, firent plusieurs sorties de Pholoé, pillaient les voyageurs grecs, et tuèrent beaucoup d'habitants des environs.

LXXI. Après avoir parlé de ces monstres, nous traiterons d'Esculape et de ses descendants. Esculape était, au rapport des mythologues, fils d'Apollon et de Coronis ; d'une intelligence rare, il s'appliqua avec ardeur à l'art de guérir, et inventa beaucoup de remèdes salutaires aux hommes. Il s'acquit ainsi tant de renommée, qu'après avoir guéri, contre toute attente, beaucoup de maladies réputées incurables, il passait pour rendre la vie à des morts. C'est pourquoi, d'après le récit des mythologues, Pluton accusa Esculape devant le tribunal de Jupiter, et se plaignit de ce que son empire diminuait de plus en plus par suite des cures d'Esculape. Jupiter, irrité, tua Esculape d'un coup de foudre. Apollon, irrité à son tour du meurtre de son fils, tua les Cyclopes qui forgeaient les foudres de Jupiter. Jupiter, indigné de la mort des Cyclopes, condamna Apollon à servir un homme, en punition de ce crime. Esculape eut deux fils, Machaon et Podalire, qui, très-versés dans l'art de guérir, accompagnèrent Agamemnon à la guerre de Troie. Ils furent dans cette guerre d'un grand secours aux Grecs, traitant avec le plus grand succès les blessés [2]. Aussi furent-ils en grand honneur chez les Grecs, et, en raison de leur utilité, on les exempta des combats et de tout service militaire. Nous terminons là l'histoire d'Esculape et de ses fils.

LXXII. Nous traiterons maintenant des filles d'Asopus et des fils d'Éacus. Suivant les mythes, Océan et Thétys eurent plu-

[1] Cap du Péloponnèse.

[2] Voyez *Iliade*, II, 732, et XI, 832. Podalire et Machaon paraissaient s'être exclusivement livrés au traitement des maladies traumatiques. Tels que nous les dépeint Homère, c'étaient les chirurgiens de l'armée des Grecs, et les plus anciens dont l'histoire fasse mention. Comparez Celse (lib. I) : *Podalirius et Machaon, bello Trojano Agamemnonem secuti, non mediocrem opem commilitonibus attulerunt. Quos tamen Homerus non in pestilentia, neque in variis generibus morborum aliquid attulisse auxilii, sed vulneribus tantummodo ferro et medicamentis mederi solitos esse proposuit.*

sieurs enfants, qui portèrent des noms de fleuves, parmi lesquels étaient Pénée et Asopus. Pénée s'établit dans la Thessalie, et donna son nom au fleuve qui y coule. Asopus se fixa à Phlionte, épousa Métope, fille de Ladon, de laquelle il eut deux fils, Pelasgus et Ismenus, et douze filles, Corcyre, Salamis, Égine, Pirène, Cléoné, Thébé, Tanagra, Thespia, Asopis, Sinope, Œnia et Chalcis. Ismenus vint dans la Béotie et se fixa sur les bords d'un fleuve du même nom. Sinope fut enlevée par Apollon, et portée dans l'endroit où est aujourd'hui située la ville de Sinope. D'elle et d'Apollon naquit Syrus, qui devint roi de ceux qui, d'après lui, furent nommés Syriens. Corcyre fut enlevée par Neptune, et conduite dans l'île, à laquelle elle laissa son nom [1]. De celle-ci et de Neptune naquit Phéax, qui donna son nom aux Phéaciens et fut père d'Alcinoüs, qui ramena Ulysse à Ithaque. Salamine fut aussi enlevée par Neptune, et portée dans l'île de Salamine. Neptune engendra avec elle Cenchrée, qui fut roi de cette île, et qui devint célèbre pour avoir tué un énorme serpent qui désolait le pays. Égine fut enlevée de Phlionte et conduite par Jupiter dans l'île qui porte le même nom; elle y donna le jour à Éacus, qui fut roi de cette île, et père de Pélée et de Télamon. Pélée, jouant un jour au disque, tua involontairement Phocus, qui était son frère du côté paternel, mais né d'une autre mère. Banni pour ce meurtre par son père, il se retira à Phthie, dans la partie appelée Thessalie; il fut purifié de ce meurtre par le roi Actor, et devint le successeur d'Actor qui était sans enfants. De Pélée et de Thétys naquit Achille qui accompagna Agamemnon à la guerre de Troie. Télamon s'enfuit d'Égine et s'établit à Salamine. Là il épousa Glaucé, fille de Cenchrée, roi des Salaminiens, et régna lui-même sur cette île. Après la mort de Glaucé, il épousa Éribœa fille d'Alcathus, d'Athènes, et en eut Ajax, qui prit part à la guerre de Troie.

LXXIII. Après ce récit, nous allons essayer de rapporter l'histoire de Pélops, de Tantale et d'Œnomaüs. Mais il est

[1] Corcyre ou *Cercyre* (Κέρκυρα), était l'ancienne *Scheria* d'Homère (*Odyssée* V, 31), aujourd'hui *Corfou*.

nécessaire de remonter à des temps plus anciens pour comprendre l'origine des choses. Mars ayant entretenu dans Pise, ville du Péloponnèse, un commerce secret avec Harpine, fille d'Asopus, engendra Œnomaüs. Celui-ci n'eut qu'une fille appelée Hippodamie. Œnomaüs consulta l'oracle sur le temps de sa mort ; il reçut pour réponse qu'il mourrait lorsque sa fille se marierait. Dans l'espoir d'éviter ce danger, il résolut de conserver sa fille vierge. Il proposa donc une lutte aux nombreux prétendants, à condition que le vaincu serait mis à mort, et que le vainqueur épouserait sa fille. Cette lutte était une course qui s'étendait depuis Pise jusqu'à l'autel de Neptune, dans l'isthme de Corinthe. Œnomaüs, avant de commencer, immolait un bélier à Jupiter, tandis que le prétendant lançait son quadrige. Le sacrifice terminé, Œnomaüs entrait aussi dans la carrière sur son char, conduit par Myrtile; et tenant une lance à la main, il poursuivait le prétendant. S'il parvenait à l'atteindre, il le frappait de sa lance, et le faisait périr. Il atteignit ainsi toujours les prétendants, à cause de la vitesse de ses chevaux, et en tua un grand nombre. Enfin Pélops, fils de Tantale, se trouvant par hasard à Pise, aperçut Hippodamie, en devint amoureux, et la demanda en mariage. Il gagna Myrtile, cocher d'Œnomaüs, qui lui laissa le temps d'arriver à l'autel de Neptune avant son maître. Œnomaüs, croyant l'oracle accompli, s'abandonna au désespoir et se suicida. Pélops épousa donc Hippodamie, et devint roi de Pise. Il augmenta son pouvoir par son courage et son intelligence; il soumit la plupart des habitants du Péloponnèse, et laissa son nom à cette contrée.

LXXIV. Puisque nous avons parlé de Pélops, il est indispensable de dire un mot de Tantale, son père, afin de ne rien omettre de ce qui est digne de mémoire. Tantale était fils de Jupiter; il habitait, en Asie, la contrée que l'on appelle aujourd'hui la Paphlagonie. Riche et célèbre, sa noble origine lui attira l'amitié des dieux. Il ne sut supporter son bonheur en homme, et, admis à la table des dieux, il divulgua les secrets des immortels. Aussi fut-il puni pendant sa vie ; et, d'après les traditions mythologiques, il reçut son châtiment parmi les impies. Tantale eut un fils et une fille, Pélops et Niobé. Celle-ci devint mère de sept fils et d'autant de filles, toutes douées d'une beauté remarquable. Ce nombre d'enfants remplit Niobé d'orgueil, et elle se vanta plusieurs fois d'être plus féconde que Latone. Latone, irritée, exigea d'Apollon qu'il tuât à coups de flèches les fils de Niobé, et de Diane qu'elle en fît autant des filles. Ces dieux obéirent à leur mère, et Niobé, si heureuse d'être mère de tant d'enfants, se vit privée en un moment de toute sa progéniture. Tantale, haï des dieux, fut chassé de la Paphlagonie par Ilus, fils de Tros, dont il faut exposer ici l'origine.

LXXV. Le premier roi de la Troade fut Teucer, fils du fleuve Scamandre et de la nymphe Idæa; ce fut un homme célèbre qui donna son nom à ses sujets, les Teucriens. Il eut une fille, Batéa, que Dardanus, fils de Jupiter, épousa. Dardanus succéda à Teucer et donna à son tour son nom à ses sujets, les Dardaniens, et à la ville de Dardane, qu'il fonda sur les bords de la mer. Il eut un fils, Érichthonius, bien connu pour son opulence et ses richesses. C'est de lui que le poëte Homère dit : « Il fut le plus riche des mortels; trois mille juments « paissaient dans ses prés [1]. » Tros fut fils d'Érichtho[illegible]; ses sujets furent d'après lui, appelés Troyens. Tros eut trois fils, Ilus, Assaracus et Ganymède. Ilus construisit dans une plaine la plus célèbre des villes de la Troade, et lui donna le nom d'Ilion. Ilus fut père de Laomédon, qui engendra Tithon et Priam. Tithon porta ses armes dans les parties orientales de l'Asie, et poussa son expédition jusque dans l'Éthiopie, où il fut aimé d'Aurore, et en eut, selon la mythologie, un fils appelé Memnon. Celui-ci vint au secours des Troyens et fut tué par Achille. Priam épousa Hécube, et devint père de plusieurs enfants, parmi lesquels était Hector, qui se rendit si célèbre dans la guerre de Troie. Assaracus, roi des Dardaniens, engendra Capys, qui fut père d'Anchyse. De ce dernier et de Vénus na-

[1] *Iliade*, XX, 220.

quit Énée, le plus célèbre des Troyens; Ganymède, le plus beau de tous, fut enlevé par les dieux pour servir d'échanson à Jupiter.

Nous allons maintenant parler de Dédale, du Minotaure et de l'expédition de Minos en Sicile contre le roi Cocalus.

LXXVI. Dédale était Athénien d'origine, et de la famille des Érechthéides, car il était fils de Métion, petit-fils d'Eupalame, Athénien, et arrière-petits-fils d'Érechthée. Dédale surpassa, par ses talents, tous les hommes. Il s'appliqua surtout à l'architecture, à la sculpture et à l'art de travailler les pierres. Inventeur de plusieurs instruments utiles dans les arts, il construisit des ouvrages admirables dans beaucoup de pays de la terre. Il se distingua tellement dans l'art statuaire, que les mythologues, qui sont venus après lui, prétendaient que les statues de Dédale étaient tout à fait semblables à des êtres vivants, qu'elles voyaient, qu'elles marchaient, en un mot, qu'elles avaient tout le maintien d'un corps vivant. Dédale, le premier, avait fait des statues ayant les yeux ouverts, les jambes écartées, les bras étendus; car avant lui, les sculpteurs représentaient leurs statues ayant les yeux fermés, et les bras pendants et collés aux côtés. Cependant Dédale, admiré pour son art, fut exilé de sa patrie par suite d'un meurtre qu'il avait commis. En voici le motif: Dédale avait élevé, dès son enfance, Talus, fils de sa sœur. Le disciple devint plus habile que le maître; il inventa la roue du potier. Ayant rencontré la mâchoire d'un serpent, et s'en étant servi pour couper un petit morceau de bois, Talus imita avec le fer les dents de cet animal et inventa la scie, instrument très-utile dans l'architecture. Il inventa aussi le tour et beaucoup d'autres instruments, et s'acquit une grande réputation. Dédale porta envie au jeune homme, et, craignant que sa réputation ne s'élevât au-dessus de la sienne, il le fit mourir traîtreusement. Mais il fut surpris pendant qu'il enterrait le corps; interrogé sur ce qu'il faisait, il répondit qu'il enterrait un serpent. Ce qu'il y a de remarquable, c'est que le même animal qui avait fourni à ce jeune homme l'occasion d'inventer la scie, servit aussi à faire découvrir son meurtrier. Dédale, accusé de ce meurtre et condamné par les juges de l'aréopage, s'enfuit d'abord dans un bourg de l'Attique, dont les habitants furent depuis appelés Dédalides.

LXXVII. Plus tard, Dédale se réfugia dans l'île de Crète, où sa grande renommée lui acquit l'amitié du roi Minos.

S'il faut en croire la tradition, Pasiphaé, femme de Minos, devint amoureuse d'un taureau. Dédale, pour satisfaire cette passion de Pasiphaé, construisit une machine ayant tout à fait la figure d'une vache. Avant ces temps, Minos avait, selon le récit mythologique, la coutume de sacrifier à Neptume le plus beau de ses taureaux; il avait alors un taureau d'une si grande beauté, que, pour l'épargner, il en immola un autre moins beau. Neptune, irrité contre Minos, rendit Pasiphaé, femme de Minos, amoureuse de ce taureau. Pasiphaé, par l'art de Dédale, eut un commerce secret avec ce taureau, et enfanta le Minotaure. Ce monstre était biforme : il avait, depuis la tête jusqu'aux épaules, la figure d'un taureau, et, pour le reste il ressemblait à un homme. Dédale construisit, pour servir de demeure à ce monstre, le Labyrinthe, dont les passages tortueux égaraient tous ceux qui y entraient. Comme nous l'avons dit, on nourrissait le Minotaure avec sept garçons et sept filles que l'on envoyait d'Athènes. Informé des menaces de Minos et redoutant la colère du roi de ce qu'il avait aidé Pasiphaé à satisfaire sa passion, Dédale s'enfuit de Crète avec son fils Icare, sur un navire que Pasiphaé lui avait fourni. Arrivés à une île éloignée de la terre, Icare voulut y descendre, et tomba dans la mer, qui, ainsi que l'île, prit le nom d'Icarienne. Dédale, en quittant cette île, aborda dans cette contrée de la Sicile dont Cocalus était roi; celui-ci honora de son amitié cet artiste habile et célèbre. Selon quelques mythologues, Pasiphaé cacha quelque temps Dédale dans Crète, et le roi Minos, qui voulait le punir, et qui n'avait pu le trouver dans tous les vaisseaux de l'île qu'il avait visités pour le découvrir, promit une somme d'argent à celui qui le lui amènerait. Dédale, pour se soustraire à cette perquisition, sortit de l'île en attachant sur son dos et sur celui de son fils des ailes faites avec un art merveilleux et jointes avec de la cire. Il traversa en volant la mer de Crète ; mais Icare, qui, en raison de sa jeunesse, avait pris un vol trop haut, tomba dans la mer ; car ses ailes furent fondues par l'ardeur du soleil. Au contraire, Dédale, qui volait immédiatement au-dessus de l'eau et qui mouillait même ses ailes, parvint miraculeusement à se sauver en Sicile. Quoique ce récit paraisse fabuleux, nous n'avons pas cru devoir l'omettre.

LXXVIII. Dédale demeura longtemps chez Cocalus, et se fit admirer des Sicaniens par ses talents. Il construisit dans la Sicile plusieurs ouvrages qui sont parvenus jusqu'à nous. De ce nombre est l'ouvrage connu sous le nom de *Colymvithra*[1], près de Mégaris; il sort de cette piscine le fleuve Allabon qui se jette dans la mer. A Camicus, dans le territoire d'Agrigente, il construisit, sur un rocher, une ville très-fortifiée et tout à fait imprenable. Il en rendit les avenues si étroites et si tortueuses qu'il ne fallait que trois ou quatre hommes pour les garder. Aussi, Cocalus y établit-il son palais, et y déposa ses richesses. Le troisième ouvrage que Dédale laissa en Sicile, est une grotte construite dans le territoire de Sélinonte; il y fit arriver, par une construction ingénieuse, les vapeurs du feu souterrain : les malades qui y entraient étaient pris peu à peu d'une sueur modérée, et guérissaient insensiblement sans être incommodés de la chaleur[2]. Près d'Éryx, il y avait un rocher escarpé et si élevé, que les constructions qui entouraient le temple de Vénus menaçaient de tomber dans le précipice. Dédale consolida ces constructions, entoura le rocher d'un mur et en élargit merveilleusement le sommet. Il dédia ensuite à Vénus Érycine une

[1] Κολυμβήθρα, piscine.

[2] Il est fort curieux de voir les émanations naturelles de vapeurs ou de gaz être appliquées, dès la plus haute antiquité, à la guérison des maladies. Les vapeurs du feu souterrain, dont parle ici l'auteur, étaient probablement des vapeurs aqueuses provenant d'une source thermale, et conduites dans un réservoir (grotte dont la température ne devait pas être de beaucoup inférieure à celle de la source. Peut-être pourrait-on aussi entendre par ἀτμὶς πυρός une de ces sources naturelles de gaz hydrogène sulfuré ou de gaz acide carbonique, si fréquentes dans les terrains volcaniques comme la Sicile.

ruche d'or, travail admirable qui imitait à s'y méprendre une ruche véritable. Il exécuta en Sicile beaucoup d'autres travaux d'art que le temps a détruits.

LXXIX. Minos, roi des Crétois, et à cette époque maître de la mer, apprenant que Dédale s'était réfugié en Sicile, résolut d'y porter la guerre. Il équipa donc une flotte considérable, et vint relâcher près d'Agrigente, dans un endroit qui reçut de lui le nom de Minoa. Après avoir fait débarquer ses troupes, il envoya des messages pour engager le roi à lui livrer Dédale. Cocalus invita Minos à un entretien, lui promit de le satisfaire, et le reçut hospitalièrement; Cocalus lui donna un bain, et l'y fit tenir si longtemps, que Minos étouffa de chaleur. Cocalus rendit son corps aux Crétois en leur faisant accroire que Minos était mort pour être tombé malheureusement dans un bain d'eau chaude. Les soldats enterrèrent le corps du roi avec pompe et élevèrent en son honneur un tombeau double. Ils déposèrent les os dans la partie la plus secrète de ce monument; dans la partie ouverte, ils consacrèrent une chapelle à Vénus. Les indigènes ont vénéré ce monument pendant plusieurs générations en y sacrifiant à Vénus, comme si c'était le temple de cette déesse[1]. A une époque plus récente, pendant la fondation d'Agrigente, on démolit le tombeau de Minos, on découvrit ses ossements et on les rendit aux Crétois. Théron était alors roi des Agrigentins. Après la mort de Minos, les Crétois qui l'avaient suivi en Sicile, tombèrent dans l'anarchie. Les Sicaniens, sujets du roi Cocalus, choisirent ce moment pour brûler les vaisseaux des Crétois et leur ôter l'espérance du retour. Ces Crétois prirent le parti de rester en Sicile; ils y fondèrent une ville qu'ils appelèrent Minoa, du nom de leur roi. Quelques-uns errèrent dans l'intérieur du pays, et, après avoir rencontré un emplacement naturellement fortifié, ils y élevèrent une ville qu'ils appelèrent Engyon, du nom d'un ruisseau qui la traversait.

[1] Les tombeaux d'hommes célèbres servaient souvent de temples dans l'antiquité; de même que, plus tard, les tombeaux des saints et des martyrs sont devenus les lieux de réunion (ἐκκλησίαι, églises) des premiers chrétiens.

Après la prise de Troie, Mérionus aborda en Sicile, avec quelques Crétois; les habitants d'Engyon les accueillirent en considération de leur commune origine, et leur accordèrent le droit de cité. Ils firent ensuite des sorties de leur ville, guerroyèrent avec leurs voisins et conquirent une assez grande étendue de pays. Leur puissance s'étant accrue, ils élevèrent un temple en l'honneur des déesses mères. Ils eurent ces déesses en grande vénération, et ornèrent leur temple de beaucoup d'offrandes. On dit que le culte de ces déesses vient de la Crète, où il est en grand honneur.

LXXX. Au rapport des mythologues, ces déesses avaient jadis nourri Jupiter à l'insu de son père Saturne; et en récompense de ce bienfait, elles furent placées dans le ciel, et changées en ces astres qui composent les Ourses. Aratus[1] s'est conformé à cette opinion dans son poëme des *Astres*. « Elles « sont tournées en sens inverse l'une de l'autre, et, si la « chose est vraie, elles furent apportées de Crète par le grand « Jupiter et placées dans le ciel; car les Curètes le cachèrent, « étant encore à la mamelle, au milieu du bois odorant de « Dictée, dans une caverne près du mont Ida, et l'y élevèrent « pendant un an, pour le dérober à Saturne[2]. » Nous ne saurions passer sous silence le culte sacré et célèbre que les hommes ont voué à ces déesses; non-seulement les habitants d'Engyon, mais encore les habitants d'alentour, leur offrent des sacrifices magnifiques, et leur rendent encore d'autres honneurs. Les oracles de pythie ont prescrit à plusieurs villes le culte de ces déesses, en leur prédisant la prospérité, et une longue vie à leurs habitants. Enfin, le culte de ces déesses est devenu si célèbre que, jusqu'à l'époque où nous écrivons cette histoire, les habitants du pays leur consacrent de nombreuses offrandes d'or et d'argent. Ils ont élevé en leur honneur un temple aussi remarquable par sa gran-

[1] Aratus de Sole en Cilicie vivait environ 270 ans avant Jésus-Christ. Il a composé deux poëmes grecs, concernant l'astronomie.

[2] Cette citation, empruntée aux *Phénomènes* d'Aratus (vers 30 et suiv.), est incomplète. Elle a été complétée dans la tradition, d'après le texte de l'éd. de Dindorf.

deur que par l'élégance de sa construction. Comme ils n'avaient point dans leur pays d'assez belles pierres pour cet édifice, ils les ont fait venir du territoire des Agyrinéens, leurs voisins. Ces deux villes sont éloignées l'une de l'autre d'environ cent stades[1] : le chemin est si raboteux et si peu praticable, que ces matériaux ont dû être apportés sur des chariots à quatre roues, traînés par cent couples de bœufs. La richesse des offrandes suffisait bien au delà de ces dépenses. Un peu avant notre temps, les déesses avaient trois mille bœufs sacrés et une grande étendue de territoire d'où l'on tirait de grands revenus. Mais nous nous sommes assez étendu sur ce sujet. Passons à l'histoire d'Aristée.

LXXXI. Aristée était fils d'Apollon et de Cyrène, fille d'Ypsée et petite-fille de Pénée. Quelques mythologues racontent ainsi son origine : Apollon devint amoureux de Cyrène, qui, fort belle, fut élevée sur le mont Pélion ; il la transporta dans cet endroit de l'Afrique où l'on a depuis bâti la ville qui porte le nom de Cyrène. Là, Apollon eut de Cyrène Aristée, et chargea les nymphes de l'éducation de son enfant. Les nymphes donnèrent à cet enfant trois noms, Nomius, Aristée et Agrée ; elles lui enseignèrent l'art de faire cailler le lait, d'élever les abeilles et de cultiver les oliviers. Aristée communiqua le premier aux hommes ces connaissances ; et, en retour de ces bienfaits, les hommes lui rendirent les honneurs divins, et le vénérèrent comme Bacchus. Aristée se rendit ensuite dans la Béotie, où il épousa Autonoë, fille de Cadmus. Il en eut Actéon, qui, selon les mythes, fut dévoré par ses propres chiens. Cette fin malheureuse doit être, selon quelques-uns, attribuée à ce qu'Actéon se vanta dans le temple de Diane d'avoir fait son festin de noces avec les prémices sacrées de la chasse ; et, selon d'autres, parce qu'il s'était vanté d'être meilleur chasseur que Diane. Probablement la déesse aura été irritée de l'un et de l'autre discours. Dans tous les cas, elle a exercé une juste vengeance sur un homme qui avait bravé par une forfanterie impudique et

[1] Environ dix-neuf kilomètres.

sacrilége, jusque dans son temple, la déesse vierge, ou qui avait osé se dire plus habile chasseur que la déesse à qui les dieux mêmes le cèdent sous ce rapport. Diane le métamorphosa donc en bête sauvage, et il fut déchiré par ses propres chiens.

LXXXII. Après la mort d'Actéon, Aristée consulta l'oracle de son père. Apollon lui ordonna d'émigrer dans l'île de Céos[1], qui lui décernerait de grands honneurs. Aristée fit donc voile pour cette île. Une maladie pestilentielle désolait alors la Grèce. Aristée offrit un sacrifice au nom de tous les Grecs. Ce sacrifice se fit à l'époque du lever de Sirius, temps pendant lequel soufflent les vents étésiens, et la maladie cessa. En réfléchissant à ce fait, on ne peut s'empêcher d'en être frappé. En effet, le même homme, qui avait vu déchirer son fils par des chiens, fut la cause du salut de ses concitoyens en détournant les influences pernicieuses du chien céleste[2]. Aristée laissa de ses rejetons dans l'île de Céos[3], repassa en Libye, et de là il s'embarqua pour la Sardaigne, sous la conduite de la Nymphe, sa mère, et s'établit dans cette île, dont la beauté l'attira ; il la planta d'arbres et en défricha le sol inculte. Il y devint père de deux fils, Charmus et Callicarpe. Il visita ensuite d'autres îles, et s'arrêta quelque temps en Sicile. Il fut si ravi de l'abondance des fruits et des nombreux troupeaux qu'il y vit paître, qu'il s'empressa de montrer aux indigènes ses découvertes bienfaisantes. C'est pourquoi les habitants de Sicile, en général, mais plus particulièrement ceux qui cultivent les oliviers, rendent à Aristée les honneurs divins. Selon les mêmes récits mythologiques, Aristée alla rejoindre Bacchus dans la Thrace, prit part aux orgies, et

[1] Une des Sporades. Il ne faut pas la confondre avec Cos.

[2] *Sirius ; canis.* De là le mot canicule.

[3] Les habitants de cette île avaient la coutume de faire annuellement des sacrifices à l'époque du lever de Sirius, et de conjecturer d'après cela si l'année serait salubre ou pestilentielle. Voyez Cicéron (*de Divinat.* I, 57). *Etenim Ceos accepimus ortum caniculæ diligenter quotannis solere servare, conjecturamque capere, ut scribit Ponticus Heraclides, salubrisne, an pestilens annus futurus sit.* Comparez Apollonius de Rhodes, II, 525.

. . . . Κέῳ δ' ἔτι νῦν ἱερῆες
Ἀντολέων προπάροιθε κυνὸς ῥέζουσι θυηλάς.

vécut avec lui dans une grande intimité. Ce dieu lui communiqua beaucoup de découvertes utiles. Enfin, ayant demeuré quelque temps aux environs du mont Hémus, Aristée devint invisible, et obtint les honneurs divins, non-seulement chez les Barbares, mais encore chez les Grecs. Mais nous en avons assez dit d'Aristée.

LXXXIII. Nous allons parler maintenant d'Éryx et de Daphnis. Éryx, homme distingué, fut, dit-on, fils de Vénus et de Butas, roi de quelque contrée de la Sicile. Sa naissance, illustre du côté de sa mère, le fit choisir pour roi d'une partie de l'île. Il fonda dans un lieu élevé une ville considérable à laquelle il donna son nom[1]; et au milieu de la citadelle de la ville il éleva un temple qu'il dédia à sa mère, et qu'il orna d'un grand nombre d'offrandes magnifiques. En raison de la piété et des honneurs qu'elle reçut de son fils, la déesse eut pour cette ville une grande prédilection, et reçut pour cela le nom de Vénus Érycine. On s'étonne, avec raison, quand on considère la réputation de ce temple : tous les autres temples, après s'être accrus pendant quelque temps, ont perdu de leur splendeur par différentes circonstances; celui-ci seul, quoique très-ancien, n'a jamais cessé d'être célèbre, et même sa réputation a été toujours en augmentant[2]. Après l'établissement de ce culte par Éryx, Énée, se rendant en Italie, relâcha dans cette île, et laissa beaucoup d'offrandes dans le temple de Vénus, qui était aussi sa mère.

Depuis de longues générations, les Siciliens vénèrent cette déesse et lui offrent des sacrifices magnifiques. Plus tard, les Carthaginois, maîtres d'une partie de la Sicile, ont entretenu splendidement le culte de cette déesse[3]. Enfin, les Romains,

[1] Comparez Polybe, I, 55.

[2] A l'époque de Strabon, ce temple était loin de jouir de la splendeur dont parle Diodore : il était presque désert et sans prêtres. (Strab. VI, p. 418, édit. Casaub.) Élien (*Hist. animal.*, X, 50) et Pausanias (VIII, 24) font également mention des richesses de ce temple.

[3] Cependant, s'il faut en croire Élien (*Hist. animal.*, X, 50), Himilcar, général carthaginois, pilla le temple de Vénus et distribua à ses soldats l'argent provenant de ce pillage.

ayant soumis à leur empire toute la Sicile, ont surpassé tous les autres par les honneurs qu'ils ont rendus à cette déesse. Et en cela ils ont raison : car rapportant leur origine à cette déesse et lui attribuant le succès de leurs entreprises, il est juste qu'ils lui en témoignent leur reconnaissance. Lorsque les consuls, les généraux, enfin tous ceux qui, revêtus de quelque dignité, arrivent en Sicile et passent à Éryx, ils vénèrent le temple de Vénus par des sacrifices et des offrandes. Se dépouillant des insignes de leur autorité[1], ils prennent joyeusement part aux jeux et réunions des femmes, croyant que c'est la seule manière de se rendre agréables à la déesse. Enfin, le sénat romain, dans son zèle pour le culte de la déesse, a décrété que dix-sept des villes les plus fidèles de la Sicile apporteraient de l'or dans le temple de Vénus, et que l'enceinte sacrée serait gardée par deux cents soldats.

LXXXIV. Voici maintenant ce que la tradition raconte de Daphnis. Il y a dans la Sicile les monts Héréens, qui, par la beauté naturelle des sites, sont un séjour délicieux pendant l'été. On y trouve beaucoup de sources d'eaux douces, et de nombreux arbres de toute espèce. On y voit de grands chênes en abondance, qui portent des glands deux fois plus gros que les chênes des autres pays. Les arbres fruitiers, la vigne et un nombre incroyable de pommiers y croissent sans culture. L'armée des Carthaginois souffrant un jour beaucoup de la faim, se récréa dans cet endroit; car ces montagnes fournissent une nourriture inépuisable à plusieurs milliers d'hommes. Dans cette contrée est un vallon riant, rempli d'arbres, et un bois consacré à des nymphes. Les mythologues disent que ce fut là que Mercure engendra, avec une nymphe, un fils Daphnis, ainsi nommé à cause de la quantité de lauriers qui y croissent. Cet enfant, élevé par les nymphes, devint possesseur de nombreux troupeaux de bœufs; et comme il en eut grand soin, il fut surnommé *Bucolos*[2]. Il aimait naturellement l'harmonie, et il

[1] Ces insignes étaient les licteurs, les faisceaux et les haches.
[2] Βουκόλος, berger.

inventa la poésie et le chant bucolique, qui est encore à présent fort estimé en Sicile[1]. Daphnis allait, selon les mythes, à la chasse avec Diane : il gagna par le son de sa flûte les bonnes grâces de cette déesse, et la charma par son chant bucolique. Il fut aimé d'une nymphe[2] qui lui prédit qu'il perdrait la vue s'il s'attachait à quelque autre femme. Cette prédiction s'accomplit; car, enivré par la fille d'un roi, il eut commerce avec elle, et devint aveugle. Voilà ce que nous avions à dire de Daphnis.

LXXXV. Nous allons exposer maintenant l'histoire d'Orion, conformément à la tradition mythologique. Orion a de beaucoup surpassé par sa taille et sa force les plus célèbres héros. Il aimait la chasse, et il a fait de grands travaux qui témoignent de sa force et de son amour pour la gloire. Il construisit pour Zanclus, alors roi de Sicile, Zanclé[3], aujourd'hui appelé Messine, et, entre autres ouvrages, le port nommé Acté. Comme nous avons fait mention de Messine, il est bon de dire ici un mot du détroit de ce nom. Les anciens mythographes prétendent que la Sicile était autrefois une presqu'île, et qu'elle ne fut que plus tard transformée en une île. Voici les raisons sur lesquelles ils s'appuient. L'endroit le plus étroit de l'isthme, frappé des deux côtés par les vagues de la mer, se rompit. Cet endroit fut *Rhegium*[4]; on y éleva, par la suite, la ville qui porte le nom. Quelques auteurs disent que cette langue de terre a été rompue par de violents tremblements de terre, et que la mer a creusé le détroit qui sépare l'île du continent[5]. Le poète Hé-

[1] Théocrite, le plus célèbre des poëtes bucoliques grecs, était originaire de la Sicile. Moschus était du même pays, et Bion, quoique né à Smyrne, a longtemps vécu en Sicile. Ces trois poëtes ont été contemporains.

[2] Suivant Timée, cette nymphe s'appelait Échénaïs (Parthenius, *Erotica*, 29).

[3] D'après l'autorité de Thucydide (VI, 4), cette ville fut appelée Zanclé à cause de son aspect falciforme : les Siciliens appelaient la faux *Zanclon* (τὸ δὲ δρέπανον οἱ Σικελοὶ ζάγκλον καλοῦσι.

[4] Ῥήγνυμι, je romps.

[5] L'une et l'autre opinion paraissent probables. Elles étaient toutes deux également accréditées chez les anciens. Comparez Pline (*Hist. nat.*, III, 8.) Strabon (VI, p. 396). La mer resserrée entre Messine et Reggio (l'ancien Rhegium) semble

siode dit au contraire que, pour arrêter le débordement de la mer, Orion forma par des digues le cap Pélore, sur lequel il éleva le temple de Neptune, qui est fort vénéré par les habitants; qu'après avoir achevé ce travail, il se rendit en Eubée, où il établit sa demeure; enfin, que sa renommée le fit placer dans le ciel au nombre des astres et participer de l'immortalité. Le poëte Homère fait ainsi mention de lui dans la descente aux enfers[1] : « J'aperçus aussi Orion, d'une taille monstrueuse, « saisissant, dans un pré verdoyant, les bêtes sauvages qu'il avait « tuées sur les monts solitaires; il tenait dans ses mains une « massue d'airain indestructible. » Le poëte fait juger de la taille d'Orion, lorsqu'en parlant des Aloïades qui, à l'âge de neuf ans, avaient neuf coudées de largeur et autant d'orgyes de longueur, il ajoute : « Ce sont là les plus grands et les plus beaux enfants « que la terre ait jamais nourris, après le fameux Orion. »

Nous terminons ici ce livre, où, suivant le plan exposé au commencement, nous avons parlé suffisamment des héros et des demi-dieux.

former une espèce de courant, qui probablement, à une époque très-reculée, était doué d'une certaine rapidité et conséquemment dangereux pour les navigateurs. C'est sans doute à la rapidité de ce courant qu'il faut attribuer les fictions mythologiques de Charybde et de Scylla.

[1] *Odyssée*, XI, v. 572.

FIN DU TOME PREMIER.

[library stamp]

www.ingramcontent.com/pod-product-compliance
Ingram Content Group UK Ltd.
Pitfield, Milton Keynes, MK11 3LW, UK
UKHW012007240726
13965UKWH00001B/218

9 782013 400756